Le retour
de la guerre juste

Le retour de la guerre juste

Droit international, épistémologie et idéologie chez Carl Schmitt

Céline **Jouin**

collection
Contextes

Éditions de l'École des hautes études en sciences sociales
Librairie philosophique J. Vrin
2013

Imprimé en France

ISSN 1159-4535

ISBN VRIN 978-2-7116-2380-8

ISBN EHESS 978-2-7132-2403-4

www.vrin.fr   *www.editions.ehess.fr*

ABRÉVIATIONS ET NOTATIONS

OUVRAGES DE SCHMITT

Arch	Document ou livre des archives de Schmitt à Düsseldorf
DP	*Du politique. « Légalité et légitimité » et autres essais*, recueil d'articles paru en 1990
FP	*Frieden oder Pazifismus ?*, recueil d'articles paru en 2005
GCM	*La guerre civile mondiale. Essais, 1943-1978*, recueil d'articles paru en 2007
GD	*Le passage au concept de guerre discriminatoire*, 1937-1938
Gl	*Glossarium. Aufzeichnungen der Jahre 1947-1951*, 1991
GLP	*Die geistgeschichtliche Lage des heutigen Parlementarismus*, 1923
IntV	*Das internationalrechtliche Verbrechen des Angriffskrieges und der Grundsatz* "Nullum crimen, nulla poena sine lege", 1945
Lev	*Le Léviathan dans la doctrine de l'État de Thomas Hobbes*, 1938
MC	*Machiavel-Clausewitz. Droit et politique face aux défis de l'histoire*, recueil paru en 2007
NP	*La notion de politique*, version de 1932
NT	*Le nomos de la Terre*, 1950
PB	*Positionen und Begriffe im Kampf mit Weimar-Genf-Versailles, 1923-1939*, recueil d'articles paru en 1940
P&D	*Parlementarisme et démocratie*, 1923
RK	*Römischer Katholizismus und politische Form*, 1925

SGN	*Staat, Grossraum, Nomos, Arbeiten aus den Jahren 1916-1969*, recueil d'articles paru en 1995
TC	*Théorie de la Constitution*, 1928
TP1, 2	*Théologie politique*, 1922, 1970
TPa	*Théorie du partisan*, 1963
VA	*Verfassungsrechtliche Aufsätze aus den Jahren 1924-1954*, recueil d'articles paru en 1958
WdK	*Die Wendung zum diskriminierenden Kriegsbegriff*, 1937-1938

AUTRES OUVRAGES

BD	*Ein Besatzungsstatut für Deutschland. Die Rechtsformen der Besetzung*, Grewe
DGR1	*Das deutsche Genossenschafsrecht, vol. 1*, Gierke
GP	*Les grandes puissances*, Ranke
KF	*Von der Garantie des ewigen Friedens. Kants Friedensplan*, Koselleck
LH	*Lehre vom Heerwesen*, Lorenz von Stein

RÈGLES D'ÉCRITURE

Nous citons les œuvres de Schmitt dans la traduction française quand elle existe, sauf indication contraire.

Nous traduisons systématiquement les textes de Schmitt dont il n'existe pas de traduction française, sans mention spéciale. Pour les autres textes, nous indiquons « T.d.A. » quand nous les traduisons.

Nous suivons la numérotation de Lafuma pour renvoyer aux *Pensées* de Pascal.

INTRODUCTION

La conception de la dictature des philosophes catholiques de l'État, tels Bonald, Görres et Donoso Cortés, est intéressante dans la mesure où ils voient dans la centralisation créée par l'absolutisme et les Jacobins, et donc dans l'État moderne dont le cœur semble être la dictature, l'œuvre du rationalisme, qui ne peut toutefois être à son tour dépassée que par une dictature. Ainsi, ces grands catholiques rejoignent-ils, dans le détail même de leur argumentation, les partisans de la dictature du prolétariat[1].

Carl Schmitt

Ces extrémités se touchent et se réunissent à force de s'être éloignées, et se retrouvent en Dieu, et en Dieu seulement[2].

Blaise Pascal

Nous avons pris le parti d'aborder la pensée de Schmitt par ses écrits de droit international, qui, à ce jour, sont les moins étudiés et les moins traduits[3]. D'emblée, le droit international était un problème pour le

1. *La dictature*, 2000, p. 308.

2. *Pensées*, fragment 199.

3. Le texte le plus important sur la pensée internationaliste de Schmitt, en dehors de la préface au *Nomos de la Terre* de Peter Haggenmacher, est le chapitre que Martti Koskenniemi a consacré à Schmitt et à Hans Morgenthau dans *The Gentle Civilizer of Nations. The Rise and Fall of International Law 1870-1960*, Cambridge University Press, 2004 (2001). Il existe également quelques articles sur ce sujet ainsi qu'une thèse non publiée : J. D. Moulton, *Carl*

nationaliste, l'étatiste, le professeur de droit public qu'était Schmitt. D'autant plus que c'est à cause du traité de Versailles, inacceptable pour les Allemands, que toute une génération de juristes s'était mise au droit international : il s'agissait d'abord de se défendre. Œuvre militante, composée d'écrits de circonstance au début, la pensée internationaliste de Schmitt devient pourtant plus théorique au fil du temps, jusqu'au *Nomos de la Terre*, histoire du droit international d'un genre bien particulier. Mais cette théorie et cette histoire resteront toujours liées à un programme politique, comme le manifeste la conférence de Kiel sur les grands espaces, qui permet à Schmitt de soutenir la politique expansionniste d'Hitler.

La pensée internationaliste du juriste est marquée par des grands moments de rupture et de refondation, par des crises qui le poussent à expliciter, à revoir ses concepts. Il est nécessaire, dès lors, de se focaliser non plus sur le décisionnisme de Schmitt ou sur le primat de la politique, mais sur les révisions, l'autocritique, les correctifs apportés à l'étatisme initial. Il faut prêter la plus grande attention au fait que Schmitt est passé d'une définition du droit par la décision au thème du *nomos* (le droit comme ordre concret). On est alors confronté au *mouvement* de cette pensée, non seulement parce qu'elle est ouverte à l'événement, qu'elle commente sans cesse l'actualité, mais aussi parce qu'un véritable « passage au droit international » s'est produit chez Schmitt, qui était au départ avant tout professeur de droit public. Or ce passage n'a rien eu d'automatique ni de facile. Il est d'ailleurs probable que l'abandon du décisionnisme, au moment des *Trois types de pensée juridique* (1934), soit lié au fait que, sous la pression des circonstances extérieures, Schmitt ait de plus en plus pratiqué et pris au sérieux le droit international en tant que discipline.

La lutte contre le traité de Versailles était collective. Un portrait individuel pour décrire les années 1920 aurait faussé les choses. On ne peut se contenter de parler de la psychologie et des faiblesses d'un homme, il convient de parler aussi de la transformation du droit international en discipline universitaire constituée, ce que le droit international n'était pas encore au moment des premiers articles, en 1924-1925. La résistance de Schmitt à la constitutionnalisation du droit international, son dédain pour le pacifisme, puis son acceptation progressive de la fin du droit des gens classique sont la résistance et l'acceptation d'une génération entière.

Schmitt's Theory of International Law and Relations, New School for Social Research, Ann Arbor, Michigan, 1968.

Cependant, les portraits de groupe ont leurs limites eux aussi. Ils ne permettent plus de comprendre ce qui se passe à la fin des années 1930. L'examen du parcours internationaliste de Schmitt oblige à accorder une grande importance aux années 1937-1943, période d'intense « création de concepts » du juriste dans le domaine du droit international dont la conférence sur les grands espaces n'est qu'un moment. Au cours de ces années, Schmitt se distingue de plus en plus des autres juristes anti-formalistes, anti-kelséniens, ceux qui prennent l'État souverain comme un fait central et indiscuté, alors que dans les années 1920, il est difficile de distinguer les textes internationalistes de Schmitt de ceux de ses collègues conservateurs. Dans ces années les juristes allemands critiquaient en chœur le traité de Versailles et la tentative de pacification de la SDN. Les arguments des uns se retrouvaient chez les autres. Mais la période qui suit est un moment de grande inventivité conceptuelle pour Schmitt. À partir de 1937, le juriste dégage certains concepts qui lui sont propres, comme les concepts de guerre discriminatoire, de grands espaces, de retour de la théorie de la guerre juste. Et l'on est alors obligé de constater que l'idéologie très forte du juriste n'entrave aucunement sa fécondité théorique. Décisif est le fait que Schmitt ait cessé de voir dans l'État souverain une institution éternelle. À mesure qu'il prenait acte, à contrecœur, de la « fin de l'État », il s'éloignait du journalisme militant et devenait un véritable théoricien des formes nouvelles, contemporaines, de la guerre et des apories du droit international contemporain.

Dès ce moment, Schmitt entre en désaccord avec les chefs de file de son propre camp. C'est en premier lieu d'Heinrich Triepel et de sa théorie dualiste qu'il se distancie, théorie qui consiste à séparer droit international et droit public comme deux sphères juridiques différentes, et qui subordonne en fait les traités au droit interne, posant que les traités ne sont valables qu'une fois qu'ils ont été « acceptés » par le droit interne ou le gouvernement du jour. Les meilleurs ouvrages d'histoire du droit peinent à classer Schmitt dans les années 1930 et 1940. La présentation en camps adverses qui prévaut chez les historiens du *Methodenstreit* qui eut lieu dans les années 1920 dans l'Allemagne de Weimar, querelle qui opposa kelséniens et anti-formalistes, partisans de la théorie moniste et ceux de la théorie dualiste du droit international, cette présentation ne suffit plus à rendre compte de ce que fait Schmitt. Il n'est d'ailleurs pas indifférent qu'un historien du droit comme Michael Stolleis soit démuni devant le

« cas Schmitt », qu'il déclare que le juriste « est difficile à situer[1] », et finisse par expliquer ses théories par la psychologie spéciale de l'homme, par ses « phobies », son « idiosyncrasie[2] ». Finalement, Stolleis suspecte Schmitt d'être jusnaturaliste[3], ne sachant trop que faire de « toute cette philosophie » qu'on trouve dans ses écrits ni de *l'écart* que la pensée schmittienne instaure avec la pensée des juristes qui sont les plus proches de lui, politiquement et théoriquement.

L'affirmation de cet écart est notre hypothèse de départ. Qu'on l'appelle la « philosophie de Schmitt » ou autrement, une chose est sûre : notre travail n'aurait pas lieu d'être si nous croyions que la pensée de Schmitt était réductible aux controverses idéologiques de son temps ou qu'elle était définissable par la place que Schmitt occupait dans les querelles d'école. Pour mettre en évidence cet écart, ou, si l'on préfère, pour essayer de comprendre pourquoi on lit encore Schmitt aujourd'hui, alors qu'on ne lit plus les juristes nazis Gustav Adolf Walz et Reinhard Höhn, et qu'on ne lit plus beaucoup, bien qu'on les cite encore, certains des grands maîtres de l'époque comme Erich Kaufmann ou Heinrich Triepel, l'un des réquisits essentiels consiste à faire le départ entre ce qui est psychologique, ce qui est idéologique et ce qui est théorique. Il y a incontestablement une idéologie schmittienne, nourrie à plusieurs grandes sources, et qui excède de beaucoup, comme on le verra, les idéologies du nazisme. D'un autre côté, il y a chez Schmitt une critique constante de la pensée idéologique, c'est-à-dire uniquement déductive, fermée sur elle-même, et un souci de se nourrir de l'expérience, d'apprendre, de se modifier et se renouveler. L'adhésion au nazisme semble d'ailleurs plus due chez lui à une « trop grande ouverture d'esprit », s'il est permis de s'exprimer ainsi, qu'à un aspect borné ou dogmatique de sa pensée.

Or, ce constat même de l'ouverture de Schmitt « à la nouveauté » est problématique. On peut en tirer des conclusions contraires. Karl Löwith affirme que « les présupposés métaphysiques » de Schmitt sont « immoralistes et nihilistes[4] », que le juriste « défend une politique de la décision souveraine pour laquelle le contenu n'est tiré que de l'*occasio* contingente issue des diverses situations politiques données, et non pas "de la force

1. M. Stolleis, *Geschichte des öffentlichen Rechts in Deutschland*, München, Beck, vol. 3, 2002, p. 178.

2. *Ibid.*, p. 180.

3. *Ibid.*, p. 114, p. 391.

4. K. Löwith, « Der okkasionelle Dezisionismus von Carl Schmitt », in *Hegel und die Aufhebung der Philosophie im 19. Jahrhundert – Max Weber*, *Sämtliche Schriften*, Stuttgart, Metzler, vol. 5, 1988 [1935], p. 47.

d'un savoir intègre" sur le vrai et le juste[1]...». Selon Löwith, le décisionnisme est «la» métaphysique de Schmitt. L'affirmation que le droit est en dernière instance décision – et non application d'une norme – reviendrait à accepter n'importe quelle décision, pourvu qu'elle ait une certaine fermeté. L'abandon du décisionnisme en 1934 dans *Les trois types*... ne ferait au fond que confirmer le fait que le décisionnisme est la structure profonde de la pensée de Schmitt, puisque la «décision» de l'époque n'était pas prononcée en faveur de l'État, les nazis ayant mis le peuple au dessus de l'État. La vraie nature de la métaphysique schmittienne serait ainsi révélée au grand jour, et le tournant de 1934 ne serait qu'un prélude: l'«occasionalisme» et le subjectivisme que Schmitt avait démasqués dans le romantisme politique des Schlegel et des Adam Müller le caractériseraient en fait lui-même. À la faveur d'un surprenant revirement, l'absence de principe devient ainsi le principe de la pensée de Schmitt. Fait aggravant, dans l'un de ses tout premiers textes, *La valeur de l'État et la signification de l'individu* (1917), Schmitt était non pas décisionniste ni fraîchement converti à l'institutionnalisme, mais un «normativiste radical[2]». La versatilité peut alors apparaître comme étant la règle chez Schmitt.

C'est hélas une tentation de rabattre les faiblesses de caractère du juriste et ses erreurs politiques, éclatantes, sur sa théorie. Mais il est pour le moins problématique de réduire la critique schmittienne du libéralisme à une critique de l'indécision. La critique du libéralisme a chez Schmitt une épaisseur, une complexité et plusieurs lieux. Il n'est pas anodin que Löwith cite presque toujours côte à côte, comme s'il s'agissait d'un seul texte, *Politische Romantik* et *Die geistgeschichtliche Lage des Parlementarismus*. Il rabat ainsi l'une sur l'autre la critique du romantisme et la critique du parlementarisme afin de faire de Schmitt l'ennemi du rationalisme et de la discussion en général[3]. Il est vrai que dans *Politische Romantik* (1919), Schmitt s'attaque au subjectivisme indécis, mais d'hommes comme Adam Müller ou Gentz, qui, s'ils étaient libéraux par certains aspects, ne représentent pas l'idéal-type du libéralisme pour Schmitt, puisque ce qui les caractérise avant tout à ses yeux, c'est leur «insignifiance politique» (*politische Bedeutungslosigkeit*, *PR*: 23). Dans *Die geistgeschichtliche Lage*... (1923), cette fois-ci, c'est bien le libéralisme que le juriste vise (*GLP*: 41-63; *P&D*: 40-64). Mais si l'on

1. *Ibid.*, p. 40.
2. *Ibid.*, p. 59-60.
3. Voir par exemple *ibid.*, p. 36.

résiste à la tentation d'isoler des phrases de leur contexte et d'opposer des formules aux formules, on s'aperçoit que Schmitt est loin d'opposer simplement à la discussion parlementaire une décision nihiliste « pour la décision[1] » quelle qu'elle soit, contrairement à ce que dit Löwith. L'illusion que Schmitt cherche à défaire, c'est surtout la croyance que la décision « constituante », dans nos régimes parlementaires, est celle qui a lieu au parlement. C'est la croyance dans « le caractère public de la discussion » qu'il attaque, car pour lui les décisions les plus importantes se prennent dans les antichambres et les comités « ultra-restreints ». En outre, Schmitt ne s'en prend pas au rationalisme *en général* dans sa critique du libéralisme[2]. Il ne se fait pas le héraut de toutes les décisions irrationnelles, pourvu qu'elles soient « stylées ». Dans sa critique du libéralisme, Schmitt prend pour cible un rationalisme particulier et le dit : une pensée qui postule l'harmonie des intérêts mais aussi le caractère pacifique de l'homme et de l'économie, et qui croit que la discussion suffit à pacifier le monde. À un niveau exotérique, c'est vrai, Schmitt exploite à l'envi le thème de la décision, qui avait bonne presse dans ces années et trouvait un écho favorable chez tous les détracteurs de la République de Weimar, fragile et mal aimée. Mais c'est l'aspect redoutable du texte schmittien : il ne comporte pas d'éloge explicite et direct de l'autorité ni du Reich. Pas plus dans *La notion de politique* que dans *Die geistgeschichtliche Lage...*[3] Schmitt ne s'en prend au libéralisme en tant qu'il serait synonyme d'indécision. Dans *La notion de politique*, Schmitt parle peu de décision. Il reproche à « la pensée libérale d'éluder l'État » et de « se mouvoir dans la polarité caractéristique et toujours renouvelée de deux sphères hétérogènes : la morale et l'économie » (*NP* : 115). Ce n'est pas la discussion parlementaire inefficace qui est ici visée, mais l'éthique humanitaire et la politique des droits de l'homme. Non pas le rationalisme en général, ou l'argumentation, identifiée à la faiblesse de caractère, mais l'oubli de la dangerosité de l'homme. Schmitt rappelle qu'il y a des ennemis plus dangereux que les « adversaire[s] que l'on affronte dans un débat » (*NP* : 66). Enfin, dans *Les trois types...*, le décisionnisme est explicitement rejeté comme type « vrai » de la pensée juridique : il semble désormais inadmissible à Schmitt de

1. Löwith parle de « décision pour le politique » (*Entscheidung für das Politische*) et dans une formule difficile à traduire, de « décision pour la décision » (ou décision pour la résolution : *Entscheidung für die Entschiedenheit*). Cf. *ibid.*, p. 44.

2. C'est ce qu'affirme Jean-François Kervégan dans son ouvrage *Hegel, Carl Schmitt. Le politique entre spéculation et positivité*, Paris, Presses universitaires de France, 2005, p. 131.

3. Voir *infra*, « Dialectique et décision », p. 125 *sq.*

réduire le droit au « point » de la décision. Le décisionnisme peut-il être « la » métaphysique de Schmitt ?

Parler d'une épistémologie schmittienne peut certes sembler provocant. Non seulement parce que Schmitt est juriste, et non scientifique ou théoricien des sciences et que l'emploi de ce terme dans le domaine du droit n'est pas des plus courants. Mais aussi parce qu'on arrache ainsi Schmitt à l'univers de l'irrationalisme romantique que certains considèrent comme le sien. Or, non seulement nous parlerons d'une « épistémologie schmittienne », mais nous associerons le nom de Schmitt au matérialisme, au nominalisme, à la dialectique.

On nous dira que nous confondons le commentaire et ce qu'il commente, que nous rationalisons une pensée en elle-même peu systématique, peu séparable des champs idéologiques desquels elle participe, une pensée dont la seule systématicité serait une « métaphysique de la décision » et qui aurait pour thèse centrale l'idée que la politique est aléatoire, non rationnelle, peu raisonnable. On nous reprochera de vouloir « sauver » Schmitt, et d'oublier l'histoire. D'autant plus que nous nous permettrons des rapprochements qui pourront paraître par trop sauvages et expérimentaux. L'inscription de Schmitt dans la grande tradition philosophique n'est certes pas nouvelle, on connaît la dette de Schmitt envers Hobbes et Hegel. Mais n'est-ce pas passer la mesure que d'envisager une parenté entre Schmitt et Pascal, entre Schmitt et Occam ?

Il nous faut donc commencer d'indiquer ce que nous entendons par « épistémologie », déterminer en quoi il y a là un point de départ que nous nous astreignons à suivre. Nous admettons qu'il y aura une intervention de notre part : notre interprétation excède sans doute les intentions de Schmitt. Nous étudierons le contenu probable des présupposés non énoncés, ou confusément formulés, que la théorie schmittienne recèle ou implique. La fidélité à la pensée du juriste n'est pas pour nous la fidélité à ses intentions. Elle implique, pente dangereuse, de le « sauver » parfois, ne serait-ce que pour nous rendre raison à nous-même de l'intérêt que nous prenons à penser en sa compagnie.

Nous pensons que les commentateurs ont souvent tendance à sous-estimer la cohérence du texte schmittien. On peut faire remonter la tradition interprétative qui voit chez Schmitt une pensée sans principes, servile et opportuniste, à la gauche allemande qui, dès les années 1930 (Franz Neumann, Herbert Marcuse, Karl Löwith, Ernst Bloch, Georg Lukács), réagissait « à chaud » à l'adhésion choquante du juriste au nazisme. L'indignation des contemporains et des étudiants de Schmitt, qui étaient ceux précisément qui avaient pris un grand intérêt à lire ses livres dans les années 1920, est bien compréhensible : Schmitt avait pris sa carte au NSDAP, il occupait de hautes fonctions dans les institutions universitaires, il s'était mis à publier des textes antisémites et abjects. Et pourtant, il faut en convenir, nombre d'objections adressées à Schmitt depuis cette époque portent à faux.

Les livres publiés de Schmitt nous avaient déjà appris que le juriste allemand avait une conscience aiguë des grands problèmes philosophiques. Prendre en compte la « partie immergée de l'iceberg », les inédits, les lettres, le journal (le *Glossarium*), les livres lus et annotés par le juriste qui sont dans les archives, permet de s'apercevoir qu'en outre Schmitt se montrait très réceptif aux problèmes du « matérialisme », de la « dialectique », du « nominalisme », vocabulaire qui parsème ses lettres et son journal et qu'il lui est arrivé d'employer pour décrire sa propre pensée. On s'en doute, cela engage toute l'idée que l'on se fait du « décisionnisme » de Schmitt, car c'est sous ce terme de « décisionnisme » que l'on range le plus souvent l'épistémologie du juriste, qu'on considère par là même, implicitement ou non, comme une pensée anti-dialectique[1]. L'un de nos objectifs est de dégager l'épistémologie silencieuse de Schmitt et de montrer que sous les proclamations bruyantes et sous l'idéologie politique qui, valorisant la décision, exploitent les thèmes qui nourrissent la critique de la République de Weimar, une pensée se déploie qui « travaille » sur elle-même, discute et critique ses propres présupposés, et déconstruit les catégories juridiques avec une radicalité telle que l'on est en droit de se demander si elle ne correspond pas précisément à ce mode de pensée qu'Engels et Lénine qualifiaient de dialectique.

L'une des difficultés auxquelles on se heurte quand on veut dégager l'espace pour une épistémologie schmittienne est le goût du juriste pour les belles formules et les phrases fulgurantes. On se retrouve parfois dans la situation de devoir lutter contre certaines de ses formules « irradiantes ». S'il est vrai qu'il existe chez Schmitt une philosophie (ou une épistémologie) justiciable d'une recherche de ses articulations internes et non pas seulement de l'histoire des idées, celle-ci ne doit pas être discutée au seul niveau des déclarations générales, mais doit être ressaisie au niveau des analyses et des textes, pris dans leur pluralité, niveau qui est aussi celui de l'explicitation maximale des concepts.

Notre hypothèse est que la pensée de Schmitt a une structure au fond constante, mais scindée. *Constance* de l'épistémologie ou de la théorie de

1. *Cf.* J.-F. Kervégan, *Hegel, Carl Schmitt. Le politique entre spéculation et positivité*, *op. cit.*, p. 126-131.

la vérité : le thème du faire vrai, de la vérité comme production, essentiel dans le matérialisme, est très présent chez Schmitt, les théories des juristes n'étant pas pour lui vraies de toute éternité, elles le deviennent dans certaines situations pratiques. Mais *discontinuité* de la théorie juridique, marquée par l'ouverture à l'événement et les refondations successives. Et enfin, *vacillation* idéologique, Schmitt allant presque toujours « dans le sens du courant », n'affrontant pas les orthodoxies provisoires ni les modes ni les régimes en place. C'est ainsi qu'on peut décrire les différents niveaux de la pensée du juriste.

Incontestablement, Schmitt a un « art d'écrire ». Son écriture est excessivement politisée. Le contexte dans lequel il écrivait était celui des guerres mondiales et de la « guerre civile européenne » entre communisme et fascisme. Or, certains indices donnent à penser que les variations dans ce qui est dit (ou non) ne correspondent pas aux variations théoriques, qu'il y a deux courbes distinctes. À l'encontre de Karl Löwith qui met sur le même plan chaque changement, interprété comme opportuniste (par exemple l'effacement des sources marxistes dans la version de 1933 de *La notion de politique* et l'abandon du décisionnisme dans *Les trois types...* [1]), nous pensons qu'il y a plusieurs types de transformations de la pensée schmittienne. Les retouches visant à effacer les sources marxistes, comme d'ailleurs les prises de position sur Clausewitz, on le verra, se situent au niveau exotérique et visible. Elles n'expriment pas de véritable tournant théorique mais simplement l'adaptation à la conjoncture, à l'opinion publique, au régime politique. Clausewitz et Marx sont des sujets brûlants, des symboles. Il existe une interprétation officielle de l'œuvre de Clausewitz, délivrée par l'état-major et l'Académie militaire, qu'il est dangereux de contredire. Quant à Marx, il est difficile de le citer quand on n'est ni communiste ni socialiste. Un mot de travers peut avoir de graves conséquences pour la carrière ou pour la vie. Schmitt efface donc certains noms de ses textes en 1933. Mais sur le plan théorique, Marx, Lénine, Lukács ont une importance constante pour lui, et « son » Clausewitz n'a jamais été le Clausewitz des généraux. Il se pourrait que ce soit en réalité une très grande stabilité qui caractérise l'épistémologie schmittienne. Les noms de Marx et Lénine effacés en 1933 ressurgissent à partir de 1953, de même que le « Clausewitz politique » qui avait disparu de ses écrits après la prise de pouvoir d'Hitler réapparaît en 1963 dans la *Théorie du partisan*, puis en 1967 dans le texte que Schmitt lui consacre. Les coups de

1. K. Löwith, « Der okkasionelle Dezisionismus von Carl Schmitt », *op. cit.*, p. 56, p. 59-60.

projecteurs que le juriste donne çà et là sur ce qu'il pense ont leur rythme propre, qui n'affecte pas directement le rythme de la théorie, plus souterrain.

Afin d'indiquer ce que nous entendons par « matérialisme », par « nominalisme » et par « dialectique », quand nous appliquons ce vocabulaire à Schmitt, on peut commencer par lire certaines remarques du *Glossarium*, auxquelles il faut selon nous prêter la plus grande attention :

> Le positiviste ne quitte pas le milieu calculable et évite la dialectique. Le dialecticien vise le bord des concepts, leurs limites, l'abîme, il passe par là même de l'autre côté des limites, rejoint l'abîme, et de là il pénètre dans un nouveau monde. Il assume le risque de l'abîme car il vise la prime de la découverte d'un nouveau monde. (*Gl* : 189)

Schmitt affirme ensuite que l'opposition entre la dialectique hégélienne et le positivisme de Comte est essentielle du point de vue de l'histoire intellectuelle, qu'elle est une différence « grandiose » à penser.

> Le positivisme de Comte est non dialectique en dépit des trois stades de la théologie, de la métaphysique et du positivisme, pour la raison que les deux stades antérieurs au positivisme se succèdent et le précèdent sans l'engendrer, sans reconnaître en lui leur être propre, leur être de parents. (*Gl* : 189)

> Ce positivisme non dialectique [de Comte] a provisoirement vaincu au XIXe siècle. Mais il ne faut voir en cette victoire même qu'une étape dialectique et voir que la pensée dialectique la met aujourd'hui sens dessus dessous. (*Gl* : 189)

Dans un autre fragment, Schmitt critique l'idéalisme allemand et la raison pure de manière assez classique. Il démasque dans l'idéalisme une vérité seulement théorique, qui ne s'engage pas, qui est coupée du monde de la *praxis* : la pensée « transcendantale », « entre transcendance et empiricité », est récusée « parce qu'elle se situe au point zéro, […] au point mort du concept », parce qu'elle « diffère la division (*Aufspaltung*), ne veut pas être de la partie, préférant faire du surplace, sur la ligne de clivage […], ne s'engageant d'aucun côté, dans la pureté non troublée du concept, c'est-à-dire dans la pureté intacte, précédant toute réalisation, qui caractérise l'idéalisme allemand » (*Gl* : 149).

Enfin, citons encore le passage dans lequel Schmitt, toujours dans le *Glossarium*, parle du nominalisme :

> Représentation et nominalisme apparaissent en même temps dans l'histoire de la pensée et ils participent manifestement d'un même type. *Veritas in*

> *verbo (dicto) non in re*. Présence et réalisme du concept (*Begriffsrealismus*) ; le nominalisme n'est pas la présence, mais le fait de rendre présent dans la conscience (ce qui est absent, ou mieux : ce qui n'est pas là devant[1]). Dictature et nominalisme : le *dictamen*, la vérité est dans le dicté (*dictamine*), non dans la chose (*non in re*) ; contrainte matérielle extérieure (*Sachzwang*). La chose qui est passée du côté de la représentation reçoit un renfort (surcompensé) (*überkompensierte Verstärkung*) qui accompagne le sentiment de non réalité (*Gefühl der Nicht-Wirklichkeit*). Ce qui ne veut pas dire : marche arrière, renoue avec les tendances de la Restauration. (*Gl* : 116)

Nous n'entendons pas dégager maintenant toutes les implications de ces extraits. On peut se contenter de dire pour l'instant qu'en liant le nominalisme à la dictature (l'un de ses principaux concepts politiques), le juriste indique un soubassement de sa pensée juridique. Il dresse un parallèle entre théorie de la vérité et théorie politique qui s'ajoute à ceux qu'il avait nommés dans la *Théologie politique*. On voit d'autre part que Schmitt pouvait se comprendre lui-même comme nominaliste et qu'il pouvait également se placer du côté de la pensée dialectique (au sens où elle s'oppose au positivisme de Comte).

Sur la notion de dialectique, il convient toutefois d'être très précis : ambivalente (dès son étymologie) cette notion est une pierre de touche de la lecture que nous proposons.

Il existe un emploi idéaliste et un emploi matérialiste de la notion de dialectique[2]. Si les choses sont si complexes, en particulier chez Schmitt – qui associe constamment la dialectique aux noms de Hegel et de Marx –, c'est qu'on ne peut simplement identifier le sens idéaliste à la philosophie de Hegel ni le sens matérialiste à Marx, contrairement à ce qu'on pourrait croire de prime abord. Il existe aussi une dialectique idéaliste chez Marx, ce que Schmitt répète souvent. Quand elle est idéaliste, la notion de dialectique renvoie à un développement engendré, certes, par des crises et des conflits (thèse/antithèse), mais dans lequel la discontinuité et la contradiction se révèlent apparentes et se résolvent finalement dans une synthèse supérieure. La dialectique est ainsi liée à l'affirmation que l'histoire est rationnelle et que les crises avançaient dès le début vers leur résolution. Quand elle est matérialiste, la dialectique désigne le réel comme non identifiable à des catégories logiques et à leurs enchaînements.

1. La nuance est difficile à traduire, Schmitt écrit : « *abwesendes oder besser : nicht vorhandenes* ».

2. Sur la dialectique, voir P. Raymond, *Le passage au matérialisme*, Paris, Maspéro, 1973, p. 292 *sq*. et É. Balibar, *La philosophie de Marx*, Paris, La Découverte, 2001, p. 78 *sq*.

Un peu avant Gramsci et Walter Benjamin, Schmitt critique avec véhémence l'« historicisme[1] » révolutionnaire de Marx, sa vision continue et cumulative de l'histoire qui conduit ce dernier à prédire la fin du capitalisme et que Schmitt rapproche de la philosophie du progrès et de Comte. Le juriste range systématiquement Hegel et Marx *ensemble* du côté de la dialectique idéaliste, réduisant par là même la différence, qui existe pourtant, entre la dialectique de l'esprit objectif de Hegel et la dialectique des modes de productions et des formations sociales de Marx[2]. Bien que n'ayant pu connaître tous les textes de jeunesse de Marx[3] (comme l'*Idéologie allemande,* parue seulement en 1932), Schmitt affirme déjà dans *Die geistgeschichtliche Lage*... que la scientificité du marxisme est de la métaphysique. Il s'en prend aux certitudes bétonnées et au déterminisme du matérialisme historique, à la « nécessité de fer » des lois de l'histoire. Il rattache Marx à la philosophie de l'histoire et des Lumières, disant schématiquement que Marx est la rationalité des Lumières moins le moralisme. Comme d'autres auteurs de la Révolution conservatrice[4], il se sent plus proche de Lénine que de Marx et souligne l'écart entre les deux penseurs. La Révolution de 1917 est essentielle à ses yeux parce qu'elle représente pour lui l'affirmation de la volonté contre le fatalisme.

Dans la plupart de ses textes, Schmitt nous a donc habitués à minimiser la différence entre la dialectique hégélienne, du côté de laquelle il tire sans cesse Marx, et l'idéologie du progrès qui décrit le temps historique comme une ligne ascendante. C'est pourquoi la note sur la dialectique du *Glossarium* est si remarquable et a une valeur d'aveu : juste après avoir exceptionnellement détaché Hegel de Comte et du positivisme du progrès, après avoir affirmé que cette différence entre Hegel et Comte était l'une des choses les plus « grandioses » (*großartig*) à penser pour l'historien des idées, il affirme aussitôt que Marx, lui, en tout cas, « n'est pas dialecticien », qu'il reste du côté de Comte, qu'il « est le vrai positiviste »

1. W. Benjamin, « Sur le concept d'histoire », dans *Écrits français*, Paris, Gallimard, 1991, p. 339-347. Voir aussi le commentaire d'É. Balibar, *La philosophie de Marx, op. cit.*, p. 81.

2. Dans un long fragment daté de 1931 intitulé « Marx et Hegel », Schmitt cherche à déterminer en quoi la dialectique marxienne et la dialectique hégélienne sont équivalentes, les différences insignifiantes. *Cf.* P. Tommissen (hsgb.), *Schmittiana IV*, Berlin, Duncker & Humblot, 1994, p. 48-52.

3. La correspondance avec Hans-Dietrich Sander parue récemment révèle que Schmitt avait une connaissance pointue des écrits de Marx et Engels. *Cf.* C. Schmitt, H.-D. Sander, *Werkstatt-Discorsi, Briefwechsel 1967-1981*, Schnellroda, Edition Antaios, 2008.

4. Voir S. Breuer, *Anatomie de la révolution conservatrice*, Paris, Éditions de la Maison des sciences de l'homme, 1996, p. 179 *sq*.

(*Gl* : 189). Dans la note du *Glossarium* que nous avons citée, la dialectique de Hegel est vue comme un mode de pensée radicalement anti-substantialiste, qui renverse les catégories fixes de la métaphysique, et qui par là, frôle « l'abîme ». Il ne s'agit plus de la marche en avant de l'histoire et de son couronnement final par une synthèse et une réconciliation. Or, non seulement cette présentation décrit la façon dont Schmitt lui-même a traité les catégories juridiques dans des livres comme *La dictature* ou *la Théorie de la Constitution*, en les « mettant en mouvement », en les rajeunissant et en les relativisant, mais de plus, cette description est indissociable de la lecture qu'ont faite de la dialectique hégélienne[1] Engels et Lénine, qui chacun ont dégagé un sens matérialiste de celle-ci (repéré notamment dans *La logique de l'essence*). C'est pourquoi le spectre de Marx rôde encore, via Engels et Lénine dont Schmitt s'inspire ici fortement, et qu'il lui faut chasser à nouveau ce spectre, en le renvoyant immédiatement aux côtés du positivisme du progrès de Comte, et cette fois-ci seul, sans Hegel.

Inutile de dire que la lecture que Schmitt délivre de Marx est spéciale. S'il martèle que la différence entre dialectique hégélienne et dialectique marxienne est minime, s'il revient sur ce point, tourne autour, s'il refuse si fermement l'idée que la dialectique a plusieurs sens chez Marx, un sens idéaliste, et un autre, n'est-on pas en droit de voir là un point d'honneur du juriste, une de ses obsessions qui viennent de la difficulté qu'il a à concilier son affect anti-marxiste, dû à ses préférences politiques, avec les emprunts théoriques massifs qu'il fait à Marx et au marxisme ? L'autre sens de la dialectique chez Marx, sur lequel Althusser a insisté (présent *aussi chez Hegel*, en mineure, comme l'ont montré Engels et Lénine), n'est-ce pas précisément le trait d'union entre Schmitt et Marx, et donc ce qu'il ne faut surtout pas nommer, décrire, envisager ?

C'est probablement ce qui rend les choses si complexes : qu'à la grande ambivalence de la notion de dialectique, dont Schmitt a conscience, s'ajoute un « coup de force » dans l'interprétation qu'en donne le juriste.

Nous sommes donc d'accord pour dire que ce qui prime chez Schmitt, c'est l'absence de conciliation et de réconciliation spéculatives. Pour lui, les conflits ne peuvent être dépassés dans l'esprit objectif ou le sens de l'histoire. Le hiatus entre idée et réalité, qui est aussi l'écart entre les formes du droit et la matière de la politique, ne peut être comblé. L'idée que

1. Voir F. Engels, *La dialectique de la nature*, Paris, Éditions sociales, 1975 [1925] et Lénine, *Cahiers philosophiques*, Paris, Éditions sociales, 1973 [1929/1930]. Schmitt évoque la lecture que fait Lénine de la logique hégélienne dans le *Glossarium*, p. 209.

la politique n'est jamais entièrement juridique est une autre facette de la thèse selon laquelle la réalité n'est pas entièrement logique : pour Schmitt la forme juridique n'a qu'imparfaitement prise sur les relations politiques, qu'elle « traduit » toujours mal. La pensée de Schmitt est une pensée de la contingence : l'ordre lui apparaît toujours dans sa fragilité.

Mais constater que le juriste offre une pensée de la crise et de la disjonction ne suffit pas, loin s'en faut, à faire de Schmitt un penseur anti-dialectique. Une telle assertion présuppose qu'il n'est de dialectique qu'idéaliste, couronnée par une synthèse. Schmitt, c'est sûr, n'est pas innocent de ce soupçon. La plupart du temps, on l'a dit (l'extrait du *Glossarium* est une exception), le texte schmittien va dans le sens d'une identification de la dialectique à l'idéalisme de la philosophie de l'histoire, qui convertit la violence en rationalité. Or, nous sommes ici entièrement d'accord avec Carlo Galli qui affirme que Schmitt partage avec Marx tout un ensemble de thèses anti-hégéliennes, anti-idéalistes, qui vont à l'encontre de la dialectique prise dans son sens idéaliste, mais qui laisse subsister chez lui une dialectique au sens matérialiste : « Il y a une dette de Schmitt à l'égard de la grande leçon dialectique qui assimile le "concret" à proprement parler à la contradiction sociale radicale et qui s'oppose aux logiques de la médiation moderne et à ses intentions rassurantes. En somme, Schmitt partage avec la tradition dialectique et avec Marx la thèse selon laquelle la médiation rationnelle se heurte à une immédiateté qui, loin de lui être extérieure, est générée en son sein, la thèse autrement dit qui veut que le renversement de la politique en violence ne soit pas l'autre de la politique, mais bien une de ses possibilités originaires[1]. » La différence est que Marx attend une réconciliation de l'avenir, alors que Schmitt craint que « l'explosif » de cette attente ne détruise tout. Mais, toute attente mise à part, si l'on met de côté la question des buts ultimes, dans le détail, leurs analyses sont souvent proches et c'est cette proximité que Schmitt conjure souvent et a du mal à admettre.

En conséquence, on peut pointer une double filiation du matérialisme chez Schmitt et l'on peut s'engager dans deux directions : d'une part, on trouve chez le juriste ce qu'Étienne Balibar appelle, par opposition au « matérialisme historique », un « matérialisme de la politique[2] » qui prend en compte la contingence de la *praxis* mais aussi l'irrationalité des affects

1. C. Galli, *Genealogia della politica. Carl Schmitt e la crisi del pensiero politico moderno*, Bologna, Il Mulino, 1996, p. 52. T.d.A.

2. É. Balibar, *La crainte des masses. Politique et philosophie avant et après Marx*, Paris, Galilée, 1997, p. 191.

politiques, l'aspect « peu géométrique » des regroupements et des fronts réels, les notions vagues et les lieux communs qui soudent les groupements dans la vie politique. Schmitt s'identifie à l'activité contre-révolutionnaire pratique, contre les systèmes, eux-mêmes identifiés au réformisme. C'est ce qui le rapproche de Lénine et de Sorel (le juriste est d'ailleurs l'un des premiers à commenter les *Réflexions sur la violence* en Allemagne). D'autre part, on peut rassembler les fragments d'un « matérialisme théorique » présent aussi en pointillé dans le texte schmittien, mais, il est vrai, plus opératoire que thématisé. On est alors amené à suivre surtout Engels, qui, dans les fragments de la *Dialectique de la nature*, esquisse une *philosophie* matérialiste [1], ce qu'excluait *L'Idéologie allemande* puisque, d'une façon ultra-positiviste, Marx y avait dénié à la philosophie toute valeur de connaissance et l'avait rangée du côté de l'idéologie.

Que Schmitt suive Lénine et Sorel dans leur éloge de l'action directe (« matérialisme de la *praxis* » ou de la contingence), certains, comme Carlo Galli ou Stefan Breuer l'ont montré. Mais il va moins de soi que non seulement Schmitt « pratique » la dialectique au sens dégagé par Engels, mais qu'il énonce toute une série de thèses, disjointes entre elles, qui indiquent qu'il prend conscience de la « vérité » du matérialisme (« matérialisme théorique »). Les notes du *Glossarium* sur la dialectique et l'idéalisme, correspondent exactement aux deux pôles de l'histoire de la pensée selon Engels : le mode de pensée « dialectique » du matérialisme (ce qui était « la raison » chez Hegel), et le mode de pensée « métaphysique » de l'idéalisme (« l'entendement » chez Hegel). Dans ces fragments du journal de travail de Schmitt, on voit bien que la dialectique n'est pas l'apanage de la « société » ou de l'histoire, elle ne tient pas à tel ou tel objet dont la nature serait dialectique, mais, comme chez Engels, à un mode de pensée qui peut s'appliquer à tout et qui peut donner le « sentiment de la non-réalité » des choses (*Gl* : 116), le sentiment de « frôler l'abîme » (*Gl* : 149).

Il faudra donc observer de près le mode d'écriture de l'histoire du droit dans *Le nomos de la Terre*, mais aussi dans les textes essentiels de la même époque comme *La formation de l'esprit français par les légistes* (1942) ou *La situation de la science européenne du droit* (1943-1944). Nous verrons que le juriste dissout radicalement les idéalités telles que le « droit », la « loi », et même « l'État » et que les écrits internationalistes en particulier sont un lieu privilégié de cette dissolution.

1. Pierre Raymond développe la thèse d'Engels et présente la philosophie comme un combat constant, depuis Platon, entre matérialisme et idéalisme. Nous nous inspirons de son livre, *Le passage au matérialisme*, *op. cit.*

Dans la première partie de ce travail, nous montrons quelle était la situation concrète de la discipline du droit international dans l'Allemagne de Weimar. Le droit international était tout juste en train de devenir une discipline universitaire constituée. Dans les années 1920, pour la génération de professeurs de droit public à laquelle Schmitt appartient, à l'exception de quelques pacifistes isolés, le droit international n'était pas une science neutre. Les *Staatsrechtler* (professeurs de droit public) de l'Allemagne de Weimar luttaient en réalité contre les libéraux qui construisaient ce droit comme une science. C'est l'ensemble des résistances que les juristes nationalistes opposent en Allemagne au processus de scientificisation du droit international que nous voulons d'abord éclairer.

Dans la deuxième partie, nous enquêtons sur l'épistémologie schmittienne et cherchons à comprendre pourquoi celle-ci est « immergée » et silencieuse. Nous cherchons à cerner l'unité de la pensée schmittienne, ce qui la structure en profondeur, partant de l'hypothèse qu'en elle se manifeste une unité de matérialisme et de spiritualisme, unité de contraires qui est une alliance anti-idéaliste, et voulant montrer que c'est seulement à ce niveau que l'on peut parler d'une constance du texte schmittien. Nous procédons alors à des rapprochements avec les nominalismes d'Occam, de Hobbes et de Pascal, qui ont un caractère en partie expérimental mais un but précis : il s'agit d'élargir la perspective sur les sources philosophiques de Schmitt, par-delà Hobbes et Hegel et d'indiquer que la scission que nous repérons dans le texte schmittien n'est pas absolument originale. Elle se comprend mieux pour qui a en tête la tradition des nominalismes.

Dans la troisième partie, nous montrons ce que Schmitt doit à la théorie de l'impérialisme et en quoi cette théorie est le soubassement du paradigme du retour de la guerre juste. Nous nous concentrons sur un moment particulier de sa production internationaliste, moment de grande instabilité et de refondation théoriques qui se situe dans les années 1937/1940. Nous cherchons à décrire l'intense « travail » de la pensée schmittienne dans ces années, l'ouverture à l'économie, à la pensée des juristes libéraux. Schmitt cherche alors à se déprendre de sa propre idéologie souverainiste et nationaliste. Il engage une critique des dualismes figés qui sont ceux du positivisme centré sur l'État, principalement les deux dualismes du droit public et du droit privé, du droit international et du droit interne. Alors que le juriste affirmait en 1923 qu'« une forme d'organisation politique cesse d'être politique quand elle est édifiée sur la base du droit privé, comme c'est le cas dans l'économie moderne » (*P&D* : 31), il accorde désormais une grande attention au droit privé. Il y cherche des formes nouvelles pour le droit international, abandonnant son attitude purement réactive vis-à-vis du droit international contemporain.

Enfin, dans la quatrième partie, nous parlons de la notion de « guerre civile mondiale » (*Weltbürgerkrieg*), Schmitt étant l'inventeur de cette expression. Nous ne reprenons pas les réflexions que nous avons menées ailleurs[1] mais nous les prolongeons. Nous intéresse d'abord le traitement que Schmitt réserve, surtout dans des inédits et en dialoguant avec d'autres internationalistes qui, eux, continuaient à occuper l'espace public par des publications et des conférences, à un certain nombre de grands moments du droit international du second après-guerre : les crimes d'Hitler, Nuremberg, l'occupation de l'Allemagne par les Alliés, la guerre de guérilla et le terrorisme. Enfin nous mettons en lumière le « scénario hobbesien » du *Nomos de la Terre* qui idéalise la guerre interétatique mais la relègue au passé. Ce scénario est en effet indissociable du diagnostic selon lequel les nouvelles guerres désignent un ennemi « absolu », un ennemi de l'humanité, et représentent par là même une forme sécularisée et positivée de l'ancienne « guerre juste ».

1. Voir C. Jouin, « La guerre civile mondiale n'a pas eu lieu », dans C. Schmitt, *La guerre civile mondiale. Essais, 1943-1978*, Maisons-Alfort, Ère, 2007.

PREMIÈRE PARTIE

DROIT INTERNATIONAL ET IDÉOLOGIE

CHAPITRE PREMIER

LA SITUATION DE LA DISCIPLINE DU DROIT INTERNATIONAL DANS L'ALLEMAGNE DE L'ENTRE-DEUX-GUERRES

UNE JEUNE DISCIPLINE SUR LA DÉFENSIVE

Décrire l'itinéraire internationaliste de Schmitt présente certaines difficultés. En premier lieu parce que le secteur de recherches dans lequel le juriste évolue – le droit international – se transforme lui-même à un rythme rapide. En second lieu, parce que Schmitt n'est pas isolé. Il appartient à plusieurs cercles de juristes que les historiens du droit ont encore du mal à étiqueter. Il fait partie du groupe des professeurs de droit public que les historiens appellent parfois les décisionnistes, parfois les anti-kelséniens, dont les figures principales sont Erich Kaufmann, Hermann Heller et Rudolf Smend, mais aussi du groupe assez hétéroclite d'internationalistes souverainistes formé notamment de Heinrich Triepel, Erich Kaufmann, Gustav Adolf Walz, Axel von Freytagh-Loringhoven, Viktor Bruns, Friedrich Berber, Ernst Wolgast, plus tard Wilhelm Grewe, etc. Les noms de ces juristes internationalistes de l'entre-deux-guerres, qui ont presque tous eu une attitude ambiguë sous le régime nazi[1], quand ils n'ont pas adhéré directement au NSDAP, sont peu connus des lecteurs français.

Schmitt était parfois original, parfois non. Il convient de le situer dans son entourage et de rendre visible un paysage de doctrines oubliées. Il ne

1. Les exceptions notables sont Erich Kaufmann, qui avait des origines juives, et Heinrich Triepel.

s'agit pas toutefois de reconstruire « la » doctrine conservatrice, fasciste ou nazie, du droit international (comme le fait par exemple Franz Neumann dans *Béhémoth*). Un exposé de ce type comporte un inconvénient majeur : il présuppose à tort qu'il existe une doctrine unitaire, de la « révolution conservatrice » ou du nazisme, doctrine qui se serait réfractée dans les domaines spécialisés. Nous sommes plutôt parti des hypothèses de travail suivantes :

1) Il nous a semblé plus fécond de décrire les « *petites différences* » entre Schmitt et les juristes « de son camp » plutôt que d'opposer Schmitt à Kelsen. L'opposition franche à Kelsen offre certes une vue claire, « en tableau », des camps qui s'opposaient dans l'Allemagne de Weimar. La controverse fameuse qui a opposé Kelsen et Schmitt – à propos du « gardien de la constitution » au début des années 1930 – a eu lieu sur le terrain du droit constitutionnel. Il n'en reste pas moins qu'en droit international, les positions de Schmitt et de Kelsen s'opposent également. L'étude de ces positions offre une vue symétrique, d'avance synthétique, des théories des deux juristes. Se contenter de cet antagonisme conduit cependant à surévaluer l'importance de la méthode dans la genèse des théories et, en particulier, à méconnaître la genèse réelle de la pensée schmittienne, qui, sur le terrain du droit international, est moins née du conflit avec le positivisme juridique du maître de Vienne que de contraintes autres, idéologiques souvent, et très fortes. Chercher les petites différences entre Schmitt et les juristes de son propre camp fait apparaître des écarts inattendus, des filiations méconnues, des « détails » oubliés, bref une histoire parallèle qui bouscule la représentation usuelle qui, pour présenter le droit allemand de l'entre-deux-guerres, centre tout sur le *Methodenstreit* qui a opposé kelséniens et anti-kelséniens.

2) Il nous a semblé d'autre part que pour comprendre l'œuvre internationaliste de Schmitt, il convenait de prendre en considération non seulement la crise politique du XXe siècle, mais aussi *la crise des savoirs et des « sciences humaines »*. Il s'avère par exemple que le rapport du droit international à la discipline de l'histoire est fondamental pour appréhender les contraintes idéologiques qui ont pesé sur la jeune discipline du droit international. L'histoire, discipline reine, prestigieuse au sein de l'université allemande, tentait, depuis la fin du XIXe siècle, de conserver ses anciennes méthodes face à l'assaut des « sciences humaines » (*Geisteswissenschaften*). C'est de Ranke que la majorité des historiens s'inspirait. Les juristes anti-kelséniens, quant à eux, ont ouvert la porte à la sociologie. L'influence de Max Weber sur Schmitt et les schmittiens était cardinale. Mais derrière Weber se cachait Marx. Or, même les juristes les plus ouverts

aux sciences sociales, même les plus wébériens, sont restés fermés à Marx et au marxisme. Dans la situation de guerre civile latente ou ouverte qui était celle de l'entre-deux-guerres, à cause du conflit qui opposait le fascisme et le bolchevisme, Marx représentait au premier chef un ennemi politique. Il semble que le geste spécifique de Schmitt, l'écart qui le sépare des autres juristes, consiste à avoir fait passer dans le droit non seulement les sciences sociales mais aussi, *en contrebande*, la tradition marxiste.

Notre hypothèse est celle que Hans Rothfels est probablement le seul à avoir formulée clairement dans l'entre-deux-guerres[1]. Marx et Ranke représentaient deux pôles opposés : la gauche et la droite ; la sociologie et l'économie d'un côté, l'histoire de l'autre. Marx et Engels se moquent de Ranke et les rankiens avaient ouvert la lutte contre le matérialisme historique. Mais Hans Rothfels insiste sur les points communs qui unissent Ranke et Marx sur le terrain de la politique extérieure. Selon lui, les fronts de la guerre civile réelle ne peuvent être qu'artificiellement reconduits comme fronts scientifiques. Rothfels pressent déjà que la théorie de Marx et le marxisme vont se normaliser dans les sciences historiques et sociales et que ses collègues historiens risquent d'être rapidement dépassés s'ils ne transforment pas leurs méthodes. Il considère que Ranke a fait le lit du marxisme dans le domaine de la politique extérieure. La ligne de défense contre le marxisme n'est souvent maintenue qu'au seul niveau du vocabulaire, au moyen aussi d'une déformation outrée du matérialisme. Rothfels exagère peut-être dans l'autre sens quand il montre l'aspect artificiel et posé de ce combat scientifique et quand il dépeint la « région intermédiaire » où Marx et Ranke se rencontrent[2]. Mais il est l'un des seuls historiens conservateurs à dire avant 1945 que l'apport scientifique de Marx est considérable et incontournable. Schmitt n'aura pas cette franchise, mais son œuvre illustre pour le droit ce que dit Hans Rothfels, à savoir que le marxisme « est d'abord entré en contrebande dans la science sociale allemande[3] ».

1. H. Rothfels, « Marxismus und auswärtige Politik », *in* P. Wentzke (hsgb.), *Deutscher Staat und Deutsche Parteien : Beiträge zur deutschen Partei- und Ideengeschichte ; Friedrich Meinecke zum 60. Geburtstag dargebracht*, München, Oldenbourg, 1922.

2. *Ibid.*, p. 317-319.

3. *Ibid.*, p. 319. Dans les archives Carl Schmitt se trouve le texte de Marx sur la Russie de Pierre le Grand que Wittfogel a exhumé et qui avait été censuré, n'étant pas présent dans les éditions officielles soviétiques et allemandes des œuvres de Marx et Engels (*Enthüllungen zur Geschichte der Diplomatie im 18. Jahrhundert*, Frankfurt-am-Main, Suhrkamp Verlag, 1980 ; *Arch* RW 265-27823). À la fin de sa vie, Schmitt a souligné presque chaque ligne des deux introductions à ce texte de Marx, écrites respectivement par G. L. Ulmen et par K. A. Wittfogel. Dans ce texte publié tardivement, non seulement Marx offre un récit

3) Nous sommes parti de l'idée que la *nouveauté* du droit international en tant que discipline universitaire constituée, qui peut facilement passer inaperçue à la lecture des internationalistes conservateurs de l'Allemagne de Weimar, est un fait essentiel. Cette jeune discipline en manque de légitimité était en pleine « invention de tradition ». Le risque est alors de prendre au mot les internationalistes conservateurs de cette époque quand ils nient la nouveauté radicale du droit international du XXe siècle et qu'ils le déprécient en l'assimilant à une forme de déclin de l'ancien droit des gens. Ces juristes présentaient en effet leur discipline comme étant très ancienne et ils tentaient par là d'imposer son existence auprès de disciplines aînées (le droit public, l'histoire), qui la remettaient en cause. Or, il n'y avait pas continuité mais rupture avec le droit des gens de Grotius et de Vattel. En prendre conscience, en dépit des dénégations des juristes, permet d'apercevoir un champ d'obstacles et de lutte dissimulé derrière le calme feint de la tradition. L'*histoire du droit international*, en particulier, était un genre nouveau. Ce genre s'est épanoui surtout après 1945, mais à partir de ruptures et de déblocages qui se sont produits sous la République de Weimar et sous le IIIe Reich. Le constater conduit à appréhender l'entre-deux-guerres comme une période de maturation. Les livres d'histoire du

« rankien », une histoire diplomatique classique et à l'ancienne de la Russie du XVIIIe siècle, mais surtout, il affirme ce que Wittfogel lui reprochait de ne jamais avoir dit et qu'il a été bien aise de lire sous sa plume. Marx évoque en effet le fait que dans le « despotisme oriental » la classe bureaucratique était la classe dominante et que l'exploitation de classe perdurait donc quand les moyens de productions étaient concentrés dans les mains de l'État. Avant de redécouvrir ce texte qui était une arme précieuse contre le stalinisme et le socialisme réel de l'Europe de l'est, Wittfogel avait reproché à Marx d'avoir commis un « péché contre la science » en omettant de désigner la bureaucratie des sociétés orientales comme la classe dominante et en voilant la domination de la bureaucratie sous ce qui était autrement pour lui une mystification (la domination d'un individu ou de l'État). Selon Wittfogel, Marx n'avait pas insisté sur ce point à cause du conflit avec les anarchistes (les partisans de Proudhon et de Bakounine), qui affirmaient que le socialisme d'État (le programme communiste à l'époque) aboutirait au despotisme d'une minorité bureaucratique privilégiée. *Cf.* K. A. Wittfogel, *Oriental Despotism. A Comparative Study of Total Power*, New Haven, Yale University Press, 1957, p. 387 *sq.* Voir aussi G. L. Ulmen, *The Science of Society. Toward an Understanding of the Life and Work of Karl August Wittfogel*, La Haye, Paris, New York, Mouton Publishers, 1978. On peut penser que Schmitt s'intéresse à l'histoire de la censure de ce texte autant qu'au texte lui-même. Cela est visible dans ses annotations qui marquent son émotion extrême. Schmitt devait se sentir proche de Wittfogel qui reprochait à Marx d'avoir produit une économie politique qui n'était pas assez politique. Ce texte de Marx et son histoire donnent corps au souhait exprimé par Hans Rothfels en 1922 d'une « réconciliation scientifique » de Marx et des rankiens. Il a pu être aussi l'occasion d'une éphémère réconciliation de Schmitt avec lui-même.

droit international se sont multipliés après 1945[1], mais le genre avait déjà pris son essor au sein des monographies, brochures, expertises et articles qui constituent la majeure partie des écrits de droit international entre 1918 et 1945 et qui livrent des histoires du droit international en miniature.

Il n'est pas anodin qu'à cette époque, en droit international, la production ait été dominée par des textes courts qui faisaient souvent le commentaire de la politique du jour. L'apparition de l'histoire du droit international comme genre scientifique dans l'entre-deux-guerres peut s'expliquer : c'est par l'histoire que l'on contestait le droit international positif et prétendument « rationnel » des Alliés. Pour critiquer le droit positif de Versailles et de Genève, on était obligé de mettre à distance le positivisme qui avait régné en Allemagne dans les écrits de droit international du XIXe siècle. Le positivisme était traditionnel en Allemagne dans ce domaine. Georg Friedrich de Martens et Johann Ludwig Klüber en étaient les grands représentants au XIXe siècle. Mais la tradition positiviste du droit international était soudain inutilisable après 1918 par les juristes allemands, car les Alliés avaient vaincu aussi sur ce terrain-là : ils étaient devenus les maîtres du droit international positif et les nouveaux auteurs de la codification internationale.

1. En ce sens, *Le nomos de la Terre* fait partie des quelques rares livres qui ont ouvert une tradition. Jörg Fisch écrit que « l'histoire du droit international est l'enfant mal-aimé de l'histoire du droit » (*Die europäische Expansion und das Völkerrecht. Die Auseinandersetzungen um den Status der überseeischen Gebiete vom 15. Jahrhundert bis zur Gegenwart*, Stuttgart, Steiner, 1984, p. 28). Le premier livre du genre semble être celui de D. H. L. von Ompteda, *Literatur des gesamten natürlichen und positiven Völkerrechts* (Regensburg, 1785) Les deux textes d'histoire du droit international les plus importants du XIXe siècle sont ceux de Robert Mohl (*Die Geschichte und Literatur der Staatswissenschaften*, vol. 1, 1855) et d'Alphonse Rivier (*Literarhistorische Übersicht der Systeme und Theorien des Völkerrechts seit Grotius*, *in* Franz von Holtzendorf (hsgb.), *Handbuch des Völkerrechts*, Berlin, 1885, vol. 1). Dans l'entre-deux-guerres, les textes sont rares. L'*Histoire des grands principes du droit des gens depuis l'antiquité jusqu'à la veille de la grande guerre* de R. Redslob (Paris, 1923), l'article « Völkerrechts-Literaturgeschichte » de F. Stier-Somlo, paru dans le *Wörterbuch des Völkerrechts und der Diplomatie*, dirigé par K. Strupp (Berlin, Leipzig, 1929) et le *Völkerrecht* d'A. Verdross (Berlin, 1937) sont les trois principaux écrits de la période. Après 1945, ce sont les livres d'A. Nussbaum (*A Concise History of the Law of Nations*, 1947), d'E. Reibstein (*Völkerrecht*, 1958-1963) et de W. Preiser (*Die Völkerrechtsgeschichte. Ihre Aufgaben und ihre Methode*, 1964) qui dominent la littérature. Pour la bibliographie on se reportera à J. Fisch, *Die europäische Expansion und das Völkerrecht. Die Auseinandersetzungen um den Status der überseeischen Gebiete vom 15. Jahrhundert bis zur Gegenwart*, Stuttgart, Steiner, 1984, p. 28 *sq*. et à l'article de P. Macalister-Smith et de J. Schwietzke : « Literature and Documentary Sources relating to the History of Public International Law : An Annotated Bibliographical Survey », *Journal of The History of International Law*, n° 1, 1999, p. 136-212.

UNE VOIE ÉTROITE : LA POSITION DES CONSERVATEURS

Les professeurs de droit international conservateurs adoptaient une position paradoxale dans l'Allemagne de Weimar : ils annonçaient le « déclin » ou la « fin » du droit international au moment même où celui-ci s'installait en tant que discipline dans l'Université[1]. Ils dénonçaient l'« inflation » des règles de droit international après la guerre, l'aspect « surabondant », « proliférant » de la littérature de droit international et décriaient son formalisme « envahissant[2] ».

Comment se fait-il que cette jeune science aux contours nouveaux, qui, auparavant, dépendait, dès qu'on allait au-delà de la simple compilation des traités, de domaines aussi divers que le droit romain, le droit public ou la philosophie, ait été qualifiée de produit de « décomposition » du droit des gens classique par ceux qui en devenaient les spécialistes ? Comment l'une des premières véritables « générations » d'internationalistes a-t-elle pu prendre pour maîtres ceux qu'elle appelait elle-même les « négateurs » du droit international (*Leugner des Völkerrechts*), à savoir Hobbes, Clausewitz et Hegel ? Ne sciait-on pas la branche sur laquelle on était assis ? Et n'y avait-il pas un paradoxe ou un anachronisme à faire de Hobbes et de Hegel les chefs de file des négateurs d'un droit supraétatique que ces derniers n'avaient pas connu, qui n'avait pas existé même en germe à leur époque[3] ? Comment ne pas voir que ces juristes souverainistes

1. Schmitt situe la fin du *Jus publicum europaeum* dans les années 1890. C'est à ce moment qu'apparaissent en Europe les premières chaires de droit international, les premières revues, les premiers instituts.

2. *Cf.* G.-A. Walz, *Inflation im Völkerrecht der Nachkriegszeit*, Berlin, Duncker & Humblot, 1939, p. 54. Walz critique l'« accumulation de traités » (*Vertragshäufung*), la « pactomanie » (*Paktomanie*). Freytagh-Loringhoven parle lui aussi d'« inflation » du droit international. *Cf.* A. von Freytagh-Loringhoven, *Die Satzung des Völkerbundes*, Berlin, Verlag von Georg Stilke, 1926, p. 50. Schmitt durcit le ton en 1934 : dans « Nationalsozialismus und Völkerrecht », il parle de « l'essor apparent du droit international » (*Scheinblüte des Völkerrechts*), de « l'aspect surdimensionné de l'entreprise du droit international » (*aufgeblähter Völkerrechtsbetrieb*), *FP*, p. 394, p. 397. Il affirme que l'entrée du droit international dans l'Université est un produit de cette *Scheinblüte* et de l'idéologie humanitaire.

3. L'invention d'une tradition de « négateurs » du droit international supraétatique est réalisée notamment par les livres d'Hermann Heller sur Hegel (*Hegel und der nationale Machtstaatsgedanke in Deutschland. Ein Beitrag zur politischen Geistesgeschichte*, Berlin et Leipzig, Walter de Gruyter, 2007 [1921]) et de Gustav Adolf Walz (*Wesen des Völkerrechts und Kritik der Völkerrechtsleugner*, Stuttgart, Kohlhammer, 1930). Sur l'aspect artificiel de cette perspective, voir A. von Trott zu Solz, *Hegels Staatsphilosophie und das internationale Recht*, Göttingen, Vandenhoeck & Ruprecht, 1967 [1932], p. 138 *sq.* ainsi que M. Koskenniemi, *The Gentle Civilizer of Nation*, *op. cit.*, p. 32 *sq.*

commettaient là un « contresens créateur » à l'endroit de ceux qu'ils prenaient pour maîtres et qu'ils construisaient littéralement une tradition de « négateurs » afin de consolider la voie étroite qu'ils empruntaient eux-mêmes ?

Pour peu que l'on oublie que les conservateurs de Weimar se heurtaient à des résistances idéologiques très fortes en devenant internationalistes (*Völkerrechtler*), alors qu'ils étaient au départ des professeurs de droit public (*Staatsrechtler*), cela serait presque incompréhensible. Il est important de garder en tête le fait que ni Carl Schmitt, ni Erich Kaufmann, ni Viktor Bruns n'avaient fait d'études de droit international avant de devenir des professeurs de cette spécialité.

Qui étaient ces juristes devenus internationalistes entre 1918 et 1939 ? La plupart étaient des professeurs de droit public qui s'étaient tournés vers le droit international sous la pression des circonstances extérieures, en réaction au traité de Versailles ou au cours de la Première guerre mondiale. C'était par exemple le cas de Viktor Bruns, élève d'Heinrich Triepel, ou de Theodor Niemeyer et de Walther Schücking. Au départ, pratiquer une science neutre était bien le dernier de leurs soucis. Ils étaient indignés par les amputations de territoire, les réparations et la démilitarisation forcée. Ils dénonçaient comme une fiction l'universalité et la scientificité du nouveau droit international. Ils combattaient le « système » de Versailles et de Genève, système identifié à une mince façade juridique derrière laquelle les Alliés tiraient les traites de leur victoire et menaient leur politique du *statu quo*.

Ces professeurs de droit public entraient dans le droit international par la porte de l'actualité. Ils étaient presque tous nationalistes, bellicistes, souverainistes, habités par l'esprit de revanche après la défaite. Mais les rares pacifistes (Walther Schücking et Hans Wehberg) qui défendront la SDN jusqu'à la fin, critiquaient eux aussi le traité de Versailles. La plupart des juristes allemands étaient de droite – les socialistes Gustav Radbruch et Hermann Heller sont des exceptions. Cependant aucun d'entre eux n'appartenait aux partis nationalistes d'extrême-droite avant 1933[1]. Ils exerçaient pour un bon nombre d'entre eux des fonctions de conseiller du gouvernement[2].

En se tournant vers le droit international, les juristes allemands abordaient une discipline qui était encore neuve et marginale dans toute

1. M. Stolleis, *Geschichte des öffentlichen Rechts in Deutschland*, *op. cit.*, p. 64.
2. C'est le cas notamment de Schücking, Triepel, Bruns, Kaufmann et Schmitt.

l'Europe[1]. Les premières chaires universitaires de droit international avaient été créées en 1859 en Angleterre et en 1914 seulement en Allemagne. En France, il a fallu attendre les années 1890 pour voir les chaires de droit international se multiplier dans les différentes universités de province et c'est en 1889 seulement que le droit international est devenu une matière obligatoire contrôlée par des examens. L'*Institut für Internationales Recht*, premier Institut de Droit International en Allemagne, a été fondé à Kiel en 1914 par le juriste Theodor Niemeyer, après une première tentative infructueuse du pacifiste Walther Schücking. Celui-ci a néanmoins pris la tête de l'Institut fondé par Niemeyer[2] en 1921. Il sera le seul Allemand, après la Première Guerre mondiale, à être appelé à la Cour permanente de justice internationale de La Haye. La *Deutsche Gesellschaft für Völkerrecht*, l'association allemande de droit international, a été fondée en 1917.

Les livres portant uniquement sur le droit international étaient rares et l'écho qu'ils recevaient limité[3]. Le sentiment que le droit international n'était pas un savoir à part entière, qu'il était dénué de toute base spéculative pouvait s'appuyer sur le fait qu'il y avait dans ce domaine davantage de bons manuels que de bons livres[4]. Depuis que l'on avait délaissé le positivisme des fondateurs, des G.F. de Martens et des Klüber, parce que les nouveaux maîtres du droit international positif étaient les libéraux, on ne savait plus de quel côté puiser un peu de profondeur théorique. Il pouvait sembler que l'on n'avait plus le choix qu'entre le journalisme et le silence.

Pour les représentants des disciplines consacrées qu'étaient l'histoire et le droit public, il n'était pas certain qu'*il y ait* du droit international. L'opinion prévalait que le droit international n'était qu'une morale ou une idéologie ou bien une branche du droit public (un « *äußeres Staatsrecht* »). On comprend alors que le livre d'Heinrich Triepel, *Völkerrecht und*

1. Sur l'autonomisation du droit international comme spécialité professionnelle et universitaire, voir M. Koskenniemi, *The Gentle Civilizer of Nations*, *op. cit.*; *From Apology to Utopia : the Structure of International Legal Argument*, *op. cit.* Sur les obstacles qu'elle rencontre en Allemagne, voir M. Stolleis, *Geschichte des öffentlichen Rechts in Deutschland*, *op. cit.*, p. 80-90, 380-400.

2. *Ibid.*, p. 88-89.

3. Il s'agissait surtout de textes courts, de chapitres et de brochures. À cet égard Jellinek est tout à fait représentatif d'une tendance qui se prolongera sous la République de Weimar. Voir le chapitre sur le droit international de *System der subjektiven öffentlichen Rechte* (Darmstadt, Wissenschaftliche Buchgesellschaft, 1963) ainsi que son court traité intitulé *Die rechtliche Natur der Staatenverträge* (Wien, Hölder, 1880).

4. Sur les manuels de droit international, voir M. Stolleis, *Geschichte des öffentlichen Rechts in Deutschland*, *op. cit.*, p. 89, 397, 399.

Landesrecht (1899) ait été si important. La fameuse théorie dualiste de Triepel fournissait le cadre de la majorité des études de droit international des anti-kelséniens. Elle pose que les normes de droit international et les normes de droit interne forment deux sphères juridiques séparées et non une hiérarchie unitaire comme l'affirmera de son côté Hans Kelsen et son école. L'écho considérable qu'a rencontré le livre de Triepel venait entre autres raisons du fait qu'il offrait un cadre théorique rigoureux à la pratique scindée des juristes de Weimar. Il traduisait dans un langage harmonieux et érudit la situation concrète de ces juristes dont le pays natal était le droit public, qui pratiquaient le droit international par surcroît, souvent en polémistes et en militants et qui réservaient leur retenue scientifique aux questions de droit interne.

Non seulement le secteur théorique du droit international que pénétraient les juristes de l'Allemagne de Weimar était marginal, mais en outre, c'était un champ ennemi : les fondateurs étaient les adversaires. Les positions quasiment intenables qu'il leur est arrivé de défendre dans l'entre-deux-guerres ne s'expliquent pas autrement. Les juristes souverainistes allemands niaient la nouveauté d'une discipline et d'une pratique qui étaient l'œuvre de l'optimisme libéral et du pacifisme, tout en s'installant néanmoins dans l'espace dégagé par cet optimisme. Aussi leur fallait-il battre en brèche l'argument majeur des adversaires en « captant » l'héritage qu'ils avaient laissé. Carl Bilfinger tient des propos tout à fait révélateurs dans une lettre qu'il adresse à Schmitt, datée du 22 décembre 1949 : « Je considère qu'il est absolument nécessaire, écrit-il, que nous autres, nous ne laissions pas simplement le monopole de ce qui est louable dans le "pacifisme" (j'aimerais d'ailleurs ne jamais avoir à utiliser moi-même le mot "pacifisme") aux pacifistes traditionnels[1]. »

L'argument libéral était on ne peut plus « savignicien[2] », au sens où, en droit international, le savoir et sa « réserve utopique » avaient précédé sa réalisation et l'avaient « forcée » dans les faits. Au droit était retirée la tâche qu'il avait eue dans le droit public, celle d'être l'éternel commentaire de lois existantes, faites hors de la science. En droit international, il n'y avait pas ce « réel » baroque et pesant auquel la raison devait s'adapter. Quelques

1. « *Ich halte für durchaus nötig, daß Leute wie wir, das, was am sog. Pazifismus löblich ist (wobei ich niemals das Wort "Pazifismus" selber gebrauchen möchte) nicht einfach dem Monopol der traditionellen'Pazifisten' überlassen dürfen* ». C. Bilfinger, *Arch* RW 265-1386.

2. Savigny pense que la science du droit est une source du droit et qu'elle contribue à modeler la réalité politique et sociale.

coutumes, peu d'institutions, peu de codes: le terrain semblait relativement libre et l'on pouvait d'emblée construire *more geometrico*.

Les libéraux étaient tout à fait en accord avec eux-mêmes quand ils affirmaient que la science du droit était source du droit, qu'elle réformait autant qu'elle décrivait. En revanche, les universitaires souverainistes étaient en contradiction avec eux-mêmes quand ils érigeaient comme contre-modèle théorique le «Droit public de l'Europe» (Mably), qui n'était en son temps qu'une partie du droit public et qui s'appuyait en premier lieu sur la pratique des diplomates, nullement sur le savoir d'universitaires.

Il est étonnant que les juristes nationalistes allemands se soient finalement résolus, après quelque temps, à pratiquer le droit international en scientifiques. Michael Stolleis l'affirme: il faut s'étonner que ces juristes de l'Allemagne de Weimar aient su se frayer une voie, ô combien étroite, entre la tendance internationaliste et humanitaire des pacifistes et des libéraux et la négation franche du caractère juridique du droit international[1]. En effet, ceux qui, dans les années 1930, ont tenté de réduire le droit international à un *Außenstaatsrecht*, à une branche du droit public ayant uniquement pour objet la collision des normes des différents droits internes, bien qu'ils se soient appuyés sur de grands noms du XIXe siècle comme G. F. de Martens et Philipp Zorn, se sont finalement heurtés à des résistances de toute part. Le livre de Ludwig Schecher intitulé *Deutsches Außenstaatsrecht* (Berlin, 1933) est exemplaire à cet égard : il a été très mal reçu, même de juristes comme Walz et Tatarin-Tarnheyden.

Une discipline-refuge sous le IIIe Reich

Depuis qu'Hitler avait déclaré que « le droit et la loi [étaient] ce que le Führer v[oulait] », il n'y avait plus de place pour le droit public. Les professeurs de droit public qui voulaient conserver une certaine liberté se sont alors tournés vers des domaines plus « neutres », comme l'histoire du

1. M. Stolleis, *Geschichte des öffentlichen Rechts in Deutschland*, *op. cit.*, p. 382. Schmitt écrit en 1934, dans « Nationalsozialismus und Völkerrecht » : « On pourrait nier que le droit international est du droit, ce qui serait un retour aux thèses d'avant 1914. Ce retour serait en fait réactionnaire et issu de l'esprit positiviste qui ne fait dériver le droit que du pouvoir de contraindre », *FP*, p. 397.

droit, le droit administratif, mais aussi le droit international[1]. Ces secteurs de recherche paraissaient plus sûrs.

Les dirigeants nazis ne respectaient pas plus le droit international que le droit interne, mais il existait une différence de taille par rapport au droit public : des États étrangers qu'on ne pouvait pas mener à la baguette, une tradition qui restait vivace dans les ministères des Affaires étrangères des autres pays, dans les consulats et les ambassades et une opinion publique, à l'étranger, qui restait critique. C'est ce qui explique que dans les relations diplomatiques qu'il a entretenues avec les autres pays, le Reich ait continué à utiliser les arguments classiques du droit international, en particulier dans les domaines spécifiques du droit de la guerre sur terre et de la guerre maritime, du règlement des prises (*Prisenrecht*) et du traitement des prisonniers de guerre.

Les discours d'Hitler de 1933-1935 débordent de références au droit international et à la paix. Dans les premières années, le langage du droit international permettait à Hitler de faire croire que sa politique était pacifique. Le manuel de droit national-socialiste de Hans Frank[2] accorde d'ailleurs une place de choix au droit international classique. Le principe de l'égalité des États n'y est pas remis en cause. Il s'agissait bien sûr d'une tactique profitable puisqu'on s'était plaint, pendant plus d'une décennie, du traitement « inégalitaire » infligé à l'Allemagne avec les réparations et la démilitarisation forcée. Autre point de la doctrine traditionnelle qu'on maintenait : les États et non les peuples restaient, dans le manuel de Hans Frank, les sujets du droit international.

On trouve d'ailleurs au même moment une tactique semblable de défense du droit international classique chez les internationalistes soviétiques, tactique qui avait la même fonction que chez les nationalistes allemands[3]. Cette allégeance au droit des gens classique a servi en Allemagne à cacher les intentions bellicistes d'Hitler et à conforter les Alliés dans leur politique d'*appeasement*. Suivant la même logique, les

1. Voir le récit de ce tournant par W. Grewe, « Ein Leben mit Staats- und Völkerrecht im 20. Jahrhundert », *Freiburger Universitätsblätter*, n° 118, 1992, p. 27-28.

2. H. Frank, *Nationalsozialistisches Handbuch für Recht und Gesetzgebung*, München, Eher, 1935.

3. Voir E. A. Korovine, *Das Völkerrecht der Übergangszeit. Grundlagen der völkerrechtlichen Beziehungen der Union der Sowjetrepubliken*, Berlin, Verlag Walther Rothschild, 1929. Korovine était l'internationaliste soviétique le plus renommé. Professeur de droit international à l'Université de Moscou, il était aussi membre du présidium de la section russe de la Croix-Rouge internationale. Commentant les efforts de l'Union soviétique pour entrer dans la SDN, Schmitt écrit que « pour l'URSS, la SDN vaut bien une messe ».

internationalistes de Moscou ont renchéri sur les revendications libérales plutôt que de tirer les conséquences du mot d'ordre de la « transformation de la guerre impérialiste en guerre civile révolutionnaire » lancé par Lénine en 1914. Ils ont continué à disserter sur les principes de neutralité du droit international et sur les règles humanitaires de la guerre, ayant eu l'habileté de ne pas énoncer un principe d'intervention qui aurait été la traduction directe de la politique soviétique [1].

En Allemagne, la position en marge de la discipline du droit international, l'opinion répandue qu'elle manquait de sérieux, avaient contribué à ce qu'elle se transformât en refuge en 1933. L'Institut Kaiser-Wilhelm de Berlin (*Kaiser-Wilhelm-Institut für ausländisches öffentliches Recht und Völkerrecht*), qui avait ses bureaux dans le château de Berlin, avait une fonction ambiguë pour les juristes (dont la profession était, on le sait, très largement méprisée par le nouveau régime). Son premier directeur, Viktor Bruns, n'était pas membre du NSDAP, il avait donc dû faire preuve de prudence. Sous la direction de Carl Bilfinger, qui a succédé à Viktor Bruns [2] en 1943, l'Institut de droit international s'était clairement mis au service du pouvoir. Ses membres fournissaient à la demande des expertises aux dirigeants nazis. Mais ce centre a également abrité des activités de recherche plus neutres et de valeur durable [3], et même des activités de résistance autour du comte Berthold von Stauffenberg – le frère de l'un des principaux auteurs de l'attentat manqué du 20 juillet 1944 contre Hitler [4].

1. Korovine affirme que les principes fondamentaux de la politique extérieure soviétique se confondent avec ceux du droit international classique : renoncement à toute acquisition impériale, paix sans annexions, principe du droit d'autodétermination des peuples jusqu'à l'indépendance complète, principe de la libération de l'Orient, etc. E. A. Korovine, *Das Völkerrecht der übergangszeit. Grundlagen der völkerrechtlichen Beziehungen der Union der Sowjetrepubliken*, *op. cit.*, p. 5 *sq*.

2. Carl Bilfinger était un spécialiste de droit public plutôt que de droit international. C'est Schmitt qui aurait dû succéder à Viktor Bruns après la mort de celui-ci, s'il n'était pas tombé en disgrâce en 1936 auprès des SS.

3. Notamment des recueils de sources du droit international qui sont toujours les textes de référence aujourd'hui : *Fontes Juris Gentium : Handbuch der Entscheidungen des Ständigen Internationalen Gerichtshofs, 1922-1934*; *Handbuch der Entscheidungen des Ständigen Haager Schiedshof, 1902-1928*; *Die Entscheidungen des deutschen Reichsgerichts in völkerrechtlichen Fragen, 1879-1929*.

4. Berthold von Stauffenberg était juriste internationaliste. Il a été exécuté comme son frère, Claus von Stauffenberg, après l'attentat manqué contre Hilter que Claus a dirigé. Berthold von Stauffenberg a tenté pendant plusieurs années d'imposer certaines normes du droit international humanitaire auprès de l'état-major de la *Wehrmacht* et de la Marine de guerre.

Depuis la Première Guerre mondiale, les juristes allemands avaient manié le langage du droit international avec légèreté voire avec cynisme. Ce langage avait rendu bien des services pour défendre l'intérêt national. Les professeurs les plus renommés n'avaient pas hésité à habiller de concepts érudits la politique agressive de l'Allemagne. Des juristes aussi respectables et respectés qu'Otto von Gierke et Heinrich Triepel avaient prétendu, en 1916, que la guerre sous-marine à outrance, guerre qui n'avait pourtant rien d'une guerre limitée ou « classique », était conforme au droit de la guerre. Plus tard, après la Conférence de Lausanne (1932) lors de laquelle la promesse avait été faite à l'Allemagne qu'elle retrouverait un « droit égal » (*Gleichberechtigung*) au droit des autres pays en matière d'armement, les juristes allemands souverainistes n'ont pas hésité à emprunter l'argumentaire libéral dans sa forme la plus pure afin de faire respecter cette promesse de l'égalité des droits[1]. Schmitt est allé jusqu'à affirmer l'existence de droits fondamentaux naturels des États pour plaider cette cause[2], contredisant l'interprétation des droits fondamentaux qu'il avait donnée dans sa *Théorie de la Constitution* (1928). Il est manifeste que ces juristes nationalistes ne s'embarrassaient pas de cohérence dans leurs articles de droit international et que le souci de rendre leurs textes de combat compatibles avec les principes exposés dans leurs livres et dans leur « œuvre » n'était pas la première de leurs préoccupations. On comprend là encore ce qu'avait de commode la théorie dualiste de Triepel énoncée en 1899, qui faisait du droit international et du droit interne deux sphères juridiques séparées, et l'on voit à quel point elle pouvait donner une légitimation scientifique à leur pratique scindée. Il s'est même trouvé un juriste renommé et auteur d'un manuel sérieux de droit international en trois volumes – Friedrich Berber – pour dire, en 1936, que l'occupation militaire de la rive gauche du Rhin par l'Allemagne était tout à fait légale. Il s'agissait en fait d'une violation patente, non seulement des articles 42, 43 et 44 du traité de Versailles mais aussi des traités de Locarno que l'État allemand avait signés en toute liberté, pour son avantage, et desquels personne ne pouvait dire qu'ils étaient un *Diktat*.

1. Voir C. Bilfinger, « Gleichheit und Gleichberechtigung der Staaten », *in* H. Frank, *Nationalsozialistisches Handbuch für Recht und Gesetzgebung*, *op. cit.*, p. 117 ; V. Bruns, *L'égalité des droits de l'Allemagne en tant que problème juridique : conférence prononcée à la première séance plénière de l'Académie pour le Droit Allemand le 5 novembre 1933*, Berlin, Heymann, 1935 ; C. Schmitt, « Nationalsozialismus und Völkerrecht », 1934 ; W. Grewe, « Ein Leben mit Staats- und Völkerrecht im 20. Jahrhundert », *op. cit.*, p. 27.

2. *Cf.* C. Schmitt, « Nationalsozialismus und Völkerrecht », 1934.

Par sa justification, en 1934, des lois antijuives de Nuremberg et par l'organisation, en 1936, d'un colloque visant à « purger la science allemande du droit de l'influence de l'esprit juif », Schmitt a directement soutenu la politique criminelle des nazis. Mais il est ensuite tombé en disgrâce dès 1936. Sa situation est alors devenue comparable à celle des autres juristes de sa spécialité. Comme tous les juristes sous le IIIe Reich, il devait être prudent. Mais comme les autres internationalistes, il n'était pas en première ligne et pouvait jouir encore d'une certaine liberté de pensée et de publication, jusqu'en 1942.

LA CAPTATION DE L'HÉRITAGE LIBÉRAL

Le droit international du XXe siècle, en tant que pratique, a peu de choses en commun avec le droit des gens européens qui s'est développé entre le XVIe et le XIXe siècle. En tant que théorie, sa place a été bouleversée dans la configuration des savoirs. La discipline du droit international contemporain n'est plus une branche de la philosophie ou du droit public. Dans la pratique, il dépend moins de la diplomatie, davantage des institutions internationales. La fondation d'institutions internationales n'est que la face visible d'un changement radical dans la conception de la guerre et de la paix, changement qui représente la victoire nouvelle d'idées anciennes jusqu'alors marginalisées. Mettre l'accent sur l'aspect préventif de la coopération internationale concernant le droit de la guerre, mais aussi sur le droit international écrit et sur son aspect contraignant, croire qu'il est possible non seulement d'éliminer le recours à la guerre comme moyen de régler les litiges, mais aussi d'éliminer les *causes* générales de la guerre, tout cela était nouveau au XXe siècle.

Que le droit international du premier après-guerre ait été autre chose qu'un produit du déclin du droit des gens classique, c'est ce qu'Erich Kaufmann, Schmitt et les autres juristes conservateurs n'ont pas voulu admettre dans les années 1920. Le thème fameux du déclin de l'ordre « concret » du *Jus publicum europaeum* en *International Law* « abstrait » (couvrant les pratiques impérialistes planétaires) permettait de mettre l'histoire du droit international sous le signe de la continuité avec les temps anciens, en dépit du changement. Ce thème permettait de nier qu'un phénomène radicalement nouveau était apparu. Depuis longtemps les projets de paix perpétuelle avaient fleuri après les guerres, mais c'est seulement à la fin du XIXe siècle, en Europe, que des projets de paix ont été diffusés par crainte des guerres à venir plutôt qu'en conséquence des guerres passées.

Dans les années 1860, les projets d'arbitrage international et de pacification définitive se sont multipliés, suite notamment au rapprochement inédit des mouvements pacifistes militants et des juristes proches des gouvernements. Ce basculement est amplement documenté[1] dans la recherche d'après 1945. Mais on ne l'apprendra pas en lisant Triepel, Schmitt ou Walz, qui ont continué à faire du droit international contemporain le descendant du droit des gens de Grotius et de Vattel, tout en regrettant son déclin.

Les internationalistes conservateurs situaient l'émergence du droit international planétaire et impérialiste au moment du Traité de Versailles. Ils niaient ainsi que le droit international du XXe siècle ait été l'œuvre patiente des libéraux et des pacifistes, des benthamiens et des saint-simoniens du XIXe siècle. Déplacer cette naissance heureuse (qu'on peut étendre tout au long du XIXe siècle mais qui s'est accélérée dans les années 1860) au moment « catastrophique » de la Première Guerre mondiale et du traité de Versailles leur permettait de nier l'origine positive, d'opérer une « captation d'héritage » vis-à-vis du libéralisme honni et de mettre en accusation les aspects les plus contestables du droit nouveau, représenté par le traité de Versailles et le Pacte de la SDN. Ils pouvaient alors attirer l'attention sur l'aspect politique, anti-allemand et anti-européen d'un nouvel ordre juridique global qu'ils faisaient sortir tout entier du règlement malheureux d'une guerre dramatique.

Le silence des internationalistes conservateurs sur la rupture des années 1860 a une autre raison. Cette rupture avait été engendrée par une alliance qu'ils ne pouvaient que condamner entre les juristes et les pacifistes qu'ils méprisaient, mais elle était aussi le fruit d'une coopération entre les juristes allemands et les juristes des autres pays. C'était une véritable « internationale » libérale qui avait porté les projets de justice internationale dans le derniers tiers du XIXe siècle. Or, l'une des thèses les plus bruyantes des internationalistes de l'Allemagne de Weimar était qu'en Europe, les différentes conceptions nationales du droit international menaient une lutte sans merci[2]. Ces juristes transposaient d'une façon toute mécanique les conflits réels entre les nations au niveau scientifique, aux rapports entre de prétendues *sciences nationales du droit international*. Ils niaient

1. Voir par exemple A. Nussbaum, *Geschichte des Völkerrechts in gedrängter Darstellung*, München, Berlin, Beck, 1960, p. 225 *sq*.

2. Quand les nazis affirment que le « droit international internationaliste » (*das internationalistische Völkerrecht*) est une invention des Alliés et des juifs, ils ne font que radicaliser les affirmations des professeurs nationalistes qui pour leur part en font un produit des Anglais, de l'impérialisme ou des libéraux.

ainsi l'universalité de la science du droit. Les divergences scientifiques semblaient être l'écho fidèle de l'inévitable conflit entre les nations.

La plus fondamentale de ces oppositions qu'ils construisaient était l'incompatibilité entre la conception continentale et la conception anglo-saxonne du droit international. Les juristes allemands avaient cru au départ que la pratique anglaise avait laissé sa marque principalement dans un domaine spécial du droit, le droit de la guerre maritime. Puis ils avaient vu dans le droit de la guerre sur mer le cœur d'une conception *générale* du droit international qui menaçait de supplanter l'ancien droit des gens continental. La dichotomie du droit international continental et de l'anglo-saxon reprenait une ancienne division, établie au XIXe siècle, entre les constitutions absolutistes et continentales d'une part et les constitutions parlementaires, aristocratiques et maritimes d'autre part. Schmitt lui avait donné la forme claire d'une guerre entre deux « concepts de guerre », que presque tous les juristes internationalistes avait reprise [1].

Ces juristes affirmaient que selon le concept continental de guerre, la guerre véritable était la guerre entre les États. Il s'ensuivait que les sujets du droit international ne pouvaient être directement les individus. Seuls les États pris comme des personnes juridiques étaient des ennemis potentiels. La séparation stricte des combattants et des civils ainsi que l'institution de la neutralité étaient vues comme des piliers du droit de la guerre continental. La non-intervention de l'État tiers devenait le régulateur fondamental qui seul permettait de limiter la guerre. On soulignait qu'à l'inverse, la pratique anglaise de la guerre maritime reposait sur le concept d'*alien enemy*: elle interdisait de commercer avec tous les citoyens du pays ennemi, même les non combattants. Les institutions du blocus, du droit de prise, la lutte contre la piraterie brouillaient les distinctions franches de la guerre continentale entre combattants et civils, entre guerre étrangère et guerre civile, entre neutres et belligérants. Schmitt et les autres juristes accentuaient la différence entre concept anglo-saxon et concept continental de guerre. Sous leur plume, par une série de glissements

1. Voir V. Bruns, *Der britische Wirtschaftskrieg und das geltende Seekriegsrecht*, Berlin, Heymann, 1940; C. Bilfinger, « Englische Völkerrechtspolitik, ein Rückblick », Berlin, Heymann, 1941; G. A. Walz, *Völkerrechtsordnung und Nationalsozialismus. Untersuchungen zur Erneuerung des Völkerrechts*, München, Zentralverlag der NSDAP, 1942, p. 19-32; C. Schmitt, « Die Kernfrage des Völkerbundes », 1924-19245 et 1926; « Die Auflösung der europäischen Ordnung im "International Law" (1890-1939) », 1940; « Das Meer gegen das Land », 1941; « Staatliche Souveränität und freies Meer. Über den Gegensatz von Land und See im Völkerrecht der Neuzeit », 1941; W. Grewe, *Der dritte Wirtschaftskrieg*, Berlin, Junker und Dünnhaupt, 1940.

imperceptibles, elle se durcissait et devenait une dichotomie intangible entre guerre limitée et guerre totale, entre guerre politique et guerre économique, entre une guerre civilisée qui reconnaissait l'ennemi comme un égal et une guerre discriminatoire cherchant à le supprimer. L'article 16 du pacte de la SDN, article dit « des sanctions », passait pour être « l'article anglais ». On prétendait qu'il consacrait la victoire du concept anglais de guerre sur le concept continental au sein des institutions internationales. L'article 16 énonçait que tout membre de la SDN qui recourrait à la guerre serait soumis à des sanctions de la part de tous les autres, sanctions qui devaient être en premier lieu économiques, ensuite seulement militaires[1]. Par conséquent l'institution de la neutralité paraissait ébranlée et les populations civiles semblaient prises en otage, comme dans un blocus, par la « justice internationale ».

Mais l'Angleterre n'était pas la seule visée par les juristes allemands. Ceux-ci redoutaient aussi la domination française. Tandis qu'ils attribuaient l'universalisme du système des sanctions à l'Angleterre, ils considéraient que la France se servait hypocritement du système de sécurité collective et des pactes d'assistance mutuelle pour réintroduire les anciennes alliances et pour réarmer.

C'était la méthode des légistes, si caractéristique de l'esprit français et de son rationalisme centré sur la légalité que les juristes allemands retrouvaient dans les pactes d'assistance mutuelle[2]. La formation de blocs régionaux par dessous l'universalisme de la SDN trahissait à leurs yeux l'échec de celle-ci. Les juristes allemands s'empressaient de lire dans le « système français des pactes européens » (Walz), dans ses redondances et ses répétitions – ils visaient aussi bien la Petite Entente, que les traités séparés entre l'URSS et les autres États – l'échec du système de sécurité

1. « L'article 16 du pacte de la SDN est la codification de la pratique anglaise de la guerre commerciale. Le sens des sanctions du pacte de la SDN est en fait la guerre. La seule obligation, selon cet article, est la participation à la guerre économique contre le malfaiteur (*Rechtsbrecher*). Tous les États membres sont obligés d'interrompre immédiatement leurs relations commerciales et financières avec le pays attaquant. Alors que la participation à la guerre militaire n'est pas obligatoire, la guerre économique l'est, même pour les pays qui ne participent pas à la guerre militaire. C'est une abolition de la neutralité », V. Bruns, *Der britische Wirtschaftskrieg und das geltende Seekriegsrecht*, *op. cit.*, p. 4. Pour le commentaire de cet article par les juristes de Weimar et du IIIe Reich, voir A. von Freytagh-Loringhoven, *Die Satzung des Völkerbundes*, *op. cit.*, p. 183-196 ; C. Schmitt, « Der Völkerbund und das politische Problem der Friedensicherung », 1930, *FP*, p. 294 *sq.* ; O. Göppert, *Der Völkerbund. Organisation und Tätigkeit des Völkerbundes*, Stuttgart, Kohlhammer, 1938, p. 491-527.

2. Voir C. Schmitt, « La formation de l'esprit français par les légistes », *DP*, 1942.

collective. Ils en déduisaient que l'Allemagne avait elle aussi un « droit d'avoir peur ». Walz n'écrivait-il pas en 1939 que c'était en réaction aux « pactes français », qui étaient « incompatibles avec le pacte de la SDN », que l'Allemagne s'était soustraite à ses obligations de Locarno[1] ? Il reprenait ainsi la dénonciation à peine plus subtile de la « méthode » française que Schmitt avait livrée en 1935. Ce dernier avait déclaré que la « méthode » des Français consistait à « prendre l'Allemagne dans un filet de concepts généraux et abstraits typique de la pensée légaliste » et que « la généralisation [était] un moyen de se poser comme norme, de s'établir soi-même comme le gardien du droit général[2] ». Les Français présentaient même les pactes régionaux tels que la Petite Entente comme « une spécialisation du général » alors qu'ils en étaient la violation. Le Mémorandum de Briand de 1930 sur l'Union fédérale européenne manifestait pour Schmitt la même tendance de la France à l'hégémonie. Le labyrinthe du système des pactes français ne s'éclairait selon lui qu'une fois qu'on avait compris qu'il contribuait au réarmement[3].

Dans cette perspective qui mêlait quelques vraies découvertes à de la propagande pure, il était difficile de décrire la genèse réelle du droit de la SDN. L'examen honnête de cette genèse aurait forcé à battre en brèche la thèse cardinale de l'incompatibilité entre les différentes conceptions nationales du droit international. En effet, les idées des années 1860 sont issues d'un courant représenté aussi bien en Angleterre qu'en Allemagne, en Belgique ou en France. Elles sont représentées par James Lorimer, le professeur de droit d'Edimbourg, comme par le Suisse Johann Caspar Bluntschli qui s'en inspirait ou par l'Allemand Lorenz von Stein. Ce dernier était un membre actif de l'Institut de Droit International fondé à Bruxelles en 1873. Il avait applaudi la signature des accords internationaux de la jeune Union postale internationale en 1874. Il était l'auteur d'un projet ambitieux de neutralisation des chemins de fer en temps de guerre[4]. Ces projets concernant l'intégration administrative et technique de la société internationale, Schmitt les a qualifiés de « touchants[5] » dans

1. Voir G.-A. Walz, *Inflation im Völkerrecht der Nachkriegszeit*, *op. cit.*, p. 59 ; A. von Freytagh-Loringhoven, *Die Regionalverträge. Fünf Vorlesungen an der Haager Akademie für Völkerrecht*, München, Leipzig, Duncker & Humblot, 1937.

2. Schmitt, « Paktsysteme als Kriegsrüstung – Eine völkerrechtliche Betrachtung », *FP*, 1935, p. 438.

3. *Ibid.*, p. 436-439.

4. *Cf.* B. Richter, *Völkerrecht, Außenpolitik und internationale Verwaltung bei Lorenz von Stein*, Hamburg, Hansischer Gildenverlag, 1973, p. 98 *sq.*

5. C. Schmitt, *Le nomos de la Terre*, p. 212.

Le nomos de la Terre. En dépit de toute l'admiration que Schmitt porte par ailleurs à Lorenz von Stein, il met l'activisme du juriste, ses efforts pour faire progresser la juridiction internationale, au compte d'un optimisme naïf qui a perdu le sens des réalités[1]. Et quand les « rêves » de Stein sont « subitement » devenus réalité en 1919, Schmitt n'a eu d'autre choix que d'y voir la manifestation d'une terreur d'idées abstraites qui s'abattait sur le monde.

Ainsi, plutôt que d'admettre que l'apparition d'un nouveau droit international supraétatique, après 1918, avait été préparée lors des luttes militantes et politiques du « long XIXe siècle », qu'elle avait une histoire, les juristes souverainistes de Weimar la faisaient tomber du ciel de la théorie pure et de l'utopie. La seule histoire qu'ils lui reconnaissaient était la Première Guerre mondiale, le *Diktat* de Versailles et les machinations politiciennes des vainqueurs. Qu'elle eût aussi été un fruit de la paix et d'autres guerres, comme la guerre de Crimée, il n'en était pas question. Ces juristes biffaient ainsi la tradition fragile, mais têtue, qui avait commencé à se mettre en place dans la seconde moitié du XIXe siècle. De la Déclaration de Paris de 1856 sur le droit de la guerre maritime aux Conférences de La Haye de 1899 et 1907, cette tendance nouvelle avait non seulement donné naissance à la première codification du droit humanitaire de la guerre, mais elle avait aussi réalisé la première intégration juridique, à l'échelle mondiale, dans des domaines aussi variés que la poste, les chemins de fer, les droits d'auteur ou la santé publique. L'apparition du droit international en tant que discipline distincte était aussi un effet de ces développements.

1. *Ibid.*, p. 212-213, 234.

CHAPITRE II

AUX SOURCES DES DÉBATS DE L'ENTRE-DEUX-GUERRES : LA POLITISATION DU DROIT INTERNATIONAL AU XIXᵉ SIÈCLE

DEUX CAMPS PLUS UN

La définition schmittienne du politique comme opposition entre ami et ennemi est une attaque en règle contre le libéralisme. Elle s'accompagne d'une définition du libéralisme comme un courant d'idées qui accélère la dépolitisation du monde. Les idées libérales se caractérisent selon Schmitt par le fait qu'elles « refoulent la réalité d'une hostilité entre les humains » (*NP* : 49). C'est pour cette raison que le libéralisme n'aurait pas développé de théorie véritablement politique, qu'il se serait contenté de soumettre le politique à l'éthique d'une part, à l'économie d'autre part (*NP* : 104).

La thèse fameuse de Schmitt est que la mondialisation (technique, administrative) n'est en aucun cas synonyme de pacification ou de « fin de l'histoire ». L'unification technique voire technocratique (comme Schmitt le pensera de l'Union européenne après 1945) n'est nullement synonyme pour lui d'unification politique. Le concept d'humanité n'est à ses yeux qu'un instrument idéologique utile aux expansions impérialistes et en particulier à l'impérialisme économique, qui se passe désormais des formes violentes de l'annexion et de la conquête pour atteindre ses objectifs. Pour Schmitt, le libéralisme est par nature apolitique, non radical, il ne laisse aucune place au concept d'ennemi du fait qu'il postule l'harmonie des intérêts et l'unité de l'humanité. Mais, comme on vient de le voir, la critique schmittienne du libéralisme se fait sur un terrain politique inventé par le libéralisme. L'attaque de Schmitt contre le libéralisme et le cosmopolitisme avait en fait pour condition préalable la politisation, par le libéralisme, de la question du droit international. En somme, Leo Strauss a raison de dire que l'antilibéralisme de Schmitt est réactif, qu'il présuppose le libéralisme comme horizon indépassable [1].

Deux visions du droit international s'affrontaient au XIXe siècle. D'une part, Georg Friedrich de Martens et Johann Ludwig Klüber étaient les plus grands représentants du droit international du *Vormärz*. Les juristes libéraux de la seconde moitié du XIXe siècle cherchaient quant à eux à rompre avec cette tradition positiviste et continentale du droit international. Les vues de G. F. de Martens et de Klüber leurs semblaient réactionnaires, au service de l'absolutisme et du principe conservateur de l'équilibre des puissances, trop limitées à la compilation des traités. Comme Savigny, les libéraux faisaient de la science juridique une source majeure du droit. Ils enracinaient le droit dans la « culture » de l'Europe, en fait dans la conscience des intellectuels. Leur antipathie pour l'Ancien régime et la Sainte Alliance n'avait d'égal que leur crainte de la Terreur jacobine et de la révolution. Ils ne fondaient pas le droit international sur la souveraineté mais sur la « civilisation » et sur la « conscience européenne ». À leurs yeux, l'histoire du droit international était celle du progrès de l'humanisme occidental, le nationalisme et le militarisme appartenaient au passé. Leur volonté de développer l'arbitrage international était liée à une vaste politique universaliste de défense des droits de l'homme et des droits subjectifs. Ils comptaient l'abolition de l'esclavage comme l'une de leurs victoires passées, prônant en même temps la codification du droit international, l'abolition de la peine de mort, l'humanisation du droit pénal, l'adoucissement des peines et luttant contre l'extradition des opposants politiques. Contrairement à de Martens et Klüber qui faisaient abstraction de la politique interne des États, ils construisaient la théorie du droit international sur celle du gouvernement représentatif.

Ainsi, deux tendances contraires s'affrontaient, l'une faisant du droit international un projet d'avenir, l'autre tournée vers le passé, la conservation de l'ancienne forme diplomatique et du *statu quo*. Il est néanmoins nécessaire de prendre en compte un troisième camp – qui n'occupait pas le devant de la scène dans les débats juridiques, c'est le moins que l'on puisse dire – qui n'apparaît pas toujours dans les histoires récentes du droit international. Les historiens du droit international qui accordent quelque

1. L. Strauss, « Anmerkungen zu Carl Schmitt, "Der Begriff des Politischen" », 1932, *in* H. Meier, *Carl Schmitt, Leo Strauss und « Der Begriff des Politischen ». Zu einem Dialog unter Abwesenden*, Stuttgart, Weimar, Verlag J. B. Metzler, 1988, p. 123.

importance à l'œuvre internationaliste de Schmitt peuvent difficilement l'ignorer. D'ailleurs, c'est probablement l'un des effets différés les plus importants de la pensée schmittienne, que l'obligation dans laquelle elle place ceux qui l'étudient d'intégrer à la recherche « normale » sur le droit international, l'anti-juridisme de la tradition marxiste. Il n'est pas indifférent qu'un libéral comme Koskenniemi [1] reprenne la critique marxienne (et schmittienne) du libéralisme quand il parle de cette génération pionnière de juristes libéraux qui ont fondé l'Institut de Droit International de 1873 et quand il documente leurs illusions à l'endroit de la colonisation. Reprenant dans ses grandes lignes la célèbre critique des droits de l'homme du jeune Marx (*À propos de la question juive,* 1844), Koskenniemi trouve chez Marx un schème d'explication fécond. La critique marxienne des droits de l'homme permet notamment de comprendre pourquoi le texte fondateur de la première revue de droit international (1868) réclame dans un même souffle l'abolition de l'esclavage et la « libération » des cours de l'or et de l'argent [2]. Elle éclaire le fait que les promoteurs libéraux du droit international de la fin du XIXe siècle aient pu accueillir avec le même enthousiasme la colonisation de l'Afrique, l'internationalisation de la poste, des télégraphes et de la monnaie, la « politique de la porte ouverte », la liberté de navigation et de commerce dans les colonies, tout cela au nom de la civilisation et du progrès.

Comme les *Realpolitiker* de l'après 1848, Schmitt est contre-révolutionnaire. Il est acquis à l'idée que la préservation de l'unité de l'État est le but le plus haut et que le droit international doit se confiner à la pratique des alliances et à la diplomatie secrète. Toutefois, il est troublant de constater que, lorsque Schmitt lance son mot d'ordre « du retour aux années 1840 [3] » afin de fermer la grande parenthèse qu'a été à ses yeux le règne du positivisme juridique des Gerber et Laband ainsi que l'éclipse de la philosophie du droit, il ne se réfère ni à G. F. de Martens, ni à Klüber qui étaient les grands représentants du droit international de ces années-là. Il fait revenir d'autres maîtres : non pas les internationalistes de cour qui écrivaient pour former les diplomates, mais des figures qui avaient dépassé depuis longtemps leur rationalisme dogmatique : Donoso Cortès, mais aussi Hegel, Bruno Bauer, Proudhon. Comment ne pas voir que Marx est le grand absent, visé par l'appel du « retour aux années 1840 », impossible à nommer cependant et obsédant ?

1. M. Koskenniemi, *The Gentle Civilizer of Nations*, *op. cit.*, p. 88 *sq.*, p. 195.
2. Cité par M. Koskenniemi, *ibid.*, p. 14.
3. *Cf.* C. Schmitt, « Donoso Cortés in gesamteuropäischer Interpretation », 1949, p. 4.

Ce n'est donc pas parce que Schmitt est antilibéral qu'il faut s'empresser de l'inscrire dans la tradition positiviste du droit international, celle des G. F. de Martens et des Klüber, ou dans celle de la *Realpolitik*. Au XIXe siècle, moment de la première politisation du droit international, il n'y avait pas deux camps en présence, mais trois. Il y avait *deux façons* de combattre le libéralisme : la *Realpolitik* et le marxisme. L'art polyphonique de Schmitt consiste précisément à agencer les deux. Deux récits se superposent en effet chez le juriste, le plus voyant n'étant pas forcément le plus important. Le récit européocentriste, d'allure rankienne, triomphe en surface. Mais les fondements en ont été sapés. Certes, Schmitt fait l'éloge de la paix de Westphalie, « sommet du rationalisme européen », mais sans donner dans le rationalisme dogmatique de Klüber. La terminologie du *nomos*, la reprise disparate de schèmes fragmentaires venus tout aussi bien de l'École historique allemande que de la philosophie de Hobbes et de Hegel, l'évocation d'allure « restauratrice » du droit des gens européens, l'éloge de la guerre de Cabinet comme guerre auto-limitée (*gehegter Krieg*), tout cela permettait au juriste allemand de donner des gages au conservatisme antidémocratique, qui était son camp politique. Mais c'est en lecteur de Marx, d'Engels et de Lénine que Schmitt montre que le réformisme juridique des libéraux était ambigu. C'est en connaisseur du marxisme qu'il exhibe la face sombre des bonnes manières qu'ont entre eux les Européens et qu'il déplace le « moment de l'origine » du droit des gens de sa face claire (la paix de Westphalie) à sa face sombre (la *Conquista*). La polyphonie fondamentale du *Nomos de la Terre* vient du fait que sous l'éloge que fait Schmitt de la civilisation européenne, c'est l'européocentrisme marqué et originel de la discipline du droit international qu'il dévoile, ainsi que la violence nue (les prises de terres) qui a précédé l'activité de rationalisation des juristes. Parce qu'il a lu Marx et Lénine, Schmitt n'a pas de mal à passer au crible les illusions des juristes libéraux, qui d'une main abolissent l'esclavage et de l'autre justifient le pillage colonial en faisant comme si la prise de terres en Afrique était comparable à l'appropriation d'une pomme ou d'une maison en temps de paix. L'habillage de la rapine par la catégorie de l'appropriation issue du droit privé et par la transformation des notions de droit civil romain en des généralités de droit naturel, voilà par quels moyens les libéraux de l'Institut du droit international de Bruxelles ont légitimé la colonisation européenne selon lui (*NT*, 213 *sq.*). Les historiens du droit libéraux l'admettent aujourd'hui. Ce faisant, ils puisent tous dans la tradition marxiste, qui a fait comprendre que le droit international était une partie du projet colonial et non uniquement un chapitre de l'histoire de l'humanisme occidental.

En bref, Schmitt a l'air de reprendre la tradition positiviste et continentale du droit des gens européen, mais, en chemin, il la déconstruit de bout en bout. À la fin, elle ne demeure que comme une préférence subjective, idéologique, certes *assumée* (c'est l'étonnant chez Schmitt vu la puissance de la critique), mais facile à renverser. Avec de Martens et Klüber, Schmitt a en commun des « valeurs », non une théorie. D'une certaine façon, *L'impérialisme, stade suprême du capitalisme* (1916) de Lénine donne dans une mesure bien plus grande son cadre théorique au *Nomos de la Terre* que les livres de systématisation du droit des gens européens de G. F. de Martens ou de Klüber, ou que l'idéologie de la *Realpolitik*.

DANS L'OMBRE DE RANKE

La fuite dans l'histoire

Le juriste social-démocrate Hermann Heller observe, en 1921, que ce sont les historiens, et non les juristes, qui ont recueilli l'héritage « des années 1840[1] ». Il veut dire par là que ce sont les historiens qui ont transmis aux juristes de Weimar l'idée du *Machtstaat* hégélien par dessus la tête du positivisme juridique qui dominait la science du droit à la fin du XIXe siècle[2]. C'est en effet « au nom de l'histoire », vue comme un perpétuel combat entre nations et États, que les anti-kelséniens critiquaient les « abstractions » du nouveau droit international.

Dans un témoignage important sur son parcours d'internationaliste paru en 1992, Wilhelm Grewe affirme que cette « fuite dans l'histoire » a pris fin en 1945. Selon lui, la fin de la Seconde guerre mondiale a marqué « une sortie hors de l'histoire et un retour au droit positif ». « En 1945, les raisons qui avaient poussé à fuir dans l'histoire avaient disparu. De

1. H. Heller, *Hegel und der nationale Machtstaatsgedanke in Deutschland*, *op. cit.*, p. 175.

2. Hermann Heller se réfère à l'École prussienne d'historiographie, marquée par l'influence de Ranke, dont les principaux représentants sont Droysen, Sybel, Treitschke et Dahlmann. Ces historiens refusaient le système de Hegel, mais ils affirmaient comme Hegel l'aspect éthique de l'État. Selon Heller, ces historiens ont joué un rôle de médiateurs entre le pôle libéral et le pôle conservateur, en particulier grâce aux formules vagues de Hegel sur la participation du *Bürger* (citoyen et bourgeois) à la vie de l'État.

nouveaux problèmes étaient apparus, qui exigeaient que l'on retourne dans la contrée du droit public et du droit international en vigueur[1]. »

Entre 1918 et 1939, deux voies étaient barrées, deux solutions héritées du XIXe siècle : la voie du positivisme, d'abord, qui refusait la spéculation et compilait les traités, comme du temps de G. F. de Martens et de J. L. Klüber. Les internationalistes positivistes du XIXe siècle avaient fermé le droit international sur lui-même. Ils avaient refusé de prendre en compte la forme des régimes politiques, postulant que les traités internationaux n'étaient pas influencés par la politique intérieure. C'était la voie traditionnelle des conservateurs allemands depuis le XIXe siècle. Elle aurait pu devenir celle des nostalgiques de la diplomatie de l'Ancien régime. Voie toute tracée pour Schmitt et ses collègues, certainement. Et pourtant impossible à emprunter dans le contexte particulier du premier après-guerre : on rejetait au même moment le « système » bel et bien codifié et positif de Versailles et de Genève. L'autre voie était traditionnellement interdite aux juristes conservateurs. Elle consistait à transposer directement le droit privé au droit international, tradition qui depuis longtemps était celle des juristes libéraux. Ceux-ci tendaient à court-circuiter la politique et le droit public et à dériver les règles du droit international directement des principes généraux du droit naturel ou du droit privé. Le droit international devenait une sorte de droit privé « en grand ». Ces deux solutions conduisaient à considérer que soit la forme des traités internationaux, soit les principes généraux du droit étaient immuables. La focalisation étroite sur les traités et l'absolutisation du droit privé aboutissaient au même point de vue anhistorique. Or, l'affect contre Versailles conduisait les juristes conservateurs à critiquer non seulement la seconde de ces voies, mais aussi à sortir de leur propre tradition (la dérivation du droit international des codes positifs). Il les empêchait de marcher dans les pas de leurs prédécesseurs « naturels ». On comprend ainsi qu'ils se soient tournés vers l'histoire. Mais quelle est cette histoire qui a servi de refuge aux juristes ?

Une correspondance étroite existait entre la pensée des internationalistes conservateurs de l'entre-deux-guerres et la pensée d'historiens comme Friedrich Meinecke, Otto Hintze, Max Lenz et Erich

1. W. Grewe, « Ein Leben mit Staats- und Völkerrecht im 20. Jahrhundert », *op. cit.*, p. 30. Ce type de témoignage mêlant le récit autobiographique aux remarques scientifiques est précieux et rare de la part des juristes internationalistes allemands du XXe siècle. Comparé au journal de Schmitt (*Glossarium*, 1991), qui continue à fuir dans l'histoire et dans le mythe, le récit de Grewe est d'une sobriété rafraîchissante.

Marcks, ceux que Ludwig Dehio appelle les « néo-rankiens » dans un livre désormais classique, *Deutschland und die Weltpolitik im 20. Jahrhundert* (1955). Sur des questions comme la *Mitteleuropa*, les minorités, l'équilibre européen, le rôle des Anglais, la « mission » de l'Allemagne et sa relation « séculaire » au droit international, les juristes et les historiens étaient d'accord. On pourrait se contenter de dire qu'il s'agissait d'une idéologie partagée, qui venait du nationalisme commun, mais ce serait sous-estimer la relation de très forte dissymétrie qui existait entre l'histoire et le droit international en tant que disciplines. L'histoire était une science reine tandis que le droit international peinait à s'établir dans l'université. Il est probable que cette correspondance si frappante entre les positions des juristes et celles des historiens ait été aussi le symptôme de la tutelle que l'historiographie académique exerçait sur la jeune science du droit international.

Dans *Die Grossen Mächte* (1833) et dans *Politisches Gespräch* (1836), écrits programmatiques qui avaient une valeur de manifestes pour les historiens néo-rankiens, Ranke expose sa conception de l'État et du système des États. Ses épigones ont lu ces deux textes comme une défense et illustration du « primat de la politique extérieure[1] » (*Primat der Außenpolitik*), principe qui est ensuite devenu central dans l'historiographie allemande. Selon Ranke, c'est l'Église qui embrasse l'humanité entière, pas l'État. « L'idée de l'État serait anéantie si celui-ci devait s'étendre au monde entier. Les États sont nombreux[2] ». Le pluralisme des puissances est présenté comme la véritable constitution de l'Europe ; c'est parce qu'elles sont plurielles et s'opposent à l'hégémonie de la puissance dominante que les puissances semblent préserver, par leur résistance, l'équilibre et la liberté.

Dans *Les grandes puissances,* l'historien allemand esquisse l'histoire du système des États européens à partir du XVIe siècle. Sa défense de la Restauration se fait sentir dans l'analyse qu'il donne des causes de la Révolution française. Aux yeux de l'historien, « on a cherché les causes de la Révolution où elles ne sont pas » ; « l'un des facteurs les plus importants est le changement de politique extérieure, qui a fait tomber en disgrâce le gouvernement français. Il est vrai que celui-ci ne savait pas administrer correctement l'État ni faire correctement la guerre », mais là n'est pas l'essentiel.

1. L'expression vient de Dilthey, qui l'emploie à propos de Ranke.

2. L. von Ranke, *Die Grossen Mächte. Politisches Gespräch*, Göttingen, Vandenhoeck & Ruprecht, 1963, p. 72.

> Les Français vivaient dans le souvenir de la puissance de Louis XIV [...], ils attribuaient la perte de puissance de la France à leur gouvernement, à son incapacité dans le domaine de la politique étrangère [...]. C'est pourquoi si les transformations politiques ont pris un caractère réformateur qui s'est trop vite mué en révolution, il ne faut pas pour autant perdre de vue qu'elles étaient dès le début dirigées contre l'étranger[1]. (*GP* : 30)

En bon contre-révolutionnaire qu'il était, Ranke définit la raison comme subordination de la volonté de puissance à l' « esprit » identifié à la tradition historique.

Selon le jeune Ranke, la force d'une nation vient de la puissance de ses idées. La France par exemple était puissante davantage « par l'opposition qu'elle a[vait] suscitée que par l'imitation qu'elle a[vait] engendrée » (*GP* : 39). La clé de l'histoire est donc donnée par l'histoire des idées : « l'histoire universelle (*Weltgeschichte*) n'est pas constituée comme il semble au premier abord par les collisions et les successions contingentes des États et de peuples. Ce sont des forces spirituelles créatrices de vie, ce sont des énergies morales (*moralische Energien*) que nous observons dans leur développement » (*GP* : 41-42). L'historien pense qu'il est impossible de ramener les individualités nationales à des abstractions. La tonalité des *Grandes puissances* n'est pas seulement idéaliste, mais spiritualiste : les nations ne se coulent pas dans une structure rationnelle cachée de l'histoire mais, indéfinissables, elles débordent toute structure. Elles excèdent tout ce que la froide raison pourra jamais en dire. Dans cette optique, la force matérielle et militaire n'est pas le fait premier. « Si nous sommes attaqués par un pouvoir spirituel (*geistiger Gewalt*), alors il faut lui opposer des forces spirituelles (*geistige Kräfte*). La prééminence qu'une nation étrangère risque de prendre sur nous ne peut être stoppée que par le développement de notre propre nationalité (développée dans l'État). » Aux yeux du jeune Ranke, il en va de la politique extérieure comme de la littérature : « On ne parlait pas de littérature universelle (*Weltliteratur*) quand la France dominait l'Europe. On en parle seulement maintenant, alors que les principaux peuples européens ont développé leur propre littérature nationale » (*GP* : 42). La conversation en société sert de paradigme : une conversation est réussie non quand un avis domine tous les autres ou quand tous pensent la même chose, mais quand les opinions divergent (*GP* : 43).

La préférence de Ranke pour la pluralité des nationalités et des cultures plutôt que pour l'Empire universaliste a été réactualisée par l'histoire et

1. T.d.A.

la géopolitique allemandes avant la Première Guerre mondiale. Ce que Ranke avait montré pour l'Europe, on le montrait désormais pour l'« européanisation du monde », dans une perspective qui ne permettait pas de comprendre les tendances nouvelles de la politique du XXe siècle. On faisait de la guerre conçue comme une série de batailles le tribunal de l'histoire. L'histoire diplomatique était donc l'histoire par excellence. Le seul « sujet » de l'histoire était à leurs yeux le *Machtstaat* (plus quelques grands hommes) : la sociologie et l'économie n'avaient pas de place dans ces analyses.

Les auteurs comme Max Lenz ou Rudolf Kjellén réinterprétaient le « primat de la politique extérieure » en le réduisant à des maximes qui avaient l'air d'énoncer les règles de toute politique extérieure, mais qui étaient en réalité tirées de l'histoire de la Prusse. C'était comme par hasard les vertus prussiennes que favorisait la tendance à l'expansion des grandes puissances, comme la volonté, l'ambition ou le désir d'indépendance. On affirmait, d'autre part, que plus la pression venant de l'extérieur était forte, plus la force qui s'y opposait devenait solide et compacte, et plus elle était protégée de la dissolution intérieure. C'était concevoir le lien politique comme une « union contre » et déjà comme une opposition ami/ennemi. Les petites et les moyennes puissances surtout passaient pour mettre à profit ce principe ; la Prusse, là encore, servait d'exemple.

Deux principes complémentaires étaient dégagés : la *Kleinstaaterei* (la division en petits États) et les *Großräume* (les grands espaces)[1]. Les analystes de la politique mondiale projetaient la situation de la Prusse partout : on voyait de toute part des nations en train de naître qui cherchaient leur place au soleil. On prévoyait l'essor des particularismes « nationaux » en Europe (des Castillans, des Polonais, des Lituaniens, etc.). On affirmait que même l'Empire mondial des Anglais était menacé par le principe des nationalités. Des tentatives malheureuses d'anglicisation de Malte et de l'Afrique du Sud par Chamberlain, on concluait qu'il est difficile de toucher au « cœur » des nations. De l'élévation du Japon au rang de puissance mondiale (imitant l'Europe), de sa participation nouvelle aux « Conférences européennes », on déduisait que l'Europe faisait école hors d'Europe. Contre l'Europe aussi, mais cette opposition ne semblait pas plus dangereuse que le jeu d'attraction et de répulsion qui était le ciment des Européens entre eux. Aussi l'histoire du déclin du droit des gens

1. Le terme de « grand espace » n'était pas encore employé par les auteurs comme Max Lenz et Rudolf Kjellén. C'est Schmitt le premier qui le fera passer de l'économie à la géopolitique en 1939, mais l'idée était déjà présente chez les auteurs antérieurs.

européen pouvait-elle passer pour l'histoire de son trop grand succès[1]. Là encore, on se servait des *Grandes puissances* de Ranke pour concevoir le monde entier comme une grande Europe. On décrivait la politique coloniale selon la même formule, qui voulait que chaque puissance se déploie jusqu'à ce qu'elle se heurte à des obstacles extérieurs qui la protègent de la dissolution. La formule du pluralisme européen débouchait ainsi sur un «*pluriversum*» de grands Empires (les USA, la Chine, la Russie, l'Angleterre, l'Allemagne)[2].

Aux yeux des historiens néo-rankiens, la *Weltpolitik* menée par le jeune État Allemand à partir du dernier tiers du XIXe siècle suivait les mêmes objectifs que la politique européenne des décennies passées, simplement transposée à l'échelle du monde. L'historien Otto Hintze, éminent spécialiste de l'histoire prussienne, exprime une pensée partagée par tous quand il écrit que l'Allemagne cherchait «l'équilibre, non l'hégémonie[3]». Que l'Allemagne, comme les autres puissances européennes de l'époque, ait pu chercher l'expansion pour l'expansion, les néo-rankiens ne l'envisageaient pas[4].

La lecture des écrits de droit international des juristes de l'après-guerre montre qu'ils emboîtaient le pas aux historiens. Schmitt introduit dans le

1. C'est la façon dont Schmitt interprète l'idéal d'émancipation nationale de la décolonisation après la Seconde Guerre mondiale. *Cf.* «L'ordre du monde après la Seconde Guerre mondiale», *GCM*, p. 66 *sq*.

2. M. Lenz, «Ein Blick in das zwanzigste Jahrhundert», in *Kleine Historische Schriften*, vol. 1, Berlin et München, Oldenbourg, 1910, p. 589.

3. «Le mouvement impérialiste semble ouvrir une nouvelle époque d'équilibre politique. [...] l'objectif de l'impérialisme moderne n'est pas la constitution d'un Empire mondial (*Weltreich*) mais la formation d'une multiplicité d'Empires mondiaux», O. Hintze, «Imperialismus und Weltpolitik», 2e édition, *in* O. Hintze, *Staat und Verfassung. Gesammelte Abhandlungen zur allgemeinen Verfassungsgeschichte*, Göttingen, Vandenhoeck & Ruprecht, 1962, p. 469.

4. Le texte essentiel à ce sujet est celui de Ludwig Dehio: «Ranke und der deutsche Imperialismus», in *Deutschland und die Weltpolitik im 20. Jahrhundert*, Frankfurt-am-Main, Fischer, 1961 [1955], p. 33-62. La renaissance de Ranke après la Première Guerre mondiale et la remarquable continuité de l'interprétation des relations internationales par rapport au XIXe siècle sont aujourd'hui considérées comme des facteurs qui ont conduit à la Seconde Guerre mondiale. Cette thèse formulée par Ludwig Dehio a été reprise par de nombreux historiens. Voir H.-H. Krill, *Die Rankerenaissance. Max Lenz und Erich Marcks. Ein Beitrag zum historisch-politischen Denken in Deutschland, 1880-1935*, Berlin, Walter de Gruyter, 1962, p. 197; T. Schieder, *Staat und Gesellschaft im Wandel unserer Zeit*, München, Oldenbourg, 1970, p. 184; B. Faulenbach, *Ideologie des deutschen Weges. Die deutsche Geschichte in der Historiographie zwischen Kaiserreich und Nationalsozialismus*, München, C. H. Beck, 1980, p. 298; G. Iggers, *The German Tradition of History. The National Tradition of Historical Thought from Herder to the Present*, Middletown, Connecticut, Wesleyan University Press, 1983.

droit international des idées qui étaient familières depuis longtemps aux historiens et aux spécialistes de géopolitique : ce sont entre autres les idées des néo-rankiens qu'il appelle les « principes concrets[1] » de l'ordre mondial et du droit international. Dans les textes des juristes, l'impérialisme et la guerre économique apparaissent comme une spécialité anglaise. Ils ne parlent presque jamais d'un « impérialisme allemand ». Selon les juristes, l'Allemagne menait une politique purement défensive. Ils dressaient un parallèle entre le combat contre l'hégémonie continentale de Napoléon et le combat de l'ère impérialiste contre l'hégémonie maritime anglaise. Il était courant de comparer le traité de Versailles au traité de Vienne (1815) : la France n'avait pas été anéantie en 1815, pourquoi avoir anéanti l'Allemagne en 1919 ? Si l'Allemagne s'était dotée d'une marine de guerre avant 1914, elle ne l'avait pas fait pour défendre ses intérêts propres, mais pour accomplir sa « mission » qui était de renverser l'hégémonie anglaise, de faire contrepoids à la Russie et de rétablir préventivement l'équilibre du monde. Cela avait été l'argument de Tirpitz, le père de la flotte allemande. L'humanité entière devait profiter de l'expansion de la germanité qui était la gardienne de l'équilibre mondial. Ainsi, la littérature du droit international du premier après-guerre a rejeté le concept d'impérialisme. Elle est restée sous l'emprise de l'idée d'équilibre européen, qui, au siècle précédent, avait quasiment été reconnue comme une norme juridique. Le cadre de l'État-nation restait intangible, le droit interétatique était une norme absolue : on le concevait comme le terme final et indépassable du droit international[2]. On résistait au mouvement wilsonien

1. « En somme dans la théorie du droit international, on a peur de tels principes. La raison en est simple : aussitôt qu'un principe de ce type est reconnu, des revendications politiques s'élèvent, qui viennent menacer les grandes puissances » (« Die Kernfrage des Völkerbundes », 1926, *FP*, p. 114). Pour l'analyse schmittienne du principe de nationalité comme principe concret du droit international et les changements de sens qu'il a subis au XIXe et au XXe siècles, voir « Die Kernfrage des Völkerbundes », 1926, *FP*, p. 110-114. Schmitt écrit qu'au XIXe siècle, il a conduit à la formation de deux grands États, l'Allemagne et l'Italie, tandis qu'au XXe siècle, ses effets sont autres : il entraîne la balkanisation de l'Europe.

2. L'idéal de l'affirmation de soi de la nation, réalisé plus tardivement en Allemagne qu'ailleurs, a eu plus de mal à s'allier rétrospectivement aux universalismes anciens du droit naturel et de la chrétienté. Ludwig Dehio parle du « manque d'idéalisme » de l'idéologie allemande dans le domaine de la politique mondiale, réduite selon lui à se légitimer sur le plan de l'être et non du devoir-être (*Deutschland und die Weltpolitik im 20. Jahrhundert*, *op. cit.*, p. 75, p. 94). Les Allemands étant obnubilés par la non-coïncidence de la nation et de l'État allemand, vécue comme un retard, l'individualité historique était pour eux l'idéal, alors qu'elle était « le réel » pour les États voisins. De là cette mésalliance entre l'universalisme et le nationalisme allemand selon Dehio. C'est parce que le système d'équilibre des États du

de constitutionnalisation du droit international. La guerre mondiale n'avait changé qu'une chose : la téléologie de l'équilibre européen était simplement marquée d'un signe négatif et non plus positif.

Les idées des historiens qui régnaient sur toutes les sciences humaines enfermaient les internationalistes dans des dilemmes quasiment insolubles. Elles poussaient les internationalistes dans une attitude de dépréciation de leur propre secteur de recherches. D'un côté, les juristes avaient besoin de l'histoire comme argument, car leur opposition au traité de Versailles et au positivisme juridique de Kelsen leur interdisait de chercher les fondements de leur discipline du côté de la codification récente ou de la logique pure et du système[1]. D'un autre côté, la jeune discipline du droit international risquait de flotter dans le vide à force de s'être démarquée de tout ce qui l'entourait (le libéralisme des fondateurs, le pacifisme, le positivisme juridique, etc). L'appui de la « science » historique était donc utile : les historiens néo-rankiens offraient le « plein » d'une idéologie constituée depuis longtemps. Lorsqu'on écrivait des articles de circonstance pour commenter la politique du jour, que l'on fût historien ou juriste, on était du même avis, unis contre Versailles, Genève et La Haye[2]. Mais dès que les juristes devaient donner des fondements rigoureux à la discipline du droit international, dès qu'il leur fallait passer de la rédaction d'articles et d'expertises à l'écriture de *livres*, ils se heurtaient à des difficultés presque insurmontables et l'appui fourni par les historiens se transformait en obstacle.

Il est révélateur que très peu de livres de droit international aient été écrits dans l'entre-deux-guerres, alors que les textes courts abondaient.

XIXe siècle était la condition effective de la constitution de la nation allemande, qu'il était entouré en Allemagne d'un halo d'idéal.

1. C'était d'ailleurs une longue tradition. Depuis son apparition au XVIIe siècle, la discipline allemande du *jus publicum* avait pris l'histoire comme fondement. La maxime selon laquelle il fallait déduire de l'histoire le droit en vigueur semblait évidente : la constitution du Reich allemand n'étant pas une construction rationnelle mais « *mostro simile* » (Pufendorf). Voir M. Stolleis, *Konstitution und Intervention. Studien zur Geschichte des öffentlischen Rechts im 19. Jahrhundert*, Frankfurt-am-Main, Suhrkamp Verlag, 2001, p. 31-46.

2. Comparer par exemple les articles d'Otto Hintze sur la SDN et le traité de Versailles et ceux des juristes : il est difficile de les distinguer. *Cf.* O. Hintze, « Liberalismus, Demokratie und auswärtige Politik » (1926) ; « Föderalistischer Imperialismus » (1928), *in* Hintze, *Soziologie und Geschichte. Gesammelte Abhandlungen zur Soziologie, Politik und Theorie der Geschichte*, Göttingen, Vandenhoeck & Ruprecht, 1964, p. 200-204, 210-215. On se reportera d'autre part au livre collectif : Otto Hintze ; Friedrich Meinecke ; Hermann Oncken (hrsg.), *Deutschland und der Weltkrieg*, Berlin, Leipzig, Teubner, 1915. Ce livre contient des textes de Delbrück, Troeltsch, Hintze, Meinecke.

Révélateur aussi qu'il ait fallu attendre la fin de la Seconde Guerre mondiale pour qu'une première vague d'ouvrages importants paraisse concernant l'histoire du droit international. C'est qu'en 1945, l'idéologie du *Machtstaat* s'était effondrée ; la science historique s'ouvrait enfin sans complexe à la sociologie. L'histoire académique (purement diplomatique, politique et militaire) se transformait enfin en *histoire sociale*. Elle analysait les causes du nationalisme, le reconnaissant désormais comme une « maladie [1] ». Ainsi l'horizon se dégageait pour le droit international et les premiers livres d'envergure sur son histoire pouvaient paraître [2].

Une anecdote est parlante : Erich Kaufmann, qui avait dû émigrer en Hollande pendant la guerre à cause de ses origines juives, avait été invité à donner des cours à l'Académie de Droit International de La Haye. Kaufmann a modifié sa théorie – trop belliciste – par une série de retouches importantes avant de la présenter à un public non allemand. Avant 1945, le point de vue des spécialistes allemands de droit international était en fait peu exportable [3], si l'on fait exception du point de vue des pacifistes comme Walther Schücking. Il est remarquable par exemple que Wilhelm Grewe, l'auteur d'un livre important d'histoire du droit international [4] commencé comme *Le nomos de la Terre* pendant la Seconde Guerre mondiale, ne soit

1. *Cf.* F. Meinecke, *Die deutsche Katastrophe*, Wiesbaden, Eberhard Brockhaus, 1946 ; H. Plessner, *Die verspätete Nation. Über die politische Verführbarkeit bürgerlichen Geistes*, Stuttgart, W. Kohlhammer Verlag, 1959. Les conflits sociaux aigus et la guerre civile allemande et européenne de l'entre-deux-guerres auraient dû faire progresser l'histoire sociale sous la République de Weimar. Mais il semble que la crise politique (interprétée avant tout comme crise extérieure, les problèmes sociaux ayant été « inoculés » par les « partis de l'étranger » selon la doctrine officielle) ait au contraire accentué le blocage de l'histoire à l'histoire politique, militaire et diplomatique.

2. *Cf.* A. Nussbaum, *A Concise History of the Law of Nations*, *op. cit.* ; E. Reibstein, *Völkerrecht*, Freiburg, München, Verlag Karl Alber, 1957-1963, A. Verdross, *Völkerrecht*, Berlin, Duncker & Humbolt, 1950-1955.

3. L'internationaliste Adolf Rein décrit les difficultés auxquelles se heurtait un chercheur allemand qui voulait mener des recherches sur l'histoire du droit international après la Première Guerre mondiale : l'accès aux bibliothèques et aux archives des pays d'Europe de l'ouest et des USA lui était refusé tant les relations politiques étaient tendues. A. Rein, *Der Kampf Westeuropas um Nordamerika im 15. und 16. Jahrhundert*, Stuttgart, Verlag Friedrich Andreas Perthes, 1925, p. IX.

4. Il s'agit d'*Epochen der Völkerrechtsgeschichte*. Grewe a réécrit plusieurs fois ce livre, qui était au départ sa thèse d'habilitation, avant sa parution en 1984. Voir sa lettre à Schmitt datée du 3 mars 1949, dans laquelle il raconte qu'il réécrit pour la troisième fois son livre. Le résultat montre qu'il a dû le réécrire souvent jusqu'à sa parution : la littérature et les événements les plus récents y sont commentés. L'architecture conceptuelle de ce livre semble être schmittienne à première vue, mais l'épistémologie juridique de Schmitt reste étrangère à Grewe. Voir *infra*, p. 139-143.

pas parvenu à publier son livre avant 1984[1]. Une bombe était tombée sur l'imprimerie qui était sur le point de le publier pendant la guerre, mais s'il a fallu ensuite quarante années au juriste pour le faire paraître, c'est certes parce qu'il avait entre temps échangé la profession de chercheur contre celle de diplomate, mais aussi, de son propre aveu, parce qu'il sentait qu'un revirement dans l'opinion avait fait disparaître le public potentiel de son livre.

Ces remarques de Grewe donnent des clés pour comprendre la situation très particulière du *Nomos de la Terre*. Elles éclairent aussi bien l'écriture théorique de ce livre que sa réception. Elles confirment du moins l'hypothèse qu'il est opportun d'étudier *Le nomos de la Terre* sous l'angle des contraintes fortes qui pesaient sur celui qui, dans les années 1940, en Allemagne, voulait sortir de la polémique et du pamphlet pour écrire un *livre* de droit international, *avant* que l'histoire sociale n'ait remplacé l'histoire nationale et qu'elle ait normalisé l'internationalité comme horizon théorique.

L'aspect baroque ou mythique de ce livre est sans doute à interpréter en relation à ce contexte. Cette façade voyante que Peter Haggenmacher appelle le décor baroque du *Nomos de la Terre,* qui visait à créer une connivence avec le public nationaliste et conservateur des universitaires de l'entre-deux-guerres, est probablement ce qui lui a fait manquer son public après 1950. *Le nomos de la Terre* n'est jamais vraiment devenu un livre de référence en droit international, contrairement au livre de Grewe. Il est lu aujourd'hui davantage par les philosophes et les politologues que par les juristes. Son aspect hyperlittéraire creuse le fossé avec les manuels. Il y a dans ce livre comme une sublimation et une tension[2] : un livre se met en scène *en tant que livre*, à un moment où il était presque impossible d'écrire un livre dans ce domaine. Il était trop tard ou trop tôt pour les grandes synthèses, à l'heure où la fondation de l'ONU, les procès de Nuremberg, l'occupation de l'Allemagne vaincue faisaient la une des journaux.

1. W. Grewe, « Ein Leben mit Staats- und Völkerrecht im 20. Jahrhundert », *op. cit.*, p. 30.

2. Schmitt écrit à E. Jünger qu'il éprouve de grandes difficultés à écrire *Le nomos de la Terre*. Il se demande si cela ne vient pas de la masse immense des matériaux qu'il doit maîtriser. Mais on peut penser que cela vient de la situation politique et de la situation de Schmitt : le juriste, « mis à l'écart » après son passage à Nuremberg, ne peut plus prendre position sur l'actualité. Il veut donner une grande synthèse définitive à un moment de profonds bouleversements et de refondation du droit international.

« Les États sont nombreux[1] » : *la filiation Hegel-Ranke-Bismarck*

Dans l'un des rares livres de droit international à avoir eu un grand retentissement dans l'Allemagne de la première moitié du XXe siècle, *Das Wesen des Völkerrechts und die Clausula rebus sic stantibus* (1911), livre qui était devenu la cible des juristes libéraux, Erich Kaufmann est le premier juriste à s'être explicitement servi de la filiation Hegel-Ranke-Bismarck pour réformer le droit international[2]. Cette filiation, « fabriquée de toutes pièces par Meinecke » selon Lukács, joue un rôle important dans *Weltbürgertum und Nationalstaat* (1907). Meinecke avait conçu l'histoire allemande du XIXe siècle comme un procès de politisation de la *Kulturnation*. Hegel, Ranke et surtout Bismarck avaient eu le mérite selon lui de limiter l'emprise des idées cosmopolitiques, universalistes et « apolitiques » qui avaient fait obstacle à la formation d'un État-nation autonome en Allemagne. Pour Meinecke, Goethe mais aussi l'idéalisme allemand, le romantisme et la réforme prussienne – dont il soulignait l'idéal cosmopolitique[3] – avaient certes finalement contribué à faire advenir l'État-nation, mais non pas une conception réaliste du pouvoir. Selon l'historien, la culture de l'époque de Goethe n'avait pas été un terrain propice à l'éclosion d'un *Machtstaat* autonome. Dans *Weltbürgertum und Nationalstaat,* Ranke représente un progrès par rapport à Hegel parce qu'avec lui les hommes et les États s'émancipent de l'Esprit universel, et Bismarck fait encore avancer l'histoire parce qu'il donne corps aux idées de Ranke en créant l'État allemand. *La notion de politique* s'inscrit dans le sillage de *Weltbürgertum und Nationalstaat* et de Kaufmann : Schmitt y qualifie le cosmopolitisme d'idée « éthique » et « apolitique » et le tient pour l'obstacle principal au réalisme politique[4].

1. « L'idée de l'État serait anéantie s'il devait s'étendre au monde entier : les États sont nombreux ». C'est ainsi que s'exprime Friedrich dans le *Politisches Gespräch* (Ranke, *Die Grossen Mächte. Politisches Gespräch*, Göttingen, Vandenhoeck & Ruprecht, 1963, p. 72).

2. Pour Kaufmann, les principes du droit international moderne se sont cristallisés au milieu du XIXe siècle, au moment de l'apparition du *Machtstaat*. Il affirme que les trois pères fondateurs du droit interétatique moderne sont Hegel, Ranke et Bismarck. Ce sont eux, aux yeux du juriste, qui ont mis fin au divorce entre théorie et pratique et qui ont reconnu que la guerre était « nécessaire et morale ». Voir E. Kaufmann, *Das Wesen des Völkerrechts und die Clausula rebus sic stantibus, Rechtsphilosophische Studie zum Rechts-, Staats- und Vertragsbegriffe*, Tübingen, J. C. B. Mohr, 1911, p. VI et p. 6.

3. Les réformateurs prussiens comme Stein, Gneisenau et Scharnhorst défendaient l'idéal cosmopolitique d'une Europe unie.

4. Le livre « schmittien » de Meinecke est *Weltbürgertum und Nationalstaat* (1908) et non sa monumentale *Idee der Staatsräson* (1924), dont Schmitt fait la critique en 1926, dans « L'idée de raison d'État selon Meinecke ».

Comme Meinecke et les néo-rankiens[1], Kaufmann nie qu'il y ait eu une rupture entre Bismarck et la culture classique. Il tend à effacer l'opposition entre Hegel, l'École historique du droit et Ranke. Il cherche à imposer l'idée que ce n'est pas le principe de la sainteté des traités (*pacta sunt servanda*), mais la *clausula rebus sic stantibus*[2] qui est au fondement du droit international. Selon cette clause implicite contenue dans les traités internationaux, le changement des conditions dans lesquels les accords ont été conclus constitue un motif légal de caducité des engagements. La *clausula rebus sic stantibus* entraîne la renégociation des traités dans la jurisprudence arbitrale internationale. La question du jour au moment où Kaufmann écrivait *Das Wesen des Völkerrechts...* était celle du statut de l'arbitrage international. Le juriste cherchait à contrer ceux qui voyaient dans l'arbitrage international les prémices d'un État mondial. En élevant la norme tacite de la jurisprudence arbitrale qu'est la *clausula* au rang de fondement du droit international, Kaufmann voulait dissocier la sphère souple des traités des strictes obligations contractuelles du droit civil interne. Les traités internationaux ne pouvaient selon lui être respectés de façon aussi stricte que les contrats du droit privé : le mot « légalité » ne signifiait pas la même chose en droit contractuel et en droit international.

Comme en droit contractuel allemand l'institution de l'état d'urgence (*Notstand)* n'existe pas, Kaufmann ne pouvait se contenter de transposer en droit international le droit civil existant. D'où son recours à la *philosophie* de Hegel. Dans les *Principes de la philosophie du droit*[3], Hegel avait donné une portée générale à des principes tirés du droit des dettes, droit dans lequel on accordait une place plus grande aux circonstances, l'impossibilité de rembourser son dû n'étant pas immédiatement traitée de manière répressive. « La détresse (*die Not*) révèle la finitude du droit[4] », écrit Hegel. Selon lui, le *Notrecht*, le droit de détresse, devait être reconnu non pas comme de l'équité mais bien comme du droit. Kaufmann, à son tour, était bien décidé à étendre sur le même modèle une clause assez secondaire, tirée de la jurisprudence arbitrale, à

1. Meinecke a réédité *Die Großen Mächte* en 1916 chez Inselverlag, rendant accessible le texte de Ranke à un large public. Il venait d'invoquer l'esprit de Ranke dans l'ouvrage collectif qu'il avait dirigé avec Otto Hintze, *Deutschland und der Weltkrieg* (1915).

2. Expression latine signifie littéralement : « les choses demeurant telles qu'elle sont. »

3. Hegel, *Principes de la philosophie du droit*, Paris, Vrin, 1993 [1821], § 127 et 128, p. 166-167.

4. *Ibid.*, p. 166 ; E. Kaufmann, *Das Wesen des Völkerrechts und die Clausula rebus sic stantibus, Rechtsphilosophische Studie zum Rechts-, Staats- und Vertragsbegriffe*, *op. cit.*, p. 116, 160, 182.

l'ensemble du droit international pour en éclairer la signification générale et montrer que le droit international tout entier était régi moins par des règles que par des exceptions. La nouveauté par rapport à l'époque de Hegel était qu'à l'heure de la codification accélérée, il était devenu difficile de ranger l'ensemble du droit international sous la catégorie de « coutume [1] ». Cela aurait été un anachronisme par trop flagrant, alors que le corps des règles internationales codifiées croissait de jour en jour, que d'ancrer simplement le droit international dans la « conscience » du peuple ou des élites ou de le renvoyer à un « état de nature ». La solution de Kaufmann consistait à dire que le droit international était non pas un ordre public bien hiérarchisé mais une coordination imparfaite des différents droits internes [2]. L'ensemble de la légalité internationale était ainsi frappée de l'incertitude normalement réservée aux directives vagues de la jurisprudence.

Dès 1911, Kaufmann avait donc ouvert la voie aux Schmitt, Walz et Grewe. L'attention de ces juristes allait porter en premier lieu sur les exceptions, les réserves (*Vorbehälte*), les négociations précédant l'établissement des textes et les renégociations, plutôt qu'à leur lettre et leur cohérence interne. Dans sa *Théologie politique* de 1922, Schmitt a défini le souverain comme celui qui décide du cas d'exception (*TP1* : 15). Cette définition s'accorde avec celle qu'il a donnée du droit international et de ses sources dans les années 1920. Dans la *Théorie de la Constitution* [3], Schmitt affirme en effet qu'il est artificiel de parler « du » droit international. Le droit international n'est que « la somme des règles reconnues par coutume ou par convention pour les relations de coexistence entre les États » (*TC* : 509). Il n'est qu'une « collection de règles variant de cas à cas et de relation à relation », étant donné que la communauté internationale n'est ni un pacte, ni une alliance (*Bündnis*), moins encore une fédération ». Le caractère secondaire de toutes les définitions qu'on peut donner *du* droit international ainsi qu'*en* droit international est une conséquence logique du fait que la communauté internationale « n'a pas de constitution au sens spécifique », qu'elle est « le reflet du *pluriversum* politique ». Aucun régime stable de définitions ne peut donc s'établir. C'est une conséquence du fait que le droit international n'est pas un

1. *Ibid.*, p. 42. Voir aussi H. Triepel, *Völkerrecht und Landesrecht*, Leipzig, Verlag von C.L. Hirschfeld, 1899.

2. E. Kaufmann, *Das Wesen des Völkerrechts und die Clausula rebus sic stantibus, Rechtsphilosophische Studie zum Rechts-, Staats- und Vertragsbegriffe*, *op. cit.*, p. 43, p. 160, p. 190.

3. Voir aussi « Die Kernfrage des Völkerbundes », 1924-1925, *FP*, p. 14.

ensemble de règles universelles « mais de règles *particulières universellement reconnues* » (*TC* : 509).

En d'autres termes, malgré la forme-institution que se donne le droit international contemporain, celui-ci n'a pas de *régime* déterminé. C'est pourquoi, sur ce terrain, les définitions juridiques sont minées, que ce soit celle du génocide, de l'agression, du terrorisme, etc. Le problème clé du droit international est précisément le problème *de la qualification des faits*. Il manque des notions communes de justice aux acteurs de la politique internationale qui permettraient que le différend soit réglé par un tiers[1]. Schmitt le dit d'une formule : le problème central en droit international est le *Quis judicabit* ? (qui jugera que la situation est telle ou telle ?). Tout le droit international n'est donc que *jurisprudence* et Kaufmann a raison d'aller chercher une règle tacite de la jurisprudence arbitrale (la *clausula*) pour l'élever au rang de principe général.

La *clausula* de Kaufmann et l'exception de Schmitt ont beaucoup en commun, elles ont notamment une fonction négatrice d'une efficacité indéniable. Ces deux notions effectuent un travail de sape comparable et redoutable en direction des interprétations maximalistes de la légalité internationale – qui voyaient dans celles-ci les linéaments d'un ordre public mondial. Mais la *clausula* de Kaufmann et l'exception de Schmitt ne flottent pas dans le vide et leurs arrière-plans théoriques ne sont pas identiques. La *clausula* de Kaufmann a pour point d'accroche la confiance dans le génie de l'Europe (telle que l'exprime Ranke exemplairement dans *Die Grossen Mächte*), génie qui était censé protéger l'Europe contre toute tendance hégémonique et contre la violence sans freins, dans un équilibre heureux. Par un système miraculeux de poids et de contrepoids, la liberté et les particularismes semblaient protégés durablement. Les guerres étaient vues comme des malentendus provisoires qui rehaussaient la « conversation européenne ». La transposition mécanique, à la politique mondiale de l'âge impérialiste, des idées exprimées par Ranke dans ses écrits de jeunesse, avaient été opérée par les historiens au début du XXe siècle, on l'a dit. Lorsque Kaufmann ébranle le nouveau statut de la légalité internationale, c'est en se reposant comme les historiens de son époque sur les cycles politiques typiques du système des États européens des XVIIIe et XIXe siècles, comme si ces cycles étaient la substance éternelle de l'histoire. La *clausula* de Kaufmann est solidaire d'une vision antidialectique et mécaniste du temps historique. Dans *Das Wesen des Völkerrechts...*, les

1. Sur ce thème, voir aussi H. Morgenthau, *La notion du « politique » et la théorie des différends internationaux*, Paris, Sirey, 1933, p. 74-75.

longs développements sur la *Realpolitik* de Bismarck n'ont pas d'autre fonction. La contingence de la *clausula* est proclamée par Kaufmann mais au nom d'autres « certitudes objectives » concernant l'histoire : elle ne montre pas des possibilités mais dit l'avenir.

Il peut paraître étrange d'attribuer aux continuateurs de Ranke une « téléologie de l'équilibre européen » alors que le grand historien est connu pour avoir fait de l'histoire une science empirique et pour avoir décrié la téléologie propre à la philosophie de l'histoire de Hegel. Ranke en effet a prôné le retour aux sources originales comme base du métier de l'historien[1]. Les historiens néo-rankiens du XXe siècle ont néanmoins mis sur pieds une « philosophie » rankienne qui effaçait la différence entre Ranke et Hegel et qui opérait un blocage réactionnaire au XIXe siècle. L'histoire était déjà-faite et non se-faisant. Le détail de la réalité était expulsé malgré l'impératif du retour aux sources originales. En effet, l'histoire de la chronique est non continue mais contiguë et fatale. Elle est un visage particulièrement retors du déterminisme historique parce qu'elle a l'air de donner place à l'événementialité, mais les personnages célèbres et les dates des grandes batailles confirment d'avance les certitudes « objectives » sur l'avenir, camouflant le dogmatisme d'historiens et de dirigeants qui prennent leurs opinions pour un destin collectif. Ludwig Dehio a montré que les historiens allemands, jusqu'en 1945, ont eu tendance à réactiver la pensée de Ranke parce qu'elle fournissait en fait un schéma idéal à leurs rêves politiques. L'une des certitudes des néo-hégéliens et des néo-rankiens était que le débat entre Ranke et Hegel n'avait eu aucune conséquence sur le plan de la politique extérieure. Hegel était un de ceux qui avaient introduit Machiavel en Allemagne au nom du patriotisme[2], Ranke avait vanté l'individualité des nations historiques. Cela revenait au même : on faisait d'eux les défenseurs du nationalisme allemand et l'on oubliait la critique que Ranke avait adressée à Hegel. On oubliait aussi que depuis le début du XIXe siècle, le nationalisme avait changé de sens, qu'un brusque virement vers la droite du thème de la nation s'était fait jour dans les dernières décennies du XIXe siècle, en un mouvement pour lequel on avait inventé le terme de « nationalisme[3] ».

1. Pour la critique de Hegel par Ranke, voir C. Colliot-Thélène, *Max Weber et l'histoire*, Paris, Presses universitaires de France, 1990, p. 9 *sq*.

2. Voir sur ce thème « Macchiavelli » (1927) et « Clausewitz, penseur politique » (1967) de Schmitt.

3. Voir E. Hobsbawm, *Nations et nationalisme depuis 1780*, Paris, Gallimard, 1992, p. 190 *sq*.

Des historiens contraints à l'émigration comme Mosse, Plessner, Lukács[1], ont été les premiers à protester contre ce rapprochement entre Hegel et Ranke par lequel les néo-rankiens fabriquaient un Hegel prussien et réactionnaire et sacrifiaient la dialectique. Plessner et Lukács ont montré que l'idéologie du *Sonderweg,* qui ramenait tous les problèmes à la formation tardive de l'État allemand, avait eu sa part de responsabilité dans le succès de la politique nazie en Allemagne. Herbert Marcuse et Joachim Ritter[2] ont eux aussi protesté contre cette appropriation de Hegel par les conservateurs. Par rapport à l'ancienne critique que Ranke avait adressée aux « abstractions » de Hegel, un renversement s'était produit. Cette fois, c'était les néo-rankiens qui avaient sombré dans l'abstraction. Les « néo-hégéliens » de gauche étaient plus lucides quant à la dialectique de l'impérialisme que les historiens néo-rankiens et les juristes qui projetaient le vieil équilibre européen (programme de Ranke devenu téléologie) sur la politique mondiale.

Comment situer Schmitt au sein de ces courants ? N'est-il pas évident qu'il faisait cause commune avec les néo-hégéliens de droite et qu'il est allé comme eux jusqu'à donner une version fascisante de la philosophie hégélienne sous le IIIe Reich, prônant comme beaucoup le caractère organique de la nation ? C'est ce qu'affirment Lukács, Marcuse et d'autres. Nous suivons cependant Joachim Ritter qui propose une autre interprétation. Ritter adresse la même critique que Lukács à l'interprétation de Hegel par Meinecke. Il s'oppose en particulier à Hermann Heller qui fait de Hegel le père de l'idéologie impérialiste : pour lui, Hegel incorpore en fait la morale kantienne à l'éthique institutionnaliste aristotélicienne[3]. Mais à

1. Selon Helmuth Plessner, les historiens allemands ont essayé de compenser l'échec politique et militaire de la Première Guerre mondiale en poursuivant le combat contre l'humanisme politique de l'Ouest et en continuant à douter, de manière forcée, des valeurs du vainqueur. *Cf.* H. Plessner, *Die verspätete Nation, Über die politische Verführbarkeit bürgerlichen Geistes*, Stuttgart, W. Kohlhammer Verlag, 1959, p. 29. Voir également le chapitre sur « Le néo-hégelianisme » dans G. Lukács, *La destruction de la raison*, vol. 1 : *Les débuts de l'irrationalisme moderne, de Schelling à Nietzsche*, Paris, L'Arche, 1958.

2. Voir G. Lukács, *Le jeune Hegel*, Paris, Gallimard, 1981 [1948] ; H. Marcuse, « Das Ende des Hegelianismus », in *Vernunft und Revolution* (Darmstadt, Neuwied, Luchterhand, 1941) ; J. Ritter, *Metaphysik und Politik. Studien zu Aristoteles und Hegel* (Frankfurt-am-Main, Suhrkamp Verlag, 1969). Lukács s'en prend aux « modernes falsificateurs irrationalistes de l'histoire allemande » qui font de Hegel un philosophe de la vie et un irrationaliste, falsification accomplie à l'époque où l'Allemagne est devenue fasciste. Il affirme que pour Hegel, Machiavel n'est pas le théoricien d'une politique de puissance comme le présente volontiers Meinecke, mais un révolutionnaire national, partisan de l'unité nationale.

3. *Ibid.*, p. 301, 308.

la différence de Lukács, il pense que Schmitt a bien compris Hegel, contrairement à Meinecke, bien qu'il cède à la mystique du peuple dans certains écrits de propagande, comme dans « État, mouvement, peuple » (1933). Il est vrai que dans *Le nomos de la Terre*, à plusieurs reprises, Schmitt donne une version en tous points conforme au récit européocentriste des néo-rankiens. À propos par exemple de la découverte de l'Amérique par les Européens, il cherche à montrer que l'Europe a pris l'Amérique parce que l'Amérique, contrairement à l'Asie et au monde arabe, ne lui opposait pas d'« énergie morale » assez forte (*NT*: 133). Certains extraits sont dignes de Spengler ou de Toynbee, mais il est peu probable qu'on lirait encore *Le nomos de la Terre* aujourd'hui si la structure profonde de ce livre était donnée là.

Répondre à la question du rapport de Schmitt à l'hégélianisme nécessite en réalité de longs détours. Certains indices troublent d'emblée l'assignation de Schmitt au seul néo-hégélianisme de droite et fascisant telle qu'elle est affirmée par Lukács et Marcuse. Si l'on voit en Schmitt simplement un théoricien de la *Realpolitik* et un défenseur du *Machtstaat*, un auteur qui ne lirait Hegel que dans cette optique, il devient difficile de rendre compte d'un nombre important de ses textes. Comment interpréter dans ce cas la critique schmittienne de la conception anhistorique de la raison d'État de Meinecke[1] ? ou comment expliquer le reproche que Schmitt adresse à Triepel de donner une version anhistorique de la *Machtpolitik*, dans *Die Hegemonie*, et de confondre Empire et impérialisme[2] ? comment interpréter, d'autre part, l'affirmation du *Glossarium* selon laquelle la guerre n'appartient plus à la *Realpolitik* (*Gl* : 7) ? ou l'allégeance maintes fois répétée à Lukács, l'affirmation par Schmitt que le marxiste hongrois est celui qui exprime le mieux l'actualité de Hegel[3] ?

Dans *Le nomos de la Terre*, en apparence, Schmitt laisse intacte la téléologie néo-rankienne de l'équilibre européen ainsi que le cadre de l'État-nation comme seul cadre historique viable. La culpabilité de l'Angleterre, responsable de tous les désordres (le capitalisme et l'Empire)

1. *Cf.* « L'idée de raison d'État selon Meinecke », 1926. De l'avis de Schmitt, l'idée de raison d'État ne peut suffire à rendre compte de l'impérialisme actuel.

2. Livre dans lequel l'internationaliste met l'accent sur la continuité des Empires du passé et de l'impérialisme moderne. L'idée centrale de Triepel est qu'« il y aura toujours des Empires ». Aux yeux de Schmitt, c'est confondre expansion et conquête. Triepel manque la spécificité de l'impérialisme moderne. Voir « Führung und Hegemonie », 1939.

3. Dans le *Glossarium*, Schmitt affirme en outre que « l'Allemagne autrefois a raté quelque chose d'important avec Hegel, qui historiquement n'a eu de chance de se réaliser qu'avec le léninisme et le mussolinisme » (p. 229).

était traditionnellement la clé de voûte de ce récit qui identifiait l'ordre au dialogue des États européens entre eux. Au XVIe siècle, écrit Schmitt, « l'île [anglaise] devint l'agent de la transformation spatiale qui amena un nouveau nomos de la terre, et même potentiellement le tremplin du saut ultérieur dans la délocalisation totale de la technique moderne ». « L'époque industrielle prit son essor à partir de l'île » (*NT* : 177-178). Le juriste associe aussitôt cette naissance « anglaise » du capitalisme à l'apparition du mot « utopie » et à l'œuvre de Thomas More. Werner Sombart l'avait fait avant lui [1]. Va-t-il comme Sombart dans *Commerçants et Héros* essentialiser les « vertus » des peuples, « expliquer » le militarisme allemand par Nietzsche, le capitalisme anglais par Thomas More ?

En fait, à la fin du *Nomos de la Terre*, ce cadre éclate. « Pour un temps, il est vrai, l'Angleterre avait émis la prétention d'être le centre du monde [...] mais l'idéal d'un équilibre mondial n'a pas pu se réaliser à partir de l'île anglaise. » Vis-à-vis du capitalisme mondial, l'Angleterre a finalement « joué le rôle d'un *katechon* ». Une telle phrase, qui donne à l'île anglaise le rôle d'un *katechon* qui retarde la venue du chaos est introuvable dans les textes de Schmitt des années 1920. « Le concert des grandes puissances européennes a cessé d'exister à partir de 1908 [...]. *Ce n'est qu'en apparence qu'il fut relayé par un concert de puissances mondiales impérialistes* [2] » (*NT* : 236). C'est le théorème néo-rankien de l'équilibre mondial, qui était encore le sien dans les années 1920, que Schmitt abandonne ici, théorème qui consistait à faire de l'ordre du monde un agrandissement du Concert européen.

Schmitt a donc fini par laisser de côté l'opposition tant de fois ressassée entre l'Allemagne et l'Europe de l'ouest, entre la *Kultur* et la *Zivilisation*, entre les « idées de 1914 » et les « idées de 1789 », opposition qui avait hypothéqué l'avenir entre 1919 et 1933. Dans *Le nomos de la Terre*, l'Angleterre devient « la petite île européenne » (*NT* : 236) et l'Europe elle-même est vue comme une « petite île » face à l'Orient américain [3]. Schmitt finit donc par déconstruire en profondeur le « théorème de l'équilibre mondial » des néo-rankiens. L'histoire du droit international n'y apparaît pas comme l'histoire des « énergies morales » de l'Europe, qui, pluralistes à l'intérieur, universalistes à l'extérieur, se seraient répandues

1. W. Sombart, *Händler und Helden*, München, Leipzig, Duncker & Humblot, 1915, p. 31 *sq*.

2. Nous soulignons.

3. Schmitt ne souligne plus le conflit entre l'Allemagne et l'Angleterre ou l'Allemagne et la France comme dans les années 1920, il les relativise à partir du rapport, devenu central à ses yeux, entre l'Europe et les États-Unis. *Cf. NT*, p. 214, p. 216, p. 225, p. 236.

pour civiliser la terre. Nulle idéalisation de l'essence « chrétienne » ou éternelle de l'Europe chez Schmitt[1]. Ce n'est pas l'émulation intra-européenne, spirituelle, dialoguante, qui est pour lui au fondement de l'ordre européen et mondial, mais la rapine et la violence sans frein des grandes prises de terres coloniales.

1. Voir Schmitt, « La Société des Nations et l'Europe », 1928. L'eschatologie de l'Occident et de l'Europe est plus marquée chez d'autres auteurs de la Révolution conservatrice.

CHAPITRE III

L'ALLEMAGNE ET SON DROIT INTERNATIONAL

« *FIAT JUSTITIA, PEREAT GERMANIA*[1] » : L'ALLEMAGNE COMME « OBJET » DU DROIT INTERNATIONAL

Dans l'ancien Reich, les relations entre États allemands étaient réglées par le droit international. Après 1871 encore, dans la nouvelle unité fédérale, certaines relations entre les *Länder* étaient réglées par le droit international. Le droit international est donc, en Allemagne plus qu'ailleurs, au cœur de l'histoire de la nation.

Les anciennes expressions « teutsches Völkerrecht », « deutsches Völkerrecht » ou « Völkerrecht der deutschen Nation[2] » désignaient jusqu'au XVIIIe siècle la partie du droit des gens général qui concernait le Reich allemand[3]. Cette expression d'un « droit international allemand » était claire pour les auteurs anciens. Mais, comme le montre Heinrich Triepel, les promoteurs de l'État allemand du XIXe siècle lui ont fait subir une inflexion qui l'a rendue opaque. Les juristes hégéliens du XIXe siècle (comme Lasson) font de l'ancienne expression *deutsches Völkerrecht* (droit international allemand) un synonyme de *äusseres Staatsrecht* (droit public extérieur). L'enjeu était de nier l'existence d'un droit international général et d'imposer progressivement l'idée que le droit international

1. Que justice soit faite, que l'Allemagne périsse.

2. Klüber par exemple parle de « Völkerrecht der teutschen Bundesstaaten », in *Oeffentliches Recht des teutschen Bundes und der Bundesstaaten*, Frankfurt-am-Main, Andreä, 1840.

3. H. Triepel, *Völkerrecht und Landesrecht*, *op. cit.*, p. 200 *sq.*

n'était pas une sphère juridique à part entière, qu'il n'était rien d'autre que la coordination des différents droits internes des États[1].

La négation du droit international comme droit est un fruit tardif du jeune sentiment national, de l'impatience à voir se former un État allemand. C'est le désir des patriotes allemands de voir naître un État qui les a conduits à concevoir le droit international comme un facteur de démembrement de la nation et comme la cause de son retard. Le thème d'un droit international «ennemi» de l'État, obstacle à son unité et à sa puissance, est l'un des mythes historiques essentiels développés par les juristes allemands de l'entre-deux-guerres. Il s'était déjà fait entendre avec une clarté spectaculaire dans le texte de jeunesse de Hegel sur la constitution de l'Allemagne[2], livre qui était encore une source importante pour les juristes souverainistes de l'entre-deux-guerres.

En 1801, le jeune Hegel constate d'un ton tranchant que « l'Allemagne n'est plus un État». Il juge en conséquence qu'il est ridicule d'écrire comme le fait Moser des livres de droit public[3]. Il rejette les séparations positivistes, consacrées par la philosophie de Kant, entre droit privé, droit public, droit pénal et droit international et rebaptise le droit des gens les «droits politiques[4]» (*politische Rechte*). Des «droits politiques» qui soient vraiment du droit ne prendront jamais naissance, écrit-il, car cela est une « contradiction dans les termes[5] ». Le mépris transparaît dans les analyses qu'il donne de «cette monstrueuse masse de droits[6]» qui constitue l'entité allemande. Étant donné la situation concrète et sa confuse monstruosité, il est essentiel, selon Hegel, de commencer par nommer clairement ce qui est : ce qu'on appelle à tort un « droit de l'État » est en fait selon lui le «système du droit contre l'État[7]». Concernant «l'édifice juridique de l'État allemand, il n'y a sans doute pas de formule plus adaptée que : *Fiat justitia, pereat Germania*[8] ».

Le jeune Hegel recense les traités internationaux qui « anéantissent la défense de l'Allemagne[9] ». La possibilité qu'ont les princes allemands

1. *Ibid.*, p. 113-114 ; E. Kaufmann, *Das Wesen des Völkerrechts...*, p. 27 *sq.*

2. Hegel, *Über die Reichsverfassung*, Hamburg, Felix Meiner Verlag, 2004.

3. *Ibid.*, p. 60.

4. *Ibid.*, p. 52, p. 112. Voir le commentaire de Hermann Heller in *Hegel und der nationale Machtstaatsgedanke in Deutschland*, *op. cit.*, p. 42 *sq.*

5. Hegel, *Über die Reichsverfassung*, *op. cit.*, p. 112.

6. *Ibid.*, p. 60.

7. *Ibid.*

8. *Ibid.*, p. 66.

9. *Ibid.*

de conclure des traités de paix et des traités de neutralité avec les ennemis du Reich, de se retirer des guerres au moment décisif, en somme, de choisir entre l'Allemagne et les puissances étrangères, lui semble être une des premières causes de la dégénérescence politique de l'Allemagne[1]. Les traités de Westphalie sont responsables à ses yeux de cette situation délétère, parce qu'ils ont permis l'immixtion des puissances étrangères au sein de la politique allemande, par le système des alliances avec les princes libres. Dans le même temps que la paix de Westphalie construisait l'ordre européen, elle empêchait l'Allemagne, selon le philosophe, de devenir un État moderne. Hegel le dit d'une phrase tout à fait marquante : la paix de Westphalie, écrit-il, « a organisé l'absence d'État de l'Allemagne » (« *Im westphälischen Frieden hat sich diese Staatslosigkeit Deutschlands organisiert*[2] »).

Il n'y avait qu'un pas à franchir, que franchiront les juristes souverainistes de Weimar, pour affirmer que la faiblesse de l'Allemagne était la *condition* de l'ordre européen et que l'Europe s'affermissait aux dépens de l'Allemagne. Hegel brosse le portrait d'un *Jus publicum europaeum* qui, à mesure qu'il se consolide, rend l'Allemagne comparable à l'Italie de Machiavel, et cela pour plusieurs siècles. Ainsi le droit des gens européen « organisait » le désordre en Allemagne, en permettant qu'elle soit la proie des princes étrangers, des pillages, des guerres et des convoitises de toute sorte. En 1802, Hegel s'oppose non seulement à la théorie de la guerre juste, mais également à toutes les tentatives de juridicisation de la politique internationale. Les philanthropes et les moralistes (*Menschenfreunde und Moralisten*) se trompent, selon lui, quand ils considèrent que la politique est immorale et qu'il est souhaitable de la remplacer par le droit pur[3], car le droit sans l'État ne produit aucun ordre.

La critique du « traité d'intervention » de Versailles par les juristes nationalistes de l'entre-deux-guerres trouvait en Hegel une source essentielle. Il était facile de déclarer que c'était le « destin » de l'Allemagne d'être l'éternelle victime du droit international. Il suffisait de dresser un parallèle entre le traité de Versailles et les traités de paix et de neutralité qui depuis la paix de Westphalie « organisaient l'absence d'État de l'Allemagne »[4]. Les historiens comme les juristes reprenaient cette image d'une

1. *Ibid.*, p. 78-79.
2. *Ibid.*, p. 101, 119-120.
3. *Ibid.*, p. 112-115.
4. *Cf.* C Schmitt, « Die Rheinlande als Objekt internationaler Politik », in *PB*, 1925 ; « Völkerrechtliche Probleme im Rheingebiet », *PB*, 1928 ; « Sprengung der Locarno-

Allemagne, qui, comme la Prusse des guerres de libération, ne luttait pas comme les autres pays, parce qu'elle avait le choix non entre perdre ou gagner, mais entre gagner ou être anéantie. On ne faisait pas la différence entre la petite Prusse de 1806, assaillie de toutes parts, et l'Allemagne de 1918 ; entre la bataille d'Iéna et la Première Guerre mondiale. On comparait l'internationalisation de la Rhénanie et la politique de réparations des Alliés aux traités « d'amitié » que les princes allemands du Saint Empire concluaient avec les puissances ennemies de l'Allemagne et qui la dépeçaient de l'intérieur. L'idée circulait, tirée de l'historiographie prussienne, que l'affirmation de soi de l'État était *à la fois* conquête et défense. Il paraissait fallacieux de séparer la guerre d'agression de la guerre défensive comme le faisait le pacte Briand-Kellog, quand l'État luttait pour sa survie. Ce paradigme de la formation de soi de l'État était donc absolutisé, comme si, depuis l'époque de Hegel, n'était pas apparu un puissant État allemand, pleinement sujet de sa politique extérieure. Spengler, mais aussi les historiens plus sérieux, donnaient des arguments aux juristes en opposant la France et l'Allemagne, en refusant de les juger à la même aune. Les États anciens comme la France pouvaient se permettre de distinguer l'agression et la défense, avançaient certains intellectuels allemands, car toute la politique étrangère française était placée sous le signe du jeu, du luxe et de l'orgueil, alors que l'Allemagne, comme autrefois la Prusse, n'avait le choix qu'entre conquérir ou disparaître[1].

La transposition irréfléchie des thèses hégéliennes à la Première Guerre mondiale culmine dans l'histoire du rapport entre l'Allemagne et le droit international qu'a écrite Carl Bilfinger dans une brochure de 1941. Bilfinger est sans doute le juriste qui a le plus exagéré dans sa transposition à l'actualité des thèses hégéliennes de 1801. Dans sa brochure de 1941 qui a pour objet le rapport de l'Allemagne au droit international, il

Gemeinschaft durch Einschaltung der Sowjets », *FP*, 1936 ; C. Bilfinger, *Völkerrecht und Staatsrecht in der deutschen Verfassungsgeschichte*, *op. cit.*

1. Voir O. Hintze, « Machtpolitik und Regierungsverfassung », *in* O. Hintze, *Staat und Verfassung*, *op. cit.*, p. 428-429 ; O. Spengler, *Preussentum und Sozialismus*, München, C. H. Becksche Verlagsbuchhandlung, 1924, p. 9 ; C. Bilfinger, *Völkerrecht und Staatsrecht in der deutschen Verfassungsgeschichte*, *op. cit.* ; H. Heller, *Hegel und der nationale Machtstaatsgedanke...*, *op. cit.*, p. 44 ; R. Smend, *Verfassung und Verfassungsrecht*, *in* R. Smend, *Staatsrechtliche Abhandlungen und andere Aufsätze*, Berlin, Duncker & Humblot, 1968 [1928], p. 428-429 ; C. Schmitt, « Clausewitz, penseur politique », *GCM*, 1967.

donne une histoire du droit international en miniature[1], cherchant à démontrer que depuis les traités de Münster et d'Osnabrück de 1648 jusqu'à Hitler, l'Allemagne avait été continûment « l'objet de la politique mondiale » (*Objekt der Weltpolitik*), et la constitution de l'Allemagne « l'objet d'une invasion dévastatrice de la part des doctrines, des institutions et des alliances du droit international[2] ». Il conclut en dénonçant l'article 4 de la Constitution de Weimar, article qui reconnaît le traité de Versailles et qu'il juge « juridiquement sans valeur[3] ». L'idée de la prééminence des traités internationaux sur la constitution vient à ses yeux d'une mécompréhension du droit anglais et du principe selon lequel le droit international « *is a part of the law of the land* ». Il s'appuie pour le montrer sur la démonstration que Triepel avait donnée en 1899 de ce que le principe anglais « *International law is a part of the law of the land* » n'était pas à prendre à la lettre. Selon Triepel, il s'agissait davantage d'une formule frappante que d'un principe juridique opératoire. Cette formule aurait d'ailleurs été impensable hors du contexte jusnaturaliste qui était celui de la pensée anglaise du droit international. « *International law is a part of the law of the land* » ne signifie pas, selon Triepel, que le droit international est en soi du droit anglais : il l'est uniquement dans ses parties qui ont été adoptées par le droit anglais[4]. Mais Carl Bilfinger dépasse le cadre des analyses mesurées de Triepel et donne une version extrême d'une ligne qui était celle de presque tous les internationalistes conservateurs de l'entre-deux-guerres, opposant à grands traits le droit universaliste et conquérant des Anglais à une Allemagne éternellement victime, depuis les Traités de Westphalie, du droit international sous toutes ses formes.

Dans les années 1920, Schmitt présentait lui aussi l'Allemagne comme un « objet » du droit international. Dans « Völkerrechtliche Probleme im Rheingebiet » (1928, *FP* : 264) et dans « Sprengung der Locarno-Gemeinschaft durch Einschaltung der Sowjets » (1936, *FP* : 459), il se demande si l'Allemagne n'aurait pas pour destin une « politique du scarabée mort ». L'Allemagne, écrit-il, est trop petite pour être une puissance mondiale, ou pour être protégée par sa seule taille comme la Russie, mais elle est trop grande pour compter sur les alliances flexibles pour sa protection ou pour se soumettre à une autre puissance et vivre dans

1. C. Bilfinger, *Völkerrecht und Staatsrecht in der deutschen Verfassungsgeschichte*, *op. cit.*

2. *Ibid.*, p. 8.

3. *Ibid.*, p. 40.

4. H. Triepel, *Völkerrecht und Landesrecht*, *op. cit.*, p. 138 *sq.*, p. 147 *sq.*

son ombre. Il en conclut que l'ordre européen ne peut pas s'ériger sur la base d'une Allemagne démilitarisée[1].

L'idée schmittienne que la suppression du *jus ad bellum* par le pacte Briand-Kellogg de 1928 retire à l'Allemagne son « droit de légitime défense[2] » ou la thèse selon laquelle la guerre totale du XXe siècle est non le fait des États-nations mais du droit international lui-même, tout cela tirait son évidence de l'historiographie prussienne et d'une tradition hégélienne plus ou moins remaniée. Il est révélateur que dans *Le nomos de la Terre*, Schmitt n'évoque Guillaume II qu'en tant que premier chef d'État « victime » du droit international et qu'aucun mot ne soit dit sur sa politique expansionniste (*NT*: 259-261). Après la Première Guerre mondiale en effet, les Alliés avaient encouragé les institutions internationales à l'inculper pour avoir déclenché une guerre d'agression. Les juristes allemands pouvaient interpréter ce fait comme une très ancienne malédiction qui pesait sur l'Allemagne.

MITTELEUROPA ET GRANDS ESPACES

L'argument géopolitique était courant sous la plume des universitaires allemands : par sa position centrale et ouverte, ses frontières « inachevées », la situation de l'Allemagne paraissait fragile. Le pays semblait exposé aux attaques de l'est et de l'ouest. Par ce biais, on affirmait que la politique extérieure prévalait en Allemagne. Le traité de Versailles semblait motivé par la tentative française d'imposer sa « frontière naturelle » sur le Rhin. Cette recherche des frontières naturelles était présentée par les historiens allemands comme un éternel ferment d'instabilité en Europe. On soulignait le manque de colonies allemandes, le manque d'espace vital du peuple allemand (« *Volk ohne Raum* »), et l'on enviait les Anglais, peuple qui « disposait de l'espace vital le plus grand » (« *Volk mit dem grössten Lebensraum* »).

1. Vingt ans plus tard dans une lettre à Armin Mohler datée du 16 octobre 1948, il écrit à nouveau que l'Allemagne est semblable à un scarabée qui fait le mort et qu'on a tellement aplati qu'on pourra « bientôt s'en servir de marque-page. » La politique du « scarabée mort » consiste à se protéger par une absence de défense. Il nomme cette attitude le « bouddhisme allemand » (sic). Tout le problème est à son avis de savoir à quel point l'Allemagne peut devenir prisonnière de son propre camouflage. *Cf.* A. Mohler, C. Schmitt, *Briefwechsel mit einem seiner Schüler*, Berlin, Akademie Verlag, 1995, p. 35.

2. C. Schmitt, « Die Kernfrage des Völkerbundes », 1924-1925, *FP*, p. 6 ; « Über die innere Logik der Allgemeinpakte auf gegenseitigen Beistand », 1935, *FP*, p. 450.

Après 1918 les publicistes allemands exprimaient moins la nostalgie d'un Empire colonial (les colonies lointaines avaient été placées sous le régime des mandats par le pacte de la SDN) que le désir d'expansion dans la *Mitteleuropa*, l'Europe centrale et méridionale. La plupart des juristes de l'entre-deux-guerres adhéraient au programme de la *Mitteleuropa*, qui était en réalité le projet d'une Europe centrale allemande. Ce projet de la *Mitteleuropa* surimposait à l'ancien Reich du passé une vision d'avenir assez floue. Il s'était cristallisé autour de deux hommes, qui étaient à la fois des hommes politiques et des théoriciens : le suédois Rudolf Kjellén [1], l'un des plus fameux spécialistes de géopolitique et Friedrich Naumann, politicien libéral et conservateur. Autour de Friedrich Naumann gravitaient des professeurs comme Max Weber, Troeltsch et Meinecke. Avant 1914, Naumann s'était fait le héraut à la fois de la réforme parlementaire, de la législation sociale et de l'expansion coloniale. Friedrich Naumann était l'auteur de *Mitteleuropa* [2] (1915), livre qui avait marqué les esprits et que Schmitt cite encore élogieusement dans les années 1940. Dans le cercle de réformateurs qui s'était formé autour de Friedrich Naumann et de Max Weber au début du XXe siècle, on pensait que la solution au problème social engendré par la société industrielle résidait dans une politique extérieure expansionniste. On prônait la démocratisation avant tout comme un moyen de renforcer le pouvoir de l'Allemagne sur la scène mondiale. Selon l'avis général, la politique était le fait de l'État unifié. La politique étrangère devait être au-dessus des factions. On méprisait le pluralisme des partis politiques, qu'on assimilait à une guerre intestine de factions, à un égoïsme oublieux de l'intérêt général. Schmitt, dans *La notion de politique*, ne fait que prolonger ce courant de pensée quand il nomme « stasiologie [3] » l'étude de la vie des partis. La seule politique digne de ce nom était, pour ces hommes, la politique de l'État et non celle des « groupes d'intérêts ».

En 1895, Friedrich Naumann fut impressionné pas le nationalisme de Max Weber, par son insistance sur la politique étrangère, lors de la leçon inaugurale que ce dernier avait donnée à Fribourg. Dans *Demokratie und Kaisertum* (1900), Naumann oppose démocratie et parlementarisme (opposition que Schmitt reprendra vingt ans plus tard dans *La dictature*

1. R. Kjellén, *Die Grossmächte der Gegenwart*, Leipzig, Teubner, 1914.

2. Voir aussi H. Oncken, *Das alte und das neue Mitteleuropa*, Gotha, Perthes, 1917.

3. Du grec *stasis*, qui signifie la dissension entre les concitoyens et qu'on traduit parfois par guerre civile. Schmitt, *NP*, p. 70. L'équation entre politique et politique de partis « dégrade la politique », écrit Schmitt. Le primat de la politique intérieure est dénoncé comme éthique de la guerre civile.

puis dans *Die geistgeschichtliche Lage des heutigen Parlementarismus*). Selon Naumann, le parlementarisme bourgeois affaiblit le rôle de l'Allemagne dans le monde. Comme Otto Hintze à la même époque, il repère une correspondance profonde entre l'Empire et la démocratie. Il prône l'entrée des masses dans la vie politique, toutefois, en dépit de son réformisme social, Naumann restait conservateur en ceci que tous ses efforts étaient dirigés vers un seul but : la subordination de la politique interne aux intérêts plus larges de la politique étrangère.

La pensée de Naumann est précieuse pour comprendre la position des juristes conservateurs de l'entre-deux-guerres. L'auteur de *Mitteleuropa* affirme que dans le monde industrialisé et à l'âge des armées de masse, l'idéologie conservatrice a besoin de l'idéologie libérale et non l'inverse. On n'envoie pas l'homme à la guerre parce que la bataille est un acte politique et qu'il est citoyen. On lui accorde la compensation du suffrage parce qu'il est enrôlé d'office. On nomme cela « l'intégration à l'État ». Sous-entendu : l'État existe *avant* qu'on lui intègre les masses et cette intégration sera réussie si l'État reste le même *après*[1]. Quels que soient les moyens employés, qu'il s'agisse de parades militaires ou de droits sociaux. La réforme libérale et sociale offre préventivement un dérivatif à l'énergie révolutionnaire des masses qu'on a armées. En d'autres termes, la politique de Naumann est bien conservatrice ; son libéralisme n'est que tactique. D'où la formule troublante de « nouveau conservatisme » qui servait à désigner le groupe de ses amis politiques et qui sera remplacée plus tard par celle de « révolution conservatrice » (pour désigner le groupe de Mœller van den Bruck, Niekisch, Jünger, Schmitt, etc.).

Le but premier de Naumann est donc la puissance de l'État, mais l'État a besoin de l'Empire (*Kaisertum*) pour sa survie. Par conséquent, la négation du droit international est une position caduque, qui risque de laisser le terrain à l'adversaire. Les juristes de droit public doivent occuper ce terrain mais sans se convertir, par nationalisme, pour libérer le droit international de l'esprit d'internationalité des libéraux. Dans la formule nouvelle, exposée dans les livres de Naumann, tombe l'ancienne opposition héritée entre droit international interétatique centré sur l'État souverain et Empire universaliste (*Reich*). Le *Kaisertum* de Naumann n'est pas la même chose que l'ancien *Reich*. Naumann, comme Schmitt après lui, comme Hegel déjà, est étranger à l'esprit de la Restauration. La démocratie et le règne

1. C'est aussi l'ambiguïté politique de Smend. Cf. *Verfassung und Verfassungsrecht*, *op. cit.*

impérial (*kaiserlich*) de l'aristocratie industrielle sont pour lui une seule et même chose, que Naumann appelle singulièrement « l'État ». Souvenons-nous de la maxime prussienne : il faut s'étendre pour survivre, gagner ou mourir. Cette maxime politique d'un petit État assailli par les grandes puissances s'accorde étrangement bien à la situation des grands États assaillis par les forces économiques de l'ère impérialiste.

L'engagement de Naumann éclaire la conversion de Schmitt aux « grands espaces de droit international » (1939). Cette solution à la crise mondiale par un monde de grands espaces distincts et homogènes est présentée par le juriste comme une prise de conscience des dures nécessités de l'âge industriel. Mais Schmitt ne renonce en rien à son étatisme premier. L'extension de l'État est tactique, non politique, comme le libéralisme « octroyé » de Naumann. Le nationalisme est simplement distendu, c'est le principe de réalité qu'on fait jouer. Sentimentalement, on appartient toujours au même camp, celui des hommes qui voient dans la petite Prusse l'essence de la nation.

MITTELEUROPA ET MINORITÉS

La non-coïncidence de l'État et de la nation était ressentie par beaucoup comme le problème crucial de l'histoire allemande, même après la création de l'État allemand en 1871. Ce problème est redevenu aigu entre 1919 et 1921, suite à la défaite. La perte de territoires entraînait la séparation d'avec 3,5 millions de *Reichsdeutsche*. L'Anschluss des 6 millions d'autrichiens allemands avait été rejeté à Versailles. La question des « nationalités » en Europe centrale était réglée par les traités parisiens, mais seulement en apparence.

Dans des clauses du traité de Versailles, la Tchécoslovaquie et la Pologne s'engageaient à conclure des traités spéciaux avec les autres pays signataires pour la protection des minorités « ethniques, linguistiques et religieuses »[1]. Les traités de Saint-Germain, de Trianon et de Neuilly contenaient des mesures équivalentes concernant la Yougoslavie, la Roumanie et la Grèce. Les traités sur les minorités signés par la suite garantissaient le respect des libertés fondamentales de toutes les populations des territoires de ces cinq États et leur accordaient des droits collectifs concernant l'éducation, la pratique religieuse et la protection sociale. Ces

1. *Cf.* les articles 86 §1 et 93 §1 du traité de Versailles.

garanties accordées aux minorités de la Pologne, de la Tchécoslovaquie, de la Yougoslavie, de la Roumanie et de la Grèce allaient bien au-delà des droits que les autres puissances signataires accordaient à leurs propres minorités, que ce soit les Alsaciens ou les habitants du Tyrol du sud italien, ce que les juristes allemands ne manquaient pas de relever.

Les traités sur les minorités apparaissaient aux juristes allemands comme une mesure discriminatoire prise par les Alliés pour soustraire à l'Allemagne sa sphère naturelle d'influence. Quand Schmitt déclare, en 1939, dans sa conférence de Kiel sur les grands espaces, que les traités sur les minorités avaient en fait permis aux puissances de l'Ouest de dominer l'Est (*SGN*: 292-293), il exprime ce qui était un lieu commun pour ses contemporains. La méthode de ces traités qui consistait à couler des populations pluriethniques dans le cadre de l'État-nation unitaire, était déclarée inadaptée. Quiconque regarde une carte de l'Europe centrale et méridionale s'aperçoit que le principe de l'État-nation pouvait en effet difficilement y être introduit. C'était pourtant cet idéal que les traités parisiens transposaient à l'Est en créant de nouveaux États comme la Tchécoslovaquie, la Yougoslavie, et la Roumanie. Du côté allemand, la solution bismarckienne de la «petite Allemagne» (*Kleindeutschland*), qui avait laissé insatisfait, était remise en cause avec le démembrement de l'Autriche-Hongrie. Le mythe du Reich ou de la *Mitteleuropa* pouvait renaître chez les publicistes antidémocrates.

On sait que le principe de l'autodétermination des peuples était un article de foi de Lénine et des juristes soviétiques, mais on sait moins qu'une idéologie semblable d'émancipation et de protection des minorités a été développée par certains juristes nationalistes et nazis dans l'Allemagne de l'entre-deux-guerres.

Le combat des publicistes pour la *Mitteleuropa* incluait en effet des articles de foi brandis tout aussi solennellement qu'en France ou en Angleterre sur les «droits des minorités». Les publicistes allemands défendaient l'idée d'une *Mitteleuropa* débarrassée de l'idéal de la « nation une et indivisible », doctrine qu'il semblait irréaliste d'appliquer à l'est, et dont on prévoyait qu'elle conduirait à la balkanisation de l'ensemble de l'Europe centrale[1].

Les juristes faisaient le détour par l'histoire, geste typique de l'entre-deux-guerres. Ils puisaient chez leurs collègues historiens cette opinion

1. Schmitt fait le même pronostic en 1926. *Cf.* « Die Kernfrage des Völkerbundes », *FP*, p. 110.

diffusée par leurs livres que l'idée allemande de l'État (*Staatsgedanke*) était non seulement particulière mais particulariste. Schmitt pouvait compter sur cette idée quand il lançait son thème du nomos. La « mésalliance du nationalisme allemand et de l'universalisme » dont parle Ludwig Dehio avait fait son chemin dans les esprits et Schmitt ne risquait de choquer personne. La thèse schmittienne était que le droit est en premier lieu ordre et localisation (*Ordnung und Ortung*), ordre concret, situé, et non loi abstraite et universelle. Schmitt tablait sur le lieu commun qui caractérisait l'État allemand par son sens de l'individuel et sa tendance « innée » à protéger les puissances petites et moyennes, du moins celles qui voulaient bien être ses amies, des visées hégémoniques des grandes puissances. Une opinion très répandue voulait que la « mission » de l'Allemagne consiste à consolider l'équilibre mondial, mais par la protection de la pluralité des cultures et de l'autonomie des nationalités. La situation « fragile » voire « tragique » de l'Allemagne au centre de l'Europe, ajoutée à son fédéralisme, l'y destinait prétendument. Aussi les partisans de la *Mitteleuropa* pouvaient-ils s'appuyer sur ce mythe historique pour déclarer que les peuples de l'Est seraient protégés et non dominés par l'Allemagne, à l'inverse du sort qu'infligeaient l'Angleterre et la Russie à leurs propres « nationalités ». Inutile de dire que le programme allemand de la *Mitteleuropa* favorisait en réalité les visées hégémoniques de l'Allemagne et qu'une fois de plus, la pratique n'a pas confirmé la théorie.

C'est au juriste Gustav Adolf Walz, sous le IIIe Reich, que l'on doit la tentative funeste de donner une substance juridique et une forme quelque peu logique au mythe d'une Allemagne « anti-impérialiste [1] », protectrice des minorités. Walz déclarait que les peuples et non les États étaient les sujets du droit international. Cela avait conduit à une controverse avec Schmitt, qui maintenait que c'étaient les États. Pour Schmitt, il existait bien une communauté de destin du peuple allemand, l'horizon du politique était communautaire, mais cette communauté n'était pas fondée sur l'unité d'une race, alors que Walz endossait crûment le racisme biologique du nazisme.

1. Gustav Adolf Walz évoque « l'orientation fondamentalement anti-impérialiste du droit international national-socialiste ». Walz, *Nationalsozialismus und Völkerrecht. Untersuchungen zur Erneuerung des Völkerrechts*, München, Zentralverlag der NSDAP, 1934, p. 475.

Walz reprochait à Schmitt son « ambiguïté[1] » quand celui-ci plaidait pour la formation d'un monde de grands espaces « homogènes ». Et en effet, Schmitt parlait d'homogénéité[2] quand Walz parlait de race. Il est vrai que Schmitt restait vague. Mais quand il lui arrivait de donner des précisions, c'était pour dire que l'homogénéité n'était « pas seulement nationale », qu'elle pouvait « être religieuse, de classe, *et cetera* » (*TC* : 522). Il écrit dans la *Théorie de la Constitution* que « l'unité de la nation et la conscience de cette unité peuvent provenir de facteurs divers : langue commune, destinée historique, traditions et souvenirs communs, visées et espérances politiques communes » (*TC* : 369). Le juriste admet en 1963 que son concept d'ennemi n'est pas parfait parce qu'il ne distingue pas assez clairement entre hostilité conventionnelle, absolue et réelle et qu'il se contente de la dichotomie entre *hostis* et *inimicus*, ennemi public et ennemi privé[3] (*NP* : 52). Schmitt n'a pas toujours eu intérêt à lever cette ambiguïté, qui avait pour lui une fonction protectrice indéniable. Elle lui laissait une marge de manœuvre qui lui permettait de temps à autre d'utiliser tout de même la terminologie raciste et de donner des gages au régime nazi, même s'il était en désaccord avec l'essentialisme du racisme officiel adopté par Walz et par Höhn. Il avait précisé dès 1927 que l'opposition ami/ennemi comme critère du politique ne signifiait pas qu'un peuple donné était éternellement l'ami ou l'ennemi d'un autre peuple donné, ni que la neutralité était chose impossible (*NP* : 72). Et même s'il avait affirmé dans un texte confus de 1938 que la guerre venait de l'hostilité et non l'hostilité de la guerre[4], ce qui pouvait laisser croire que c'étaient les sentiments naturels et instinctifs et non leur médiation, voire leur production, par les institutions, qui étaient déterminants, la lecture de tous les textes dans lesquels Schmitt parle d'hostilité laisse surtout une impression de vague et d'indécision.

Walz était très clair en comparaison. Il affirmait que le système de protection des minorités mis en place par le traité de Versailles n'était qu'une compensation juridique dérisoire pour la dispersion arbitraire de millions d'Allemands hors d'Allemagne causée par la nouvelle carte politique de l'Europe. Le droit des minorités solennellement proclamé par les

1. G.-A. Walz, *Artgleichheit gegen Gleichartigkeit. Die beiden Grundprobleme des Rechts*, Hamburg, Hanseatische Verlagsanstalt, 1938, p. 19.

2. Voir par exemple *PB*, p. 115, *TC*, p. 369.

3. Dans la préface de 1963 à *La notion de politique* (*op. cit.*, p. 52), Schmitt affirme que G. Schwab et J. Freund ont ensuite comblé ce manque.

4. « Du rapport entre les concepts de guerre et d'ennemi », in *NP*, 1938, p. 161-172.

Alliés n'était à ses yeux qu'un substitut misérable du droit des peuples à disposer d'eux mêmes, droit qu'on n'avait accordé qu'à moitié puisque la défense de l'intégrité territoriale des États par le pacte de la SDN lui faisait obstacle [1]. Contrairement à Schmitt qui voyait quelle pente glissante se dessinait sous l'argument de Walz et qui préférait parler de la « dialectique » nouvelle du principe de nationalité au XXe siècle plutôt que de renchérir sur les revendications d'autonomie des nationalités – les États européens ne s'étaient-ils pas multipliés et rétrécis déjà et cela serait-il possible encore ? –, Walz cédait au pathos de l'émancipation et nourrissait l'espoir des nombreuses minorités d'Europe centrale en suggérant que la véritable souveraineté populaire ne pouvait s'obtenir qu'au moyen de l'émancipation nationale.

La doctrine de Walz était percutante. Le juriste idéologue rangeait l'Allemagne parmi les puissances moyennes, au mépris des faits. Il pouvait ensuite distinguer deux principes des minorités : le principe national-socialiste, et le principe de la SDN. Ce dernier principe ouvrait selon lui une « guerre contre les puissances moyennes » et favorisait les grandes puissances à cause des droits étendus que les nouveaux États de l'est étaient forcés d'accorder à leurs minorités. Walz s'en prenait à la doctrine de l'assimilation énoncée par le brésilien Mello-Franco, adoptée par Briand et Chamberlain et qui incarnait la nouvelle ligne politique de la SDN sur la question des minorités. Les sympathies des hommes de la SDN allaient en effet aux malheureux nouveaux gouvernements auxquels on avait imposé de traiter leurs minorités d'une façon bien plus libérale qu'on ne se l'était jamais imposé à soi-même et qu'une bonne partie de leur population, les anciens « peuples opprimés » qu'on appelait désormais les « minorités opprimées », gênait et contestait systématiquement. Aussi les auteurs des traités sur les minorités avaient-ils été bientôt contraints d'affirmer, plus sévèrement qu'ils n'en avaient eu l'intention au départ, que l'assimilation des « populations » aux nouveaux États était l'idéal à atteindre absolument. Ils insistaient sur les « devoirs » des minorités envers les gouvernements tchèque, yougoslave ou roumain. Le rêve d'une assimilation sans douleur que caressaient les délégués de la SDN indignait les minorités. Walz le savait et exploitait ce mécontentement.

Dans des textes qui font l'éloge du national-socialisme, Walz brosse le tableau d'une Allemagne qui traiterait mieux les minorités que la SDN,

1. G.-A. Walz, *Artgleichheit gegen Gleichartigkeit. Die beiden Grundprobleme des Rechts*, *op. cit.*, p. 31.

si seulement on la laissait faire. Il déclare que la reconnaissance de « la différence » par l'Allemagne était véritablement une reconnaissance « positive »[1], ce dont était « bien incapable la SDN ». Aux dires de Walz, la SDN orientait sa politique selon un concept « français, rationaliste et quantitatif » de minorité, qui n'offrait qu'une définition négative et qui se traduisait dans la pratique par une assimilation coercitive des petits groupes dans des groupes plus grands, aux contours arbitrairement délimités[2]. Définir la minorité par ce qu'elle n'est pas (la majorité), voilà tout ce dont était capable le rationalisme de l'ouest aux yeux de Walz. Certes, les traités reconnaissaient trois types de minorités, « ethniques, linguistiques et religieuses ». Mais aux yeux du juriste seules les différences de langue ou de religion étaient en fait reconnues. « La division du concept de minorité en minorités linguistique et confessionnelle ne sert qu'à rendre superflu le concept de minorité ethnique », écrit-il en 1938, dans un opuscule au titre évocateur – *Artgleichheit gegen Gleichartigkeit*[3].

En comparaison de Walz, on l'a dit, Schmitt est ambigu. On n'est jamais sûr de bien comprendre ce qu'il entend par cette « homogénéité » qu'il place au fondement de l'ordre humain. Tantôt il s'autorise des sorties racistes, tantôt il redevient étatiste, institutionnaliste. Il ne s'agit pas ici de nier ce flottement. Il a eu la fonction pratique qu'on sait dans la vie et dans la carrière du juriste. Mais il semble que sur un point déterminé, Schmitt est plus clair que son collègue. Certaines analyses de Schmitt permettent en effet d'expliquer à la fois sa propre ambiguïté et la si grande « clarté » des positions de Walz et de l'idéologie nazie.

La rhétorique de Walz mélangeait de façon stupéfiante pour nous le registre de l'autonomie des minorités et l'idéologie de la race. Si c'était possible, c'est que, pour reprendre une formule d'Eric Hobsbawm, « Hitler

1. G.-A. Walz, *Nationalsozialismus und Völkerrecht*, *op. cit.*, p. 475.

2. G.-A. Walz, « Neue Grundlagen des Volksgruppenrechts », *Zeitschrift für Völkerrecht*, n° 23, 1939, p. 134, p. 140.

3. G.-A. Walz, *Artgleichheit gegen Gleichartigkeit...*, *op. cit.*, p. 32. L'*Artgleichheit* renvoie à l'identité de « race », d'espèce (*Art*) au sens biologique. Ce mot, qui rappelle immédiatement le sens funeste qu'il avait dans la propagande nazie à quiconque l'entend en Allemagne, a quasiment disparu des dictionnaires. Il n'est plus employé aujourd'hui que dans certains cas précis qui ne concernent pas les hommes, parfois les animaux. Le mot *Gleichartigkeit*, qui signifie homogénéité, identité, avait une connotation négative dans les textes nazis : sa proximité aux mots *Gleichheit*, *Gleichstellung* ou *Gleichberechtigung* le faisait désigner l'égalité « formelle » et « purement juridique » de la tradition libérale. Ce mot a lui aussi été rayé du vocabulaire politique, mais il a conservé un sens neutre dans d'autres domaines.

était un wilsonien logique[1] ». Hitler avait observé à sa manière le principe de l'autodétermination des peuples (énoncé simultanément par Wilson et par Lénine), quand il avait organisé le transfert vers l'Allemagne des *Volksdeutschen* qui ne vivaient pas sur le territoire de la patrie. Si les propagandistes du nazisme comme Walz pouvaient exploiter simultanément le pathos de l'autodétermination des peuples et l'idée de race pure, c'est pour une raison que Schmitt expose clairement dans la *Théorie de la Constitution*. En utilisant les mêmes termes qu'emploiera Hannah Arendt vingt ans plus tard[2], bien que sans mettre l'accent sur les mêmes idées, Schmitt explique que le mélange des registres démocratique et nationaliste n'est si facile que parce que la « Révolution française de 1789, malgré ses idées d'humanité et de fraternité universelle de tous les peuples, présupposait la *nation* française comme donnée de l'histoire » (*TC* : 369). Aussi les minorités pouvaient-elles imaginer que la liberté véritable ne pourrait s'obtenir que par la complète émancipation nationale. Souveraineté nationale et souveraineté populaire pouvaient ainsi avoir l'air de se confondre. Schmitt indique en 1928, cinq ans avant la prise de pouvoir d'Hitler, que « la méthode rapide et violente de l'expulsion de la population hétérogène » et « l'élimination du corps étranger par l'oppression » est la suite logique d'une tentative de création d'un continent bien proprement divisé en États territoriaux cohérents (*TC* : 369).

La *Théorie de la Constitution* présente l'expulsion ou l'extermination massive des minorités comme une variante extrême et guerrière de l'assimilation pacifique et progressive à la nation dominante. La protection des minorités par le droit international, le contrôle de l'immigration étrangère par une législation sur l'immigration et l'élaboration de méthodes de contrôle des territoires à populations hétérogènes, forment pour Schmitt un complexe unique, qui peut, du jour au lendemain, virer en dispositif d'oppression (*TC* : 369). Certaines méthodes, écrit-il, sont « radicales et violentes » (l'extermination massive), d'autres sont « pacifiques » (l'assimilation). Mais le cadre reste le même : c'est celui de l'État-nation. En d'autres termes, le nationalisme inclut un « flottement », soit la possibilité du racisme institutionnel. Schmitt exploite ce flottement dans ses textes les pires, mais il sait aussi parfois en rendre compte.

Walz semble fermement convaincu que le fondement du droit des minorités de la SDN est individualiste, libéral, « droit-de-l'hommiste »

1. E. Hobsbawm, *Nations et nationalisme depuis 1780*, *op. cit.*, 1992, p. 247.

2. H. Arendt, *Les Origines du totalitarisme*, vol. 2 : *L'Impérialisme*, Paris, Fayard, 1992 [1948].

dans la théorie et coercitif dans la pratique[1]. À ses yeux, le droit des minorités conduit logiquement aux réprimandes des Briand et des Chamberlain rappelant aux minorités leurs « devoirs » vis-à-vis des « États hôtes ». L'alternative proposée par Walz dans ses livres est la sécession infinie et sans limite des nationalités, jointe à la reconnaissance – qu'il appelle « positive » – de leur différence, la seule limite étant fournie chez Walz par la « substance raciale réelle » des peuples. Or, c'est bien parce que, dans son système, Schmitt s'est privé du secours de cette « substance » raciale qui, chez Walz, permet le sauvetage de l'ordre en mettant un frein à la séparabilité à l'infini des peuples, qu'il est obligé de reconnaître qu'il existe une « dialectique de l'autodétermination » et qu'il ne peut se contenter d'en montrer les aspects positifs[2]. L'autodétermination peut aussi conduire au chaos, puisqu'elle ne connait aucune limite. Schmitt a indiqué assez tôt que l'identité communautaire était indépassable peut-être, mais soudée à l'imagination, à l'idéologie et que le principe du droit des peuples à disposer d'eux-mêmes conduisait potentiellement à une balkanisation *à l'infini*.

Le juriste maintient que le principe d'autodétermination a perdu le sens clairement progressiste qu'il avait au XIXe siècle. Il a montré que rien n'empêchait le protecteur des minorités de contrôler également l'immigration par une législation spéciale ou d'expulser les populations hétérogènes, que rien ne garantissait que les libertés fussent mieux protégées dans les petits États que dans les grands. Rien n'empêchait que les petits États ne devinssent à leurs tours tyranniques. C'est le sens qu'on peut attribuer à cette « dialectique de l'autodétermination » dont il parle en 1924 et qu'il décrit dans *la Théorie de la Constitution*[3].

En somme, Schmitt détache le principe d'autodétermination en général (qu'il encense) du principe historique du « droit des peuples à disposer d'eux-mêmes » (qu'il refuse comme solution de l'ordre européen au XXe). « L'existence politique implique l'autodétermination » (*TC* : 205). Cet énoncé n'est pas un principe juridique à faire respecter dans un traité : il est la condition pré-juridique de tous les traités. Il devient donc significatif que les nationalités d'Europe centrale aient été l'*objet*, et non les sujets

1. G.-A. Walz, *Artgleichheit gegen Gleichartigkeit…*, *op. cit.*, p. 32 ; « Neue Grundlagen des Volksgruppenrechts », *op. cit.*, p. 140.

2. C. Schmitt, « Die Kernfrage des Völkerbundes », 1924/1925, *FP*, p. 15-16 ; « Die Rheinlande als Objekt internationaler Politik », 1925, *PB*, p. 30.

3. Voir le paragraphe intitulé « La démocratie nationale » dans la *Théorie de la Constitution*, p. 369.

autonomes, de traités internationaux. L'idée d'autodétermination décrit pour Schmitt la condition d'apparition de toute entité politique, alors que le principe du « droit des peuples à disposer d'eux-mêmes » n'est qu'une forme historique particulière, concrètement attachée au cadre de l'État-nation, qui a perdu sa faculté ordonnatrice à ses yeux. Sous la forme de cette juridicisation maladroite se sont faites les tractations politiques des grandes puissances européennes après la Première Guerre mondiale. Pour Schmitt, le droit des peuples à disposer d'eux-mêmes n'était pas une solution générale mais le signe qu'on était entré dans une époque où la politique prend la forme de la justice.

DEUXIÈME PARTIE

MATÉRIALISME ET NOMINALISME. L'ÉPISTÉMOLOGIE SILENCIEUSE DE CARL SCHMITT

CHAPITRE PREMIER

MATÉRIALISME ET SPIRITUALISME : LA SCISSION SCHMITTIENNE

On lit souvent, surtout chez les historiens et les biographes, que Schmitt était un farouche adversaire du matérialisme, ce qui semble aller de soi de la part d'un juriste conservateur, d'un catholique, d'un homme qui a sympathisé avec le fascisme italien et avec le nazisme. Les descriptions de l'épistémologie schmittienne reprennent la plupart du temps ce que Schmitt lui-même nous en dit. La confiance des commentateurs et leur fidélité aux propos du juriste est très grande dans ce domaine : les portraitistes reprennent presque tous l'autoportrait. Ce n'est pas de cette manière que nous voulons procéder et nous essaierons de donner certaines raisons de ne pas le faire. Ce chapitre vise à montrer que les dénominations de « décisionnisme » et d'« institutionnalisme » ne décrivent qu'une part de l'écriture théorique de l'auteur de *La notion de politique*. La thèse défendue ici est que Schmitt n'est antimatérialiste qu'en apparence, cette apparence n'ayant toutefois rien de fortuit. Cultivée par son principal intéressé, elle le conduit à dissocier ses positions politiques et son épistémologie, mais aussi, au sein de son épistémologie elle-même, dont la structure est elle aussi « dissociée », son spiritualisme et son matérialisme.

LE CONTEXTE : ANTI-MARXISME ET ANTI-MATÉRIALISME

« Socialisme allemand » contre marxisme

Le marxisme est assurément l'une des grandes figures refoulées hors du champ de la philosophie et de l'histoire dans l'Allemagne de l'entre-deux-guerres. Une image polémique du marxisme était diffusée par l'idéologie contre-révolutionnaire.

Avant que le doctorant de Schmitt – Ernst Rudolf Huber – ne la reprenne, c'est Oswald Spengler qui a forgé la notion de « socialisme allemand » pour faire pièce au matérialisme historique. Le livre de Spengler *Sozialismus und Germanentum* (1920), que Schmitt connaissait bien, a eu un très grand retentissement dès sa parution. Rédigé lors de la préparation du second tome du *Déclin de l'Occident*, *Sozialismus und Germanentum* construit un socialisme « prussien », débarrassé de l'économisme du marxisme et de la lutte des classes. L'esprit prussien, porté aux nues, y est caractérisé par la discipline et la subordination de la volonté individuelle à l'État. Il s'incarne selon Spengler dans le corps d'officiers, les fonctionnaires et les travailleurs[1]. Spengler ne tarit pas d'éloges à l'endroit du parti social-démocrate de Bebel, parti qu'il considérait comme un « chef-d'œuvre » à cause de son militarisme et de son autoritarisme mais qui s'était, selon lui, « désintégré » sous l'effet du marxisme[2]. Il valorise le modèle « prussien » qui consiste à faire le bien du peuple par en haut, à interdire par exemple le droit de grève ou à soustraire la fixation des salaires à la négociation entre patronat et travailleurs pour la confier à un conseil d'État.

Comme Schmitt trois ans plus tard dans *Die geistgeschichtliche Lage des heutigen Parlementarismus*, Spengler cherche à démontrer que le marxisme n'est qu'une espèce du genre libéralisme. Avant Schmitt, il a fait de Marx « un Anglais ». Pour Spengler comme pour Schmitt, la foi dans la technique et dans le progrès, la tendance au Plan, héritée de la philosophie des Lumières, est l'un des points communs du marxisme et du libéralisme. La métaphysique progressiste du marxisme est visée. « Le marxisme n'est pas un socialisme, il est l'économie intéressée des non-possédants », écrit Ernst Rudolf Huber[3]. L'idée que l'« expropriation des expropriateurs » de Marx n'est que l'inversion des rôles entre le voleur et le volé, sur fond d'une même métaphysique individualiste, leitmotiv de

1. O. Spengler, *Preussentum und Sozialismus*, München, C. H. Becksche Verlagsbuchhandlung, 1924 [1920], p. 39.

2. *Ibid.*, p. 19.

3. E. R. Huber, *Die Gestalt des deutschen Sozialismus*, Hamburg, Hanseatische Verlagsanstalt, 1934, p. 19. Aux yeux de Huber le « socialisme allemand » se distingue du fascisme et du bolchevisme parce qu'il respecte la « loi vitale » de l'économie, qui est l'autogestion des corporations.

Sozialismus und Germanentum, est reprise par Huber en 1934 puis par Schmitt dans « Prendre/partager/paître » en 1953.

Autre assertion de Spengler qui a dû rencontrer un écho en Schmitt : l'auteur du *Déclin de l'Occident* affirme que la pensée de Marx était théologique et non politique[1]. Celle-ci paraît à Spengler influencée au moins autant par la Bible que par la révolution anglaise. Les soulèvements antiques des esclaves menés par Cléon ou Spartacus lui apparaissent comme des révoltes sporadiques et défensives en comparaison parce qu'ils ne cherchaient qu'à rendre la vie supportable, à sortir de la misère du moment, alors que le christianisme et le marxisme ont en commun d'être passés à l'offensive et d'avoir voulu imposer un nouvel ordre général des choses[2]. Schmitt marche dans les pas de Spengler quand il montre qu'en préconisant, comme le libéralisme, la constitution d'une société du genre humain, dans le dédain pour la politique, le marxisme est devenu « total », parce qu'il sert lui aussi finalement de base à une politique déterminée.

Pour beaucoup de conservateurs allemands de l'entre-deux-guerres, c'est Ferdinand Lassalle qui sert de contre-modèle à Marx. Ceux-ci construisent autour de Lassalle l'image d'un socialisme « vraiment allemand ». Dans *Was nun ?* (1862), Lassalle avait tenté de nouer une alliance entre la monarchie prussienne et les travailleurs, contre les partisans de la théorie anglaise de l'État « veilleur de nuit ». Toute une tradition interprétative s'est mise en place autour de Lassalle dont la relation avec Marx était pour le moins problématique, tradition inaugurée par la biographie de Lassalle écrite par l'historien néo-rankien Hermann Oncken (1904). Surestimer la divergence théorique entre Lassalle et Marx, souligner l'attachement de Lassalle à l'État, l'opposer à « l'obsession » de Marx pour les problèmes sociaux, à la prédiction d'Engels sur le dépérissement de l'État, insister sur le rejet par Lassalle du matérialisme historique[3], sur son adhésion au concept hégélien d'État, soit à « l'idée allemande de liberté », voilà par quels gestes on parvenait à reprendre Lassalle aux marxistes.

1. *Ibid.*, p. 74.
2. *Ibid.*
3. *Cf.* O. Spengler, *Preussentum und Sozialismus*, *op. cit.*, p. 67. Voir aussi la biographie de Ferdinand Lassalle par Hermann Oncken (Lassalle. *Zwischen Marx und Bismarck*, Berlin, W. Kohlhammer, 1966 [1904], p. 287), en particulier le chapitre intitulé « Der Bruch mit Marx » (*La rupture avec Marx*), p. 280-295. Parmi les juristes « décisionnistes », c'est Hermann Heller qui se réclame le plus ostensiblement de Lassalle.

Cette interprétation présentait le mouvement des travailleurs comme un dérivé de l'industrialisation accélérée et non comme un mouvement d'émancipation politique. Le matérialisme apparaissait comme une force réelle de l'histoire (non comme une philosophie), force commune à l'américanisme et au bolchevisme, qui semblait menacer directement l'État et la culture. D'où le merveilleux imbroglio que révèlent les expressions à succès comme « le matérialisme des masses » (Meinecke) ou le « libéralisme matérialiste » (Huber).

Dans cette perspective, le marxisme passait pour anti-patriotique. Comme le socialisme français, il semblait refléter les problèmes sociaux de l'Europe de l'Ouest et non ceux de l'Allemagne. On rappelait que Marx et Engels avaient fini par prendre le parti de la France pendant la guerre franco-allemande de 1870. Dans un chapitre sur Engels de la troisième édition de sa biographie de Lassalle[1], Hermann Oncken affirme que Marx et Engels n'ont pas su apprécier le *Sonderweg* allemand et qu'ils ont sous-estimé les particularités nationales, projetant sur l'Allemagne un schéma valable pour l'Angleterre.

La connexion entre le mouvement de libération nationale et l'émancipation bourgeoise, claire aujourd'hui, n'était pas vue par les historiens néo-rankiens parce qu'ils se cantonnaient dans une perspective uniquement nationale et étatiste. Du fait qu'ils ne mettaient pas en relation les guerres prussiennes de libération « tournées vers l'extérieur » (la France) et le mouvement d'émancipation de la bourgeoisie, les guerres de libération paraissaient tournées non seulement contre Napoléon mais aussi contre la Révolution française. Le processus de la formation de la conscience nationale était compris uniquement comme émancipation de la nation allemande sur la scène extérieure de la politique européenne. Ce retard de l'histoire sociale nourrissait les malentendus.

Un concept polémique de matérialisme

C'est une « conception du monde » qui partait en guerre contre le matérialisme, la science et le marxisme plutôt qu'une philosophie rigoureuse. Cette *Weltanschauung* luttait contre la science au nom des valeurs dominantes, confrontant des préférences éthiques à une synthèse provisoire des connaissances. C'est une idéologie pratique, qui partait d'un

1. « Friedrich Engels und die Anfänge des Kommunismus in Deutschland », *in* H. Oncken, *Lassalle. Zwischen Marx und Bismarck*, Stuttgart, Berlin, W. Kohlhammer, 1966.

ensemble organisé de valeurs (religieuses, morales, politiques, juridiques, etc.) pour juger un état des sciences.

« Le néokantisme, forme suspecte qu'emprunte "l'esprit de Kant" pour errer parmi nous, n'est pas assez puissant pour servir de contrepoison *au poison matérialiste du marxisme*[1] », écrit le juriste Erich Kaufmann en 1921. Comme d'autres[2], Kaufmann reproche au matérialisme historique de s'être contenté de la critique et d'avoir manqué d'opposer une métaphysique véritable à la science bourgeoise. Ce qui ne l'empêche pas d'identifier ailleurs le marxisme à une métaphysique (du progrès). C'est ce mélange, cette incohérence, ce va-et-vient permanent qui caractérisent la critique du matérialisme des conservateurs. Discours hétéroclite, cette critique se caractérise précisément par le fait qu'elle part toujours d'une synthèse sur le matérialisme. Tantôt le matérialisme est chez les conservateurs allemands synonyme d'absence de pensée, d'absence de valeurs, comme s'il était la « matière » amorphe elle-même (quand on sait à quel point la pensée de Marx et d'Engels et la philosophie matérialiste sont abstraites...), tantôt il est identifié à un rationalisme dogmatique, une *Aufklärerei*[3].

Cette conception du monde falsifiait fréquemment le marxisme sur un point : le matérialisme. Profitant d'un certain « manque de doctrine[4] » du matérialisme, manque qui résulte de la somme des résistances accumulées que le matérialisme a rencontrées au cours du temps, elle refusait de prendre en compte l'inflexion que le marxisme a fait subir au matérialisme. Elle oubliait la critique du matérialisme vulgaire par Engels et critiquait la conception matérialiste de l'histoire comme si elle était elle-même ce matérialisme vulgaire. Elle faisait comme si le bond que Marx avait fait faire au matérialisme en y introduisant la dialectique idéaliste n'avait pas eu lieu[5].

1. Nous soulignons. L'expression est tirée du livre d'Erich Kaufmann : *Kritik der neukantischen Rechtsphilosophie. Eine Betrachtung über die Beziehungen zwischen Philosophie und Rechtswissenschaft*, Tübingen, J. C. B. Mohr, 1921, p. 97. Voir le commentaire de M. Stolleis, *Geschichte des öffentlichen Rechts in Deutschland*, *op. cit.*, vol. 3, p. 167 et p. 230.

2. Voir notamment O. Spengler, *Preussentum und Sozialismus*, *op. cit.*, p. 77. Une critique analogue du matérialisme se trouve chez Rudolf Smend, dans *Verfassung und Verfassungsrecht*, *op. cit.*

3. C'est le terme qu'utilisent Hegel et Schelling pour stigmatiser le rationalisme borné.

4. P. Raymond, *Le passage au matérialisme*, *op. cit.*, p. 287.

5. De Démocrite à La Mettrie, le matérialisme était en effet resté basé sur l'application des mathématiques à la mécanique, demeurant au fond dans la lignée de Démocrite, fidèle à

On peut dégager quelques-uns des sens restrictifs que prend le matérialisme dans la pensée conservatrice allemande de l'entre-deux-guerres. Le matérialisme y est souvent identifié…

Au scientisme. L'*Histoire du matérialisme* de Lange était un livre de référence pour les juristes anti-kelséniens de Weimar, lesquels critiquaient le matérialisme à la manière de Lange[1]. Lange présente le matérialisme comme une philosophie de savant, à la manière dont Kant présentait le mécanisme, comme une attitude nécessaire à la science, c'est-à-dire valant pour la connaissance méthodique de la nature, mais fondamentalement incapable de se justifier elle-même, d'expliquer la constitution de la conscience et du sujet et de satisfaire aux exigences de la moralité, de la religion, ou de l'art, que seul un idéalisme peut remplir. Lange vise ceux qu'Engels appelle les « matérialistes vulgaires » dont les thèses tenaient le devant de la scène dans l'Université allemande au milieu du XIXe siècle (Jakob Moleschott, Ludwig Büchner, Karl Vogt), scientifiques qui se réclament de Ludwig Feuerbach et du XVIIIe siècle. À la suite de Lange, les juristes les plus ouverts à la sociologie continuaient, comme Smend et Kaufmann, à décrier le « relativisme » du matérialisme, s'appuyant sur la conception limitative qu'en avait Lange[2]. Celle-ci lie étroitement le matérialisme au mécanisme d'une part (seule « conception de la matière purement matérielle ») et à l'empirisme d'autre part. Dans la perspective de Lange, comme dans celle de Victor Cousin, le matérialisme conduit au sensualisme, la sensation jouant le rôle de la « matière » à l'égard de la « forme » de la connaissance. Cette conception ignore tout ce que Marx dit du matérialisme (qu'il distingue de l'empirisme dans *Les thèses sur Feuerbach*). Lange prolonge lui-même ces vues sur le terrain du

son principe de la matière-quantité. Mais Marx et Engels insistent sur l'écart entre matérialisme mécaniste et matérialisme « vrai ». Les développements de la *Dialectique de la nature* d'Engels ont souvent vieilli. Même à l'époque, ils n'étaient pas tout à fait au niveau de la science d'alors. Mais leur perspective vaste et interdisciplinaire, qui reste moderne et féconde, est tout entière orientée contre le matérialisme mécaniste. Sur ce point, voir les indications précieuses d'Ernst Bloch dans *Das Materialismusproblem, seine Geschichte und Substanz*, *op. cit.*, p. 130-136 ainsi que Sven-Eric Liedman, *Das Spiel der Gegensätze. Friedrich Engels' Philosophie und die Wissenschaften des 19. Jahrhunderts*, Frankfurt-am-Main, New York, Campus Verlag, 1986.

1. L'article sur la philosophie du droit contenu dans le manuel de droit de Hans Frank s'appuie sur l'*Histoire du matérialisme* de Lange. C'est dire à quel point ce livre avait le statut de doctrine officielle. Voir « Deutsche Rechtsphilosophie », *in* H. Frank, *Nationalsozialistisches Handbuch für Recht und Gesetzgebung*, *op. cit.*, p. 29-70.

2. H. Frank, *Nationalsozialistisches Handbuch für Recht und Gesetzgebung*, *op. cit.*, p. 35, p. 69.

droit à la fin de son *Histoire du matérialisme*. Les juristes pouvaient donc s'appuyer sur lui pour opposer le matérialisme (entendu comme positivisme et comme formalisme) à la vision « historique » et « concrète » du droit.

À l'économisme. La critique que Max Weber a faite de l'économisme de Marx a suscité des malentendus[1] qui ont permis aux juristes de l'Allemagne de Weimar de se réclamer de Weber contre Marx. Assurément Weber a critiqué le marxisme. On peut rappeler que *L'éthique protestante et l'esprit du capitalisme* a l'air de renverser la conception marxiste de l'histoire, qui accorde le premier rôle à l'économie, quand il attribue à l'éthique religieuse une fonction névralgique dans les conduites de vie et quand il refuse d'en faire un simple reflet des conduites économiques. Les juristes décisionnistes comme Smend et Kaufmann transposent au droit la fonction que Max Weber accorde à la religion quand ils rejettent « le poison » de la conception matérialiste de l'histoire. Mais ils ne se contentent pas de mettre en question la suffisance d'un holisme marxiste qui privilégie le domaine de la production comme centre génétique du processus historique. Ils identifient, certes, les déterminations « matérielles » de l'action à la vie économique, en suivant il est vrai une tendance de Marx et Engels eux-mêmes. Mais ils font ensuite comme si le matérialisme *approuvait* ou même *causait* l'emprise de l'économie sur la vie moderne, ce que Weber n'a jamais dit.

À l'anthropologie utilitariste. Nombreux sont les juristes conservateurs qui, comme Rudolf Stammler, associent le matérialisme à « l'eudémonisme social », voire à l'hédonisme, c'est-à-dire à une pensée qui affirme que le bien-être de l'individu est la fin dernière de la société[2]. Les dommages causés par le capitalisme, l'appauvrissement de la culture et de la vie étaient mis au compte d'un matérialisme pensé comme cause de l'histoire ou comme « matière de la vie sociale ». La critique du matérialisme pouvait alors prendre l'allure d'un sauvetage de la « tête » de la société (la culture, la religion, l'art, etc.) contre son « corps » (l'économie et

1. Nous renvoyons sur ce point à l'exposé magistral qu'en donne Catherine Colliot-Thélène dans le chapitre intitulé « Max Weber et le marxisme », dans Colliot-Thélène, *Max Weber et l'histoire*, *op. cit.*, p. 26-51.

2. R. Stammler, *Wirtschaft und Recht nach der materialistischen Geschichtsauffassung : Eine sozialphilosophische Untersuchung*, Berlin, Leipzig, Walter de Gruyter, 1924, p. 34. Voir surtout la troisième partie du second livre intitulée « Die Materie des sozialen Lebens » (La matière de la vie sociale), p. 126-151.

ses fausses valeurs individualistes). Le matérialisme était alors assimilé une fois de plus à l'abandon des valeurs spiritualistes de la culture.

L'attitude de Schmitt

Schmitt a admis qu'une notion polémique de matérialisme avait cours au sein de l'Université allemande[1]. Contrairement à la majorité des juristes de son temps qui avaient l'air de prendre pour argent comptant l'idée qu'ils diffusaient du matérialisme, il savait que des contrevérités circulaient. Il avait lu Marx, Engels et Lénine de trop près pour confondre, comme la plupart de ses collègues, matérialisme et anthropologie utilitariste, matérialisme et conception hédoniste du monde (le « matérialisme des masses » comme dit Meinecke), matérialisme et scientisme (le soi-disant matérialisme des intellectuels).

À cet égard, il est instructif de comparer la critique que Schmitt livre du marxisme et celle qu'en donne Rudolf Stammler au tournant du siècle, qui passait pour être le meilleur spécialiste du marxisme parmi les juristes. On observe alors ce qu'Ernst Bloch appelle une « fatale baisse de niveau ». La critique du matérialisme historique par les juristes conservateurs allemands commençait généralement par une vulgarisation assez grossière. Schmitt au moins restait « au niveau » des meilleurs marxistes quand il attaquait Marx. Il ne donnait pas du marxisme la même image confuse qu'on trouve dans les livres de Stammler. Cela ne l'empêchait pas d'ouvrir la lutte par d'autres moyens, en éditant, par exemple, dans une collection qu'il dirigeait, un livre d'Ernst Rudolf Huber, un de ses meilleurs étudiants et futur juriste renommé. Ce livre intitulé *Die Gestalt des deutschen Sozialismus* (1934) porte le nom du « Professor Doktor Carl Schmitt » sur sa couverture, mais Schmitt n'aurait probablement pas pu l'écrire parce qu'il reproduit dans toute sa splendeur la vulgate qui falsifiait le marxisme en le réduisant à une propagande et en niant le caractère philosophique du matérialisme. Schmitt acceptait ce sacrifice partiel de l'intellect qui consistait à éditer des choses confuses parce qu'elles avaient une fonction pratique des plus grandes dans sa lutte acharnée contre les marxistes.

Les juristes antipositivistes de Weimar et du IIIe Reich attaquaient explicitement le matérialisme, ce que Schmitt ne fait jamais. Le juriste est certes excessivement laconique à ce sujet et il incombe au commen-

1. Dans une notation sur le matérialisme de Hobbes, Schmitt fait remarquer que « les significations modernes que l'on associe au *mot* polémique "matérialisme" sèment la confusion », « Die vollendete Reformation », p. 61.

tateur de reconstituer cet écart entre Schmitt et les dits « décisionnistes » (Kaufmann, Heller, Smend) à partir de remarques dispersées dans ses écrits.

Certaines des remarques de Schmitt donnent à penser qu'il était conscient de son propre matérialisme théorique, mais qu'il n'avait aucun intérêt à le dévoiler à cause de son affect anticommuniste. Schmitt écrit par exemple dans le *Glossarium* ces quelques lignes : « De Freud et de Marx, reste une méthode d'observation des faits, la vision du monde est périmée. D'où venait la vision du monde ? Des généralisations et des diabolisations résultant de l'ascension d'une certaine couche sociale[1] » (*Gl* : 1961). Mais déjà la *Théologie politique* de 1922 donnait un indice sérieux de ce que le juriste n'ignorait pas la parenté entre sa méthode et le matérialisme : « Croire que l'analogie [systématique entre concepts théologiques et concepts juridiques] recèlerait une philosophie de l'histoire spiritualiste opposée à une histoire matérialiste serait une grave méprise[2] » (*TP1* : 52). De fait, le refus du sujet transcendantal, la conception de l'homme comme inséparable du monde dont il fait partie et la définition de sa place dans l'univers comme historicité sont des traits qui marquent la « communauté fondamentale[3] » entre la pensée schmittienne et le matérialisme historique.

1. On notera la touche antisémite.

2. Pour la reconnaissance de sa dette envers le marxisme, voir aussi « Pourquoi je suis marxiste, pourquoi je ne suis pas marxiste », *Espresso*, 11 novembre 1979, ainsi que sa notation du 30 juillet 1948 dans le *Glossarium*, p. 184. Schmitt y affirme que *Le gauchisme, maladie infantile du communisme* de Lénine et *Histoire et conscience de classe* de Lukàcs sont les deux textes de « philosophie du droit » authentiques du XXe siècle. Stefan Breuer (*Anatomie de la révolution conservatrice*, *op. cit.*) montre quelle était la fonction de Lénine pour la Révolution conservatrice : si la différence entre Lénine et Marx était stylisée à outrance, c'est qu'elle permettait aux conservateurs de s'éloigner de *leurs* communistes, du communisme allemand dans son ensemble, dont l'erreur centrale était à leurs yeux de n'avoir pas compris la primauté du politique – reproche repris par Schmitt dans *Römischer Katholizismus und politische Form* – et de dresser le portrait idéal d'un « communisme prussien » représenté par Lénine. Ernst Niekisch écrivait par exemple : « La Russie est devenue plus prussienne que nous ne le sommes restés ». Schmitt lui fait écho en insistant sur la ligne Clausewitz-Lénine dans *la Théorie du partisan* (1963), dans « Clausewitz, penseur politique » (1967) et dans « La révolution légale mondiale » (1978) in *GCM*.

3. Lucien Goldmann affirme l'existence d'une « communauté fondamentale » entre Lukács et Heidegger. Il montre que dans *Être et temps*, Heidegger répond en partie à *Histoire et conscience de classe*. En plus d'une parenté théorique, il voit chez les deux penseurs une parenté politique, Heidegger ayant entretenu à ses yeux un rapport au national-socialisme proche de celui que Lukács entretenait avec le stalinisme. *Cf.* L. Goldmann, *Lukács et Heidegger*, Paris, Denoël-Gonthier, 1973, p. 67 *sq.*, p. 102-103. Schmitt parle dans les mêmes termes d'une communauté théorique et biographique entre lui-même et Lukács, alléguant que

Dans «La tyrannie des valeurs» (1967), Schmitt montre qu'il a compris d'où partait la conception polémique et restrictive du matérialisme présente dans les écrits de ses collègues. Il reconnaît rétrospectivement l'imbroglio qui consistait à associer le matérialisme au matérialisme vulgaire d'une part, à l'absence de valeurs d'autre part, dénonçant le terrain le plus consistant d'où partait la critique du matérialisme, à savoir la philosophie des valeurs. Alors que ses collègues critiquaient le «relativisme» du matérialisme, le monde «agnostique» dans lequel il nous plonge, Schmitt détecte dans ce besoin de valeurs quelque chose de suspect. Il semble que, pour Schmitt, la philosophie des valeurs de Nicolai Hartmann et de Max Scheler soit la forme philosophique la plus réussie de ce que maladroitement les juristes conservateurs tentaient de faire quand ils critiquaient le matérialisme. La tentative d'Hartmann et de Scheler pour dépasser le matérialisme et le nominalisme de Max Weber est à ses yeux un échec[1].

Schmitt voit dans la philosophie des valeurs une entreprise idéaliste d'édification, en réaction aux sciences, d'un monde spirituel fictif. Elle n'est pour lui qu'une réaction au matérialisme mécaniste, et la notion de valeur lui apparaît comme une revanche inadéquate sur le monde «impersonnel» et «inerte» de «l'objectivité». Il rejette la combinaison que forment la philosophie de la vie, le néo-kantisme et le matérialisme mécaniste[2]. On peut noter que c'est le point de vue de Lange et de son *Histoire du matérialisme* qui est ainsi défait, soit la contre-doctrine officielle, reprise par Hans Frank dans son manuel de droit national-socialiste. En effet, Lange affirmait que le matérialisme est le point de vue auquel doit se placer le savant, bien que ce ne puisse être là le dernier mot sur la réalité, et que,

le stalinisme pour Lukács était une phase provisoire mais nécessaire – la phase «bonapartiste» de la révolution – et faisant allusion à ce qu'a pu être un temps le nazisme à ses yeux. *Cf.* la lettre de Schmitt à Julien Freund du 9 juin 1971, dans laquelle le juriste écrit (en français): «La nouvelle de la mort de Lukács m'émeut profondément. Vous devriez lire le chapitre sur lui (et quelques parallèles entre sa vie et la mienne) dans le livre énormément intéressant de H. D. Sander: *Marxistische Ideologie und Allgemeine Kunsttheorie*, p. 216-249», in *Schmittiana* VIII, P. Tommissen, 2003, p. 49.

1. *Cf.* «La tyrannie des valeurs», trad. par P. Lang et C. Jouin, dans Koch (I.) et Lenoir (N.) (eds.), *Démocratie et espace public : quel pouvoir pour le peuple ?*, Hildesheim, Zurich, New York, Olms, 2008, p. 219. Sur la qualification de la démarche wébérienne comme «matérialisme généralisé» (Pierre Bourdieu) ou «matérialisme élargi», voir C. Colliot-Thélène, *Max Weber et l'histoire*, *op. cit.*, p. 36.

2. De ce point de vue, Schmitt rejoint ce que dit Lukács dans *La destruction de la raison*, *op. cit.* *Cf.* «La tyrannie des valeurs», p. 235 (note 45).

lorsqu'il s'agit de la réalité absolue, de la pensée et des valeurs, l'idéalisme reprenne ses droits. Cette connexion du matérialisme à la science, reconnue par des penseurs qui cherchent en fait à limiter la valeur de la science, est justement ce que dénonce Schmitt en 1967.

Si l'on garde en tête les tactiques par lesquelles ceux de son camp vilipendaient le matérialisme dans l'entre-deux-guerres, on peut penser que dans « La tyrannie des valeurs », indirectement, Schmitt explique pourquoi il s'est abstenu de critiquer le matérialisme avec les autres.

Un autre indice est le refus par Schmitt du droit naturel et la manière dont il le refuse. De nombreux internationalistes conservateurs de l'entre-deux-guerres se sont tournés vers le droit naturel pour donner un fondement ultime à leur discipline. C'est le cas notamment d'Heinrich Triepel, d'Erich Kaufmann et de Friedrich August von der Heydte. Après 1945, le recours au droit naturel est devenu plus courant encore, après que le positivisme juridique fut lui même tombé en discrédit, incapable qu'il avait été de démontrer que les « lois » nazies n'étaient pas du droit. Une fois la Déclaration universelle des droits de l'homme adoptée par l'ONU en 1948, il pouvait sembler que le jusnaturalisme était désormais la doctrine officielle.

On aurait pu s'attendre à ce que Schmitt, cet adversaire du positivisme juridique, ce catholique, se fût tourné vers le droit naturel, comme certains de ses collègues. Mais Schmitt a refusé dès le début et jusqu'à la fin les services que le droit naturel rend au droit international et au droit public. Son refus, longtemps exprimé de façon lapidaire, est constant : en 1934, il écrit que le droit naturel, pour les juristes contemporains, est une « fuite dans la morale [1] » (visant le pacifiste allemand Walther Schücking). Dans le *Glossarium*, le droit naturel est qualifié de « non scientifique » parce que le concept de nature est « indéterminé » (*Gl* : 49-50 ; 188). Il note que « "Droit naturel" est un terme anachronique et trompeur à l'époque des sciences de la nature et de leurs résultats concrets » (*Gl* : 195). Il confie alors à la science le soin de définir la réalité. Son introduction de 1963 à la *Notion de politique* maintient ce jugement : il présente le recours au droit naturel, au XXe siècle, par le spécialiste de droit public, comme un pis-aller, typique des périodes de troubles [2].

1. « Nationalsozialismus und Völkerrecht », *FP*, p. 398.

2. « Nombreux sont ceux qui cherchent aujourd'hui à étayer ou à revaloriser leur discipline en recourant à un droit naturel à base de théologie morale, voire aux propositions générales d'une philosophie des valeurs. Le positivisme juridique du XXe siècle est dépassé et

Schmitt admirait le traité du jeune Hegel sur le droit naturel (*Über die wissenschaftlichen Behandlungsarten des Naturrechts*[1], 1802-1803). « Pourquoi la grandeur du jeune Hegel de 1802 est-elle si époustouflante ? », demande Schmitt dans le *Glossarium* (*Gl* : 67). Il dit deviner immédiatement lors des discussions sur le droit naturel lesquels de ses interlocuteurs connaissent cet écrit de Hegel. Il classe les juristes en deux groupes : ceux qui ont compris l'écrit de Hegel sur le droit naturel et ceux qui ne l'ont pas compris (*Gl* : 67). Le renvoi par Schmitt au texte du jeune Hegel qui contient entre autres choses une critique du cosmopolitisme et du formalisme kantien n'a rien d'exégétique. Pour le juriste le retour à Hegel est « actuel », à l'inverse du retour au droit naturel, devenu le mot d'ordre des juristes contemporains et des institutions internationales, qui traduit aux yeux de Schmitt une volonté de ranimer ce qui est mort[2]. Hegel luttait contre l'École dite du « droit naturel » de Samuel Pufendorf et de Christian Wolff. Ce dernier déduit immédiatement le droit naturel de la nature humaine. La nature, d'où sont déduites les obligations du droit naturel, est celle de la métaphysique classique qui se ramifie dans la cosmologie, la psychologie rationnelle et la théologie naturelle. Le droit naturel du XVIIIe siècle est un droit *a priori*, déduit « logiquement » de la nature rationnelle de l'homme, conçue comme étant homogène à l'ordre rationnel du monde. Le droit naturel devient un catalogue de normes opposées aux normes du droit positif et historique : il est « prouvé » dans la théorie pure, il se situe en dehors de la réalité politique et historique. La philosophie pratique est réduite par Wolff à la relation intérieure de la nature humaine et d'une pratique réduite à la « moralité » et aux lois de la nature. En ce qui concerne le droit international, Wolff ne parvient à clore son système qu'au prix de paralogismes et de subterfuges, en postulant un consentement de toutes les nations civilisées. C'est la grandeur de Kant aux yeux de Hegel, que de partir non des lois de la nature trans-

l'abus révolutionnaire des concepts de légalité est manifeste. Pris entre la philosophie et la théologie d'une part, le spécialiste du droit public se trouve dans une situation de défensive où l'inviolabilité originaire de sa position disparaît et où le contenu originaire de ses définitions est menacé. », Schmitt, *NP*, p. 50.

1. G. W. F. Hegel, *Le droit naturel*, Paris, Gallimard, 1972. Voir pour les commentaires de Schmitt *Die Lage der europäischen Rechtswissenschaft*, *VA*, p. 428 ; *Glossarium*, p. 67, p. 209.

2. Notons que Schmitt n'a pas de sympathie pour la restauration en général. « Ce n'est pas Robespierre, mais Metternich qui a détruit la monarchie. Il n'y a que des autodestructions. Pas de restauration ! », *Glossarium*, p. 183.

formée en « moralité » mais de la liberté de l'homme[1]. En conséquence, le « consentement de toutes les nations civilisées » ne joue plus aucun rôle dans la construction kantienne : il commence par les droits naturels de l'individu, fait intervenir des contrats d'où procède le groupe politique, puis il passe au droit de l'État qui reste le pilier du droit international. Kant a le mérite pour Hegel d'ancrer l'éthique et le droit dans la liberté, et non dans les « lois de la nature ». Mais cette liberté à ses yeux reste abstraite et formelle. Kant a beau ne plus déduire le droit naturel de la nature humaine, il continue à le déduire d'une « nature du droit » définie *a priori*. En tant que droit *philosophique*, le droit naturel est ainsi coupé chez Kant du monde humain et de l'action humaine. Il devient une « simple idée ». Hegel décrit la raison philosophique de laquelle procède le droit naturel comme raison rentrée en soi, qui a quitté le monde.

On peut conclure des remarques qui précèdent que pour Schmitt le droit naturel était trop lié à la philosophie pratique et à l'idéalisme. Rappelons qu'il définissait l'idéalisme dans le *Glossarium* comme vérité seulement théorique, qui ne s'engage pas, qui est coupée du monde de la *praxis* (*Gl* : 149). Le refus de l'héritage du droit naturel, cette « petite différence » entre Schmitt et les juristes de « ses » camps (camp anti-Kelsen, camp conservateur, camp catholique) peut s'expliquer par l'épistémologie silencieuse du juriste.

UN MATÉRIALISME SANS MATIÈRE

On définit traditionnellement l'idéalisme par le primat des idées sur la matière. Il s'agirait d'un primat chronologique, logique ou causal (les idées seraient principes ou causes de l'existence matérielle), primat de valeur enfin. Mais cette définition est difficile à recevoir. Le primat ne concerne pas une pensée personnelle, mais une contexture spirituelle objective, l'Idée ou l'Essence, termes dont il est difficile de savoir ce qu'ils désignent. Quant à la « matière », à supposer que ce soit un concept scientifique qui la désigne, de quelle science est-ce un concept ? S'il s'agit plutôt d'une catégorie philosophique, à quel titre la philosophie peut-elle définir la réalité ? Et si l'on se passe des sciences pour définir l'extériorité, à quelle philosophie se livre-t-on ? Conçue comme « substance », « support » ou « substrat », comme structure profonde cachée pour la perception

1. *Cf.* § 105 et les suivants des *Principes de la Philosophie du droit*, *op. cit.*, p. 228 *sq.*

courante, la matière apparaît alors comme une notion des plus vagues, obstacle jeté par la philosophie dans les divers continents scientifiques. En fait, une réalité étudiée par une science, connue grâce à elle, suppose toujours des ordres de grandeur, au-dessus et au-dessous desquels elle cesse d'exister comme réalité définie. Il n'y a pas de science unique, mais seulement des sciences et des niveaux de réalités [1].

Certains penseurs matérialistes (Louis Althusser, Jean Toussaint Desanti, Pierre Raymond, Olivier Bloch) conçoivent un matérialisme sans matière [2]. Ils insistent sur le fait que la catégorie de matière pour le matérialiste ne vient pas remplacer la catégorie de nature ou de substance de la métaphysique. En optant pour le matérialisme, ils n'ont pas voulu conserver cette catégorie de matière-substrat, mais affirmer une attitude: reconnaître l'extériorité expérimentale du réel et la donner comme seule preuve d'existence d'une réalité, mais sans définir le réel pour autant, réservant au contraire sa définition aux sciences elles-mêmes. Ces auteurs sentent le danger qu'il y a à définir le matérialisme par symétrie, à l'inverse de l'idéalisme. C'est l'idée d'un support mystérieux commun à tout discours scientifique qui est refusée, une catégorie vide de substance qu'on prétend remplir indistinctement.

L'erreur consiste à croire que le matérialiste se contente de renverser la thèse idéaliste et d'assimiler la cause à une structure matérielle – et non spirituelle – à révéler (le corps ou l'économie). Cette erreur était renforcée tant par l'économisme de Marx et Engels que par une thèse d'Oswald Spengler sur la causalité qui avait été reprise, consciemment ou non, par de nombreux intellectuels de Weimar. Dans *Le déclin de l'Occident* en effet, Spengler avait énoncé l'idée que la causalité est co-extensive au concept de loi, qu'il n'y a que des lois causales et qu'il n'y a de science que législative [3]. Le mouvement anti-science dans l'opinion publique allemande était conforté par des thèses mécanistes de ce type issues d'un blocage philosophique des sciences à la mécanique, coup d'arrêt qui est l'un des faits majeurs de notre histoire des sciences.

1. P. Raymond, *Le passage au matérialisme*, *op. cit.*, p. 30.

2. Voir aussi Ernst Bloch, qui affirme qu'« il n'y pas de matière dans le matérialisme d'Engels, aussi peu qu'il y a le fruit en général sous les poires, les prunes et les pommes ». E. Bloch, *Das Materialismusproblem, seine Geschichte und Substanz*, *op. cit.*, p. 361.

3. Cité par P. Forman, *in* « Weimar Culture, Causality, and Quantum Theory, 1918-1927 : Adaptation by German Physicists and Mathematicians to a Hostile Intellectual Environment », *Historical Studies in Physical Sciences*, vol. 3, 1971, p. 33, p. 65.

En fait, par causalité, le matérialiste ne signifie pas la référence à une source unitaire qui serait cause (essentielle ou accidentelle), mais le type d'ordre que la théorie introduit entre les phénomènes qui sont tous traités en effets. L'ordre théorique peut désigner certains phénomènes comme causes, d'autres comme effets, il peut aussi introduire entre les phénomènes des rapports qui ne désignent rien parmi eux comme cause. Parfois le réel se voit désigner des causes, parfois non.

L'ironie veut que ces sciences de la nature que les conservateurs allemands dévalorisaient étaient en train de remettre en cause la notion de causalité qu'ils lui attribuaient. Dans les années 1920, la physique théorique traversait une crise, qui allait aboutir à l'émergence de la physique quantique en 1925-1926, et qui avait conduit certains physiciens à recourir à des schèmes spiritualistes, voire décisionnistes, issus du mouvement anti-science, pour remettre en question la mécanique. Dans le désarroi qui a précédé l'apparition de la physique quantique, des scientifiques ont aussi recouru à la métaphore de la cause absente (idéalisme inversé) ou de la causalité sans cause[1].

L'une des conséquences du refus de définir le matérialisme par symétrie avec l'idéalisme est que certains théorèmes du matérialisme

1. Il est intéressant de constater que la *Théologie politique* de 1922 paraît en pleine crise de la physique, au moment où celle-ci se déprend des schèmes de la causalité mécanique. Le débat sur la causalité battait son plein : le rapport de la loi et de l'exception était l'objet d'âpres controverses entre scientifiques. Certains physiciens se « convertissaient » à l'a-causalité et se tournaient vers le nominalisme, assimilant les lois physiques à une création de l'esprit humain. Paul Forman montre que les physiciens ont commencé à se déprendre de la causalité mécanique après 1918 en Allemagne, c'est-à-dire avant que la mécanique quantique ne vienne justifier cet écart. Mais Forman refuse l'idée que la philosophie a directement influencé la science. Il critique l'image d'Épinal qui veut que Niels Bohr ait formulé ses théories sous l'influence directe de Kierkegaard, introduisant en physique le « ou bien… ou bien… » décisionniste du philosophe danois. Selon Forman, les choses sont plus compliquées. L'orientation anti-science qui prévalait dans l'opinion publique allemande sous la République de Weimar poussait les scientifiques à recourir à la philosophie de la vie d'un Dilthey ou d'un Bergson. Mais la philosophie de la vie n'a pas influencé directement la physique. Selon lui, les nombreuses bêtises écrites par les philosophes à la fin des années 1920 ne s'appuyaient pas, en réalité, sur la toute nouvelle mécanique quantique, mais uniquement sur les manifestes anti-causalité écrits par les physiciens *avant* son apparition. Voir P. Forman, « Weimar Culture, Causality, and Quantum Theory, 1918-1927 : Adaptation by German Physicists and Mathematicians to a Hostile Intellectual Environment », art. cit., p. 110 *sq*. Sur le mouvement irrationaliste de l'Allemagne des années 1920 qui a servi de contexte culturel à l'émergence de la mécanique quantique, voir aussi I. Prigogine et I. Stengers, *La Nouvelle Alliance. Métamorphose de la science*, Paris, Gallimard, 1979, p. 17 *sq*.

ont l'apparence de n'être que négatifs. En effet, l'activité matérialiste n'est caractérisable qu'en tant qu'intervention particulière dans un procès d'ensemble, qui, par lui-même, n'a aucune existence générale. En outre, l'aspect faible du matérialisme tient à la domination séculaire du matérialisme par l'idéalisme. Devant le risque encouru, qui est celui d'une disparition de toute doctrine matérialiste, on préfèrera une définition large du matérialisme, féconde pour comprendre l'histoire de la pensée. On apprendra alors à aborder sans être gêné le matérialisme par des problèmes régionaux ou des thèmes privilégiés (comme le rapport du corps et de l'esprit ou la critique de l'idée d'ordre universel) ; on ne se formalisera pas devant la présence d'exceptions (Spinoza, justement, ne parle pas du *rapport* entre le corps et l'esprit, mais de leur parallélisme, et pourtant, il est matérialiste par certains aspects) ; pour définir le matérialisme, on acceptera les typologies [1], ces formes hybrides et intermédiaires, sans aller toutefois jusqu'à donner le dernier mot au nominalisme qui peut donner l'impression que la théorie n'est qu'un jeu dont les règles sont le seul critère et dont la cohérence interne est la seule « vérification ». Le gain est qu'il devient possible de parler du matérialisme d'un juriste, qui pourtant ne s'occupe directement ni du rapport entre le corps et l'esprit, ni d'économie.

1. Sous le nom de matérialisme, Desanti repère trois formes différentes de conceptualisation :

– une ontologie matérialiste, qui se traduit par un effort d'explication totale à partir d'un matériau minimal. Démocrite ou Lucrèce cherchent à expliquer l'ensemble des phénomènes du *cosmos*, idées comprises, par les propriétés physiques et géométrique d'éléments indivisibles.

– une réponse particulière au problème des rapports entre la matière et l'esprit. La Mettrie, d'Holbach et Helvétius mettent en lumière la façon dont les processus naturels produisent en l'homme les idées et les conduites.

– le matérialisme de Marx, Engels et Lénine, qui se compose d'un ensemble de thèses pauvres dont l'usage théorique est multiple. Les thèses du matérialisme dialectique sont distinctes du corps de doctrine qui constitue le marxisme, par exemple de la théorie de l'histoire, des systèmes économiques, etc. Leur originalité par rapport aux matérialismes précédents est qu'il rend manifeste la circularité de l'appareil de connaissance et rend compte de sa propre production théorique. Voir « Matérialisme et épistémologie », dans J. Toussaint Desanti, *La philosophie silencieuse ou critique des philosophies de la science*, Paris, Éditions du Seuil, 1975.

L'ALLIANCE MATÉRIALISME-SPIRITUALISME

On peut penser que ce n'est pas au niveau d'une quelconque tendance juridique ni au niveau d'une tendance théologique spécifique que l'on peut espérer rencontrer les principes d'unité de la pensée schmittienne, mais à un niveau plus général. Cette démarche de recherche qui repose sur l'examen de l'ensemble d'une œuvre, la conçoit au besoin comme une « unité de contraires » (une *complexio oppositorum*[1]) a été mise en œuvre à propos de la pensée de Pierre Gassendi par Henri Berr et par Olivier Bloch[2], à propos de Georges Sorel et d'autres par Leszek Kolakowski[3].

Jusqu'ici nous avons laissé dans le vague la différence entre idéalisme et spiritualisme. Le spiritualisme est une des formes de l'idéalisme mais il ne se confond pas avec lui. L'idéalisme se distingue du spiritualisme en ce qu'il présente la réalité spirituelle comme un monde analysable d'Idées, alors que le spiritualisme tend à court-circuiter l'objectivité des connaissances théoriques en direction d'un mystère qui échappe aux sciences et aux discours. Il tend, comme chez Bergson, à substituer finalement l'intuition silencieuse à l'analyse. Avant de chercher si l'essence est dicible, le spiritualisme (ou le vitalisme d'un Bergson) distingue l'essence et les propriétés. Cette distinction, l'histoire de la philosophie la fait revivre sous des formes diverses, lorsqu'on a d'un côté les choses, les forces, les substances et de l'autre les formes, les manifestations, les relations. Ce qui est matérialiste alors, c'est moins de pencher d'un côté que de refuser la dualité proposée : les sciences ne nous apprennent pas la quantité aux dépens de la qualité, la relation aux dépens du terme, le genre aux dépens de la substance.

Autre précision à apporter : le matérialisme n'est pas toujours révolutionnaire. En matière politique, les matérialismes conservateurs sont loin d'être l'exception. Enfin, ce n'est qu'à première vue que le matérialisme paraît l'antithèse de la religion. Épicure affirmait l'existence de dieux immortels, la foi sincère de Gassendi et de Pascal ne les a pas empêchés d'être matérialistes dans certains domaines. On peut dire

1. Expression que Schmitt a forgée à partir de la *coincidentia oppositorum* (coïncidence des opposés) de Nicolas de Cues, l'un des premiers dialecticiens. Cf. *RK*, p. 10.

2. H. Berr, *An jure inter scepticos Gassendus numeratus fuerit*, Paris, Hachette, 1898 ; O. Bloch, *La philosophie de Gassendi. Nominalisme, matérialisme et métaphysique*, Den Haag, Martinus Nijhoff, 1971.

3. L. Kolakowski, « Georges Sorel : a Jansenist Marxism », in *Main Currents of Marxism*, New York, London, W. W. Norton & Company, 2005 [1976], p. 475-495.

qu'en toute rigueur, matérialisme et religion ne s'excluent pas. Non seulement leur coexistence est possible, mais toutes sortes de juxtapositions, alliances, fusions, à l'intérieur des sociétés ou des systèmes d'idées ont eu lieu. On peut même dire qu'il existe dans les religions un fond matérialiste[1] : à la différence des philosophies déistes, les religions sont ancrées dans la réalité concrète de l'homme, de ses désirs et de ses angoisses. Elles affirment d'abord qu'il n'est aucune proportion entre l'homme et son milieu, d'où le besoin de correctifs établis par Dieu[2]. Quelque chose unit donc matérialisme et religion, qui prend le contre-pied du déisme et de l'immédiateté esthète : l'idée d'une disproportion entre l'homme et son milieu, d'une opacité de l'expérience. L'idée en somme qu'un détour est nécessaire pour équilibrer l'expérience, que celle-ci n'est pas cohérente d'emblée. L'idéalisme, quant à lui, suppose que le réel est homogène à l'esprit ; il veut clarifier l'expérience plutôt que l'équilibrer. Loin de l'expliquer, il la masque, il en truque l'aspect fragmentaire et contradictoire par l'aspect continu de son discours.

Dans son livre sur le matérialisme, Ernst Bloch parle longuement de l'alliance entre matérialisme et spiritualisme qui s'est nouée chez certains auteurs. Jürgen Habermas en parle à propos de Schelling et d'Ernst Bloch[3]. Bloch cherche à unir la pensée de Marx et certains courants mystiques et ésotériques du Moyen Âge tardif (Eckhart, Böhme, la Kabbale…). Habermas insiste sur la fécondité de la critique de Schelling contre l'idéalisme logique de Hegel, mettant l'accent sur sa valeur d'anticipation par rapport à la critique marxienne. Selon lui, le spiritualisme et la théologie ont servi de levier à Marx et Engels pour passer du matérialisme mécaniste au matérialisme dialectique[4]. Si l'on excepte Héraclite, la dialec-

1. *Cf.* P. Raymond, *Le passage au matérialisme*, *op. cit.*, p. 37-39 ; O. Bloch, *Le matérialisme*, Paris, Presses universitaires de France, 1995, p. 97-98.

2. Notons que Schmitt critique directement le déisme, jamais le matérialisme. Voir par exemple *TP1*, p. 46 ; *RK*, p. 41 *sq.* Dans *Römischer Katholizismus und politische Form*, il relie l'idée qu'une Cour de justice Internationale puisse régler les problèmes politiques entre les États à l'illusion déiste : dans les deux cas, selon lui, on a affaire au rationalisme dogmatique, qui devient « mythique » et « monstrueux » (*RK*, p. 41 *sq.*).

3. Voir E. Bloch. *Das Materialismusproblem, seine Geschichte und Substanz, Gesamtausgabe*, *op. cit.*, 1972 ; J. Habermas, « Dialektischer Idealismus im Übergang zum Materialismus – geschichtsphilosophische Folgerungen aus Schellings Idee einer Contraction Gottes », en particulier « Der heimliche Materialismus der Weltalterphilosophie : Schelling und Marx » ; « Ein marxistischer Schelling. Zu Ernst Blochs spekulativem Materialismus », in *Theorie und Praxis*, Berlin, Luchterhand, 1969, p. 108-161, p. 336-351.

4. *Ibid.*, p. 120.

tique se trouve avant Marx exclusivement chez des auteurs idéalistes (de Platon à Hegel en passant par Abélard et Nicolas de Cues). On comprend alors que Marx et Engels, dans *La Sainte famille,* s'appuient sur la définition que Jakob Böhme donne de la matière comme « pulsion, esprit vital, tension » pour critiquer le matérialisme français des XVIIe et XVIIIe siècles. Le fait qu'Engels se réclame du théosophe Jacob Böhme et du Hegel spéculatif, dans la *Dialectique de la nature,* pour détacher le matérialisme de la pensée empiriste et positiviste s'explique de la même façon.

Or, non seulement Ernst Bloch intéressait Schmitt[1], mais le juriste a lui-même accepté l'idée et repéré la possibilité d'une alliance entre matérialisme et spiritualisme. On le voit par exemple dans la *Théologie politique,* où il écrit à propos de Georges Sorel que celui-ci « lie la philosophie de la vie de Bergson à la conception économique de l'histoire selon Marx » (*TP1* : 52-53).

L'AMBIGUÏTÉ DU NOMINALISME : DEUX EXEMPLES

La thèse générale du nominalisme pose qu'il n'y a d'universalité que dans nos concepts ou dans les noms servant à les désigner, qu'il n'y a d'existence que singulière : il ne peut y avoir d'existence des universaux en dehors de l'entendement (ainsi l'idée d'humanité est une idée creuse, c'est l'un des leitmotivs de Schmitt). Pour le nominalisme, nous n'avons pas le droit de séparer l'existence de l'essence ; tout jugement vrai porte sur un sujet existant. Mais, d'autre part, le nominalisme met en relief l'abîme entre essence et concept, celui-ci n'étant qu'un produit de la pensée, forgé à la mesure de ses besoins, sans réalité ontologique. Sur le plan de l'être, le nominalisme, c'est donc l'appel à la considération du réel comme richesse inépuisable, mais sur le plan de la connaissance, l'entendement est défini par une fonction de négation (ou de négativité). Il a pour fonction de séparer ce que la réalité unit. Étant outil humain, formation subjective et inadéquate, notre pensée ne peut nous faire accéder à la vérité absolue, mais seulement à des phénomènes. Le nominalisme comporte donc des implications capitales à l'égard de la science et du matérialisme, qu'il favorise, mais il a aussi potentiellement une fonction pratique essentielle pour les conservateurs parce que, libérant la connaissance, il ne la laisse décrire que les apparences.

1. Voir le dossier « Ernst Bloch » des Archives Carl Schmitt.

Nous souscrivons à la proposition de Balibar qui écrit dans *La crainte des masses* que l'« on peut s'accorder pour appeler nominalisme *le supplément de matérialisme* qui est nécessaire pour interdire à une matérialité – économique, politique ou discursive – tout retour vers la métaphysique[1] ».

Il n'en reste pas moins qu'*à l'intérieur de* la métaphysique et de la théologie, pour les matérialistes croyants ou politiquement conservateurs, l'option nominaliste permet d'aménager l'accord entre critique épistémologique et respect des valeurs dominantes. Occam et Pascal sont deux exemples intéressants à cet égard : ils entreprennent chacun de limiter la portée de leur propre matérialisme. Le nominalisme offre un cadre à cette tentative. La charge critique du matérialisme reçoit un coup d'arrêt : la volonté d'ordre s'affirme en dépit de la conscience de la fragilité, de l'aspect non donné, transformable, de tout ordre. Elle s'affirme d'autant plus fermement qu'elle s'accompagne de la conscience « de l'abîme » – le conflit et les contradictions étant vus comme des faits premiers. Le nominalisme permet ainsi d'ôter aux aspects sceptiques et subversifs du matérialisme leur force corrosive à l'égard de l'idéologie traditionnelle. Il permet que le matérialisme de certains philosophes ne commande pas l'ensemble de leur pensée[2].

Occam

Schmitt ne s'est pas beaucoup intéressé à la pensée de Guillaume d'Occam (v.1285-1347), l'un des pères du nominalisme médiéval. Il se

1. Voir « Foucault et Marx. L'enjeu du nominalisme », dans É. Balibar, *La crainte des masses. Politique et philosophie avant et après Marx*, *op. cit.*, p. 303.

2. Dans son exemplaire du livre de Hans Blumenberg, *Die Legitimität der Neuzeit* (La légitimité des temps modernes), Schmitt réécrit le titre à la main, qui devient : « *Die Selbstlegitimierung der Neu-Gier* » (l'autolégitimation de la curiosité). *Cf.* H. Blumenberg, C. Schmitt, *Briefwechsel*, Frankfurt-am-Main, Suhrkamp Verlag, 2007, p. 88. Le mot allemand qui signifie curiosité (*Neugier*) est composé du mot *neu* (nouveau) et de *Gier* (avidité), que Schmitt sépare d'un tiret : la *Neu-gier* est littéralement la soif de nouveauté. Schmitt déprécie la curiosité intellectuelle tout en étant bien sûr habité par elle. On pense à la caractérisation de la curiosité comme oubli et dispersion dans *Être et temps* de Heidegger, mais aussi au divertissement de Pascal. Dans les papiers de Schmitt se trouvent deux pages de fragments qu'il a recopiés des œuvres de Pascal. Schmitt recopie notamment la pensée n° 458 (Brunschvig) dans laquelle le philosophe cite une épître de Jean, mais en la reformulant dans les termes de saint Augustin : « "Tout ce qui est au monde est concupiscence de la chair, ou concupiscence des yeux, ou orgueil de la vie"(1 Jean 11, 16) : *libido sentiendi, libido sciendi, libido dominandi.* » Le désir des sens, le désir de connaissance et le désir de domination sont dépréciés dans un même souffle. Cf. *Arch* RW 265-19867.

pourrait néanmoins qu'il vaille la peine de rapprocher les deux pensées et qu'il y ait des leçons à tirer, pour la *Schmitt-Forschung*, de la tradition interprétative née autour de l'œuvre du grand nominaliste. La pensée d'Occam illustre en effet le rapport ambivalent que le nominalisme en philosophie a entretenu avec la théologie et la politique. Elle pourrait bien donner des clés pour comprendre l'ambiguïté de la pensée schmittienne, s'il est vrai que celle-ci n'est pas une « ambiguïté sans principes » ni l'expression d'un opportunisme pur.

À Oxford, Occam n'a pas prolongé sa métaphysique et sa philosophie morale par une philosophie du droit. C'est seulement après son déménagement en Avignon qu'il s'est mêlé de politique religieuse et que les polémiques en la matière ont fait de lui un « juriste engagé[1] ». Dès lors son combat contre la papauté a compliqué son combat contre la scolastique.

Occam est-il réactionnaire ? Est-il progressiste ? Est-il un père de la révolution juridique, incarnant le « moment copernicien » qu'est la reconnaissance des droits subjectifs ? Ou est-il ce conservateur qui a transposé au droit la méthode d'interprétation littérale de l'Écriture sainte ? On a là un point commun avec Schmitt : la pensée du théologien médiéval paraît de prime abord une « *complexio oppositorum* ». Occam paraît moderne quand il reconnaît à tous un droit subjectif à gouverner, mais il n'accorde une position de représentant qu'au monarque. C'est la souveraineté de l'individu qu'il place à la source de l'État, mais une fois que l'État est fondé, il accepte que l'individu renonce à tous ses droits[2]. Il reconnaît que le droit s'enracine dans la volonté mais il refoule le pouvoir constituant sous la fixation du *statu quo*. Il abolit de façon « moderne » la distinction entre fidèles et clercs, paraissant démocratiser l'Église, mais c'est pour faire de l'Empereur le seul représentant des fidèles. L'État est moins « dé-théologisé » que l'Empereur n'est introduit dans la « constitution élargie » de l'Église. L'Empereur, et non les princes des États territoriaux... Occam met en cause la forme monarchique de l'Église, mais il transpose au droit la méthode de la soumission de l'intelligence à la lettre des textes des théologiens. La vérité sur Dieu étant exclusive de toute immanence et de tout rapport d'intériorité du créateur à la créature, seule la révélation permet de connaître la volonté divine. L'attachement à

1. Voir G. de Lagarde, *La naissance de l'esprit laïque au déclin du Moyen Âge*, Paris, Droz, 1942, livre VI, chapitre 3 : « Occam et le droit », p. 93-100.

2. G. d'Occam, *Dialogus de Potestate Imperiali et Papali*, Goldast, Melchior, 1614, [1328], III, II, 2e livre, chap. 2, p. 26.

une exégèse strictement littérale signifie le refus de toute interprétation rationnelle de la parole divine. Le droit n'est pas un ordre rationnel : il s'enracine dans la volonté[1]. Cependant, faisant place au droit positif d'origine humaine, cette littéralité de l'exégèse théologique ou juridique devient du même coup compatible avec la tendance apparemment contradictoire à accepter les changements de régime et les *nouveaux maîtres*. Puisque aucun droit n'est éternel et qu'une distance immense sépare la justice des hommes de la justice divine et le vénérable droit romain lui-même des Écritures, l'écart entre prince et sujets semble relativisé. Aucune critique de l'autorité cependant : chez Occam, ce qui est le plus certain est aussi ce qui est le moins « rationnel » : l'Écriture, l'autorité, la tradition…

La position d'ensemble d'Occam suscite l'étonnement : il est curieux qu'Occam préfère la soumission à la résistance alors qu'il a justifié l'autorité par le consentement des sujets[2] ; curieux qu'il place le consentement exprès des peuples à la racine des Empires et que ce geste lui serve finalement à légitimer l'expansion de l'État par la conquête violente et l'usurpation[3].

Pour décrire le rôle joué par le nominalisme dans le développement du droit et dans l'émergence du droit interétatique moderne[4], le juriste internationaliste et collègue de Schmitt, Friedrich August von der Heydte,

1. Pour Occam le droit romain est législatif et non doctrinal ; il n'est pas la « raison écrite » comme pour saint Thomas ou plus tard pour Cujas, mais un ensemble de lois.

2. Lagarde, *La naissance de l'esprit laïque au déclin du Moyen Âge*, *op. cit.*, p. 202.

3. G. d'Occam, *Dialogus*, *op. cit.*, III, II, livre I, chap. 27 ; O. von Gierke, *DGR3*, p. 571.

4. Voir F. A. von der Heydte, *Die Geburtsstunde des souveränen Staates. Ein Beitrag zur Geschichte des Völkerrechts, der allgemeinen Staatslehre und des politischen Denkens*, Regensburg, Verlag Joseph Habbel, 1952. Voir en particulier le chapitre intitulé « Influence du nominalisme et de l'empirisme sur la nouvelle théorie de l'État », *op. cit.*, p. 164 *sq*. Après avoir été l'assistant de Kelsen, von der Heydte s'est laissé séduire par le national-socialisme dans les années 1930, avant de se tourner, après la Seconde Guerre mondiale, vers le droit naturel et de devenir l'un des principaux intellectuels de la CSU en Bavière et le seul général de l'armée de réserve de la RFA (*Bundeswehrreservegeneral*). Dans deux articles qui ont blessé Schmitt, il s'en est pris à l'interprétation de Vitoria de son aîné (« Francisco de Vitoria und die Geschichte seines Ruhmes – Eine Entgegnung », 1949), puis à son parcours intellectuel (« Heil aus der Gefangenschaft ? Carl Schmitt und die Lage der europäischen Rechtswissenschaft », 1951). Dans le premier texte, il répond par une critique pertinente aux distorsions que Schmitt impose à la figure de Vitoria dans son article de 1949 « Vitoria und die Geschichte seines Ruhmes » (repris in *NT*). Sur ce différend entre Schmitt et von der Heydte, voir P. Tommissen (hsgb.), *Schmittiana* II, p. 128 et p. 156, n. 67.

applique un schéma de lecture très proche de ce que Hans Blumenberg appellera plus tard le « théorème de la sécularisation[1] ».

Si Blumenberg a raison de voir derrière le « théorème de la sécularisation » un substantialisme historique, il n'est pas sûr que ce théorème décrive adéquatement la pensée d'Occam (ni la pensée de Schmitt prise comme un tout). L'auteur de *La légitimité des temps modernes* a bien vu que ce théorème présuppose une substance théologique qui serait présente « partout dans l'histoire » et que l'on est alors conduit à identifier toute nouveauté à la métamorphose d'un substrat historique inchangé[2]. Mais il n'est pas sûr qu'Occam « laïcise » le droit et en particulier l'ancien droit des gens comme l'affirme von der Heydte ni que le théorème de la sécularisation commande véritablement l'écriture théorique de Schmitt quand ce dernier écrit l'histoire du droit[3]. Les analogies entre concepts juridiques et concepts théologiques que Schmitt relève parfois ne peuvent suffire à mettre en présence d'une véritable sécularisation puisque celle-ci suppose que le théologique précède ce qui est sécularisé et donc une transformation réelle[4].

Comment Occam définit-il le droit des gens ? Il soutient dans le *Dialogus de Potestate Imperiali et Papali* que les normes du *jus gentium* sont celles « qui sont adoptées d'une façon ou d'une autre par la communauté de tous les mortels [...], elles sont d'une certaine manière les prescriptions du droit naturel, d'une autre manière elles sont les règles du droit humain et positif[5] ». « Ce qui contrevient au *jus gentium* est souvent injuste, et pourtant pas toujours ; et même, parfois, cela est juste et admis par les mœurs, et ce n'est injuste que dans un cas particulier. La raison en est que le *jus gentium* est à maints égards autre chose qu'un droit naturel absolu, inflexible et inconditionné. Bien plus, il est un droit naturel modifié, fractionné et déterminé plus en détail[6]. » Occam ne distingue donc pas

1. Hans Blumenberg appelle « théorème de la sécularisation » la proposition de la *Théologie politique* de Schmitt selon laquelle « tous les concepts prégnants de la théorie moderne de l'État sont des concepts théologiques sécularisés » (*TP1*, p. 46). Selon lui ce théorème structure toute la pensée de Schmitt.

2. H. Blumenberg, *Legitimität der Neuzeit*, Frankfurt-am-Main, Suhrkamp Verlag, 1996, p. 125.

3. Nous examinerons ce second point dans la section suivante intitulée « L'écriture théorique du *Nomos de la Terre* ».

4. *Cf.* J.-C. Monod, *La querelle de la sécularisation. De Hegel à Blumenberg*, Paris, Vrin, 2002, p. 154.

5. Occam, *Dialogus*, *op. cit.*, III, II, 2e livre, chap. 28, p. 924. T.d.A.

6. Occam, *Dialogus*, *op. cit.*, III, II, 1er livre, chap. 9, p. 879. T.d.A.

comme saint Thomas entre les règles qui sont déduites logiquement du droit naturel et celles qui ne le sont pas, qui reposent sur la volonté humaine. Ce sont ces dernières règles, qui ne sont plus du *jus gentium* pour saint Thomas, qu'Occam nomme précisément droit des gens. Le lien avec le droit naturel est coupé : « Si tous les humains l'approuvent, le contraire du droit peut être vu comme du droit. » « Du point de vue de sa naissance, le *jus gentium* n'est pas le droit de l'Empereur et des rois, mais s'ils l'approuvent, dans son application pratique, il peut être vu comme un tel droit[1]. »

Friedrich August von der Heydte affirme que les définitions qu'Occam donne du *jus gentium* intègrent sa thèse théologique de la contingence de l'ordre universel. Selon l'internationaliste, la conception occamiste du droit des gens est une conséquence directe de sa théologie. Le juriste fait d'Occam le père du droit interétatique moderne, celui qui, le premier, détache le *jus gentium* du droit naturel et le rattache à la volonté des souverains, contre saint Thomas[2].

Pour Occam, tout le créé est contingent, jusque dans son ordre ; Dieu étant libre, l'ordre du monde est contingent, aucune règle ne précède la création pour se l'assujettir. Dieu n'est assujetti à aucun principe d'ordre, pas même celui de ne rien faire en vain : ce principe d'économie des métaphysiques du XIIIe siècle et plus tard du Dieu de Malebranche est étranger au théologien. Certainement, la thèse averroïste selon laquelle il n'y a pas de vérité éternelle des régimes politiques, diffusée par Occam et son disciple Buridan, était une conséquence de la partie théologique de son œuvre. Sans doute, la métaphysique de l'individu, l'intuition centrale du nominalisme[3], a des répercussions sur la pensée juridique d'Occam. Mais F. A. von der Heydte va plus loin. Il fait le lien entre la reconnaissance par Occam du nouveau « fait empirique », au tournant du XIIIe et du XIVe siècles, qu'est l'apparition de l'État souverain et la réhabilitation du monde empirique comme source de connaissance : « Le fait que le nominalisme favorise l'émergence d'une théorie de l'État comme entité séparée (*Einzelstaat*), entourée d'une multiplicité d'autres États, *ne*

1. Occam, *Dialogus*, *op. cit*, III, II, 2e livre, chap. 28, p. 924.

2. F. A. von der Heydte, , *Die Geburtsstunde des souveränen Staates. Ein Beitrag zur Geschichte des Völkerrechts, der allgemeinen Staatslehre und des politischen Denkens*, *op. cit.*, p. 146-152, p. 165, p. 188, p. 312-313.

3. Voir l'article « Nominalisme » de Paul Vignaux, dans A. Vacant et E. Mangenot (éd.), *Dictionnaire de théologie catholique*, vol. 11. Paris, Librairie Letouzey et Ané, 1931, p. 717-784.

requiert aucune explication particulière. L'expérience qui est la première, si ce n'est la seule source de la connaissance pour le nominaliste, montre quelle force vitale habite l'État individuel dans la pluralité et la variété de la structure politique mondiale. Ce n'est donc pas par hasard que de grands nominalistes comme Guillaume d'Occam et Jean Buridan jouent un rôle essentiel dans le développement de la théorie de l'État »[1].

Si l'on suit le raisonnement du juriste allemand, Occam est l'un des grands fondateurs de la pensée politique moderne parce que sa théorie, aussi moderne en métaphysique qu'en politique, l'a conduit à lutter d'un même mouvement contre la papauté, pour l'émancipation politique de l'individu et pour celle de l'individu-État[2]. La théorie de la contingence du monde et du rôle fondateur qu'y jouent les individus se serait transmuée en défense de l'État souverain, « individuel » par rapport à l'Empire universaliste. Le « parallèle » entre pensée théologique et pensée juridique dispense de toute démonstration. Dans la présentation de F. A. von der Heydte, la thèse théologique du primat de l'individuel sur l'universel et de la contingence de l'ordre créé se commue sans autre explication en défense des États souverains. Von der Heydte remplace l'enquête détaillée par des parallélismes et des homologies. Or, étudier parallèlement la pensée juridique et la théologie d'Occam est fécond, mais cela n'autorise pas à présupposer d'emblée qu'un parallélisme strict existe toujours entre sa théorie du droit, sa théologie et sa « théorie de la connaissance ».

En réalité, la critique qu'a livrée Occam de la notion d'ordre universel ne l'a pas conduit à critiquer l'Empire ni à défendre les principautés territoriales naissantes. L'Empereur était le protecteur d'Occam et le théologien n'a pas combattu l'Empire « abstrait » ni applaudi par principe les « États souverains empiriques » au motif que ceux-ci auraient été la nouvelle réalité concrète. Von der Heydte distord les faits. Il fait mine de prendre en compte les circonstances, mais il prend uniquement en compte la logique nominaliste (qui, elle, leur accorde une place de choix). C'est en effet un paralogisme de dire que l'introduction « empiriste », dans l'édifice

1. F. A. von der Heydte, *Die Geburtsstunde des souveränen Staates*, *op. cit.*, p. 188. Nous traduisons et soulignons.

2. Selon F. A. von der Heydte, « L'État moderne est à peine pensable sans Occam. » (*Ibid.*, p. 313). C'est la théorie de la souveraineté comme compétence de la compétence que von der Heydte trouve chez Occam, du fait qu'Occam définit le pouvoir du roi comme *potestas variandi potestates*, comme pouvoir de déterminer et d'attribuer les compétences, y compris la sienne propre. Von der Heydte fait du théologien « l'inventeur », avant Bodin, de la doctrine de la souveraineté.

du droit, des circonstances (les nouveaux États) implique *nécessairement* que « l'idée de Reich reçoive un coup fatal » et que cela « ne requiert aucune explication particulière [1] ».

Ce n'est nullement une homologie systématique entre l'œuvre théologique et l'œuvre juridique que révèle l'enquête sérieuse. Les définitions qu'Occam donne du droit des gens (« Ce qui contrevient au *jus gentium* est souvent injuste, et pourtant pas toujours… » ; « le *jus gentium* est un droit naturel modifié, fractionné et déterminé plus en détail… ») montrent que le théologien médiéval n'invente pas le droit interétatique, contrairement à ce que dit von der Heydte. Ses définitions ne sont pas spectaculaires, mais contournées et hésitantes. Elles n'ont rien d'une défense et illustration de l'État souverain naissant [2]… La thèse de la contingence de la création ne se convertit pas chez lui en défense des fragiles États. Ce sont les circonstances (les vraies, et non le concept) qui l'ont conduit, lui, franciscain, à se faire juriste. Le chemin qu'il a emprunté pour combattre le pape est plein d'explications, d'occasions et de revirements. Ses définitions du *jus gentium* sont à lire à la lumière du contexte. Elles louchent vers la politique, ménagent l'empereur, le protecteur. De nombreux détails pointés par les spécialistes viennent d'ailleurs déranger la thèse selon laquelle la conception occamiste du droit est le produit d'une sécularisation. Des historiens du droit comme Otto von Gierke, Michel Villey ou Brian Tierney repèrent dans l'histoire de la pensée politique mille torsions et paradoxes qui empêchent de penser en termes de parallélismes et de bijections entre théologie et droit. Aucun harmonisme ne remplace l'enquête, qu'il faut faire…

Le « théorème de la sécularisation » qui commande bel et bien la pensée de von der Heydte (mais non celle d'Occam ni de Schmitt) conduit à confondre d'une manière propre à l'idéalisme, la causalité et la logique. En bon matérialiste, Blumenberg l'a montré : une analogie n'est pas un rapport causal nécessaire. La logique touche aux relations de principe à conséquence dans le raisonnement, alors que la causalité concerne les relations de cause à effet dans la réalité. L'historien qui applique le

1. *Ibid.*, p. 116. T.d.A.

2. Georges de Lagarde écrit que pour Occam « le *jus gentium* est l'ensemble des errements normalement suivis par les hommes en l'absence de toute disposition positive. Ces errements ne s'imposent pas avec la rigueur des impératifs moraux ; ils constituent un droit naturel conditionnel, qui ne peut valoir ni contre les prescriptions impératives du droit naturel absolu, ni contre les décisions contraires des intéressés, ni contre les exigences occasionnelles que peut imposer un concours de circonstances ». G. de Lagarde, *La naissance de l'esprit laïque au déclin du Moyen Âge*, *op. cit.*, p. 153.

théorème de la sécularisation est déterministe, il insère à tort des processus causaux dans le texte logique, alors que la causalité n'est nullement nécessaire[1].

L'histoire du droit international de von der Heydte se caractérise par un trouble de la jonction entre discours théorique et expérience et par un court-circuit entre logique et causalité. Occam théorise la connaissance de l'individuel. Mais quel rapport avec l'État souverain naissant ? C'est ce fossé qu'enjambe von der Heydte. Dans son récit, l'état du monde est « comprimé », « aplati » sur le « système » doctrinal, de telle sorte qu'on n'aperçoit plus la différence entre la connaissance et le connu, la science et la forme du monde. Comme première condition d'une réfutation du théorème de la sécularisation apparaît l'utilité de « déplier », de « décomprimer » les discours des prétendus sécularisateurs et les conditions dans lesquelles ils ont vu le jour, qui sont souvent étrangement rabattus les uns sur les autres.

Pascal

Les commentateurs nous ayant habitués à rapprocher Schmitt de Hobbes et de Hegel, la nécessité que nous voyons de nous arrêter sur Pascal requiert quelque explication. Schmitt n'a quasiment rien écrit sur Pascal. Néanmoins, il était un lecteur assidu du philosophe français. Le « dossier Pascal » des archives Carl Schmitt est épais : livres de Pascal et sur Pascal annotés par Schmitt, index personnel formé par le juriste au début des *Provinciales* et de l'édition française des *Pensées,* autour de notions qui

1. Dans *Les usages de l'argumentation* (Paris, Presses Universitaires de France, 1993), Stephen Edelston Toulmin affirme que les expressions « logiquement possible » et « logiquement nécessaire » sont inappropriées, parce que rien n'est décidé par la simple mise en bonne et due forme d'une chose : c'est à partir d'une situation qu'on peut commencer à poser des questions rationnelles. On est alors « en mesure d'utiliser des procédures de décisions qui tirent leur force de l'objet dont on parle » (p. 214-216). Toulmin définit la logique comme « ce qui s'occupe de la justesse des affirmations que nous émettons, du type de cause qui nous sert à défendre nos affirmations » (p. 10). La logique contrôle la validité d'arguments à l'intérieur d'un champ. L'abus commence quand on construit une validité universelle qui surplombe les divers champs : « l'argumentation matérielle » du droit ou de la physique n'a pas besoin d'être rachetée. « Il faut apprendre à tolérer en logique comparative ce qu'on a admis depuis longtemps en anatomie comparée : ce qui paraît une déformation chez une espèce animale peut être normal chez l'autre » (p. 316-317). Dans son effort de redéfinition de la logique, Toulmin s'appuie sur l'analogie entre théorie de l'argumentation et théorie du droit. « Oublions les mathématiques, la sociologie, la technologie, prenons comme modèle la théorie du droit », écrit-il au début de son livre (p. 10). « La logique est une généralisation de cette discipline ; les arguments peuvent se comparer aux procès. »

sont à la fois centrales pour le juriste et pour le philosophe[1] ; fragments recopiés des *Expériences nouvelles touchant le vide*, des *Provinciales* et des *Pensées* ; *De l'esprit géométrique* offert à sa fille Anima, récupéré ensuite et annoté par Schmitt ; une édition allemande des *Pensées* offerte par Forsthoff suite à une conversation que les deux hommes ont eue à Plettenberg[2], un commentaire par Schmitt des insuffisances de la traduction allemande des *Pensées*, etc.

On voit à certains signes que Schmitt reconnaissait sa pensée dans celle du philosophe. Dès qu'il s'agit de justice et de politique, la lecture de Schmitt est clairement mimétique : les passages que le juriste souligne et commente dans le texte pascalien sont tous étonnamment « schmittiens[3] ».

Schmitt partage avec Pascal son pessimisme concernant le rapport entre la vérité, le pouvoir et le droit. Le dogme du péché originel est central pour l'un comme pour l'autre. Comme Pascal, Schmitt met en question le normativisme, il critique comme lui le droit naturel, l'idée que le fondement du droit est rationnel. Pour le juriste comme pour le philosophe, le droit dérive du pouvoir et non d'une norme supérieure. Il se légitime

1. Au début de son édition allemande des *Pensées* de Pascal (*Über die Religion*, cf. *Arch* RW 265-24344), Schmitt établit une liste de fragments qui portent sur l'histoire du peuple juif (par exemple les fragments 451 et 454, numérotation de Lafuma). Il écrit « = NOMOS » en face de cette liste. Dans son édition française (*Arch* RW 265-24343), dans le sommaire qu'il se constitue au début du livre, il relève les thèmes « injustice », « division de l'homme », « coutume ».

2. Voir la dédicace qu'Ernst Forsthoff a écrite à Schmitt en 1963 au début de *Über die Religion* (*Arch* RW 265-24344), titre de l'édition allemande des *Pensées* qu'il lui a offerte. Ernst Forsthoff recopie pour Schmitt au début du livre deux extraits qu'ils avaient cherchés ensemble lors d'une discussion à Plettenberg. Le premier est tiré du célèbre fragment 81 (« Ne pouvant faire qu'il soit force d'obéir à la justice on a fait qu'il soit juste d'obéir à la force. Ne pouvant fortifier la justice on a justifié la force, afin que le juste et le fort fussent ensemble et que la paix fût, qui est le souverain bien »). Le second est le fragment 66 (« Il est dangereux de dire au peuple que les lois ne sont pas justes, car il n'y obéit qu'à cause qu'il les croit justes. C'est pourquoi il faut lui dire en même temps qu'il y faut obéir parce qu'elles sont lois, comme il faut obéir aux supérieurs non pas parce qu'ils sont justes, mais parce qu'ils sont supérieurs. Par là voilà toute sédition prévenue, si on peut faire entendre cela et que proprement c'est la définition de la justice »). *Cf.* E. Forsthoff, C. Schmitt, *Briefwechsel*, *op. cit.*, p. 196 et p. 199.

3. Schmitt relève exclusivement des réflexions sur le droit et la politique qui pourraient être les siennes : « le plus grand des maux est les guerres civiles » ; dans le fragment 125 des *Pensées* : « Qu'est-ce que nos principes naturels sinon nos principes accoutumés ? » ; « Une différente coutume en donnera d'autres principes naturels. Cela se voit par expérience » ; dans la 7e lettre des *Provinciales* : « on peut tuer celui qui a donné un soufflet [...] pourvu qu'on ne donne pas lieu à des meurtres excessifs nuisibles à l'État [...] C'est parce qu'on dépeuplerait un État en moins de rien si on en tuait tous les médisants. » (*Arch* RW 265-24334, p. 110, p. 113).

ensuite mais la légitimité n'est jamais qu'idéologique : « les cordes qui attachent le respect à tel et à tel » sont « cordes d'imagination » et « cordes de nécessité [1] ». La justice vient de la coutume, de l'opinion, de la tradition : autres noms du *nomos* de Schmitt[2]. L'« usurpation » que Pascal place à l'origine de tout pouvoir et de toute justice ressemble à la « prise » de Schmitt, qui insiste sur le fait que le droit est partage, mais qu'une prise précède tout partage[3]. Sur le terrain de la guerre et de la paix, à nouveau, les positions convergent : les deux auteurs critiquent l'idée de paix perpétuelle ainsi que le cosmopolitisme, l'un dans sa variante stoïcienne, l'autre dans sa version kantienne[4]. La critique de l'idée de paix perpétuelle s'appuie en outre sur une anthropologie commune[5]. Pascal présente en effet une critique anticipée de l'économie politique et de son anthropologie fondée sur l'intérêt. L'homme de Pascal comme celui de Schmitt ne tient pas à la vie et aux biens plus qu'à l'estime et à la domination.

On nous accordera que le juriste et le philosophe ont en commun cette critique du droit naturel, cette anthropologie pessimiste, cette acceptation de la guerre au rang des nécessités politiques. Mais la lecture « mimétique » que Schmitt fait de Pascal nous entraîne sur des terrains moins explorés.

1. Fragment 828.

2. Fragment 67.

3. On rapprochera le fragment 60 des *Pensées* du texte de Schmitt, « Prendre/partager/paître », 1953. En outre, Pascal critique l'idée d'une justice légale naturelle dans les fragments 66, 81, 85, 86, 520 et 525.

4. Voir le fragment 81 des *Pensées* : « Les seules règles universelles sont les lois du pays aux choses ordinaires et la pluralité aux autres ». Domat, juriste et ami de Pascal suit le philosophe sur ce point. Voir S. Goyard-Fabre, *Philosophie critique et raison juridique*, Paris, Presses universitaires de France, 2004, p. 47-49 et p. 159.

5. Dans le sommaire manuscrit qu'il dresse à son propre usage au début de son édition française des *Pensées*, Schmitt renvoie au célèbre fragment 621, qu'il souligne : « Guerre intestine de l'homme entre la raison et les passions. S'il n'y avait que la raison sans passions. S'il n'y avait que les passions sans raison. Mais ayant l'un et l'autre *il ne peut être sans guerre*, ne pouvant avoir paix avec l'un qu'ayant guerre avec l'autre. Aussi est-il *toujours divisé et contraire à lui-même* ». Il renvoie également au fragment 421, qu'il souligne : « Il est faux que nous soyons dignes que les autres nous aiment. Il est injuste que nous le voulions. Si nous naissions *raisonnables*, et avec quelque connaissance de nous mêmes et des autres, nous n'aurions point cette inclination. Nous naissons pourtant avec elle. *Nous naissons donc injustes*. Car chacun tend à soi. Cela est contre tout ordre. Il faut tendre au général. *Et la pente vers soi est le commencement de tout désordre en guerre, en police, en économie*, dans le corps particulier de l'homme. Si les membres des communautés naturelles et civiles tendent au bien du corps, les communautés elles-mêmes doivent tendre à un autre corps plus général. Quiconque ne hait pas en soi cet amour-propre et cet instinct qui le porte à se mettre au-dessus de tout, est bien aveugle, puisque rien n'est si opposé à la justice et à la vérité. »

Schmitt relève dans un commentaire que le « cœur » de Pascal est « le lieu intérieur *des décisions et des adhésions*[1] ». Il fait ainsi le lien entre la notion pascalienne de « cœur » et son propre concept de décision. Or chez Pascal le cœur a pour fonction d'exiger la synthèse des contraires. Aucune vérité n'est valable qu'à la condition de lui ajouter la vérité contraire : Pascal définit l'erreur et l'hérésie comme exclusion d'une de ces deux vérités[2].

Il n'est pas indifférent que Schmitt ait également relevé de nombreuses propositions nominalistes du texte pascalien. Ainsi relève-t-il dans *De l'esprit géométrique* l'affirmation que « la nature immuable des choses » est décrite par des « noms libres et volontaires et dépendant du caprice des hommes », et que « deux néants d'étendue peuvent aussi bien faire une étendue que deux unités dont aucune n'est nombre font un nombre par leur assemblage [...], de même que vingt mille hommes font une armée, quoique aucun d'eux ne soit une armée »[3].

Le nominalisme chez Pascal est lié à une épistémologie particulière. *De l'esprit géométrique* expose que la découverte n'a aucun sens en dehors du tout systématique qui l'enchaîne : on doit savoir combien il y a de différence entre deux « mots », deux principes, « selon les lieux et les circonstances qui les accompagnent », selon l'« économie de l'ouvrage ». Et dans les *Pensées* : « Qu'on ne me dise pas que je n'ai rien dit de nouveau, la disposition des matières est nouvelle. Quand on joue à la paume, c'est une même balle dont joue l'un et l'autre, mais l'un la place mieux.[4] » « Les mots diversement rangés font un divers sens. Et les sens diversement rangés font différents effets[5]. » Aux antipodes des déclarations usuelles sur

1. Il s'agit d'un commentaire du critique suisse Albert Béguin. Le « cœur » de Pascal, écrit-il, n'est « ni le siège de l'affectivité, ni un équivalent de l'intuition, ni un synonyme d'une faculté de l'âme. Il est la vraie force agissante, le lieu intérieur des décisions et des adhésions... Non point opposé à l'intelligence, comme s'opposent deux réalités du même ordre, non point excluant l'intelligence car il n'exclut rien, il comprend et il oriente... ». Schmitt souligne ce passage cité dans le texte tapuscrit d'Herbert Plügge, *Über Pascals anthropologischen Ansatz*, 1948.

2. Voir les fragments 443, 701, 733, 786 des *Pensées*. Le fragment 733 est proche de la phrase de la *Phénoménologie de l'esprit* sur le parti qui se révèle vivant par ses divisions, phrase que Schmitt a relevée en lisant Lukács : « L'Église a toujours été combattue par des erreurs contraires. Mais peut-être jamais en même temps comme à présent, et si elle en souffre plus à cause de la multiplicité d'erreurs, elle en reçoit cet avantage qu'ils se détruisent. [...] La foi embrasse plusieurs vérités qui semblent se contredire, temps de rire et de pleurer, etc. »

3. *Arch* RW 265-24345, p. 46.

4. Fragment 696.

5. Fragment 784.

l'aspect tautologique ou analytique des mathématiques, Pascal montre qu'on peut multiplier les énonciations, car « étant regardées d'un autre côté, elles donnent d'autres ouvertures ». Le nominalisme se présente chez Pascal comme un point de basculement : c'est d'un même langage nominaliste que s'énoncent chez lui le thème théologique du manque de proportion entre l'homme et son Dieu, entre l'homme et lui-même et la formation de la catégorie épistémologique de système théorique. Sensibilisé à la catégorie de système par l'analyse combinatoire qu'il engage avec Fermat, Pascal est le premier à avoir fait ressortir le rôle de cette catégorie pour la recherche scientifique qui implique que les problématiques scientifiques apparaissent moins comme des questions bien posées, ou des épistémès fondamentales, que comme des « disproportions » entre des horizons théoriques constitués et des hypothèses, qui, de leur côté, ne peuvent jamais être issues de théories existantes que d'une manière fragmentaire, discontinue.

Or la catégorie de système théorique a de multiples effets matérialistes. C'est à la thèse matérialiste de la vérité comme justesse qu'aboutit Pascal (« C'est une même balle dont joue l'un et l'autre, mais l'un la place mieux » ; « Les mots diversement rangés font un divers sens », etc.). Alors que l'idéalisme suppose que la vérité vient de la conformité entre le sujet et l'objet, qu'elle est le miroir des objets ou la révélation de la présence d'objets essentiels, Pascal tend à rejeter le thème d'une adéquation entre une essence et les concepts et à esquisser l'idée de *vérité comme production* et non comme dévoilement d'une propriété de l'énoncé (idée qui apparaissait déjà nettement dans le *verum index sui* de Spinoza) : une idéologie préférée est juste, une perception, une décision sont justes. Il n'y a pas de critère extérieur de la vérité, aucune comparaison externe ne vient la livrer. Le savoir du vrai est livré en même temps que le vrai ; le propre d'une science n'est pas seulement de produire des énoncés vrais mais de produire en même temps et purement à l'intérieur de la science considérée, toutes les conditions de leur vérité. La thèse de la production du vrai, du faire vrai, comme on produit une réalité nouvelle, vient contre la thèse idéaliste de la découverte du vrai et de la comparaison de la vérité à un trésor antérieur et caché.

Décisif est pour nous le fait que la production philosophique de Pascal ait tantôt eu lieu au profit de la religion, tantôt au profit des sciences – le philosophe substituant à la métaphysique cartésienne une intervention matérialiste *ou* spiritualiste – et que ce soit le langage du nominalisme qui ait permis de nouer cette alliance anti-idéaliste. La Préface au *Traité du vide* est essentielle à cet égard : Pascal physicien croit au progrès. Moderne, il ne doute pas que les Modernes en savent plus que les Anciens. Mais Pascal chrétien a appris que la révélation chrétienne est un dépôt et que les vérités liées au salut ont été données dans les textes sacrés ; il prône le retour aux Écritures. Nous sommes loin d'une philosophie de la religion qui aurait pour principe l'idée de développement. Pascal est anti-humaniste. Il est conservateur, et il faut entendre sous ce mot : conserver les dogmes, le Décalogue, saint Augustin. Mais par ailleurs Pascal est l'un des rares philosophes français du XVIIe siècle qui rompe la liaison de fondation entre philosophie et sciences, comme le montre sa critique de la métaphysique cartésienne.

Ainsi, si l'on s'accorde à reconnaître avec Lucien Goldmann, qu'il faut se garder de réduire la critique pascalienne du cartésianisme « à l'attitude du chrétien qui refuse la connaissance du monde au nom des vérités révélées » et qu'il semble au contraire que la critique du philosophe « se place sinon à l'intérieur de la physique et de la géométrie, tout au moins à l'intérieur de la recherche du vrai [1] », on peut trouver dans la philosophie de Pascal un modèle qui éclaire en retour l'anti-normativisme de Schmitt.

En effet, non seulement Schmitt a associé la notion de nominalisme et celle de dictature dans son fragment de 1948 (« Dictature et nominalisme : la vérité est dans le dicté, non dans la chose [2] »), mais il a dit clairement dans la préface de 1921 à *La dictature* que la dictature posait le problème de la « justesse [3] » (*Richtigkeit*) du droit, le problème de l'exception concrète auquel se réduit la question de la dictature étant précisément le problème de la « justesse » (*Richtigkeit*) des moyens et de leur « adéquation à une fin [4] », idée que l'on retrouve dans la proposition schmittienne plus tardive : « Le droit est droit au bon endroit » (*NT* : 99 et *Gl* : 66). « Le fait que toute dictature comprenne en elle l'exception à une norme ne signifie pas la négation accidentelle d'une norme quelconque. La dialectique interne du concept consiste en ceci que, par la dictature, est précisément niée la norme dont la domination doit être assurée dans la réalité historico-politique. Il peut donc exister une opposition entre la domination de la

1. L. Goldmann, *Le dieu caché. Étude sur la vision tragique dans les pensées de Pascal et dans le théâtre de Racine*, Paris, Gallimard, 1955, p. 278-279.

2. *Glossarium*, p. 116.

3. C. Schmitt, *La dictature*, Paris, Éditions du Seuil, 2000, p. 18-19. Bien que « *Richtigkeit* » soit traduit tantôt par « justesse » tantôt par « exactitude » dans la traduction française, c'est bien de justesse qu'il s'agit dans ce texte.

4. *Ibid.*, p. 18.

norme à réaliser et la méthode de sa réalisation. Telle est l'essence de la dictature *du point de vue de la philosophie du droit*[1]. »

Si l'on prend au sérieux le fait que Schmitt fait de la dictature un problème de « philosophie du droit » et aussi ce qu'il affirme dans la préface de 1921 à *La dictature*, à savoir que l'« exception concrète[2] » a partie liée avec une théorie de la vérité comme justesse, soit avec l'idée que la vérité – même celle des normes – n'a aucune substance propre, qu'elle n'est qu'une anticipation pratique, l'esquisse matérielle d'une conduite suscitée, on est alors en droit de rapprocher, comme le faisait le juriste lui-même en lisant les *Pensées*, le « cœur » de Pascal et la « décision » de Schmitt. Dans la décision, la pensée n'accompagne plus l'action comme un double dont on se demande s'il sert à quelque chose, elle ne la commande plus, sans que l'on sache par quelle « glande pinéale » se fait la jonction. Elle ne lui est plus équivalente comme un point de vue sur une réalité : elle est attitude purement matérielle, distincte des autres en tant qu'elle est disposition, programme, préparation à l'action. La décision est autant suscitée par des actions passées et des événements que par d'autres théories et concepts. Si la vérité du droit est justesse concrète et non vérité théorique ou automatisme de la norme, cela s'accorde avec la théorie matérialiste de la vérité : la pensée, induite par les mots, loin de faire appel à une sphère spirituelle, n'est qu'une manière particulière d'être susceptible d'agir. La conscience ou la théorie n'est qu'insertion dans un contexte, manière nouvelle de s'adapter à des situations, plus variées et plus complexes.

DIALECTIQUE ET DÉCISION

Dans son livre sur Hegel et Schmitt, Jean-François Kervégan s'inspire du fameux article de Karl Löwith sur Schmitt[3] pour présenter la critique schmittienne du libéralisme comme un refus de la « métaphysique de l'indécision » et pour identifier le décisionnisme schmittien à une critique du rationalisme en général :

1. *Ibid.*
2. *Ibid.*, p. 19.
3. J.-F. Kervégan, *Hegel, Carl Schmitt. Le politique entre spéculation et positivité*, *op. cit.*; K. Löwith, « Der okkasionelle Dezisionismus von Carl Schmitt », *op. cit.*

> Comme l'a bien vu Löwith, la critique schmittienne du libéralisme s'inscrit dans tout un contexte de mise en cause de l'« irrésolution » et de ses prolongements éthiques, religieux, juridiques et politiques. (...) Ce qui est imputé [dans *Politische Romantik*] à l'« occasionnalisme » des romantiques, le fait de se mouvoir dans « un monde sans substance, sans décision, sans jugement dernier » vaut *a fortiori* pour la métaphysique libérale. À cette métaphysique de l'indécision, Schmitt oppose ce que Löwith nomme un « nihilisme actif » : la radicalité d'une décision qu'aucune chaîne de raisons, si longue fût-elle, ne saurait fonder, ni récuser d'ailleurs. Car le principe décisionniste s'applique, à partir de la strate fondatrice de l'*Entschiedenheit* [1], à tous les domaines de l'exister, dont bien sûr celui du droit : en toute chose, le fait de la décision importe plus que son contenu [2].

J.-F. Kervégan présente en outre le décisionnisme comme une pensée antidialectique. Son décisionnisme pousserait Schmitt à réintroduire la « politique du tiers exclu » jusque dans l'interprétation qu'il livre de la dialectique hégélienne, le sens révolutionnaire et le sens conservateur de l'hégélianisme apparaissant dans plusieurs textes du juriste comme deux conceptions irréconciliables entre lesquelles il faudrait choisir [3]. Cette lecture qui fait participer la pensée schmittienne d'un irrationalisme antidialectique a été reprise en France par certains [4]. Il nous semble qu'elle repose sur un malentendu. C'est ce que nous aimerions montrer maintenant à partir de deux textes de la « période décisionniste » de Schmitt (avant 1934) :

1) le premier est composé des chapitres deux et trois de *Die geistgeschichtliche Lage...* (1923) intitulés « Les principes du parlementarisme » et « La dictature dans la pensée marxiste » ;

2) le second est un texte moins connu, peu commenté, non traduit en français, dans lequel il est également question du décisionnisme et de la dialectique, intitulé « Das Problem der innerlichen Neutralität des Staates [5] », paru en 1930 [1].

1. Résolution.

2. J.-F. Kervégan, *Hegel, Carl Schmitt.*, *op. cit.*, p. 129.

3. *Ibid.*, p. 150-156.

4. Voir par exemple Guillaume Vannier, qui s'appuie sur Kervégan pour opposer la logique juridique de Perelman et le décisionnisme schmittien dans *Argumentation et droit : une introduction à la Nouvelle rhétorique de Perelman*, Paris, Presses universitaires de France, 2001, p. 115.

5. « Le problème de la neutralité intérieure de l'État ».

1) Karl Löwith écrit en 1935 que Schmitt défend « une politique de la décision souveraine pour laquelle le contenu n'est tiré que de l'*occasio* contingente issue des diverses situations politiques données, et non pas "de la force d'un savoir intègre" sur le vrai et le juste, comme le voudrait le concept platonicien de la politique[2]... ». Il rapproche la critique du parlementarisme de Schmitt de la philosophie existentialiste de Kierkegaard et de la philosophie de Heidegger[3]. Celle-là exprime à ses yeux une « existentialité formelle », qui valorise la décision, mais qui au fond pourrait tout aussi bien valoriser les doutes de l'existence, puisqu'elle se caractérise, en dernière analyse, par son indifférence à tout contenu et par la simple valorisation du sentiment d'exister. On a déjà évoqué dans l'introduction le procédé principal sur lequel repose cet argumentaire, qui consiste à annuler la différence entre *Politische Romantik* et *Die geistgeschichtliche Lage...*[4] et à retourner contre Schmitt l'accusation d'« occasionalisme » que celui-ci adresse au romantisme politique. La critique schmittienne du parlementarisme et sa critique du romantisme politique sont ainsi fondues l'une dans l'autre (d'où les images qui naissent de cette fusion : celle d'un *parlement indécis*, d'une « métaphysique de l'indécision » qui seraient visés par Schmitt). Or la critique que fait Schmitt du parlementarisme en 1923 est irréductible à une philosophie « générale » comme celles de Kierkegaard et de Heidegger qui s'en prendrait à l'indécision sous toutes ses formes. Il semble abusif de rabattre la critique schmittienne du parlementarisme sur le « ou bien... ou bien... » du philosophe danois ou sur la « résolution » de *Sein ou Zeit* : on ne peut le faire sans court-circuiter d'un coup le terrain même de l'argumentation de Schmitt, qui est la théorie politique.

Notons une première difficulté avant d'engager une lecture précise : dans le chapitre deux de *Die geistgeschichtliche Lage...*, le terme « dialectique » n'est pas employé au sens qu'il aura dans le chapitre trois : il renvoie au sens d'Aristote, qui définissait la dialectique comme l'art de l'argumentation dans les *Topiques*. « Dialectique » y signifie discussion, jeu « d'arguments et de contre-arguments », délibération[5]. Dans le chapitre trois, le terme « dialectique » renvoie systématiquement, non plus à la dis-

1. Repris en 1958 dans les *Verfassungsrechtliche Aufsätze*, p. 41-59.
2. K. Löwith, « Der okkasionelle Dezisionismus von Carl Schmitt », *op. cit.*, p. 40.
3. *Ibid.*, p. 37, 43, 62.
4. *Ibid.*, p. 36.
5. *Parlementarisme et démocratie*,, p. 57, 59, 61.

cussion, mais à la dialectique hégélienne, à la dialectique comme mouvement réel de l'histoire, à la téléologie de l'esprit objectif. Pour plus de commodité appelons *sens 1* la dialectique au sens qu'a ce terme dans les *Topiques* d'Aristote, la dialectique comme délibération ou discussion. Appelons *sens 2* l'emploi idéaliste de la notion de dialectique, qui présuppose que l'histoire a un sens et que les crises et les souffrances de l'histoire sont toutes orientées vers une réconciliation finale. Le *sens 2* renvoie à la philosophie de l'histoire de Hegel *ou* à la philosophie de l'histoire de *L'idéologie allemande* de Marx et Engels. Comme on l'a dit en introduction, le sens idéaliste n'est pas le sens qu'aurait la notion chez Hegel (auquel on opposerait le sens qu'a la dialectique chez Marx). La ligne de démarcation entre sens idéaliste et sens matérialiste de la dialectique ne passe pas entre Hegel et Marx mais traverse les corpus hégélien et marxien eux-mêmes. Enfin, appelons *sens 3* l'emploi matérialiste de la notion de dialectique, qui renvoie à un antisubstantialisme radical, qui n'est pas lié à tel ou tel objet en particulier (« l'histoire » ou « la nature », « la société » ou la « discussion parlementaire ») mais qui renvoie à un mode de pensée, à l'« articulation-désarticulation » de secteurs du savoir entre eux, pour reprendre l'expression de Pierre Raymond[1]. Ce *sens 3*, Engels et Lénine en ont tous deux repéré la possibilité chez Hegel lui-même, puisqu'ils ont dégagé un sens matérialiste de la notion de dialectique à certains endroits du corpus hégélien. Selon eux, on trouve ce sens en mineure dans *La logique de l'essence*.

Première précision : Schmitt critique le parlementarisme mais celui-ci n'incarne pas « le rationalisme » dans son texte. Dans le chapitre deux de *Die geistgeschichtliche Lage*..., Schmitt souligne que le parlementarisme incarne un rationalisme bien particulier. D'autre part, ce n'est pas à la dialectique (au sens 1, pas plus qu'aux autres) que Schmitt s'en prend dans ce chapitre de son livre, mais à la croyance des libéraux que *la discussion aurait remplacé la décision*. C'est la « foi » en la discussion des théoriciens libéraux que le juriste prend pour cible, la théorie des libéraux ne correspondant pas à la « pratique réelle » du parlementarisme. « La réalité de la vie parlementaire et de la vie des partis politiques ainsi que la conviction générale sont aujourd'hui très éloignées d'une telle foi » (*P&D*: 63). La discussion parlementaire n'est qu'une « façade » (*P&D* : 63), « le parlementarisme abdique ainsi sa base intellectuelle », sa « *ratio* » (*P&D* : 63-64) car sa vérité réside finalement dans des « *décisions*

1. P. Raymond, *Le passage au matérialisme*, *op. cit.*, p. 293.

politiques», «décisions prises derrière des portes closes» dans des «comités restreints et ramenés au minimum de participants». Schmitt conclut que «ce que les représentants des intérêts associés du grand capitalisme arrangent entre eux dans des comités ultra-restreints est peut-être plus important encore pour la vie quotidienne et le destin de millions d'hommes» que les «décisions des coalitions de partis» (*P&D*: 64). Il constate en somme comme les marxistes que ce n'est pas au sein du parlement mais à ses abords, «avant» la session parlementaire, «autour» de l'assemblée, «derrière des portes closes», que se prennent les «décisions décisives»[1]. Comme Habermas plus tard, Schmitt vise ici le lobbyisme et l'envahissement des institutions par les forces du marché.

Certes, Schmitt pense l'État comme un point d'autorité plutôt que comme un appareil: sa conviction est que «le peuple ne peut pas discuter», qu'il peut seulement «répondre par oui ou non aux questions qu'on lui pose». Il n'en reste pas moins qu'il faut distinguer ce pessimisme politique et anthropologique qui affirme l'inaptitude des masses à la raison, la vanité d'une politique qui «éduquerait» – position fasciste de Schmitt –, d'une critique philosophique de la dialectique et d'une critique du rationalisme en général.

Le juriste montre bien plutôt que la théorie libérale dépend d'une métaphysique idéaliste et d'un rationalisme *particulier*: «il serait incomplet et inexact de définir le parlement moderne comme une institution issue de l'esprit rationaliste [...] ce rationalisme n'est pas absolu et immédiat, mais relatif en un sens spécifique[2]». Les présupposés des libéraux participent selon lui d'une théorie de la vérité particulière. La «base commune indiscutée» de la théorie libérale n'est nullement la dialectique, mais une «représentation mécanique» (*P&D*: 59) qui a pour centre l'idée de balance et d'équilibre («balance des pouvoirs... balance commerciale... balance des passions... balance alimentaire...», *P&D*: 50). La théorie de la séparation des pouvoirs, pilier du constitutionnalisme

1. Sur ce point, Ellen Kennedy a raison de souligner qu'Habermas a en fait beaucoup emprunté à Schmitt dans son analyse de l'opinion publique (*Öffentlichkeit*), bien que celui-ci s'en soit défendu. *Cf.* E. Kennedy, «Carl Schmitt und die "Frankfurter Schule". Deutsche Liberalismuskritik im 20. Jahrhundert», *Geschichte und Gesellschaft. Zeitschrift für historische Sozialwissenschaft*, Göttingen, Vandenhoeck & Ruprecht, 1986, p. 380-419; J. Habermas, *L'espace public: archéologie de la publicité comme dimension constitutive de la société bourgeoise*, Paris, Payot, 1997. Dans les premiers écrits de Habermas, la référence à Schmitt est avouée, mais elle s'efface dans les écrits postérieurs, sans que l'influence exercée par le juriste sur le philosophe ne diminue pour autant.

2. *Parlementarisme et démocratie*, p. 44.

libéral, lui paraît reposer sur une psychologie des facultés vieillie : l'idée de droit qui prévaut depuis la Révolution française part en effet de l'idée que la séparation entre le pouvoir exécutif et le pouvoir législatif reproduit la séparation entre la volonté et la connaissance, la volonté et l'entendement. « La tripartition des pouvoirs » présuppose « la distinction de contenu entre législatif et exécutif », qui présuppose à son tour la dichotomie entre entendement et volonté : « la loi est *veritas*, contrairement à la pure *auctoritas* : la norme est juste en général, contrairement à l'ordre (*Befehl*) concret purement effectif [...]. Loi et ordre sont conçus comme des entités intellectualistes (*als etwas Intellektualistisches aufgefaßt*), à la différence de l'exécutif, qui est essentiellement action » (*GLP* : 56 ; *P&D* : 56). L'*Aufklärung* française, ajoute Schmitt, affirme le primat de la connaissance sur la volonté, du pouvoir législatif sur le pouvoir exécutif (*P&D* : 57). C'est donc bien la métaphysique intellectualiste, basée sur la séparation de la théorie et de la pratique, de l'entendement et de la volonté, que Schmitt décrit comme étant « la base indiscutée » des théories libérales, et qu'il critique. Cette philosophie latente a pour cœur l'affirmation idéaliste de la puissance de la vérité :

> Ce que la balance garantie par le caractère public et la discussion devait en réalité produire, c'était rien moins que la vérité et la justice en elles-mêmes. On croyait que l'opinion publique et la discussion seules permettraient de surmonter la force et le pouvoir comme faits bruts. (Trad. Modif., *P&D* : 62)

La façon dont Schmitt parle de la dialectique dans le chapitre trois de *Die geistgeschichtliche Lage*... ne permet pas non plus de conclure qu'il s'oppose au rationalisme et à la dialectique en général. Cette section intitulée « Dictature et évolution dialectique » parle bien de la dialectique hégélienne cette fois, de la marche en avant de l'histoire au sens de Hegel. Plus précisément, le juriste analyse ici l'appropriation de la philosophie hégélienne par Lénine et la postérité révolutionnaire de Hegel dans l'histoire réelle. L'hégélianisme de Lénine et non seulement la dialectique au sens hégélien est l'objet de ce chapitre. Sous la plume de Schmitt, l'histoire réelle apparaît faite de discontinuité et de « prises » de philosophies par des hommes d'action et non comme un processus continu. Ce que Schmitt veut montrer, c'est que la philosophie hégélienne n'a pas la place qu'elle s'accorde à elle-même dans le cours de l'histoire, celle d'une synthèse finale nécessaire. Quand Lénine s'est emparé de Hegel, dans des circonstances imprévisibles pour la philosophie spéculative, alors Hegel a acquis une force redoutable. Certes, Schmitt a commencé par affirmer que « le ou bien… ou bien… de la décision morale, la disjonction décidée et décisive, n'ont pas de place dans ce système », celui de la téléologie hégélienne (*P&D* : 70). Mais ici l'opposition entre dialectique et décision n'est valable que pour la dialectique au sens 2 (sens idéaliste) et elle n'est pas le dernier mot du texte. Par une série de glissements progressifs, Schmitt va esquisser un autre sens de la dialectique. « La dictature est *apparemment*[1] une interruption dans la suite continue de l'évolution […]. Évolution et dictature *semblent* s'exclure mutuellement ». Cependant, le système de Hegel laisse une place au « désordre passager d'une particularité en soi-même limitée », et « dans cette marge étroite, au moins théoriquement […] la dictature serait possible ».

> Tant que [la philosophie de Hegel] demeure dans la contemplation, elle n'offre à vrai dire aucun espace pour une dictature. *Les choses changent* dès que des hommes actifs la prennent au sérieux. Dans la *praxis* politique et sociologique concrète […], la notion de révolution [présente dans la philosophie de Hegel] peut aussi bien supprimer la dictature que l'expliquer en permanence. […] Ce furent des hégéliens qui réclamèrent une dictature politique où ils seraient, comme il va de soi, des dictateurs. (*P&D* : 70-72)

Finalement la notion de dictature est moins liée ici à une philosophie antidialectique qu'à un « matérialisme de la politique[2] » en tant que celui-ci s'oppose à la fois à la philosophie de l'histoire idéaliste et au « matérialisme historique », dont le noyau idéaliste est par là même révélé. La dialectique matérialiste, soustraite à toute téléologie de la réalisation de l'Esprit dans l'histoire, est bien distincte du matérialisme dialectique, dans le sens où elle rétablit l'immédiateté – et par conséquent la violence dans sa nudité – contre l'usage hégélien de la médiation aux fins de conversion institutionnelle de la violence (ce qui était l'acquis du « manuscrit de 1943 » de Marx, *Zur Kritik des Hegelschen Staatsrechts*).

Que conclure au terme de cette lecture ? Que l'on se trouve face à une idéologie politique, incontestablement (la valorisation diffuse de la décision), mais non face à une « métaphysique de la décision ». On se trouve face à une critique du « rationalisme libéral » (*P&D* : 45) mais non face à une critique du rationalisme en général ni à une pensée antidialectique. Loin que Schmitt critique ici la dialectique, il indique au contraire que la foi en la discussion des théoriciens libéraux a pour socle

1. Nous soulignons.

2. É. Balibar, *La crainte des masses. Politique et philosophie avant et après Marx*, *op. cit.*, p. 191.

une philosophie anti-dialectique, une « représentation mécanique », « intellectualiste », et une psychologie des facultés dépassée qui sépare volonté et entendement. La foi en la discussion (*sens 1* de la dialectique) est donc ici finalement tributaire d'un mode de pensée métaphysique qui s'oppose à la dialectique (au *sens 3*). Schmitt ne dit rien de plus, dans ces deux chapitres, sur la question de la dialectique. Ajoutons que la critique de l'idéalisme est bien présente en pointillé dans ces textes. Schmitt n'aurait qu'un pas, minime, à faire pour dire avec Nietzsche que la vérité n'a pas de puissance en elle-même, thèse non pas irrationaliste, mais matérialiste.

Cela étant dit, on s'aperçoit que les notes du *Glossarium* sur le nominalisme et sur la dialectique[1] ne représentent pas un tournant par rapport à *Die geistgeschichtliche Lage*.... Le fragment du *Glossarium* sur la dictature et son rapport au nominalisme énonce qu'il faut une « dictature » à cause du « nominalisme », de l'absence d'ordre dans les choses mêmes ; le « nominalisme » appelle un « renfort surcompensé (*überkompensierte Verstärkung*) » ainsi que « la contrainte matérielle extérieure (*Sachzwang*) ». « Ce qui ne veut pas dire : marche arrière, renou[ons] d'abord avec les tendances de la Restauration » (*Gl* : 116). Schmitt lutte contre sa propre tendance réactionnaire et sa survalorisation de la décision autoritaire face au désordre « ontologique ». Mais si l'autorité vient « en renfort », sur le plan politique, c'est, semble-t-il, parce que le juriste est convaincu que, sur le plan épistémologique, « la pensée dialectique » (au *sens 3*) est « vraie » : elle qui a triomphé des autres par sa justesse « met aujourd'hui les choses sens dessus dessous » (*Gl* : 189) et nous met au contact de « l'abîme ».

On peut relire la note du *Glossarium* sur le nominalisme et la dictature à la lumière d'une phrase de Benjamin tirée de la *Critique de la violence* (1921). Walter Benjamin livre une formulation incisive quand il affirme que « le droit naturel s'efforce de "justifier" les moyens par la justice des fins », alors que « le droit positif s'efforce de "garantir" la justice des fins par la légitimité des moyens[2] ». Allant à l'encontre de la logique libérale qui voit dans l'État un mal nécessaire, au service d'un droit conçu comme l'autre de la violence, Benjamin montre au contraire quelle menace immédiate la médiation politique et juridique fait peser sur l'individu. Benjamin et Schmitt sont ici très proches l'un de l'autre : l'idée que les fins dernières

1. Cf. *supra*, p. 18-19.

2. W. Benjamin, « Critique de la violence », dans *Œuvres*, vol. 1, Paris, Gallimard, 2000 [1921], p. 212.

n'ont pas à légitimer l'extrême violence est pour Schmitt l'acquis majeur de la « dé-théologisation du droit des gens ». Le remplacement de la théorie de la guerre juste par une théorie procédurale, formaliste de la guerre est un progrès à ses yeux parce qu'il conduit à des formes de guerres dont la violence est limitée. La dictature est en somme pour lui, pour le dire avec les mots de Benjamin, la recherche de « garanties » concrètes et non de « justifications » par les fins. La dictature remplace la raison suffisante dans le système de Schmitt. L'institutionnalisme schmittien consiste finalement à rechercher la *sécurité directe* (contrepartie de la violence directe) plutôt que les mythes sécurisants de la philosophie de l'histoire.

Dans la note du *Glossarium* sur la dialectique (*Gl* : 189), Schmitt parle de la dialectique au sens matérialiste (*sens 3*) : il met l'accent sur l'aspect ouvert, dynamique de la pensée qui met en crise les catégories figées et sur la désubstantialisation, la communication des catégories entre elles. Schmitt se revendique d'une telle pensée « désubstantialisante ». Mais il éprouve le besoin de nier aussitôt qu'un tel mode de pensée dialectique se trouve chez Marx (« Karl Marx n'est pas un dialecticien, mais un liquidateur et un destructeur, en ce sens il est le vrai positiviste[1] », *Gl* ; 189). Le juriste pousse le paradoxe jusqu'à ses dernières limites puisqu'il nie que ce sens matérialiste se trouve chez Marx tout en reconnaissant qu'il se trouve bien chez Hegel, ce qui distingue à ses yeux la philosophie hégélienne du positivisme du progrès de Comte et de sa ligne ascendante vers le mieux. C'est ce qu'on peut appeler « la dénégation de Schmitt » : il s'accroche désespérément au *nom* de Hegel une fois qu'il a avoué son propre matérialisme. Dans ce fragment, la dénégation, par Schmitt, de ce qui le rapproche de Marx, est visible dans toute son absurdité. La véhémence avec laquelle le juriste éloigne le nom de Marx du mode de pensée dialectique (au sens matérialiste) qu'il vient de reconnaître comme sa propre pratique théorique est révélatrice.

1. « *Karl Marx ist kein dialektiker, sondern Streicher und Vernichter, insofern ist er der wahre Positivist* ». Deux jours plus tôt, le 9 août 1948, Schmitt écrivait : « à nouveau ce sentiment d'horreur devant Karl Marx (4e *Thèse sur Feuerbach, Idéologie allemande*) [...]. Il veut transformer, c'est-à-dire d'abord anéantir, théoriquement et pratiquement anéantir », *Glossarium*, p. 188.

2) Le second texte que nous voulons évoquer ici est « Das Problem der innerlichen Neutralität des Staates[1] » (1930), texte qui contient une critique percutante de la technocratie ainsi qu'une première critique du décisionnisme, avant celle que le juriste livrera quatre ans plus tard dans *Les trois types de la pensée juridique*.

Dans ce texte, Schmitt commence par admettre que l'économie est devenue le premier objet de la politique et que le problème politique fondamental à affronter aujourd'hui est le problème de la constitution d'un État neutre par rapport aux forces de l'économie (alors qu'au XVIe et au XVIIe siècles, le problème de la neutralité se posait par rapport à la religion, *VA* : 58). Pour Schmitt, le parlement ne saurait être le lieu de la transformation de l'égoïsme des partis en volonté politique neutre. Cette croyance en un parlement qui, « par une ruse de la raison ou une ruse de l'institution » (*VA* : 46), transformerait en volonté neutre les conflits d'intérêts, croyance libérale plus que démocratique, ne lui paraît pas fondée. Plus sérieuse lui paraît la fondation de l'État neutre sur les experts (*Sach-verständigen- und Gutachterstaat, Expertenstaat*). C'est le fonctionnement des Conseils de la concurrence (*Kartellgerichte*) et des commissions d'arbitrage (*Schlichtungsauschüsse*), établis en même temps que l'économie dirigée pendant et après la Première Guerre mondiale qu'il examine alors. Il fait remarquer que les commissions d'arbitrage distinguaient les experts intéressés (les lobbyistes) des experts non intéressés (les arbitres). Selon lui les intérêts des experts intéressés ne sont pas moins antagoniques que les intérêts des non experts ; il est donc difficile de trouver un tiers indifférent (ce tiers que Pascal cherchait déjà dans les *Pensées*[2]). À ce propos, il expose les principes suivants : 1) la connaissance de l'expert ne neutralise pas l'intérêt (« ce dont on a fait l'expérience avec les commissions d'arbitrage… ») 2) il n'y a pas d'instinct de connaissance (« si l'expert n'est pas l'intéressé, alors il lui manque les compétences véritables[3] »).

1. « Le problème de la neutralité intérieure de l'État ». Ce texte méconnu nous semble plus important que le texte de 1931 qui accompagne la traduction française de *La notion de politique* (Paris, Flammarion, 1992) intitulé « Exposé sommaire des différentes significations et fonctions du concept de neutralité de l'État en matière de politique intérieure », qui en est un résumé partiel.

2. Fragment 59.

3. « Das Problem der innerlichen Neutralität des Staates », *VA*, p. 50-51.

On retrouve ici la dialectique pessimiste de Pascal sur la justice et la force, mais surtout une philosophie qui est aux antipodes de la raison pratique. Chez Schmitt la raison n'est pas en même temps volonté de raison. L'enquête empirique se poursuit : l'État ne peut offrir que la parité, un nombre de représentants et d'« arbitres » égal dans chaque camp, mais la parité n'est pas la neutralité et le problème reste entier, puisque « la parité signifie la non-décision » (*VA* : 51). Les commissions d'arbitrage, et cela vaut au plan international, « conduisent à la longue non pas à la neutralisation de l'État mais, au contraire, à la politisation des instances jusque-là neutres » (*VA* : 51).

> On essaye de mettre en place un système dans lequel il n'y aurait plus de décision politique, mais seulement de l'objectivité et de l'expertise, dans lequel les choses se gouverneraient elles-mêmes et les questions se résoudraient d'elles-mêmes. Une première tendance part de l'idée qu'une décision politique et un gouvernement sont nécessaires. Mais une tendance contraire affirme que le gouvernement et la politique sont par nature des phénomènes superflus et subjectifs. Quand on dit que la dépolitisation est souhaitable, on confond souvent les deux (*In dem Ruf nach Entpolitisierung geht beides oft durcheinander*), parce que la politique de parti en général ou la politique instable de l'État-des-coalitions-de-partis (*die Parteipolitik des labilen Koalitions-Parteien-Staates*) en particulier n'est pas identifiée à la politique véritable mais est considérée comme quelque chose de subjectif. De sorte que les négations respectives de ces deux tendances contraires se fondent l'une dans l'autre et que les deux maux contraires, que l'on devait combattre par des moyens opposés, sont en fait combattus par un seul et même slogan imprécis [la dépolitisation]. En réalité aucune des deux tendances n'est ainsi combattue. (*VA* : 55)

Schmitt renvoie dos à dos l'idéal technocratique – qui, dans le cadre d'une tradition remontant à Bacon, continuée par Saint-Simon, tente de ramener la pratique politique au savoir spécialisé – et le schéma décisionniste – qui pose que l'activité politique est irréductible à l'application d'un savoir, quel qu'il soit. Le juriste affirme ici que l'idéal technocratique et la théorie décisionniste sont les deux faces d'une même médaille, mais, fait inattendu, il ravale le décisionnisme au rang d'idéologie : à ses yeux, on ne peut pas plus dissoudre la politique dans la science et la technique qu'on ne peut la réduire à l'irrationnel et à la subjectivité. On commet l'erreur, écrit-il, d'assimiler « le risque du politique » (*das Risiko des Politischen*, *VA* : 56) à l'absence d'objectivité (*als etwas Unsachliches*). L'équation lui paraît fausse, entre la « dépolitisation absolue » (*absolute Entpolitisierung*) et « l'objectivité absolue » (*absolute*

Sachlichkeit). C'est parce que l'on confond à tort politique et politique de parti, poursuit-il, que l'on désire la dépolitisation. Le mot « dépolitisation » induit en erreur car « on ne vise par ce mot que la suppression d'une politique particulière, à savoir la politique des partis » (*VA* : 56). Finalement Schmitt opère une véritable « négation de la négation » pour suggérer l'aspect non subjectif, non irrationnel, mais néanmoins « risqué », de l'arbitrage politique : il lui donne le nom de « *neutralité non apolitique* » : « La neutralité n'est pas l'absence de politique, mais le contraire » (« *Neutralität ist nicht Politiklosigkeit, sondern das Gegenteil* », *VA* : 57).

Loin donc d'être un « occasionnalisme », un « subjectivisme » ou une « pensée sans principe » (Karl Löwith), la théorie schmittienne de la vérité est d'une remarquable constance. On retrouve ici l'idée exposée dans la préface de 1921 de *La dictature*, à savoir l'idée que la vérité, dans la pratique (la « neutralité non apolitique ») ne peut être que « justesse[1] », et non application d'un savoir objectif, adéquation entre le sujet et l'objet ou conformité à une essence éternelle ou à une norme idéale. La recherche d'une « neutralité non apolitique » du texte de 1930 sur la neutralité de l'État rejoint point par point le problème de « l'exception concrète[2] » de *La dictature*, soit la recherche d'une exception non formalisable mais non irrationnelle, descriptible seulement en termes de « justesse » (*Richtigkeit*).

En valorisant la décision dans les années 1920, le juriste a certes exploité un thème à la mode dans le contexte du parlementarisme peu aimé de la République de Weimar. Mais la théorie de la vérité qui se laisse ressaisir au fil des analyses juridiques de Schmitt est elle-même constante et non désorientée. Elle est cohérente et non sans principe. Elle exclut la dialectique *au sens idéaliste* (la philosophie de l'histoire) mais non toute dialectique ; elle récuse le rationalisme libéral, mais non tout rationalisme. On se gardera donc d'assimiler l'affirmation que des décisions sont nécessaires en politique et en droit, qui mettent fin à la discussion, ou qui ne sont pas déduites d'un savoir objectif, à une philosophie antidialectique. Pascal nous l'avait appris, qui défendait conjointement la thèse selon laquelle *l'idée de la justice* est éternellement sujette à

1. C. Schmitt, *La dictature*, p. 18-19.

2. « Pour le dire de manière abstraite, le problème de la dictature se ramène au problème de l'exception concrète, jusqu'ici peu traité de manière systématique dans la théorie générale du droit », C. Schmitt, *La dictature*, p. 19.

discussion et la thèse selon laquelle la *justice réelle* émet des décisions qui tranchent entre des intérêts potentiellement égaux, parce qu'il n'y a pas de loi naturelle que l'homme pourrait simplement lire dans sa raison [1].

1. Pour Pascal, le droit n'est que l'un des multiples ordres de réalité, il est incommensurable à l'ordre géométrique. C'est pourquoi l'homme est condamné à « discuter perpétuellement » l'idée qu'il se fait de la justice (*Pensées*, *op. cit*, fragment 103). Si les sujets résistent à la tyrannie mais acceptent en revanche les décisions de la justice courante, ce n'est pas en vertu d'un droit naturel ou d'un pacte, mais en vertu de la diversité des ordres. On accepte que le juge argumente et ne démontre pas, étant donné que « hors de la géométrie, il n'y a presque point de vérité dont nous demeurions toujours d'accord » (*De l'esprit géométrique et de l'art de persuader*, dans *Œuvres complètes*, Paris, Le Seuil, 1963, p. 356). Sur la transposition faussée de la rationalité des sciences de la nature au droit, voir Schmitt, « L'unité du monde », 1951-1952.

CHAPITRE II

L'ÉCRITURE THÉORIQUE DU *NOMOS DE LA TERRE*

UN RÉGIME D'ÉCRITURE RÉFLEXIF

Maintenant qu'ont été dégagés les traits les plus saillants de la théorie schmittienne de la vérité telle qu'elle se laisse reconstruire au fil des analyses politico-juridiques (alliance anti-idéaliste du matérialisme et du spiritualisme, nominalisme, usage dialectique des concepts juridiques, influence du marxisme), il s'agit de montrer que cette épistémologie silencieuse est bel et bien à l'œuvre dans le mode d'écriture de l'histoire du droit du juriste, à partir d'une lecture du *Nomos de la Terre* (1950).

L'influence du *Nomos de la Terre* s'est exercée de façon décisive sur un livre dont la première version fut écrite au même moment que lui, auquel il est fructueux de le comparer : *Epochen der Völkerrechtsgeschichte*[1] de Wilhelm G. Grewe. La publication de ce livre devenu entretemps, pour les juristes, une œuvre de référence pour l'histoire du droit international, plus que le livre de Schmitt, resté lui, en retrait, a été différée plus longtemps que celle du *Nomos de la Terre*[2]. Grewe, d'abord assistant d'Ernst Forsthoff à Hambourg, collègue de Schmitt à la *Hochschule für Politik* de Berlin dès 1939, fait de Schmitt son interlocuteur principal dans *Epochen*. Dès qu'un problème de « philosophie du droit » se pose, c'est avec Schmitt qu'il engage le dialogue. Il est devenu courant de rapprocher Grewe de Schmitt

1. « Les époques du droit international ».
2. Voir *supra*, p. 61-62.

et de souligner leurs postulats communs[1]. Néanmoins les écritures théoriques de Grewe et de Schmitt diffèrent par bien des aspects. La perspective de Grewe passe pour schmittienne en tant qu'elle est « réaliste » et qu'elle relativise le caractère juridique du droit international. Grewe en effet ne fait pas dépendre l'intelligibilité de la vie internationale en premier lieu du droit, mais de la politique de puissance des États. *Epochen der Völkerrechtsgeschichte* présente chaque âge du droit international comme étant dominé par une grande puissance en position de leadership, qui imprime sa marque aux théories et aux pratiques de l'époque. L'âge espagnol est l'âge des théories espagnoles ; que ce ne soit pas le cas pour l'âge français, qu'il n'y ait pas de théoricien français majeur du droit international pendant la période française est considéré par Grewe comme une anomalie (c'est « bizarrement » le Hollandais Vattel qui a mis en système la politique française de cabinet). Pour Grewe, l'État en position d'hégémonie a des intérêts fondamentaux et ce sont ces intérêts qui donnent sa forme à l'époque. Les théories de droit international ont un caractère de programme. Elles sont l'expression de l'idéologie expansionniste de la nation la plus puissante.

Grewe précise que le droit international n'est pas ce qui se dénomme tel à chaque époque – il serait sinon difficile de parler de droit international médiéval. Il analyse le droit international de chaque époque à l'aide de catégories tirées du droit international ultérieur, qui jouent le rôle de transcendantaux dans son livre : elles ont beau venir d'une forme historique précise du droit international, celle du *Jus Publicum Europaeum*, elles n'en sont pas moins figées comme éternelles dans *Epochen*. Le juriste insiste sur certaines prémisses théoriques de départ : primat de la pratique sur la théorie, dépendance des théories par rapport au pouvoir politique. Il indique qu'il est nécessaire d'étudier l'influence réciproque de la production théorique des érudits et de la pratique des États, mais cela reste finalement une indication en marge : l'effet en retour des idéologies sur les pratiques n'est en fait pas montré. Ce qui caractérise son histoire du droit international, ce sont d'une part des prémisses théoriques réalistes (l'ordre légal international apparaît comme le reflet des rapports de puissance réels), d'autre part un formalisme assez franc : chaque période

1. Voir par exemple B. Fassbender, « Stories of War and Peace On Writing the History of International Law in the "Third Reich" and After », in *European Journal of International Law*, vol. 13, n° 2, 2002, p. 479-515.

est sondée selon des catégories éternelles, devenues doctrine[1]. Une « méthode pure » est à l'œuvre dans *Epochen*, méthode qui informe les analyses historiques et contredit l'affirmation de la nature fondamentalement historique du droit. Le livre de Grewe reste au fond un manuel, certes d'une exhaustivité remarquable, mais qui charrie une idéologie spontanée de savant assez naïve.

En regard d'*Epochen...*, *Le nomos de la Terre* paraît lacunaire. Ce qu'il dit a un relief théorique remarquable, mais sa cohérence ne saute pas aux yeux et l'exhaustivité n'est pas son point fort. Un mode d'écriture des plus particuliers s'installe dans ce livre dont il s'agit de comprendre la signification. Tout d'abord, fait notable, Schmitt n'insiste jamais sur la rigueur des bases et du raisonnement des théories internationalistes classiques. Contrairement à Grewe, il ne restitue pas dans le détail les débats qui ont fait époque, se contentant d'y faire allusion : les débats sur la liberté des mers, sur les titres juridiques de la prise de terres, etc. font leur apparition comme des personnages familiers, au même titre que les grands auteurs du droit international : les controverses fameuses et leurs maîtres-arguments sont enregistrés sous une forme canonique et condensée qui suppose qu'ils sont bien connus du lecteur, sous bénéfice d'inventaire quant à leur interprétation et aux limites qu'il faudra leur reconnaître. Seul l'initié s'y retrouvera. En ce sens, *Le nomos de la Terre* n'est pas un manuel. Schmitt y traite les raisonnements des juristes comme des noms propres : leur célébrité pèse sans que leurs analyses aient besoin d'être développées. Le classicisme des classiques n'est pas à démontrer, il est de l'ordre du fait. *Le nomos de la Terre* fait du classique le symbole de lui-même, le chiffre de lui-même. Un classique est « semblable à un idéogramme » (*NT* : 174).

À ce titre, le traitement par Schmitt des débats centenaires autour des trois milles marins de zone côtière est révélateur. Le chiffre des trois milles à partir desquels commence la « mer libre » est lié au départ à un fait technique : la portée des batteries côtières. Ce chiffre fut maintenu quand l'évolution des techniques d'armement le rendait arbitraire, avec une intransigeance codificatrice d'autant plus grande que le principe de la liberté des mers, qui assurait la domination des mers par les Anglais, était mis en péril. « Le chiffre des trois milles est donc le fétu pour lequel

1. Chacune de ces catégories est une tête de chapitre, que l'on retrouve invariablement pour la description de la période espagnole, de la période française et de la période anglaise du droit international. Elles sont au nombre de huit : les fondements de la communauté juridique internationale, les sujets de la communauté juridique internationale, l'entrée dans la communauté juridique internationale, la formation du droit (*Rechtsbildung*), la jurisprudence, la contrainte juridique, les formes juridiques de l'ordre spatial, l'ordre juridique maritime.

[l'Angleterre] doit se battre si elle veut empêcher que ne soit remis en question le principe spatial de son ordre du monde» (*NT*: 182). Cet exemple montre bien quel est le statut des argumentations juridiques dans *Le nomos de la Terre*. Ces arguments sont, selon Schmitt, ce que Pareto appelle des «dérivations», des rationalisations superficielles plutôt que de véritables explications (*NT*: 181). Schmitt se donne notamment pour tâche de mettre à jour l'autorité de substitution que constitue la technicité du discours juridique pour la nouvelle classe d'intellectuels humanistes que forment les juristes, ceux-ci cherchant avant tout à se déprendre de la théologie et de la scolastique. La révolution juridique a aussi consisté à imiter les formules de la scolastique au moins autant qu'à s'en défaire, à en dévier l'aura. Un transfert de la force de conviction théologique a eu lieu, transfert opéré par ces nouveaux intellectuels en mal de légitimité qu'étaient les juristes, face à une pensée ecclésiastique dominante. Si la question des trois milles marins telle que Schmitt la stylise illustre à ses yeux le rapport entre la codification positive, la théorie juridique et l'ordre spatial, c'est que la théorie juridique ne peut en aucun cas être le fondement des réglementations, pas plus d'ailleurs que l'ordre spatial (contrairement à ce que Grewe tend à montrer). Si Schmitt parle du «fétu» pour lequel l'Angleterre se bat, c'est que la mer libre commence toujours à trois milles de distance des côtes même à l'époque où les armes modernes ont vidé de tout sens cette délimitation taillée sur mesure pour les canons du XVIIIe siècle[1].

Ce que Schmitt met ici en place, c'est la réfutation des théories mécanistes de l'histoire qui feraient du droit positif un simple reflet de l'ordre spatial ou l'émanation de théories juridiques exhaustives et consistantes auxquelles serait alloué le privilège de constituer l'essence du droit. Les idées n'ont pas un rôle causal, contrairement à ce qu'affirme l'idéalisme (ou, en théorie du droit, le normativisme, qui est son parent). Les théories, comme les traités positifs, sont également des «fétus» : les systèmes sont des langages dérivés, issus d'une neutralisation active, dont la technicité n'assoit rien d'autre qu'un certain «charisme» nécessaire à

1. «Ce chiffre de trois milles marins ne serait affecté ni par des sous-marins, ni par des avions, ni par d'effroyables armes à longue portée. Il y a là, semble-t-il, un exemple éclatant d'indépendance de la norme à l'égard de la situation visée par elle. Comment se fait-il qu'au Moyen Âge, alors que la portée des canons n'atteignait même pas un demi-mille marin, on ait admis des chiffres de 70 à 100 milles pour délimiter la juridiction territoriale ? Bodin s'en tient encore à 70 milles marins. Si la portée des batteries côtières au XVIIIe siècle, avait effectivement été la vraie raison, la *ratio* ultime de la délimitation des domaines de la terre et de la mer, elle aurait dû, en se modifiant, modifier aussi ce chiffre», *NT*, p. 181-182.

la classe des juristes. Ce que Schmitt montre par cet exemple, c'est la complexité des relations entre ordre spatial, théorie juridique et droit positif, complexité qui récuse d'emblée l'alliance mécaniste du formalisme et du réalisme d'un Grewe par exemple, ainsi que le point de vue géopolitique dans son ensemble (son déterminisme spatial).

Pour Schmitt, la théorie ne devient pas mot d'ordre une fois déplacée dans la pratique ; l'espace ne dicte pas d'impératifs à la politique de façon déterministe ; une époque du droit international n'est pas l'émanation dans tous les recoins des idées du plus fort. Ce ne sont pas de reflets, mais d'effets en retour qu'il s'agit : les trois milles marins ne reflètent pas un ordre spatial, pas plus qu'un affect national traduit en réglementation. L'image des Anglais se cramponnant aux vieux usages au moment du reflux de leur puissance et imposant pour cette raison la règle désuète des trois milles marins n'est pas le dernier mot du juriste. Il se peut que toute codification soit conservatrice et vise avant tout à maintenir un *statu quo* qui n'a de légitimité qu'historique. Mais on notera que pour Schmitt les théories juridiques sont aussi des codifications, des institutions. Entre science juridique et lois positives, aucune différence d'essence. Schmitt opère une relativisation radicale des théories juridiques : il n'y a pas de science du droit éternelle. L'histoire du droit international est « impure » ; l'émergence de la vérité y est plus ténue qu'il n'y paraît. Schmitt ne demande pas à la science du droit d'être « exacte » ni exhaustive.

UN NOMINALISME DE TYPE HOBBESIEN

Dans la pensée de Schmitt est présente une réflexion sur la relation du droit au langage qui présente de fortes ressemblances avec le nominalisme hobbesien. Dans la pensée de Schmitt comme dans celle de Hobbes, les concepts de la théorie politique et ceux de la théorie de la vérité – en tant qu'elle est avant tout une théorie des signes – s'impliquent réciproquement. Chez Hobbes, le nominalisme n'est pas juridique par incidence. Il n'est pas juridique au sens où il serait appliqué au domaine du droit, comme il pourrait l'être à l'esthétique. Le nominalisme hobbesien part d'emblée d'une problématique juridique au sein même de la théorie de la connaissance. Le vrai est une institution. Le droit de la vérité, c'est directement le droit lui même.

Hobbes pose que les universaux n'existent que dans les mots. L'unité vient des noms, seules les différences sont réelles. L'ontologie est ainsi dissoute : il ne reste plus de place pour la hiérarchie des essences. La fixité du sens n'est pas donnée, comme le croit la théologie, mais instituée, hormis pour le domaine de la géométrie qui fait figure d'heureuse exception. Ce qui est donné, c'est la fluctuation des significations, chacun associant à sa manière dans son for intérieur les noms et les choses, selon les passions du moment. Le désir colore toujours déjà la sensation. Une action est par conséquent nécessaire, qui trace les lignes de démarcation entre le savoir, les définitions justes, le « calcul » des propositions d'une part, et la métaphore, la dérive du sens, l'absurde d'autre part.

Chez Hobbes, l'institution de la vérité consiste en un refoulement actif du sens affectif ou figuré des mots, par le dégagement d'assertions communes et générales[1]. Le mot policé, rendu univoque par l'autorité permet la vérité universelle. Le code est simultanément juridique et linguistique ; le contrôle de l'État et le métalangage sont les deux instances qui isolent l'aspect « représentatif » des significations. De même que la fiction juridique est instituée par une autorité qui représente véritablement le peuple, la « fiction rigoureuse » qu'est la science, pour parler comme Descartes dans les *Méditations* à propos des mathématiques, représente vraiment le vrai.

La question de la relation du droit au langage est présente par endroits dans *Le nomos de la Terre* ainsi que dans un texte écrit au même moment, *Die Lage der Europäischer Rechtswissenschaft* (1943-1944). Elle affleure sous sa forme la plus nette dans l'essai de 1959 intitulé « Nomos-Nahme-Name[2] » (*SGN* : 573-591).

Dès *Römischer Katholizismus und Politische Form* (1925), la théorie des signes et la théorie politique s'enveloppent l'une l'autre de la même façon que chez Hobbes et autour du même thème, celui de l'autorité. Schmitt y affirme que le politique, par opposition à l'économie, se caractérise par l'idée. Or l'idée suppose l'autorité, la représentation. Le politique est indissociable de la représentation, tandis que l'économie suppose la présence. Ce thème continue d'habiter le juriste au moment de la rédaction du *Nomos de la Terre,* comme on le voit dans le *Glossarium*. Schmitt y écrit, dans des fragments datés de 1947 : « Hobbes est le véritable philosophe du baroque : élaboration d'une façade qui se déploie sur fond de faustisme ; séparation du pouvoir (*Herrschaft*) et de la puissance (*Macht*) – Louis XIII/Richelieu ; l'Empereur/Wallenstein. La séparation

1. On se reportera au livre d'É. Balibar, *Lieux et noms de la vérité*, La Tour d'Aigues, Édition de l'Aube, 1994.

2. « Le nomos, la prise, le nom ».

hobbesienne de l'extérieur et de l'intérieur, la forte accentuation sur l'extérieur, cela a bien à voir avec l'érection d'une façade. [...] Le Léviathan lui-même est une façade, la façade de souveraineté du pouvoir ; [...] mais pas une "simple" façade *(« Bloße » Fassade)*, une simple apparence ou une simple apparition ; prestige, gloire, honneur, représentation » (*Gl* : 39-40).

Le juridique, comme le signe, est fiction, façade, « publicité substantielle » (*substantielle Öffentlichkeit*) (*Gl* : 41). C'est, dit Schmitt, le thème « baroque » de Hobbes. L'homme méchant a besoin d'être redressé et représenté comme le mot malheureux dont le sens est tordu par l'affectivité.

Dans *Le nomos de la Terre*, la méthode schmittienne est proche de la pensée de Hobbes quand elle remonte au problème de la dénomination. En effet, Schmitt attribue au concept une « force ordonnatrice ». La « force ordonnatrice » du concept de *justus hostis,* écrit-il, est bien supérieure à celle du concept de *justum bellum* (*NT* :145). La vérité est le résultat d'une institution : cette idée est une façon de laïciser la vérité, de s'opposer à l'idée de donné immédiat ou de révélation du vrai. La véritable souveraineté consiste à imposer le sens des concepts de « guerre » et de « paix », d'« ordre », d'« indépendance », de « légitimité » au cours de l'histoire (*NT* : 250).

Dans le troisième corollaire introductif du *Nomos de la Terre*, qui porte sur le droit médiéval, Schmitt développe une réflexion sur l'usurpation. Il semble que ce soit la nature même du pouvoir qu'il analyse, en des termes à nouveau hobbesiens. Le pouvoir y apparaît comme l'usurpation d'un nom. Le nom est la face visible du pouvoir. Comprendre la tendance du pouvoir à se rendre visible, c'est comprendre le cœur du pouvoir. Quand le roi de France et le roi d'Espagne combattent le roi allemand, ils cherchent à usurper le nom de l'Empire officiel. Néanmoins, Schmitt montre qu'il ne suffit pas de combattre l'Empire officiel pour être un « contre-Empire » (*NT* : 69). La puissance qui contre l'Empire peut être moins ou plus qu'un contre-Empire : elle peut être l'empire lui-même, de même que l'usurpateur peut être roi. Cet exemple donne à penser que pour Schmitt, un abus de langage se trouve à la racine du pouvoir comme du langage lui-même : l'abus est contemporain de l'usage. La théorie de l'arbitraire du signe n'est pas seulement analogue à la théorie du pouvoir comme usurpation : la codification par le mot et la codification par la loi opèrent de façon identique. Le juridique est ce qui code le pouvoir et lui sert de représentation, de même qu'un nom code une sensation et la représente. La représentation politique s'avère être une « fiction efficace ». De même qu'un signe n'est signe de rien, une norme n'est pas de la même nature que ce qu'elle règle. De même que tout droit s'enracine dans la violence, une signification ne s'enracine pas dans le calme d'une essence. Les mots sont des « leviers utiles » (*WdK* : 18). Ce sont des titres : ils consacrent, couronnent. Les faits intitulés par les mots ne sont jamais de la même nature qu'eux. À travers les mots se mettent en place des « épistémologies performatives » dont le pouvoir est « régulation et injonction[1] ». C'est pourquoi certains mots sont dangereux. Non quand ils sont faux, mais quand ils risquent de devenir vrais. Schmitt écrit par exemple que le mot « loi » (*Gesetz*) est un « mot de malheur » (*NT* : 74). Et dans *Die Lage der Europäischer Rechtswissenschaft*, que le mot « positivisme » est un autre de ces mots dangereux (*VA* : 416). Ces mots ne sont pas faux, c'est pire, l'ambiguïté est le pouvoir qu'ils possèdent de devenir vrais.

Selon Schmitt le droit convertit une violence nue en violence euphémisée et prévisible. L'idée que tout pouvoir a quelque chose d'un abus de pouvoir correspond chez lui à une critique de l'interprétation légaliste du pouvoir : le droit n'est qu'une des formes où se cristallisent des relations de pouvoir. Quand le juriste affirme que le rôle du droit positif et de l'interprétation positiviste du droit est de reproduire le *statu quo*, de perpétuer des rapports de force, il refuse de renvoyer le pouvoir à un quelconque droit fondamental, d'analyser le pouvoir en termes de droit[2]. Le pouvoir n'est pas ce qui met en vigueur un droit préexistant ou agit en fonction de lui. La conception juridique du pouvoir n'est elle-même qu'un effet de pouvoir, un habit dont le pouvoir a besoin.

LE NOM CONTRE LA PROPOSITION OU LE NOMINALISME AUTORITAIRE

Dans *Le nomos de la Terre*, Schmitt fait allusion aux différentes théories juridiques sans les exposer. Il les montre sans les démontrer,

1. « Le mot grec, pris dans son sens premier, spatial, se prête mieux à faire sentir le processus fondateur qui réunit en lui localisation et ordre. Je voudrais rendre à ce mot sa force et sa grandeur initiales, bien qu'au fil du temps (et déjà dans l'Antiquité) il ait perdu son sens primitif, pour se réduire enfin à une désignation générale, positiviste, anémiée, à laquelle est soustraite toute *régulation et injonction* posée ou édictée d'une quelconque manière », *NT*, p. 71. Nous soulignons et retraduisons.

2. « Ce n'est pas une norme originelle, mais une prise originelle qui se trouve au commencement. Aucun homme ne peut donner, distribuer, attribuer sans prendre. » C. Schmitt, « Nomos-Nahme-Name », 1959, *SGN*, p. 581.

restant sur le seuil des démonstrations. Il ne confronte pas les systèmes juridiques des classiques les uns aux autres. Il remplace l'analyse par la sériation des noms. Ses affirmations ont la forme non de propositions, mais de nomenclatures, d'associations et de dissociations de noms. Son verbe pose avec autorité qu'Ayala, Gentili et Zouch sont les fondateurs du droit international moderne – excluant Grotius (*NT* : 124). Avec la même autorité, il associe le problème de la liberté des mers aux noms de Zouch et Selden, faisant du problème lui-même un nom propre, un personnage de l'histoire qu'il raconte, et de Zouch et Selden les indicateurs anonymes d'un problème commun. Les noms des classiques vont par deux ou par trois et acquièrent le même statut que les concepts, en des groupements parfois traditionnels et canoniques (Marx-Hegel, Ayala-Gentili, Vitoria-Suarez), parfois obscurs et détonants (Tocqueville-Donoso Cortès, *NT* : 213).

Une logique de la vérité révélée semble être à l'œuvre dans *Le nomos de la Terre*. Le droit, comme la théologie, a une *ratio* et une *scriptura*. Sa *scriptura* ordonne de ne pas entrer dans les arguments ni le jeu des preuves, de considérer les raisonnements des auteurs comme des faits : les classiques sont vrais car ils sont classiques. Faire voir la tradition, la faire affleurer suffit. Lui donner l'espace qui lui revient dans le récit par un travail de pondération, peser l'importance respective de tel ou tel nom, mesurer, jauger l'autorité qui échoit à chacun, voilà la tâche que Schmitt s'assigne. « Il me suffira de citer ici le nom de Las Casas », d'indiquer qu'il était le « dépositaire de la tradition de saint Thomas » (*NT* : 113). Le régime d'écriture schmittien fait une place très grande à la « légitimité charismatique » des noms. Le nom est *ordo ordinans* (*NT* : 82). Montrer les classiques du droit international, c'est laisser rayonner leur légitimité. Les démontrer renverrait non pas au régime de la légitimité, seul régime valable pour une histoire qui est tradition, mais à une logique de la légalité, de la « raison raisonnante ».

En accordant un privilège aux concepts isolés par rapport aux analyses de systèmes théoriques internes, Schmitt nous place d'emblée à l'extérieur de la rigueur théorique comme de la contrainte juridique. Son objet est cette extériorité. Il piste des concepts et des problèmes solitaires (l'occupation, la liberté des mers, etc.) et corollairement, il groupe « de force » les auteurs : Gentili-Ayala semblent être un seul homme, Zouch-Selden aussi. Lukács observe qu'un bon roman historique n'a pas pour héros un grand homme, mais un personnage secondaire, sous peine de tomber dans l'anecdote et dans l'apologie. Le mérite de Mérimée est selon lui de déstatufier et d'humaniser les personnages historiques en leur rendant leur anonymat[1]. Un mérite semblable revient à Schmitt qui rend aux grands noms des classiques une espèce d'anonymat et qui traque les problèmes communs par delà la fausse apparence de démonstration qu'offrent les systèmes traditionnels. Les véritables noms propres, les personnages de son histoire du droit international sont tous des personnages secondaires : ce sont les problèmes eux-mêmes, les controverses pré-théoriques ou pré-juridiques qui engendrent les théories et le droit positif, autrement dit les idéologies scientifiques. C'est le *terrain* où se produisent les théories de droit international qui apparaît ainsi comme étant l'objet du *Nomos de la Terre*.

LE PRIMAT DES NOMS PROPRES

De Vitoria, Schmitt écrit que « sa renommée mériterait une étude spéciale[2] ». C'est moins au contenu des *Relectiones* que Schmitt va s'intéresser qu'au « nom de Vitoria ». Schmitt répètera à propos de Grotius, de Vattel et de Rousseau que leur célébrité mérite l'attention la plus grande. Une phénoménologie du renom est au cœur du *Nomos de la Terre*. La vérité des doctrines serait ainsi de l'ordre de la vérité traditionnelle ou révélée. C'est pourquoi il suffit de l'invoquer ou de la conjurer (*beschwören, VA* ; 426). Ce sont des noms qu'on invoque, ou des formules, non des concepts ou des systèmes. Toute l'œuvre de Vitoria « invoque la liberté », Grotius « invoque » un argument espagnol contre l'Espagne, Lukács « invoque » Hegel et Schmitt invoque ces invocations pour en faire l'étoffe de son histoire du droit international. Cet usage que Schmitt fait des noms est celui de « l'antique régime suggestif » (*NT* : 82). Le nom est image ordonnatrice, de même que le voile recouvrant la statue de la Liberté symbolise et ordonne l'état d'exception.

L'argumentation schmittienne a ceci de particulier que sa substance est dans la référence, l'allusion. Dans *Le nomos de la Terre*, l'allusion aux noms des œuvres et des auteurs fait figure d'équivalent linguistique de la

1. « La forme classique du roman historique » dans G. Lukács, *Le roman historique*, Paris, Payot, 2000, p. 85.

2. « Il y a en vérité peu d'auteurs dont les arguments aient été transplantés aussi largement que ceux de Vitoria, et il y a peu de noms qui en soient devenus aussi célèbres que celui de ce moine espagnol. À cet égard, la renommée de Vitoria a son histoire propre et mériterait encore une étude spéciale. En effet, la gloire presque mythique à laquelle il a été élevé depuis quelques décennies par d'aucuns est un phénomène historique intéressant d'un genre particulier et très instructif pour la science du droit des gens ». *NT*, p. 116.

représentation politique. L'allusion est messager linguistique, ambassade. C'est la référence, le renvoi à l'autorité qui fait la vérité du droit et de la vérité elle-même.

Le primat de la dénomination dans le mode d'écriture théorique de Schmitt est des plus ambigus. Il semble à première vue fondé sur une sacralisation de la tradition et un refus net des analyses formelles. Le juriste fait un usage traditionnaliste et polémiquement non démonstratif de la vérité juridique, qui n'est jamais générale, toujours déjà « célèbre », c'est-à-dire toujours déjà singulière et révélée, jamais systématique – il isole les formules des systèmes. Schmitt fait d'un classique un morceau de lui-même et le tire vers une tradition sous prétexte qu'il utilise son langage. La tradition apparaît comme le nom du vrai. Le spiritualisme de Schmitt en cela est très franc. On lit par exemple dans *Die Lage der Europäischer Rechtswissenschaft* :

> Il est vrai qu'après le choc inaugural de 1848, la réaction positiviste et la résignation ne se sont pas fait attendre [...]. Cela ne concerne pas seulement la France, où la distinction de la légalité et de la légitimité est d'abord apparue. C'est le cas de tous les pays européens, et même de l'Angleterre, *il me suffit de citer les noms de Jérémy Bentham et de John Austin* (...). Pour l'Allemagne, nous trouvons un exemple clair du positivisme légal le plus naïf dans le livre de Karl Bergbohm, *Jurisprudence et philosophie du droit*, paru en 1892. Mais en Allemagne précisément, il y avait suffisamment de forces spirituelles en réserve, par la force desquelles le nom de Savigny pouvait devenir un symbole (*es gab auch noch die starken geistigen Reserven, durch deren Kraft der Name Savignys zu einem Symbol werden konnte*). Nous ne devons pas oublier l'origine de ce symbole et nous ne voulons pas révéler quelle en sera la postérité. Lorsque Savigny rédigea et publia son traité il y a plus de cent ans [*De la vocation de notre temps pour la législation et la science du droit*, 1814], le danger d'un technicisme légaliste et vide n'était pas encore aussi grand qu'aujourd'hui, époque de la législation motorisée et des décrets motorisés. La force spirituelle (*die geistige Kraft*) qui était nécessaire pour apercevoir le danger n'en était que plus grande et plus admirable [...]. Ce n'est qu'en prenant en compte cet aspect des choses que l'on saisira l'*arcanum* de l'appel de 1814. Qui le comprend, comprendra comme il faut notre conjuration (*Beschwörung*) des noms de Savigny et de Bachofen. (*VA* : 425-426)

Ainsi, Schmitt est spiritualiste quand il invoque, à la façon de Ranke, la « force spirituelle » des classiques et qu'il centre son histoire du droit sur quelques figures marquantes dont la résistance ou la perspicacité aurait donné son visage au droit. Ajoutons toutefois que l'éloge des grands auteurs se surajoute à des analyses qui l'ignorent. Le juriste affirme par exemple que l'expérience apprend « le poids de ce que dit le plus fort lorsqu'il parle au nom de tous et l'insignifiance de ce que dit le plus faible lorsqu'il en fait autant » (*NT*: 176). Ce qui importe, c'est la dissociation provocante qu'opère Schmitt entre la célébrité des classiques et leur mérite théorique. Grotius en est l'exemple parfait. « Grotius passe pour le vrai fondateur du droit des gens. Là encore, l'histoire de sa gloire serait à elle seule un thème captivant » (*NT*: 160). Pour Schmitt, Grotius a surtout un talent de praticien. Ce n'est pas la clarté ni la nouveauté de ses théories qui lui valent son renom : à ses yeux, Grotius dépend simplement de Gentili et répète les scolastiques. De même, Bynkershoek, le père de la théorie de la *vis armorum* « ne l'a pas inventée, mais l'a énoncée au bon moment et rencontra ainsi l'approbation générale » (*NT*: 180).

Ne nous y trompons pas : Schmitt ne dit pas que seules les doctrines célèbres sont vraies à une époque donnée. Ce n'est pas à une habileté vulgaire d'homme d'action que Grotius doit son succès, ni à son « capital culturel ». Ce n'est pas parce qu'il a pu poser ses livres sur la table des puissants qu'il est resté dans la mémoire des hommes. L'orientation générale du *Nomos de la Terre* est aux antipodes de ce machiavélisme facile. Les théories de Grotius sont célèbres parce qu'elles sont justes : selon Schmitt, elles expriment un « pathos » qui répond aux questions pratiques de son temps. Dans le cas de Grotius, ce « pathos » est à ses yeux déjà celui de la religion naturelle (*NT*: 136).

Que la vérité juridique soit une vérité pratique, et non une vérité théorique, voilà ce que présuppose sans cesse *Le nomos de la Terre*. On a là si l'on veut du « décisionnisme » appliqué, mais il faut savoir sortir de la terminologie schmittienne pour comprendre Schmitt (on suit alors la méthode du juriste, puisqu'il n'hésite pas lui-même à parler de « la religion naturelle » de Grotius ou de « l'érasmisme » de Vitoria, assertions insolentes pour l'historien des idées). L'idéalisme n'a formé de catégorie de la vérité qu'à propos de la théorie. Dire qu'une loi de physique est vraie n'a guère de rapport avec l'affirmation qu'une accusation contre un individu est vraie. Au tribunal, on veut prouver qu'un fait s'est bien produit, la vérité d'une plaidoirie n'a pas de similitude avec celle d'une démonstration scientifique. En effet, par le raisonnement, un fait ne peut être que probable, sa vérité, un constat, ne signifie rien de plus que la coïncidence entre un énoncé et ce qu'il désigne, ce qui n'a rien à voir avec la vérité d'un énoncé théorique.

Le partage entre science et idéologie trace la ligne d'un clivage polémique permanent au sein de conflits formateurs. Schmitt montre les lieux multiples où, dans les théories, se fait l'écart conflictuel. Les théories juridiques sont traitées comme des attitudes qui s'affirment et se prouvent en s'affirmant. Ces attitudes n'ont pas à être vraies, il suffit qu'elles soient idéologiquement justes. « Ce n'est pas la validité des principes ou des concepts qui importe en histoire du droit » (*VA* : 391). Les œuvres sont donc jugées à l'aune du *hic et nunc* de leur réception et non d'une validité universelle. C'est ce qui fait leur « éternité relative » (*VA* : 411). Une vérité prend ou non, elle est dans la prise même : une vérité n'est vraie que reprise, durcie dans la « cuisson de l'histoire » (Nietzsche).

À cet égard, le chapitre intitulé « Occupation et découverte comme titres juridiques de la prise de terres » (*NT* : 131-134) peut être pris en un sens quasi allégorique. Schmitt y montre que les juristes se trompent en faisant du concept romaniste et civiliste de l'*occupatio* le véritable titre juridique de la prise de terre. C'est une erreur embellissante : par rapport à la simple découverte, l'occupation suppose la ténacité d'un mérite plus qu'une chance. En fait, selon Schmitt, le titre réel est basé sur une chance presque pure, de celle qui rend cynique : le titre réel est la découverte[1], le fait d'être simplement passé en premier. L'histoire coloniale n'est pas la seule à donner une place insolente à la chance. L'histoire des idées est elle-même faite de prises (qu'on se rappelle la « grande *Hegel-Nahme* de Lukàcs[2] »). Filons la métaphore puisque Schmitt y invite. La méritocratie de l'invention (de l'occupation) qui fait de la prise une prise sur soi, par le talent (ou la présence effective), n'est pour Schmitt qu'un républicanisme utopique, un « vocabulaire » constitué qui masque les hasards de la violence réelle. C'est l'intervention opportune et non l'invention méritante (intervention qui peut être simple reprise, répétition à l'identique de l'ancien mais dans des circonstances propices) qui fonde les titres réels, tout comme sur le plan de l'histoire coloniale, aussi scandaleux que cela puisse paraître, la « découverte » est le titre effectif (qui peut se limiter à un frôlement de côtes, un drapeau planté ou au dessin d'une carte puisqu'une carte géographique est déjà un titre juridique).

« L'idéologie scientifique » – au sens que Canguilhem donne à ce mot – apparaît comme étant l'horizon de toutes les créations de concepts. On trouve des « exportations » à l'origine des concepts : ils sont le résultat d'une extension problématique, d'une aventure du savoir au-delà des frontières instituées de la science « normale ». Cette aventure n'est pas

1. « Occupation et découverte comme titres juridiques de la prise de terres », *NT*, p. 131-134.

2. *VA*, p. 429. Schmitt fait référence au livre de Georg Lukács, *Le jeune Hegel* (*op. cit.*, 1948).

républicaine et ne se déroule qu'en marge dans les académies. Les titres réels ne sont pas ceux des titulaires. Schmitt tente de nous montrer qu'aucune « République des juristes » n'édicte la vérité du droit du haut d'une chaire. On l'a dit, la description des « transplantations[1] » de concepts vient en lieu et place de la description des systèmes juridiques chez Schmitt. Or, c'est pour le philosophe idéaliste que la description des méthodes remplace facilement celle de l'aventure des recherches, ce dernier assimilant la production théorique à une découverte, et le vrai à un trésor antérieur. Schmitt insiste non sans polémique sur l'aspect impur de la vérité : à la limite un plagiat peut faire figure dans l'histoire du droit d'œuvre importante. Les interventions des militaires et des juristes ont des caractères communs : la science du droit ne laisse pas d'œuvres au sens fort, mais des manuels comme de stratégie. « La science du droit est la véritable source du droit » (Savigny). Si elle est une source, c'est qu'elle n'est pas une citerne, note Schmitt avec humour (*L*: 412). Le rôle de la science du droit est provisoire, éternellement. C'est l'idéalisme kantien ou kelsénien qui la fige comme éternelle : le laboratoire s'efface, ou devient doctrine.

LE NOM PROPRE CONTRE L'ESSENCE OU LE SPIRITUALISME COMME FAÇADE

Dans *Le nomos de la Terre*, le rejet de la description interne des doctrines a une fécondité ainsi qu'un rôle précis. Il permet de s'attacher à d'autres types d'objets que les systèmes juridico-théoriques : la circulation des idées d'un système à l'autre, la réponse de chaque système d'une époque à un problème commun, l'histoire de la constitution de ces problèmes, le rapport de la science juridique à des enjeux non scientifiques. C'est pourquoi les noms d'auteurs sont donnés par deux ou par trois, rarement isolés. Les auteurs contemporains sont « seuls », mais les classiques avancent groupés dans *Le nomos de la Terre*. C'est qu'en réalité Schmitt met en place une histoire problématique du droit international qui remonte des systèmes aux traditions et aux controverses constitutives des clefs des systèmes.

1. « Il est en vérité peu d'auteurs dont les arguments aient été transplantés aussi largement que ceux de Vitoria, et il y a peu de noms qui en soient devenus aussi célèbres que celui de ce moine espagnol », *NT*, p. 116.

Par là même, la rigueur philologique de l'établissement des textes de la tradition juridique se trouve détachée d'une façon assez frappante de la rigueur conceptuelle de leur construction architectonique. Une des conséquences les plus voyantes et les plus ambiguës de ce fait est que Schmitt a l'air de confondre les concepts et les mots. Un concept n'est ni seulement un mot ni une notion floue : il tire son sens et ses effets de la puissance du système dans lequel il est inséré. Or Schmitt a l'air de rabattre les systèmes de théorie du droit, systèmes formés de concepts précis, sur des traditions juridiques, tissus de catégories floues et de contradictions déterminées.

Son analyse de la doctrine rousseauiste de la guerre est révélatrice à cet égard. Schmitt réduit une thèse novatrice à un jeu de mot. L'idée fameuse du chapitre intitulé « De l'Esclavage » du *Contrat social* : « La guerre est une relation d'État à État » tirerait son efficacité d'un tour de passe-passe entre les mots « état » et « État ». Le « raisonnement » que Schmitt attribue à Rousseau est le suivant :

> Selon Rousseau, la guerre est un état, un état de guerre. Pour cette raison elle ne saurait exister que d'État à État et non de personne à personne, car les relations personnelles, les duels et les combats privés ne sont pas réels au point de constituer un état.
>
> Voilà en fait toute l'argumentation. Elle n'est pas sans profondeur, mais on croira à peine qu'elle ait pu connaître un tel succès. [...] Le grand problème mondial de la guerre est ainsi réglé en quelques lignes en jouant sur les mots état et État. Qu'il ait eu pareil succès est assurément plus important que la bonne ou mauvaise argumentation, et ce succès s'explique d'ailleurs sans peine. Car l'effet considérable de ces observations sur état et État présuppose toute la force rationalisatrice du concept d'État et le chapitre de Rousseau apprête des arguments véritables tirés de la littérature juridique des XVIIe et XVIIIe siècles, en faisant tomber de l'arbre de l'esprit européen les fruits mûrs d'un effort de réflexion de deux siècles. (*NT* : 151-152)

Inutile de chercher le jeu de mot dans *Le Contrat social*, il ne s'y trouve pas. Schmitt s'attache à substituer aux constructions conceptuelles le charisme de mots isolés. Le concept d'État est détaché de tout système, rendu à son état sauvage de mot.

Bien que ce rejet de la description interne des doctrines ait une conséquence en apparence seulement négative – l'abandon de la rigueur théorique, le retour aux maîtres-mots et aux notions vagues de la tradition – en fait, faire d'un simple jeu de mot une rupture épistémologique relève moins de la provocation pure (quoiqu'il y ait un art de l'exagération chez

Schmitt) que de la mise en scène agressive et joyeuse du renoncement au formalisme et au primat du sens propre [1].

En remontant au problème de la nomination, Schmitt « dé-théologise » non seulement les noms, mais aussi la « méthode », montrant que les concepts juridiques naissent dans l'extériorité de conditions non-théoriques. Les concepts sont le résultat d'une « transplantation » (*NT* ; 95 ; 116). Ainsi l'idéologie apparaît comme étant une condition interne de la pensée et de l'existence humaine. C'est par son rapport interne à l'idéologie et aux mythes politiques que la science a effectivement une histoire. *Le nomos de la Terre* analyse les exportations de concepts d'un domaine à un autre, de la théologie au droit principalement. Passant d'un domaine à l'autre, un concept peut devenir métaphore, et vice versa, comme Schmitt le montre à propos de l'usage fécond que fait Savigny du mot *Quelle* dans *Rechtsquelle* (*VA* : 411). Quel est le sens du mot « source » dans les « sources du droit » ? N'a-t-on pas là une simple image, imprécise ?

> Un mot comme « source », pour le positivisme, est au mieux une métaphore sans aucune conséquence quant au fondement de la norme, celle-ci devant être instituée d'une manière ou d'une autre. D'ailleurs, pour un positiviste, cela doit paraître absurde, si ce n'est comique, de parler d'une "source". Pour Savigny au contraire, selon la conception du droit historique et positive qui est la sienne, la source est, au sens propre, l'origine véritable, et la vraie patrie est véritablement une source. Elle n'est ni une citerne pour une justice de cadi préscientifique, ni une canalisation pour la planification a-spatiale et non juridique. (*VA* : 411-412)

Que la notion de « source » soit polysémique, il faut apprendre à ne pas en être gêné : on peut faire un usage systématique d'une multiplicité. Les remarques éparses de Schmitt sur ce point montrent qu'il échappe au mode de définition de l'idéalisme. Que l'usage des notions paraisse éclaté, confus, joyeux, agressif, il n'y a pas à le regretter. Le problème des sources n'est plus celui de l'authenticité. La façon qu'a Schmitt d'extraire les concepts de leurs systèmes natifs, de leur rendre leur état flou de noms et de prendre le « collectif » de l'histoire du droit international pour lui-même, sans en discuter le contenu récuse toute « théorie générale » du droit.

1. Notons que la stylisation de ce jeu de mot a aussi pour fonction de faire écho à la théorie de Schmitt lui-même. L'idée que l'État est un *état* est l'un des apports cardinaux de la *Théorie de la Constitution* de 1928 : « L'État n'*a* pas une constitution "en vertu de laquelle" la volonté de l'État se forme et se réalise, mais l'État *est* constitution, c'est-à-dire un état (*Zustand*) donné, défini par son être, un *status* d'unité et d'ordre. », *op. cit.*, p. 132.

Il ressort ainsi d'une lecture attentive du *Nomos de la Terre* qu'à côté d'un usage en apparence spiritualiste de la vérité juridique, un autre usage opère qui a pour effet d'éclater les noms et de déconstruire la notion classique d'auteur. Finalement, la lecture schmittienne des textes classiques les fragmente. « Vitoria est peut-être érasmiste , [...] mais il n'est ni voltairien ni rousseauiste » (*NT* : 114). L'anachronisme grossier se renverse en audacieuse intuition. Pourquoi ne pas envisager un érasmisme de Vitoria ? L'expression n'a-t-elle aucun sens ? L'intérêt d'un texte n'est pas seulement d'entraîner vers ses thèses privilégiées : il est réparti selon des lignes d'éclatement et ce sont ces lignes avant tout que Schmitt s'attache à montrer.

Le nomos de la Terre fait apparaître le droit international comme une nouvelle machine de guerre qui entre dans l'histoire, histoire dont Schmitt fait tout pour montrer qu'il s'agit bien de la nôtre, la même depuis Vitoria. La polémique apparaît comme un fait premier : l'engagement des parties implique des alliances qui masquent des appartenances : Vitoria plus proche par moments de Rousseau que de Suarez, Grotius tendant la main à la scolastique par dessus la tête de Bodin, etc. La charge anti-idéaliste de son point de vue affleure dans son refus de donner aux catégories un poids de vérité autonome par rapport à l'activité théorique d'intervention. Ce qui intéresse le juriste, c'est « la trajectoire des concepts[1] », plus que les concepts pris en eux-mêmes. La vérité des concepts juridiques est celle de leurs utilisations et de leurs réutilisations (« Ce n'est pas la validité des principes ou des concepts qui importe en histoire du droit », *VA* : 391).

Vitoria par exemple, et sa théorie de la guerre juste, a été l'objet d'un « putsch scientifique » orchestré après la Première Guerre mondiale par James Brown Scott qui en a fait le fondateur du droit international à la place de Grotius et c'est à partir de ce « putsch » que Schmitt l'interprète. La renaissance de Vitoria sert de révélateur aux débats de l'entre-deux-guerres. C'est le retour de l'idée de guerre juste qui intéresse Schmitt : il pense que la guerre juste est réinstitutionnalisée par la SDN (puis par l'ONU) après une absence de quatre siècles environ. Vitoria acquiert tout à coup une célébrité mondiale. Un mythe politique naît. « Pour James Brown Scott, les théologiens espagnols devinrent une mine d'arguments » (*NT* : 134). De même, Suarez est présenté via le livre qu'Eischweiler a écrit sur lui (1928). Schmitt donne des segments d'interprétation dont les

1. Cf. *WdK*, p. 8. Schmitt reprend l'expression de « trajectoire d'un concept » à Gueydan de Roussell.

coordonnées sont toujours actuelles, d'où l'impression que *Le nomos de la Terre* est autant un écrit de circonstance qu'un livre général d'histoire du droit des gens.

Il y a finalement chez Schmitt une manière assez claire de lutter contre le thème classique de la conviction. Le primat de la dénomination et de la référence aux autorités dans l'écriture théorique du juriste, qui semblait être l'indice d'un mode spiritualiste d'allure rankienne, s'avère avoir des effets matérialistes incontestables. Le spiritualisme est une composante importante de la pensée schmittienne, mais il masque un matérialisme : l'invocation de la tradition et de la « force spirituelle » des grands auteurs est en fait liée à une historisation radicale du droit et de la vérité, contre l'idéalisme de la métaphysique et ses variantes normativistes. Son récit comme éloge du classicisme des classiques est à la fois la pointe la plus visible, la plus baroque de son spiritualisme et le point de renversement de celui-ci vers un matérialisme. Matérialiste, Schmitt l'est quand il refuse de tracer une démarcation claire entre la science du droit (toujours constituée) et les idéologies (constituantes). Matérialiste encore quand il refuse de passer par les protocoles institués de définition des concepts qu'il laisse flottants et héros, selon l'heureuse formule introductive de Peter Haggenmacher, d'un drame baroque où l'arbitraire des signes est exhibé à plein, sans correctif formel.

UN ART DU REPÉRAGE

En 1942, dans « Die Formung des französischen Geistes durch den Legisten » (La formation de l'esprit français par le légiste), Schmitt écrit que « le mot droit désigne des réalités très différentes selon les époques. Il peut renvoyer à un sentiment général qui échappe à la formulation écrite, mais aussi à des habitudes figées dans une tradition, à des formules et des adages, ou bien à une codification légale formulée par des concepts généraux et abstraits » (*SGN* : 191). Le droit, qui est un nom du vrai, excède toute nomination univoque. Il est identifié à une multiplicité. Plutôt que de partir de catégories abstraites soi-disant communes aux diverses théories du droit des gens (comme le fait W. Grewe dans *Epochen der Völkerrechtsgeschichte*), dans *Le nomos de la Terre*, Schmitt part au contraire d'un champ de contradictions. Il enjoint de ne pas faire indûment confiance au découpage en systèmes assuré par les théories juridiques elles-mêmes.

À partir de là, comment va-t-il s'y prendre pour définir le droit international ? S'agit-il d'isoler une fonction constante du droit des gens au cours de l'histoire ? Comment en reconnaître les diverses figures ?

Dans le *Thééthète*, Platon montre l'impossibilité d'une définition empiriste[1] : d'images on ne peut pas induire de conclusions, l'image ne vient qu'illustrer une hypothèse ou une idée venue d'ailleurs. Chercher ce qui est commun, par abstraction à plusieurs idées est le mode empiriste de la définition. Or, le commun implique la comparaison et celle-ci exige un critère, vu que plusieurs communs sont toujours possibles (rangement selon la longueur, la couleur, la texture, etc). Mais le choix du critère, lui, n'est pas fourni par la comparaison. La réponse de Platon à ce problème est l'idéalisme tout entier, qui instaure une rupture entre le monde sensible et le monde des Idées. Le mode de définition qui consiste à chercher des abstractions communes aux objets considérés, pour en constituer une sorte d'objet essentiel général est un effet majeur des philosophies idéalistes.

Dans les *Thèses sur Feuerbach,* Marx propose une alliance de théorie idéaliste et de théorie matérialiste, contre l'empirisme : la définition ne vient pas de l'expérience, mais d'un toujours-déjà-là de pensée. L'anti-empirisme de Marx ne signifie pas le refus des expériences comme origines au profit de l'innéisme ou de l'*a priori*, mais l'appel à des expériences déplacées : pratiques économiques, sociales, amoureuses, etc. d'où dérivent des idées qui n'en sont pas directement les abstractions. Une théorie de la définition non empiriste ne prétend pas découvrir un fond commun général à des objets distincts, mais expliquer la distinction comme effet de règles générales. Définir les types de guerre ou les modes de productions n'est pas en donner un modèle général, sorte de schéma commun. On peut penser par abstractions non déterminées qui, en fait, ne représentent rien de réel. La définition se propose donc comme l'ensemble des conditions théoriques permettant de penser des figures différentes. Définir un jeu ne consiste pas à chercher le modèle commun entre les parties diverses, mais à donner des règles qui font à la fois que les parties sont différentes et appartiennent au même jeu. Définir revient à délimiter un champ de variations où apparaîtront des figures dissemblables.

C'est bien de cette façon que Clausewitz définit la guerre, de façon non-empirique. Son concept de guerre n'apparaît pas comme ce qui est commun à toutes les guerres, mais comme un ensemble de conditions théoriques délimitant le champ de variations des guerres réelles. La limite est tracée entre des cas extrêmes où d'un côté la guerre se dissout dans la politique et de l'autre dans la violence, le principe de la variation étant

1. Voir P. Raymond, « Remarques sur la définition » dans *Le passage au matérialisme* (*op. cit.*, p. 68-74), auquel nous devons beaucoup pour cette présentation.

fourni par le rapport avec la finalité politique, qui détermine le degré d'autonomie de la figure. Schmitt reprend cette pratique de la définition pour le droit international. Partant non de la naïveté empirique, mais de théories déjà-là, il montre le terrain où une théorie juridique est produite, terrain qui n'est pas seulement celui qui va des concepts à leur expérimentation, mais qui est aussi interthéorique : l'histoire de la science du droit se fait d'un même mouvement d'une théorie à ses objets (les guerres réelles), d'une théorie à une autre.

Si Schmitt renonce en apparence à la rigueur des définitions, c'est qu'il remplace les définitions par les repérages: curseur des dates déplacé pour la périodisation, affirmations qu'untel et non untel est à l'origine de tel problème, substitution du titre juridique réel au titre apparent, etc. Il n'y a chez Schmitt aucune critique de la *scriptura* au nom de la *ratio*. Absence de rigueur ? Abandon plutôt du terrain empirique. Les définitions se déploieront à un autre niveau. « Nous n'entendons pas approfondir ici » est une phrase-clé du *Nomos de la Terre* (*NT*: 120). Schmitt séjourne à la surface des idéologies scientifiques. Il évoque la superficialité des interprétations, sans chercher toutefois à être plus profond. Ses corrections sont toujours de nouvelles incises ou coupures en surface et non des rediscussions des problèmes de fond. Le niveau déserté est celui de la philosophie du droit, des théories générales et des systèmes, que ce soient ceux du positivisme juridique ou du droit naturel. Le juriste semble opérer un retour aux mythes politiques et enchaîner déclaration d'autorité sur déclaration d'autorité. En réalité, il y aurait une faute à vouloir être profond: le langage politique est commun, le langage commun est notionnel et non scientifique. Les définitions de dictionnaire ne sont que des signes de reconnaissance. C'est une idée matérialiste : la définition a peu de chance de se distinguer réellement de la nomination. Autant donc nommer sans définir. L'erreur serait de prendre une définition pour définissable autrement que par l'idéologie. Autant exhiber alors l'arbitraire du signe et du discours. Le discours théorique ne peut ni relever de la définition, ni viser à la construction d'un système. C'est dans ce « ni… ni… » que s'installe Schmitt : il élabore ce qu'on pourrait appeler une « phénoménologie de l'autorité » en faisant jouer à vide les théories comme si elles n'exprimaient que des tendances et des débats d'école. Finalement, une conception antimétaphysique et radicalement dialectique de la vérité juridique est à l'œuvre dans *Le nomos de la Terre*. L'historicité y apparaît comme une dimension fondamentale du droit. C'est l'idéalisme qui impose à l'idéologie spontanée des catégories, là où il n'y a que des notions, des repérages, des pratiques. L'idéalisme confond notion et catégorie, comme il confond catégorie et concept scientifique. Une certaine philosophie fait croire que la science juridique est gouvernée par ses catégories quand en fait elle l'y contraint.

Des développements qui précèdent, on peut tirer la conclusion que l'épistémologie de Schmitt se laisse ressaisir comme un ensemble de réticences, de refus, de limites que le juriste ne franchit pas. Et à vrai dire, les réticences de Schmitt, mises bout à bout, ont une remarquable cohérence. Comment ne pas voir en effet qu'il y a une convergence latente entre son refus de critiquer le matérialisme comme le font la plupart de ses collègues dans l'entre-deux-guerres, son refus de la doctrine du droit naturel telle que certains juristes, catholiques ou non, l'adoptent autour de lui, son refus de faire des systèmes doctrinaux des juristes la substance de l'histoire du droit ? Et l'on peut mentionner encore son rejet, dans « La tyrannie des valeurs », de la tentative de dépassement du nominalisme wébérien par Max Scheler ou le dialogue « bloqué » avec Hans Blumenberg, ce dernier ayant pris au mot la « théologie politique » de Schmitt et ayant attribué au juriste un substantialisme épistémologique. On peut évoquer la réponse embarrassée de Schmitt, dans la Postface de la seconde *Théologie politique*, qui lui assure qu'il partage davantage son point de vue que, lui, Blumenberg (qui est matérialiste et nominaliste), ne le croit[1]...

Non que Schmitt se revendique bruyamment du matérialisme, du nominalisme, de la pensée dialectique. C'était difficile dans le climat anti-marxiste et anti-matérialiste qui régnait dans la pensée universitaire allemande de l'entre-deux-guerres. C'était difficile pour un conservateur, pour un juriste, pour un catholique. Il ne nomme le lieu d'où il écrit qu'une fois que la tourmente est passée, une fois que, retiré dans sa maison natale de Plettenberg, le combat a pris fin pour lui (dans les notes du *Glossarium*).

1. « L'ouvrage de Blumenberg [*La légitimité des temps modernes*] entreprend une négation *scientifique* de toute théologie politique : scientifique en ce qu'il s'agit d'un concept de science qui tient pour irrecevable tout prolongement et toute transposition issus de la doctrine du salut d'une religion se prétendant absolue [...]. Impossible d'ignorer pareil avertissement [...]. Il eût valu la peine de remarquer que mes efforts autour de la théologie politique n'ont rien à voir avec quelque métaphysique diffuse, mais entrent dans le cas classique d'une transposition à l'aide de concepts spécifiques : les concepts issus de la pensée systématique des deux organismes historiquement les plus évolués et les plus structurés du « rationalisme occidental », l'Église catholique, avec toute sa rationalité juridique, et l'État du *jus publicum europaeum*. », C. Schmitt, *Théologie politique*, Paris, Gallimard, 1988, p. 167-168. Voir aussi H. Blumenberg, C. Schmitt, *Briefwechsel*, *op. cit.*

TROISIÈME PARTIE

CARL SCHMITT ET LA THÉORIE DE L'IMPÉRIALISME

CHAPITRE PREMIER

APPLIQUER LA THÉORIE DE L'IMPÉRIALISME AU DROIT INTERNATIONAL : UN PROGRAMME NOVATEUR

Dans le présent chapitre, on part de l'hypothèse que la théorie de l'impérialisme, systématisée en premier par J. A. Hobson et R. Hilferding, développée ensuite par Lénine et Rosa Luxemburg, est le lieu d'où Schmitt se place, dans un grand nombre de ses textes, pour parler du droit international et pour interpréter la pensée de certains auteurs classiques, comme Vitoria ou Kant. L'idée qu'il s'agit de vérifier ici est qu'à maintes reprises, Schmitt donne « les conclusions sans les prémisses » et se sert de certains résultats de la théorie de l'impérialisme comme de points de départ pour repenser à neuf l'histoire du droit international : il ne donne que le résultat de son application au droit international de la théorie de l'impérialisme, sans décrire l'appliqué. Sa thèse d'un retour de la notion de « guerre juste » au XXe siècle serait elle-même un effet de cette opération.

LA PRUDENCE DE SCHMITT

Certains ont accusé Schmitt de donner un concept impérialiste du politique (Otto Brunner, Hans Morgenthau). Schmitt a protesté (*NP* : 48). D'autres ont remarqué que la théorie de l'impérialisme contenait en réalité des possibilités immenses pour la doctrine du droit international, qu'un chantier d'envergure pouvait s'ouvrir là. Parmi ces auteurs[1], peu ont noté que Schmitt était l'un des rares juristes de son temps, et du nôtre encore, à avoir ouvert ce chantier-là. Il est révélateur par exemple qu'un spécialiste du droit international comme Martti Koskenniemi, bon connaisseur de Schmitt, observe que presque tout reste à faire sur la question du rapport entre impérialisme et droit international, et qu'il ne nomme pas Schmitt parmi les précurseurs qui se sont donnés pour tâche de traiter cette question[2].

Il est significatif que le médiéviste Otto Brunner et le théoricien des relations internationales Hans Morgenthau[3] aient tenu pour une évidence que Schmitt, puisqu'il était un défenseur de la raison d'État et du *Machtstaat,* ait été aussi un « impérialiste ». Les positions politiques de Schmitt après 1933 allaient tristement confirmer ces jugements. Mais le détestable engagement de Schmitt du côté des nazis ne doit pas nous faire oublier ce que la proposition « Schmitt est un impérialiste » a de vague et d'insatisfaisant. C'était oublier, nous semble-t-il, que la raison d'État et l'impérialisme ne viennent pas des mêmes horizons théoriques, que le terme « impérialiste », avant d'être une épithète et une invective, est un *concept* et vient d'une *théorie*. Dire que Schmitt a soutenu la politique impérialiste de l'Allemagne, ce qui est indéniable, n'empêche pas de reconnaître par ailleurs qu'il a endossé certains résultats de la théorie de l'impérialisme, à un autre niveau.

Si l'on prend en compte le contexte historique et idéologique dans lequel Schmitt se mouvait, on s'aperçoit qu'il est difficile de subsumer « *Machtstaat* » et « impérialisme » sous la catégorie commune de la « politique de puissance ». La conception du *Machtstaat* était en fait un

1. Voir J. Fisch, *Die europäische Expansion und das Völkerrecht, op. cit.*; M. Koskenniemi, *The Gentle Civilizer of Nations. The Rise and Fall of International Law 1870-1960, op. cit.*

2. Cf. *Ibid.*, p. 99. Dans la liste qu'il donne des quelques livres qui amorcent une théorisation du rapport entre impérialisme et droit international, Koskenniemi ne cite pas Schmitt. Il fait un constat frappant : l'entrée « impérialisme » ne figure ni dans la *Max Planck Encyclopaedia of International Law* ni en général dans les manuels de droit international, qui parlent plutôt de colonies et de protectorat que d'Empires, dans des chapitres à part, qui portent sur le thème précis des acquisitions territoriales.

3. O. Brunner, *Land und Herrschaft. Grundfragen der territorialen Verfassungsgeschichte Österreichs im Mittelalter*, Wien, Rudolf M. Rohrer Verlag, 1939, p. 11 (la critique de Schmitt par Brunner ne se trouve que dans cette première édition de son livre) ; H. Morgenthau, *La notion du « politique » et la théorie des différends internationaux*, Paris, Sirey, 1933, p. 61.

obstacle à la perception de l'impérialisme. L'horreur qu'inspiraient encore à certains défenseurs de l'État national le Saint-Empire romain germanique et les projets d'hégémonie mondiale des Habsbourg, des Bourbon ou de Napoléon, entretenait ces erreurs. C'est un différend politique qui opposait, dans l'entre-deux-guerres, les historiens et les juristes qui centraient leurs analyses sur l'État souverain et ceux, rares parmi les juristes (moins parmi les économistes) qui avaient saisi que l'impérialisme était le fait nouveau. La référence à Hobbes et à Hegel n'était pas d'un grand secours pour les «réalistes». Ni Hobbes ni Hegel ne sont des théoriciens de l'impérialisme. Leur conception des relations entre États comme un «état de nature» était trop vague et indéterminée à cet égard. Elle ne permettait nullement de comprendre l'écart entre impérialisme et «expansion de l'État souverain». Loin d'être une expansion de souveraineté en effet, l'impérialisme résulte de l'*inadaptation* de l'État-Nation au nouveau cadre de l'économie mondiale[1], ce que peu de juristes étaient prêts à reconnaître. Un fossé séparait donc les théoriciens allemands du *Machtstaat* des théoriciens de l'impérialisme dans l'Allemagne de l'entre-deux-guerres. Aucun chemin intégré ne permettait de passer facilement d'un ensemble théorique à l'autre. Schmitt endosse une partie des résultats de la théorie de l'impérialisme alors que pour un juriste, un Allemand, un conservateur, c'était loin d'aller de soi, puisque cette théorie venait des Anglais (Hobson), des marxistes (Lénine et Luxemburg) et de l'économie, qui était encore une discipline méprisée dans l'Université allemande par les historiens et les juristes. Cela seul supposait de faire un pas immense, théoriquement, par rapport aux juristes positivistes et aux historiens néo-rankiens qui restaient centrés sur l'État.

John Atkinson Hobson et Rudolf Hilferding[2] ont donné les premières théories systématiques de l'impérialisme. Après eux, de nombreux marxistes ont tenté de prouver que la chute du taux de profit (Rosa Luxemburg, *L'accumulation du capital*, 1913), la surproduction et le besoin de nouveaux marchés (Lénine, *L'impérialisme, stade suprême du capitalisme*, 1917) allaient conduire à l'intensification des conflits

1. H. Arendt, *Les Origines du totalitarisme*, vol. 2 : *L'Impérialisme*, Paris, Fayard, 1992, p. 14.

2. J. A. Hobson, *Imperialism, a Study*, London, Allen & Unwin, 1938 [1902]; R. Hilferding, *Le Capitalisme financier. Étude sur le développement récent du capitalisme*, Paris, Éditions de Minuit, 1970 [1910].

inter-nationaux. Marx est leur précurseur, à cause de son insistance sur l'im-portance des colonies et de l'accumulation précapitaliste dans la formation du capitalisme. Dans le *Capital,* Marx expose en effet que la chute du taux de profit dans les pays capitalistes est compensée par l'expansion des marchés à l'étranger. Mais trop attaché à l'idée que le capitalisme est unifiant, que les frontières nationales sont de peu d'importance et que la lutte des classes est tout, il ne parle pas d'une guerre qui pourrait naître de la compétition des puissances coloniales hors d'Europe. Les seules frontières décisives restent pour lui les frontières entre classes. La lutte des classes est la seule guerre mondiale qu'il conçoit, comme le montre la philosophie de l'histoire du *Manifeste communiste*. Marx sous-estime donc bien trop la compétition entre les nations dominantes pour développer une théorie de l'impérialisme. Ce sont en fait les travaux d'Engels sur la guerre qui ont été le véritable point de départ de la théorie de l'impérialisme d'Hobson, Hilferding ou Lénine. Engels établit un nouveau rapport entre guerre et économie. Il applique le « matérialisme historique » à la théorie de la guerre, à partir des années 1850. La théorie de l'impérialisme d'Hobson, de Lénine ou de Rosa Luxemburg est un prolongement de ces efforts.

Prenant directement pour cible l'historiographie conservatrice qui attribue le mérite des victoires aux chefs d'État et aux chefs militaires, Engels montre que l'issue des guerres est décidée moins par le génie des généraux que par la technique militaire et l'état global de l'économie[1]. C'est une « dialectique du militarisme[2] » qu'il décrit : plus le militarisme se développe, plus il s'autodétruit. Selon lui, la conscription générale devait introduire la lutte des classes au sein de l'armée et faire imploser sa structure autocratique. Les coûts croissants de la guerre devaient d'autre part ruiner les États et conduire à l'effondrement général du

1. Voir F. Engels, *Anti-Dühring*, Paris, Éditions sociales, 1977 [1877] ; *Ausgewählte militärische Schriften*, Berlin (Est), Verlag des Ministeriums für nationale Verteidigung, 1958 ; J. L. Wallach, *Die Kriegslehre von Friedrich Engels,* Frankfurt-am-Main, Europäische Verlagsanstalt, 1968 ; *Kriegstheorien. Ihre Entwicklung im 19. und 20. Jahrhundert*, Frankfurt-am-Main, Bernard & Graefe Verlag für Wehrwesen, 1972 ; É. Balibar, « Krieg », *in* Haug (W. F.)(hsgb.), *Historisch-kritisches Wörterbuch des Marxismus*, vol. 7, Hamburg, Argument-Verlag, 2008.

2. L'expression est de Herfried Münkler. Voir « Dialektik des Militarismus oder Hegung des Krieges. Krieg und Frieden bei Clausewitz, Engels und Carl Schmitt », *in* H. Münkler, *Üb7er den Krieg. Stationen der Kriegsgeschichte im Spiegel ihrer theoretischen Reflexion*, Göttingen, Velbrück Wissenschaft, 2002, p. 116.

capitalisme. Cette thèse de l'effondrement inévitable du capitalisme, Hobson et Hilferding l'ont remplacée par la vision d'un militarisme qui n'est plus seulement la conséquence du capitalisme mais aussi son moteur. La crise finale nécessaire n'était plus en vue.

La reprise par Schmitt de la théorie de l'impérialisme des marxistes a certes ses limites. La théorie de l'impérialisme était critique. Or, le juriste a aussitôt vu dans l'impérialisme la nouvelle réalité politique *indépassable*. Il reprend les analyses sur la genèse de l'impérialisme mais non la solution révolutionnaire que Lénine et Rosa Luxembourg lui opposent. Il ne les suit pas dans leur internationalisme. Si Schmitt a fini par accepter les descriptions de l'impérialisme d'Hilferding et des autres, c'est qu'elles donnaient à ses yeux finalement (même si l'idée de « guerre totale » est d'une certaine manière une « révolte » contre ce fait) les caractéristiques des nouveaux sujets du droit international, droit dont la doctrine et l'histoire étaient ainsi à réécrire presque en entier. Aux yeux de Schmitt, les Empires – mais pas au sens de l'Empire romain comme le croyait Triepel au même moment[1] ! – étaient les nouveaux acteurs de la politique. Ce qui impliquait entre autres choses la fin de la politique extérieure au sens traditionnel. Schmitt purge la théorie de l'impérialisme de sa charge critique. Il reproche à l'Europe d'avoir perdu son éminence parce qu'elle est trop « autocritique ». Il voudrait que les Européens assument le fait qu'ils ont dominé le reste du monde, au lieu d'être pris par les remords[2]. Il encourage l'impérialisme intra-européen. Pourrait-on dire que Schmitt présente la singularité d'être un théoricien impérialiste de l'impérialisme ?

Des contemporains cultivés de Schmitt à l'étudiant d'aujourd'hui, la facilité d'assimilation de la théorie de l'impérialisme s'est considérablement accrue. Le contenu scientifique n'a pas varié, mais le mode d'apparition du système dans l'ensemble social, la forme de l'exposé et les canaux qui y conduisent ont changé. Si l'on ne prend pas en compte les normes d'accès à cette théorie, le chemin long et accidenté qui a conduit à sa normalisation, il est difficile de comprendre le mélange d'audace et de très grande prudence qui caractérise l'attitude de Schmitt dans ce domaine.

1. Il est instructif de comparer *Die Hegemonie* d'Heinrich Triepel (1938) et la conférence de Schmitt sur les grands espaces (1939). Ces deux textes écrits à un an d'intervalle par deux chefs de file du même camp (le groupe des anti-kelséniens) sont aux antipodes l'un de l'autre.

2. *Cf.* C. Schmitt, « L'ordre du monde après la Seconde Guerre mondiale », *GCM*, p. 66 *sq*.

Le précédent : l'échec exemplaire des engelsiens conservateurs

Par « engelsiens conservateurs » nous n'entendons pas une « école » ou un groupe aux contours délimités. Il ne s'agit d'ailleurs pas d'une étiquette qu'on rencontre chez les historiens. Sous ce nom, il s'agit de présenter les travaux sur la guerre de deux figures marginales, qui ne représentent pas leur génération ni leur champ d'appartenance (professionnel, politique, social) : le juriste et sociologue Lorenz von Stein (1815-1890) et l'historien de la guerre Hans Delbrück (1848-1929). Les exemples comparables sont en fait très rares[1]. Ces portraits et ces parcours, il ne s'agit pas de les développer pour eux-mêmes, mais parce qu'ils mettent en évidence l'invisible : les tabous, les obstacles idéologiques auxquels juristes et historiens se heurtaient lorsqu'ils s'approchaient par un biais ou par un autre de cette connexion nouvelle entre la guerre et l'économie, mise à jour par Engels et développée ensuite par les théoriciens de l'impérialisme.

Un théoricien du militarisme avant la lettre : Lorenz von Stein

Dans un livre injustement méconnu, *Lehre vom Heerwesen*[2] (La doctrine de l'essence de l'armée) paru en 1872, Lorenz von Stein est l'un des premiers à anticiper, à partir de prémisses hégéliennes, mais aussi du socialisme français (Saint-Simon, Proudhon) et de données statistiques sur l'économie, le sens qu'a pour la science juridique le phénomène naissant du militarisme.

Lorenz von Stein, que certains considèrent comme le père de la sociologie allemande, était aussi juriste et économiste. Il était très certainement un maître de Schmitt, hégélien comme lui, à cheval sur plusieurs disciplines comme lui. Mais Schmitt était bien décidé à tirer les conséquences de ce qu'il considérait être « l'échec » de Stein, pour ne pas « échouer » comme lui. La *Lehre vom Heerwesen*, qu'il faut analyser du point de vue de ce qu'elle dit, mais aussi, à partir du fait étonnant qu'est sa non réception dans l'Allemagne des XIXe et XXe siècles, paraît cinq ans avant la célèbre critique de la métaphysique de la violence de Dühring par Engels (*Anti-Dühring,* 1877), quinze ans avant *Le rôle de la violence*

1. Il faudrait ajouter Otto Hintze et sa théorie de l'impérialisme, elle aussi d'allure engelsienne. Voir « Imperialismus und Weltpolitik », *in* O. Hintze, *Staat und Verfassung. Gesammelte Abhandlungen zur allgemeinen Verfassungsgeschichte*, Göttingen, Vandenhoeck & Ruprecht, 1962, p. 457-469.

2. L. von Stein, *Lehre vom Heerwesen. Als Teil der Staatswissenschaft*, Stuttgart, Verlag der Cotta'schen Buchhandlung, 1872.

dans l'histoire (Engels, 1887) et l'on peut s'autoriser à voir chez Stein un « engelsien » contemporain d'Engels ou un « engelsien avant la lettre ».

L'auteur de l'*Histoire du mouvement social en France* (1850), rêvait de combler le fossé séparant le droit international, le droit interne et les différents droits nationaux entre eux. Il attribuait au droit comparé un rôle fondamental dans ce dépassement. La force créatrice de droit dans le domaine international ne lui paraissait plus être la volonté de puissance des États mais les conditions de vie matérielles des individus. Il a prophétisé une nouvelle époque du droit international, caractérisée par le fait que la « société des peuples » devenait de plus en plus la « vérité de la vie des États[1] ».

Lehre vom Heerwesen est un écrit programmatique. Lorenz von Stein commençait ses recherches là où Hegel avait arrêté les siennes. Hegel avait bien vu la tendance à l'expansion de la bourgeoisie mais il n'avait pas prévu le développement exponentiel de l'économie mondiale. Du moins, il n'avait pas intégré ses intuitions prophétiques concernant le développement de la société civile à ses réflexions sur le droit international. On s'en aperçoit si l'on confronte les § 243-248 des *Principes de la philosophie du droit*[2] au § 332. Les premiers paragraphes prévoient que l'expansion de la société civile peut pousser à « la colonisation », mais celle-ci « peut être soit sporadique soit systématique » (§ 248). Dans le § 332, qui porte sur le droit des gens, Hegel affirme que « la matière des traités [entre États] est d'une diversité *infiniment plus restreinte* que celle des contrats de la société civile où les particuliers se trouvent dans une dépendance réciproque, sous de multiples rapports, alors que, par contre, *les États indépendants sont des touts qui subviennent eux-mêmes à leurs besoins*[3] ». Hegel n'était pas un théoricien de l'impérialisme[4]. Lorenz von

1. Cité par B. Richter, *Völkerrecht, Außenpolitik und internationale Verwaltung bei Lorenz von Stein*, Hamburg, Hansischer Gildenverlag, 1973, p. 82.

2. *Cf.* Hegel, *Principes de la philosophie du droit ou droit naturel et science de l'État en abrégé*, *op. cit.*, p. 250-253, p. 330.

3. *Ibid.*, p. 330.

4. Voir le livre d'A. von Trott zu Solz, *Hegels Staatsphilosophie und das Internationale Recht*, 1967 (1re éd. 1932), p. 139. Ce juriste né à Potsdam en 1909, l'une des « figures les plus fascinantes de la résistance contre Hitler » selon l'historien Hans Rothfels, a été condamné à mort à 34 ans par le *Volksgerichtshof* acquis à la cause nazie. *Hegels Staatsphilosophie* est sa *Dissertation*, parue 35 ans après la soutenance. À l'encontre du juriste social-démocrate Hermann Heller, qui, en quelque sorte, « offre » Hegel aux nationalistes, tout en les critiquant (*Hegel und der nationale Machtstaatsgedanke in Deutschland*, Saarbrücken, VDM Verlag, 2007 [1921]), Trott zu Solz soutient qu'au XXe siècle, Hegel n'aurait pas été un défenseur du *Machtstaat*. Il est abusif selon lui de se réclamer du grand philosophe pour défendre l'État-

Stein outrepasse donc la pensée de Hegel quand il donne aux rapports interétatiques le visage d'une coopération administrative entre États.

À l'instar d'Engels qui reproche à Dühring d'expliquer l'exploitation économique ainsi que tous les phénomènes historiques de domination par la nature violente de l'homme, violence anhistorique et inexpugnable, Stein refuse d'expliquer la puissance militaire de l'Allemagne par les « vertus prussiennes », la discipline et le courage, comme le faisaient la plupart des historiens. Il montre la dépendance entre l'issue des guerres, le matériel de l'armée et l'économie dans son ensemble. La théorisation du *rôle de l'armée dans l'État* et du *rôle de la société dans l'armée* est l'une des tâches urgentes à ses yeux.

Stein est probablement le premier juriste allemand à ébaucher une description du « complexe militaro-industriel[1] ». Il avait cofondé en 1862 le *Centralarchiv für Gesetzeskunde und Statistik*. Ses analyses s'appuyaient sur des données empiriques et statistiques de vaste ampleur, données démographiques et économiques, fait exceptionnel pour un juriste. Engelsien déjà, il reproche aux économistes de présupposer que les besoins de l'armée troublent les règles de l'économie (*LH* : 23). L'armée est certes incapable de produire des biens, mais Stein objecte que sa consommation « en tant que consommation » est bel et bien soumise aux lois de l'économie politique, ce qui, écrit-il, « ouvre tout un champ de recherche » (*LH* : 216). Conscient que « l'application de l'économie politique (*Nationalökonomie*) à l'administration économique de l'armée » a une « signification immense, non seulement pour l'armée, mais pour l'économie prise comme un tout[2] », il ne prend pas uniquement en compte le budget militaire ou la consommation matérielle de l'armée « mais aussi les rapports de production » dans lesquels elle s'inscrit (*LH* : 220). On trouve déjà chez Stein, énoncée en toutes lettres, l'affirmation que la consommation militaire se renverse en production et en moteur du système capitaliste : « l'armée voudrait être indépendante de l'économie », explique Stein, « elle voudrait produire elle-même les armes dont elle a besoin. Mais c'est cher et difficile ». Ainsi, « plus grosse est l'armée, plus son administration va tendre à confier la production des armes à l'industrie

nation, comme le font les juristes néo-hégéliens de droite. L'injonction de Hegel, selon Trott zu Solz, est toujours de repenser la totalité en fonction du présent. Il ne fait pas de doute à ses yeux qu'au XXe siècle, Hegel aurait pris en compte ce fait majeur qu'est l'impérialisme (*Cf.* p. 90, p. 137-138, p. 142). Joachim Ritter se range du côté de Trott zu Solz, contre Heller, dans *Hegel et la Révolution française* (Paris, Beauchesne, 1970 [1956]).

1. Voir en particulier *LH*, p. 22-25 et p. 215-219.

2. *LH*, p. 216.

privée. La seule à en être capable sera l'industrie du gros capital [...]. Par conséquent, pour ne pas dépendre de celle-ci, l'administration de l'armée va passer des commandes plutôt trop grandes qu'insuffisantes. Il en résulte que les deux éléments de l'administration militaire et du gros capital s'imbriquent l'un dans l'autre (*ineinander greifen*). Ainsi, dans l'ensemble, la consommation militaire se transforme en production au niveau de l'économie nationale » (*LH* : p. 20).

Comme Engels, Stein donne une dimension politique à la « science de l'essence de l'armée » (*Wissenschaft des Heerwesens*), qui est à ses yeux l'une des grandes tâches de son temps (*LH* : 3 ; 32 ; 139). La tâche nouvelle consiste selon lui à faire entrer la sociologie de l'armée dans la culture générale (*Allgemeine Bildung*) et dans la conscience du peuple, pour ne pas la laisser, comme c'était le cas jusqu'alors, aux mains des Écoles militaires (*LH* : 2). La distinction que Stein établit entre la théorie de la guerre (*Kriegswissenschaft*) et la doctrine de l'armée (*Heereslehre*) est essentielle. La première est définie comme une « science des déterminations de l'armée » et comme une « discipline technique » ou « pratique » (*Fachwissenschaft*), tandis que la *Heereslehre*, en tant que « science des conditions sociales de l'armée » est un savoir général qui doit être introduit dans la culture, en l'occurrence dans la science historique et la science du droit générales (*LH* : 3). Stein explique en sociologue le fait qu'aucune sociologie de l'armée ne se soit développée à côté de la stratégie et de l'histoire militaire telles qu'elles étaient enseignées dans les Académies militaires. La cause de ce phénomène est pour lui que la théorie de la guerre est toujours restée dans les mains du commandement militaire (*LH* : 6). « La grande loi de la division du travail s'empare aussi de ce domaine » (*LH* : 5). La démocratisation du savoir sur l'armée se heurte aux mêmes résistances que la démocratisation de l'armée.

Un demi-siècle avant *La notion de politique*, *Lehre vom Heerwesen* contient des réflexions denses sur l'ennemi, de sorte qu'il est possible de parler d'une filiation qui va des réflexions de *La constitution de l'Allemagne* de Hegel jusqu'à Schmitt en passant par Stein. En 1802, Hegel affirmait la nécessité pour l'État d'apparaître comme un seul individu en politique extérieure. De sorte que, pour tout ce qui concerne la guerre et la paix, les institutions de la *Konstitution* (terme qui s'oppose à *Verfassung* et renvoie chez Hegel à l'État de droit libéral, en attendant que Mohl ne forge le terme de *Rechtsstaat*) n'ont plus leur place[1]. Stein reprend Hegel sur ce point.

Ce que l'armée fait ne repose pas sur l'essence de l'État mais sur la volonté de l'ennemi. L'armée doit lutter avec le danger qui vient de l'extérieur, qui est changeant et contingent. Elle n'a pas de tâche en elle-même, mais un adversaire hors d'elle-même. Elle existe grâce à la volonté de l'État mais elle agit en fonction des circonstances extérieures. Au moment du danger, sa détermination propre fait qu'elle ne peut jamais posséder de volonté propre. Cette volonté est tout entière tournée vers le danger ; son seul objet est l'ennemi (*sein Objekt ist nur der Feind*). Face au danger et à l'ennemi, cette volonté est nécessairement absolue. Nous appelons cette volonté le commandement (*Befehl*). Le commandement commence là où la loi s'arrête. La constitution (*Verfassung*), avec ses lois, décide de chaque élément de l'armée, mais l'armée, quand elle est présente concrètement devant l'ennemi, a besoin de l'obéissance absolue des citoyens aux ordres (*LH* : 13)[2].

Comme Hegel, Stein part de l'idée que la guerre est virtuellement l'horizon de toute politique. Cependant cette limitation imposée à la *Konstitution,* qui découle de la possibilité, à chaque instant, de la venue de l'ennemi, conduit Stein à des conclusions opposées à celles que Schmitt tirera en 1927 dans *La notion de politique.*

Sans rejeter la tradition du constitutionnalisme, Lorenz von Stein veut allier celle-ci à une réflexion réaliste sur la guerre. Selon lui, l'armée doit être soumise à la constitution. La constitution néanmoins ne peut faire régner le droit dans tous les aspects de la vie du peuple. Elle peut administrer l'armée mais ne peut pas donner des ordres en temps de guerre. D'où la difficulté, reconnue par Stein, à ramener l'efficacité de l'armée et la liberté de l'État à un seul principe.

La guerre est un problème pour les régimes constitutionnels parce qu'elle a ses lois propres, lois qui *sont dictées non par le peuple mais par l'ennemi*. Si l'armée menace toujours de devenir un « État dans l'État », selon Stein ce n'est pas parce qu'elle n'obéit à aucune loi ou serait intrinsèquement autocratique, mais parce que ses lois lui sont dictées de l'extérieur, par l'ennemi. Jusque là Schmitt suit Lorenz von Stein. Mais ce thème de l'ennemi ne débouche chez Stein sur aucun décisionnisme. *La notion de politique* a l'air de rebrousser le chemin parcouru par Stein, parce qu'il

1. Voir Hegel, *Über die Reichsverfassung*, *op. cit.*, p. 69 ; H. Heller, *Hegel und der nationale Machtstaatsgedanke in Deutschland*, *op. cit.*, p. 115-116.

2. T.d.A.

rabat le thème de l'ennemi sur la décision, et la décision lui sert tantôt à raviver de vieux thèmes théologiques, tantôt à faire l'éloge direct de l'autorité. Occasion pour Schmitt de penser l'État plutôt comme un point de concentration de l'autorité que comme un appareil. *La notion de politique* laisse planer les vieux thèmes, chers aux nationalistes de son temps, de la négation du droit international et de la *suspension* de la constitution en temps de guerre.

Chez Stein, l'État est certes défini, de même que chez Hegel ou chez Schmitt, comme une communauté qui ne préexiste pas à la venue de l'ennemi, mais cela se traduit par une réorganisation du droit constitutionnel à partir de son extérieur : l'armée, son matériel, l'économie. C'est moins la suspension de la *Konstitution* qui intéresse Stein que la *transformation* pratique et théorique du droit. L'ennemi, thème d'ascendance hégélienne, devient clairement engelsien sous la plume de Stein. Le juriste et sociologue dresse un programme de recherches : réarticulation de l'économie, du droit public et du droit international en une totalité nouvelle (nommée *internationales Verwaltungsrecht* ou *internationales Recht*), combinaison du droit militaire, du droit civil et de la « doctrine du système militaire », etc. Un continent s'ouvre à l'intersection de la théorie de la guerre, d'un droit international en pleine transformation, du droit économique et du droit public.

Schmitt avait conscience de ce que Stein se trouvait à l'avant-garde d'un point de vue théorique, mais il savait aussi que la tendance adverse à celle du juriste avait vaincu après sa mort, politiquement et scientifiquement. Cette tendance conduisait au rejet de l'économie hors du droit. Elle était celle du positivisme légal centré sur l'État, incarnée par Heinrich Triepel (*NT*: 234). En conséquence, la fascination intellectuelle que Schmitt pouvait ressentir pour Stein devait avoir pour lui le goût amer d'un avertissement. La *Lehre vom Heerwesen* était novatrice mais ne correspondait pas à la conscience juridique de son temps, ce qui explique que le livre de Stein soit resté un livre méconnu.

La renommée européenne de Lorenz von Stein n'a pas empêché les plus grands spécialistes de qualifier sa trajectoire d'échec. Son œuvre est une « ruine pompeuse » selon Stolleis[1]. En particulier sa théorie du droit international est restée lettre morte. Schmitt fait remarquer que sa croyance dans le pouvoir des traités internationaux était illimitée. Ce dernier y voit l'expression de l'euphorie « paneuropéenne » qui s'était installée au cours de la longue paix qui a suivi 1871, comme il le remarque dans *Le nomos*

1. M. Stolleis, *Geschichte des öffentlichen Rechts in Deutschland*, vol. 2, *op. cit.*, p. 391.

de la Terre, raillant l'optimisme « touchant[1] » du professeur allemand (*NT*: 212). Son projet de faire tenir en un édifice unitaire les différentes branches du droit à cause de la domination accrue de l'économie sur le monde vécu et de l'internationalisation croissante des sociétés a fait de Stein un marginal dans sa propre discipline. Après sa mort, le fossé entre les différents droits nationaux, mais aussi entre droit interne et droit international s'est agrandi et la science juridique a évolué à rebours de son programme qui visait à édifier une science du droit multidisciplinaire et supranationale[2].

Pour Schmitt, le positivisme centré sur l'État a beau être dominant à la fin du XIXe siècle, en fait « il n'était plus en mesure de fournir les outils conceptuels avec lesquels on aurait pu ramener à des institutions claires la réalité d'une pareille imbrication de la souveraineté étatique individuelle et de l'économie libre supra-étatique » (*NT*: 234). Le succès de Triepel était un sursis dû à une certaine idéologie, à « cet aveuglement général » qui a caractérisé la période qui s'étend de 1871 à 1914. La science du droit n'a pas vu venir la Première Guerre mondiale. Schmitt écrit dans *Le nomos de la Terre* que dans ces années, « l'Europe s'est on ne peut plus abusée sur sa situation » (*NT*: 213). C'est dans ce contexte que la théorie de Triepel pouvait réussir et celle de Stein échouer.

L'histoire de l'art de la guerre *de Hans Delbrück*

Autre pionnier, autre conservateur à avoir renouvelé la pensée de la guerre dans son rapport à l'économie, non pas sous l'influence directe d'Engels mais tout à fait à la manière de l'ami de Marx néanmoins (les socialistes et les marxistes contemporains s'en sont aperçus, Franz Mehring notamment), Hans Delbrück, professeur d'histoire à l'Université de Berlin, qui dit lui-même avoir compris ce qu'il faisait en lisant l'*Histoire du matérialisme* de Lange, est l'auteur d'une *Histoire de l'art de la guerre*[3] parue entre 1900 et 1920, ouvrage monumental qui n'a trouvé d'écho international qu'après 1945. Dans les deux cas, pour la *Geschichte*

1. La traduction française rend mal l'original. Schmitt écrit qu'on découvre les projets de Stein « *mit tiefster Rührung* » (p. 188 de l'édition allemande de 1950) et non avec « étonnement ».

2. On trouve l'idée d'un échec de Stein dans les livres suivants : M. Stolleis, *Geschichte des öffentlichen Rechts in Deutschland*, vol. 2, *op. cit.*, p. 390-392 ; C. Schmitt, *Le nomos de la Terre*, *op. cit.*, p. 234 ; B. Richter, *Völkerrecht, Außenpolitik und internationale Verwaltung bei Lorenz von Stein*, *op. cit.*, p. 131-136.

3. H. Delbrück, *Geschichte der Kriegskunst im Rahmen der politischen Geschichte*, Berlin, Walter de Gruyter, 4 vol., 2000 [1900-1920].

der Kriegskunst comme pour la *Lehre vom Heerwesen*, l'appartenance politique de leurs auteurs semble avoir joué un rôle décisif dans la réception immédiate de ces ouvrages. L'environnement immédiat de ces penseurs et le lieu où ils se situaient dans le champ politique pourraient avoir bloqué la réception de ces ouvrages par les contemporains.

De son vivant, Delbrück est resté une figure marginale, connu surtout en tant que commentateur politique et éditeur des *Preußische Jahrbücher*. Delbrück comme Stein voulaient réformer l'enseignement de l'histoire et de la théorie de la guerre, changer le lieu et la façon dont elles s'enseignaient, mais aussi élargir le public auquel étaient traditionnellement destinés ces enseignements (les militaires). Aucun des deux n'est parvenu à atteindre cet objectif.

Élève de l'un des plus grands historiens « rankiens » de son temps, Heinrich von Sybel, son directeur de thèse, Delbrück s'est si tôt distancé de la méthode traditionnelle de l'École historique allemande que tous ont ressenti comme une ironie le fait qu'il reprenne la chaire d'Heinrich von Treitschke après son doctorat, en 1895, à l'Université de Berlin. Chaire prestigieuse, mais qu'il n'est pas parvenu à réformer comme il le souhaitait : il voulait enseigner l'histoire militaire et non l'histoire universelle (*Weltgeschichte*). L'histoire militaire est une discipline qu'il a essayé toute sa vie d'introduire à l'Université, en vain. Non traduite en français, tardivement traduite en anglais, sa *Geschichte der Kriegskunst* a inspiré d'autres travaux à ses étudiants. Mais aucun n'est parvenu à faire passer à la postérité la pensée de leur maître.

Delbrück critiquait la conception anhistorique et apolitique de la stratégie qui était celle des officiers. Il considérait que les historiens de l'Université devaient s'emparer de l'histoire militaire, matière qui était enseignée depuis les années 1890 aux futurs militaires de profession par des généraux et des officiers. Sa méthode consistait à partir des données démographiques, économiques, politiques et sociologiques les plus vastes possibles pour analyser l'art de la guerre aux différentes époques de l'histoire. Ni les officiers, sous l'influence de « l'École Schlieffen », ni les universitaires (majoritairement des néo-rankiens) n'ont accepté son interprétation du passé, qu'ils jugeaient irrévérencieuse. Les historiens refusaient de prendre au sérieux l'histoire militaire, qui était pour eux une discipline pratique et ne faisait pas partie de la « culture ». Quant aux militaires, ils n'appréciaient pas qu'un civil empiète sur leur domaine et ils qualifiaient les vues de Delbrück de « stratégie de la chaire ».

Singulièrement, ce sont ses positions théoriques qui ont poussé Delbrück à se rapprocher des socialistes, non ses convictions politiques.

Défaisant la légende du « coup de poignard dans le dos » après la Première Guerre mondiale, il s'est alors retrouvé de fait du côté des sociaux-démocrates. Il a payé cher ses convictions : il fut mis au ban de l'Université et de sa propre famille et attaqué en justice pour ses thèses « anti-patriotiques [1] ».

Schmitt connaissait le parcours de Delbrück et sa *Geschichte der Kriegskunst*, qu'il cite de temps en temps. L'examen attentif des tabous et des mythes contre lesquels Delbrück a lutté est instructif. On s'aperçoit que l'auteur de *La notion de politique* n'en a affronté aucun. C'est une stratégie d'évitement qui se dégage des écrits de Schmitt entre 1918 et 1939, une fois qu'on a en tête le combat de Delbrück. Ces tabous portent sur des thèmes précis (Clausewitz, l'impérialisme allemand, les causes de la Première Guerre mondiale, le rapport entre guerre et économie). On se fait alors une idée plus nette de la « diplomatie scientifique » que Schmitt a dû déployer pour pouvoir devenir, contrairement à son aîné, l'un des penseurs les plus discutés de son temps, alors qu'au fond il était d'accord avec la ligne de Delbrück, comme cela ressort de ses écrits d'après 1945.

Dans l'entre-deux-guerres, Schmitt ne s'attaque jamais au contresens que commet l'état-major allemand sur Clausewitz, contresens dévoilé « à ses frais » par Delbrück. Il a attendu que le « grand glissement de terrain [2] » (*der grosse Erdrutsch*) se produise et que le « mythe Clausewitz » des conservateurs et de l'armée soit englouti dans la catastrophe de la Seconde Guerre mondiale pour livrer des textes importants, qui le placent enfin ouvertement dans la ligne de Delbrück [3]. En 1962, en effet, dans son essai sur Clausewitz, Schmitt montre bien que l'officier prussien n'est pas un stratège qui prône la guerre d'anéantissement dans tous les cas, mais un « penseur *politique* » qui a compris que la grande force de Napoléon était l'armée gratuite qu'avait mise à sa disposition la Révolution française. Dans la *Théorie du partisan*, Schmitt prend comme point de départ les écrits du jeune Clausewitz sur la guerre populaire, choix qui aurait semblé inacceptable à l'état-major allemand dans l'entre-deux-guerres, puisque le Clausewitz d'avant 1819, attaché à la *Landwehr*, l'élément démocratique

1. A. Bucholz, *Hans Delbrück and The German Military Establishment*, Iowa City, University of Iowa Press, 1985, p. 148-151.

2. Expression qu'il emploie dans une lettre adressée au juriste internationaliste Axel von Freytagh-Loringhoven, datée du 19 août 1942. *Hauptstaatsarchiv* de Düsseldorf, *Arch* RW 265-13007.

3. Voir *Théorie du partisan*, Paris, Flammarion, 1992, p. 239-254 ainsi que « Clausewitz, penseur politique », *GCM*, 1967, p. 85-111. Le titre de l'essai sur Clausewitz est à lui-même un manifeste.

de l'armée prussienne, décrit la misère sociale et n'a pas encore opéré son tournant conservateur : ses réflexions politiques ont encore pour objet le peuple plutôt que l'État[1]. En outre, un point de départ essentiel de Schmitt est la lecture que Lénine fait de Clausewitz[2], autre point inacceptable pour les militaires.

GUERRE ABSOLUE, GUERRE D'ANÉANTISSEMENT, GUERRE TOTALE

Ici des éclaircissements sont nécessaires sur le sens des notions de « guerre absolue » (*absoluter Krieg*, concept de Clausewitz), de « guerre d'anéantissement » (*Vernichtungskrieg*) et de « guerre totale » (*totaler Krieg*). Il est difficile de dissocier le sens de ces termes des controverses au cours desquelles ils sont nés, qui leur donnent un aspect fluctuant et « signé ». Le terme de « guerre totale » vient de l'Action Française. C'est Léon Daudet, proche de Charles Maurras, qui a lancé l'expression, comme le rappelle Schmitt dans « Totaler Feind, totaler Krieg, totaler Staat[3] ». Ludendorff l'a reprise dans un livre fameux, *Der totale Krieg*, paru en 1935. Schmitt présente ses réflexions sur la guerre totale comme un prolongement des analyses de ces auteurs. Dans les écrits de Schmitt l'expression de « guerre totale » apparaît en 1937. La guerre totale est l'objet d'une série de textes que le juriste a écrit à des intervalles très rapprochés[4]. L'expression disparaît presque complètement de ses textes après 1945. Les analyses portant sur la guerre totale représentent donc une parenthèse assez courte dans la pensée de Schmitt. Et pourtant, la reconstitution génétique de la discussion autour de la guerre totale est très significative parce qu'elle ouvre à elle seule un chapitre de la pensée conservatrice

1. H. Münkler, *Über den Krieg*, *op. cit.*, p. 102.

2. C. Schmitt, *Théorie du partisan*, *op. cit.*, p. 254-260 ; « Clausewitz, penseur politique », *op. cit.*, p. 85.

3. *In* C. Schmitt, *Frieden oder Pazifismus ? Arbeiten zum Völkerrecht und zur internationalen Politik 1924-1978*, Günter Maschke (hsgb.), Berlin, Duncker & Humblot, 2005, p. 481. Selon Léon Daudet, l'expression de « guerre totale » était d'origine allemande. En réalité, c'est Robespierre qui a été le premier à l'employer, dans son discours du 26 mars 1792. Voir L. Daudet, *La guerre totale*, Paris, Nouvelle Librairie Nationale, 1918, p. 248 : « Qu'est-ce que la guerre totale ? C'est l'extension de la lutte aux domaines politique, économique, commercial, industriel, intellectuel, juridique et financier. »

4. « Totaler Feind, totaler Krieg, totaler Staat », 1937 ; « Du rapport entre les concepts de guerre et d'ennemi », 1938 ; « Völkerrechtliche Neutralität und völkische Totalität », 1938 ; « Die Raumrevolution. Durch den totalen Krieg zu einem totalen Frieden », 1940.

allemande, mais aussi parce qu'elle offre un éclairage particulier sur la « politique des sources » de Schmitt.

Günter Maschke observe avec justesse que Schmitt et Jünger n'ont pas réussi à donner un contenu précis à la notion de « guerre totale[1] ». Mais à notre avis, il ne faut pas chercher le sens de ce terme dans les seules définitions qu'en donnent Schmitt et Jünger. C'est le système entier des écarts que Schmitt et Jünger instaurent par rapport à Ludendorff, à Delbrück, etc. qui est significatif. Notre hypothèse est que les débats autour de ces termes (dont le sens ne s'est jamais vraiment fixé une fois pour toutes) peuvent être vus comme un pendant et une réaction, inadéquate et pathétique, aux importantes découvertes théoriques faites quelques décennies plus tôt par les économistes (Hobson) ainsi que par la gauche et l'extrême gauche, à savoir la théorie de l'impérialisme, dont il s'agissait d'intégrer indirectement les résultats. Nous verrons également que le dégagement de la notion de guerre totale précède une coupure et une bifurcation dans la pensée internationaliste de Schmitt, ce qui nous donnera l'occasion d'esquisser, à partir de ce « point haut », une périodisation de l'ensemble de sa pensée internationaliste.

1) *Il faut distinguer guerre d'anéantissement et guerre totale*, bien que les deux notions soient souvent confondues dans la critique antifasciste du « militarisme prussien » et de l'impérialisme. L'état-major allemand, pendant les deux guerres mondiales, avait pour doctrine de mener une guerre d'anéantissement. Elle eut lieu comme *Blitzkrieg* au début de la Seconde Guerre mondiale. C'est à Clausewitz et surtout à Moltke – le maître de Schlieffen, lui-même maître de Ludendorff – que les militaires faisaient référence pour assurer leur doctrine de la guerre d'anéantissement. *Vernichtung* chez Clausewitz ne signifie pas la destruction totale de l'ennemi. Le mot désigne l'état dans lequel l'ennemi ne peut plus poursuivre le combat : l'adversaire sans défense, jeté à terre, etc. Pour Clausewitz, le but de la bataille est de rendre les troupes ennemies incapables de riposter, afin de contraindre la volonté de l'ennemi. Moltke, qui était l'artisan des victoires allemandes de 1866 et de 1871, était lui aussi convaincu que le but premier de la guerre était d'anéantir l'armée ennemie, et non de conquérir les esprits, de renverser le régime ou de détruire l'économie du pays ennemi. Ni Clausewitz ni Moltke n'incluent la guerre idéologique ou la guerre économique dans leur concept de guerre d'anéantissement. La guerre d'anéantissement est une stratégie. Elle peut

1. Cf. *FP*, p. 504.

se dérouler dans le cadre du droit de la guerre classique. Elle prescrit d'éviter une guerre longue, l'offensive rapide devant compenser l'infériorité militaire. Le virage vers la guerre totale pendant les deux guerres mondiales n'a pas résulté d'une stratégie d'anéantissement, mais, au contraire, du fait que celle-ci n'a pu être appliquée jusqu'au bout [1].

Delbrück oppose la *Niederwerfungsstrategie,* autre nom de la guerre d'anéantissement, à l'*Ermattungsstrategie*, la guerre d'usure. Mais son cadre reste toujours l'art de la guerre dans les formes au sens de Clausewitz. Partisan de la guerre limitée, Delbrück a reproché à l'état-major allemand d'avoir suivi une stratégie d'anéantissement contre l'Angleterre en 1917-1918 au moment où les Britanniques se ralliaient à une stratégie de guerre limitée [2]. Il n'a pas perçu le phénomène de la guerre impérialiste. Pour lui l'intensification de la guerre (lors de la Première Guerre mondiale) a pour cause les erreurs de l'état-major, son manque de sens politique et sa mégalomanie. Il ne perçoit pas que les notions de « stratégie », de « tactique », et « d'art de la guerre » sont en train de changer de sens par rapport à l'âge du *Jus publicum europaeum,* et que cela ne dépend pas seulement des décisions des généraux. À cet égard, comme l'a montré Ludwig Dehio, Delbrück reste un « néo-rankien ».

2) En dépit de ce qu'affirmait l'état-major allemand, *la « guerre absolue » de Clausewitz et la guerre d'anéantissement ne se recouvrent pas*. Jusqu'en 1945, l'Académie militaire allemande encense Clausewitz pour avoir mis à jour l'idée que la seule forme adéquate de la guerre était l'anéantissement (*Vernichtung*) d'une armée par l'autre durant la bataille. Les choses sont complexes chez Clausewitz lui-même et les spécialistes ne sont pas d'accord sur le sens à donner à sa notion de guerre absolue [3] : certains y voient un idéaltype (la tendance de toute guerre à déchaîner la violence illimitée), d'autres une description de la guerre napoléonienne. Dans la première version de son livre majeur, *De la guerre*, Clausewitz identifie la guerre napoléonienne et la guerre absolue. L'obsession de Napoléon pour la bataille décisive est, semble-t-il, ce qui fait dire à Clausewitz que depuis Bonaparte la guerre s'est grandement rapprochée

1. Voir P. Kondylis, *Theorie des Krieges : Clausewitz – Marx – Engels – Lenin*, Stuttgart, Klett-Cotta, 1988, p. 17 *sq*.

2. H. Delbrück, *Ludendorff's Selbstporträt*, Berlin, Verlag für Politik und Wirtschaft, 1922, p. 49-51.

3. Selon Raymond Aron la « guerre absolue » de Clausewitz est un *idealtype*, pour Panajotis Kondylis et Emmanuel Terray en revanche, elle renvoie à une forme historique de guerre, la guerre napoléonienne.

de sa vraie nature. Mais le concept se modifie ensuite. Suite à la découverte qu'il expose dans le livre VIII de son ouvrage, en fonction de laquelle il voulait tout réécrire et qu'il a eu le temps de reprendre dans le livre premier, Clausewitz abandonne le terme de « guerre absolue ». Sa découverte était que le concept de guerre ne peut recouvrir aucune guerre réelle, les guerres réelles pouvant tout au plus s'approcher du concept de guerre. Il ne parle plus alors que du concept « abstrait », « imaginaire », « pur » de guerre, par opposition au concept « concret », « relatif », ou « attenant à la réalité ».

L'armée allemande ne voyait pas dans la « guerre absolue » de Clausewitz un idéaltype comme Raymond Aron, ni une transformation historique de la guerre comme l'historien Hans Delbrück, mais une stratégie de la guerre-éclair. Pendant et après la Première Guerre mondiale, une controverse virulente eut lieu entre l'historien Hans Delbrück et Ludendorff. Delbrück est aujourd'hui considéré comme l'un des pères de l'histoire militaire moderne, mais il a fallu attendre le second après guerre pour que son point de vue trouve une large audience. Membre du parti des conservateurs libéraux (*Freikonservativen*) depuis 1882, Delbrück a constamment critiqué le militarisme et le nationalisme de l'époque wilhelmienne. La controverse avec Ludendorff a été ruineuse pour lui. Les plus grands historiens de son temps se sont expressément désolidarisés de sa théorie, Meinecke compris (qui n'avouera qu'en 1946 que Delbrück avait raison).

Pour Delbrück, Ludendorff commettait un contresens quand il déduisait du concept clausewitzien de « guerre absolue » l'idée de la nécessité de la guerre d'anéantissement (*Vernichtungskrieg*) et de la guerre totale au sens de la subordination du gouvernement civil aux militaires en temps de guerre. Ludendorff avait prôné la tactique d'anéantissement, en 1916 à Lodz contre les Russes et à Verdun. En 1917, il avait approuvé la guerre sous-marine à outrance contre les Anglais. La légende du « coup de poignard dans le dos » qu'il a lancée après la guerre lui permettait de faire croire que la défaite militaire avait pour cause une trahison de ses ennemis politiques, les socialistes et les spartakistes. C'est alors que Delbrück a dénoncé l'absence de sens politique de Ludendorff et de l'état-major dans son ensemble[1], affirmant que la défaite avait pour cause l'infériorité militaire de l'Allemagne (mal évaluée par les militaires) et sa politique agressive, et non la « démission » du peuple et la trahison de la gauche.

1. H. Delbrück, *Ludendorff's Selbstporträt*, *op. cit.*

L'histoire militaire telle qu'on l'enseignait à l'Académie militaire présentait une stratégie « vraie », intemporelle, indépendante de la politique et de la société, que Clausewitz passait pour avoir révélée. La légende des conservateurs consistait à faire comme si toutes les défaites qu'avait connues l'Allemagne depuis le XIXe siècle étaient dues à des contresens sur Clausewitz. Dès ses premiers livres, parus au tournant du siècle, Delbrück s'est attaqué à l'interprétation unilatérale de Clausewitz de l'état-major allemand. Démontrant que les officiers projetaient en fait la stratégie du présent sur le passé, il a souligné que la guerre d'anéantissement (*Vernichtungskrieg*) n'était pas la seule forme possible de la guerre. Celle-ci supposait la rencontre sur le champ de bataille entre deux armées professionnelles, phénomène relativement récent. Dans la perspective de Delbrück, Clausewitz cherche en premier lieu à démontrer qu'une théorie déductive de la guerre n'est pas possible. Le but de la théorie selon Clausewitz ne peut pas être d'édicter une stratégie vraie, détachée de la politique (une instruction). Le but est d'éduquer l'initiative (une éducation). Même l'art napoléonien de la guerre est singulier, valable dans certaines circonstances, et non la « stratégie vraie » comme l'enseignaient les officiers allemands depuis la fin du XIXe siècle.

3) Il reste à montrer que la guerre totale de Ludendorff (*Der totale Krieg,* 1935) et celle de Schmitt et Jünger ne se recouvrent pas. En 1937, Schmitt accepte de citer d'une même haleine la « guerre absolue » de Clausewitz, la « guerre totale » de Léon Daudet, celle de Ludendorff (*PB* : 268 ; *FP* : 481) et la sienne propre. Néanmoins, la série de références dans le prolongement desquelles Schmitt place ses réflexions sur la guerre totale ne coïncide pas avec le contenu qu'il donne à cette notion. En effet, le juriste a beau se référer à Ludendorff, ce qu'il entend par guerre totale a peu de chose en commun avec la pensée du général, et son interprétation de Clausewitz n'est pas compatible avec celle des militaires.

Dans un essai paru en 1930 intitulé *La mobilisation totale*, Ernst Jünger observe que depuis la fin du XIXe siècle, la guerre n'est plus réservée à la noblesse et n'est plus financée par un trésor de guerre, mais suppose la tension de toutes les forces économiques. La guerre devient le gigantesque procès du travail dans son ensemble : le travailleur est mobilisé autant que le soldat[1]. L'introduction du service militaire obligatoire, la levée en masse n'a d'abord changé les choses qu'en surface. Jusqu'à la fin du

1. E. Jünger, « Die totale Mobilmachung », in *Blätter und Steine*, Hamburg, Hanseatische Verlagsanstalt, 1942, p. 131.

XIXe siècle la mobilisation est restée partielle, la guerre a gardé les formes de la guerre de cabinet. La tactique restait mobile, les moyens et les coûts de la guerre calculables [1]. Mais peu à peu, ce n'est plus seulement l'attaque mais aussi la défense qui a supposé des efforts gigantesques. Le calcul de coûts, des moyens, en bref, la prévisibilité de la guerre n'ont plus été uniquement du ressort des ministres de la guerre et des états-majors, ils sont devenus le terrain des économistes. L'économie de guerre est devenue l'économie tout court.

Après Jünger, dans les années 1937-1940, Schmitt écrit une série de textes sur la guerre totale. Il considère, comme son ami, que c'est avec la Première Guerre mondiale que la « guerre totale » a commencé. Il définit celle-ci à plusieurs reprises, donnant l'impression qu'il est à chaque fois insatisfait de ses définitions précédentes et qu'il cherche ce qu'il veut dire. Plus qu'une définition véritable, on a une série de réajustements. Nous isolons en fait un noyau stable quand nous disons que Schmitt définit la guerre totale comme « extension de la lutte hors des secteurs militaires (la propagande, l'économie) » [2], comme « guerre à l'ère de l'industrialisation intensive » [3], ou comme guerre « dont la paix se pose en terme de restructuration sociale et économique [4] ». En fait Schmitt donne aussi d'autres définitions qui s'écartent de celles-ci, que nous n'allons pas répertorier ici. Dans une lettre à Jean-Pierre Faye du 5 septembre 1960, Schmitt s'explique :

> La formule « guerre totale » (*totaler Krieg*) découlait de deux transformations du droit international : a) du problème du désarmement, consécutivement à l'extension illimitée de la notion de « *potentiel de guerre* », puisque finalement *tout* pouvait devenir potentiel de guerre, et b) de la notion de contrebande, qui s'était étendue au point que finalement *tout* pouvait devenir contrebande [5].

La « contrebande » généralisée, c'est bien ainsi que Schmitt voyait la nouvelle guerre économique.

Notons que les définitions de Jünger et de Schmitt rendent caduques les injonctions de Ludendorff sur la subordination « impérative » du gouver-

1. *Ibid.*, p. 129-130.

2. C. Schmitt, « Über das Verhältnis der Begriffe Krieg und Feind », *FP*, 1938.

3. « Die Raumrevolution. Durch den totalen Krieg zu einem totalen Frieden », *SGN*, p. 389.

4. *Ibid.* ; *Glossarium*, p. 269.

5. Schmitt souligne. Cette lettre est reproduite *in* C. Schmitt, A. Mohler (hsgb.), *Briefwechsel mit einem seiner Schüler*, *op. cit.*, p. 417.

nement civil au commandement militaire. C'est en fait le militarisme et l'impérialisme modernes qu'Ernst Jünger et Schmitt désignent sous le nom de « mobilisation totale » et de « guerre totale ». Alors que la notion de Ludendorff est normative, on l'a dit (il faut que le peuple entier soit mobilisé – il aurait dû l'être –, il faut que le gouvernement civil se soumette au commandement militaire en temps de guerre, etc.), le concept de guerre totale de Jünger et de Schmitt se place sur un autre plan, celui non des prescriptions stratégiques mais des faits. Schmitt et Jünger ne *recommandent* pas la guerre totale, ils constatent que la guerre est *devenue* totale. Les deux auteurs constatent que la guerre totale abolit la stratégie : la politique n'est plus l'art du possible (Bismarck)[1]. La description de la guerre totale n'empêche d'ailleurs pas Schmitt de faire l'éloge de la guerre limitée.

PÉRIODISATION I

On est maintenant en mesure de distinguer quatre périodes de la pensée internationaliste de Schmitt :

1924-1937

Jusqu'à la rédaction de *Die Wendung zum diskriminierenden Kriegsbegriff*[2], en octobre 1937, Schmitt critique sans relâche le libéralisme et le pacifisme des juristes. Il dénonce la pacification précaire entreprise par la SDN et les techniques nouvelles dans la conclusion des traités, qui finiront par mettre un terme à l'ère des alliances ponctuelles et par normaliser les institutions internationales permanentes. Cette première période de la pensée schmittienne peut se lire comme une défense de la souveraineté (identifiée à la réalité) : l'État-nation continue à ses yeux d'être la base du droit international. Le cosmopolitisme et le pacifisme affichés du nouveau droit international ne sont pour le juriste qu'une forme de bonne conscience : ils fournissent des masques et des fictions, font de

1. E. Jünger, « Die Totale Mobilmachung », *op. cit.*, p. 130 ; Schmitt, *Glossarium*, p. 7.

2. Cf. *Le passage au concept de guerre discriminatoire*, trad. française par R. Kolb, Paris, Pédone, 2009. La traduction la plus juste du titre serait : « Le passage au concept discriminatoire de guerre », et ceci du point de vue de l'exactitude grammaticale comme du point de vue conceptuel. Pour Schmitt en effet, le « concept de la guerre » est aussi d'une certaine façon une norme (non neutre), même s'il ne s'agit pas d'une norme directement morale, puisque, on l'a compris, la guerre exclut pour lui la disqualification de ses participants, en particulier leur criminalisation, soit leur inscription dans une perspective apocalyptique de combat entre le Bien et le Mal.

l'hostilité politique un tabou et la nient au lieu de la combattre. Sans qu'elle cesse toutefois d'exister sous sa vieille forme de guerre entre États.

Pendant ces années Schmitt réfléchit sur l'impérialisme, plus réel selon lui que les « mythes réalisés » des libéraux et des pacifistes, mais sans toutefois se déprendre du nationalisme. Il coule les données nouvelles sur l'impérialisme moderne dans le moule de l'idéologie nationaliste : il affirme que les « méthodes indirectes » (économiques) de la guerre moderne, le remplacement de l'annexion et de la conquête par le contrôle économique, sont des méthodes *anglaises*[1].

L'année 1933, année où il devient membre du parti nazi, est très certainement une coupure dans la vie de Schmitt. Mais 1933 n'est pas une coupure théorique dans sa pensée internationaliste. On peut toutefois noter que les références marxistes disparaissent dans la version de 1933 de *La notion de politique*. Elles ne réapparaîtront dans les textes publiés de Schmitt que vingt ans plus tard, en 1953, dans « Prendre/partager/paître ».

1937-1945

À partir de 1937, un tournant a lieu dans la pensée internationaliste du juriste. Ce sont les années très fécondes de la genèse et du remaniement de la théorie des grands espaces (1re version en 1939, dernière version en 1941). On peut repérer deux tendances contraires et simultanées dans les écrits de cette période, période de « travail » intense de la pensée schmittienne, période aussi de tensions fortes au sein de sa théorie, période enfin de refondation. D'un côté, la position souverainiste de la période précédente se durcit. D'un autre côté s'amorce une profonde révision de celle-ci. Le terme de « guerre totale » remplace le mot « impérialisme » dans les écrits de Schmitt (première tendance). Mais une série de textes expérimentaux mènera à la théorisation des grands espaces et à l'abandon du cadre de l'État-nation (seconde tendance).

En appelant l'impérialisme « guerre totale », à partir de 1937, Schmitt a tenté de proposer une alternative théorique aux théories de l'impérialisme des marxistes, mais il a échoué. La notion de « guerre totale » s'est révélée être une impasse et une pure variante terminologique. Depuis 1931, l'« État total » désignait chez Schmitt l'État social et non l'État totalitaire ou la dictature d'un parti unique. Schmitt interprète l'État social non comme une solution mais comme un *dépeçage* de l'État-nation par les

1. Voir notamment « Die Rheinlande als Objekt internationaler Politik », *FP*, p. 34 ; « Völkerrechtliche Probleme im Rheingebiet », *FP*, p. 263, « Totaler Feind, totaler Krieg, totaler Staat », *FP*, p. 484.

forces indirectes du marché. L'État est total « par faiblesse ». Pourquoi le qualifier de « total » dans ce cas ? C'est que l'épithète « total » consigne la *défaite* de l'État face au capitalisme. Cela permet de réactiver le conflit entre nationalisme et socialisme, qui en est l'arrière-plan.

Rien n'obligeait Schmitt à donner à la guerre économique, qu'il a reconnue comme la nouvelle forme dominante de la guerre au XXe siècle, le nom pessimiste et apocalyptique de « guerre totale ». S'il l'a fait, c'est qu'il identifiait encore dans les années 1930 la guerre économique à une guerre de l'Empire *contre l'État*, à la guerre « indirecte » des anglo-saxons contre l'Allemagne. D'où l'aspect paranoïaque d'une l'expression à travers laquelle se manifeste le pathos du déclin et de la persécution. Le cadre périmé de l'État-nation et de l'équilibre européen était maintenu dans sa négation comme cadre de référence. Les analyses sur la guerre totale sont en fait le dernier soubresaut de l'idéologie souverainiste de Schmitt, avant la tendance plus constructive de la théorie des grands espaces, plus inventive théoriquement, même si elle a eu idéologiquement la fonction très funeste de légitimer la politique expansionniste d'Hitler.

Par ses textes sur la guerre totale, Schmitt a poussé jusqu'à ses dernières conséquences la lutte du XIXe siècle entre nationalisme et socialisme, qui, historiquement, sont des adversaires. Par le terme de « guerre totale », l'impérialisme est condamné comme un « mal » qui porte la guerre nationale à son comble. La nation reste le cadre de référence rationnel, cadre par rapport auquel l'impérialisme est une forme d'excès et de déraison (une forme anglaise, une forme de déclin). La guerre totale est donc la forme la plus extrême que pouvait accepter l'idéologie souverainiste sans se renier elle-même. L'« Empire » était clairement le terme négatif malgré le « Reich ». Une guerre était mise en scène entre l'universel concret (l'État, au noyau éthique intact) et l'universel abstrait (l'Empire, l'économie). On avait encore la hantise de l'Empire des Habsbourg et du Saint-Empire, et la formation de l'État allemand au XIXe siècle était une victoire dont on se flattait encore. En conséquence, on peut penser qu'en recourant au terme de « guerre totale », Schmitt cherchait à nier le fait que, depuis un certain temps, les guerres étaient interimpériales. Il construit une défaite de la « vraie » nation (l'Allemagne, dont l'essence était la petite Prusse assiégée) contre l'Empire anglais, et appelle à la revanche. Le mythe d'une Allemagne sans Empire, qui venait notamment du fait que l'Allemagne avait tardivement pris part au partage de l'Afrique, jouait un rôle important. Carl Brinkmann relèvera la confusion en 1925 : peu de colonies (puis plus du tout à partir de 1919) ne signifie pas Empire faible à l'ère de l'impérialisme moderne et de l'exportation de capitaux.

Schmitt et Jünger ont caché qu'ils reprenaient en fait au camp adverse (l'économie, le marxisme) des analyses toutes prêtes, dont ils n'étaient pas les inventeurs. Ils ont repris le programme de recherche que Lorenz von Stein et Hans Delbrück avaient déjà adopté, quelques décennies plus tôt, en « compagnons de route » conservateurs des juristes libéraux (Stein) et de la gauche (Delbrück), puisque Stein comme Delbrück avaient déjà souligné la nécessité de prendre en compte les facteurs sociaux et économiques dans l'étude de la guerre. Mais tout ce que Stein et Delbrück avaient admis sobrement comme une nécessité méthodologique pour penser le présent, Jünger et Schmitt y voient une malédiction. D'où le recours à l'épithète « total », très péjoratif et profondément polémique. L'appellation « guerre totale » a surtout servi, semble-t-il, à surajouter un fort pathos aux constats faits sur un ton neutre et scientifique des Stein et des Delbrück, et à mettre l'accent sur le fait que les chercheurs étaient *contraints* d'adopter cette méthode d'analyse sociologique et économique de la guerre uniquement parce qu'on avait déjà essuyé une défaite face à la puissance transformatrice du socialisme, du capitalisme et de leurs idéologies. Carl Brinkmann a exprimé cela en disant que le concept de « société » était lui-même politique (ainsi que la sociologie dans son ensemble), parce qu'il était le fer de lance d'une lutte contre l'État, idée que Schmitt reprendra. L'idée de guerre totale est donc une façon d'enregistrer le programme énoncé sobrement par Stein et Delbrück en soulignant que le ton scientifique et neutre qu'ils adoptent est « touchant » peut-être (Schmitt à propos de Stein) mais faux, fondé sur un mauvais optimisme, parce qu'il prend comme principes certains un triste résultat, qui au fond aurait pu ne pas advenir, mais dont il faut commencer à reconnaître qu'il est irréversible : résultat du Déclin de l'Occident (Spengler), de la transformation de la *Kultur* en *Zivilisation*, ou de la crise nihiliste de l'Europe (Nietzsche).

Schmitt et Jünger rejoignaient Lénine sur un point, par rapport à l'approche « scientifique » et libérale de Delbrück. Comme Schmitt l'écrit en 1953 dans « Prendre/partager/paître[1] », la théorie de l'impérialisme de Lénine venait d'une forte indignation morale face à la rapine. De même, l'indignation morale est nettement perceptible chez Schmitt et Jünger. Mais les deux amis ne s'indignent pas de l'exploitation extrême que l'Europe inflige aux colonies. Ils sont révoltés par la « perte de noblesse » de la guerre. Alors que Lorenz von Stein mettait en garde, dans *Lehre vom Heerwesen*, contre le mauvais traitement des sous-officiers, alors que Delbrück dénonçait les mensonges du commandement militaire allemand

1. C. Schmitt, *La guerre civile mondiale*, p. 56.

et montrait quelles mystifications l'état-major avait diffusées pour masquer son impéritie, Schmitt et Jünger soulignent que la guerre a perdu sa substance éthique, son sens existentiel. C'est la fin de l'héroïsme et des vertus guerrières qu'ils regrettent devant l'arrivée des armes nouvelles et les « orages d'acier » qu'elles déclenchent. Ils regrettent moins la militarisation de la politique que la « réification » du fait guerrier. C'est de cet âge héroïque que Jünger prend congé dans ses livres, fin déjà annoncée comme irrémédiable par Hegel, comme le remarque Schmitt dans le *Glossarium* [1].

Il faudra attendre les textes de 1939-1941 [2] pour que Schmitt bascule hors de l'idéologie souverainiste et cherche la *rationalité de l'impérialisme* au lieu de le démoniser et de faire de l'État-nation le seul cadre rationnel possible de la politique. Juste après les textes sur la guerre totale, la théorie des grands espaces (1939-1941) tente de construire de façon plus optimiste le cadre des relations interimpériales au sens où celles-ci ne sont plus interprétées comme un complot contre l'État, ni uniquement comme une guerre, puisque Schmitt parle désormais d'ordre mondial et non plus de chaos.

Plutôt que de souligner l'aspect positif et politique de la démocratisation de l'armée, dans l'esprit de la Révolution française, comme le font chacun de leur côté et dans l'isolement le plus total Stein et Delbrück, qui tirent tous deux la conclusion qu'il est maintenant urgent de diffuser le savoir sur la guerre auprès de ces masses qu'on a armées afin qu'elles deviennent des « sujets conscients » de l'histoire et non de la chair à canon, Schmitt et Jünger ont donc regretté, eux, l'entrée des masses dans la guerre parce qu'elle lui faisait perdre sa noblesse. C'est cette nostalgie de l'ère héroïque qu'on retrouve dans les textes de Schmitt sur la piraterie, et plus tard dans *la Théorie du partisan*. Certainement, celle-ci est aussi à lire comme une célébration du retour de la guerre héroïque et de la guerre existentielle. Schmitt remarque avec soulagement que l'aspect « machinique » de la guerre n'est pas sa forme finale. En dépit de la bombe nucléaire qui aboutit (provisoirement) à une paralysie des adversaires, les petites guerres, les guerres secondaires ressurgissent. C'est le retour de l'art de la guerre et de son individualisme que Schmitt salue en 1963.

1. Schmitt note dans son journal que Hegel a bien vu que l'âge des héros était un âge préétatique et que l'État favorise l'extinction de l'héroïsme en faisant régner la paix et la sécurité. Cf. *Glossarium*, p. 236.

2. Voir notamment « Über die zwei großen "Dualismen" des heutigen Rechtssystems » (1939) ou « Raum und Großraum im Völkerrecht » (1940).

1945-1953

L'après-guerre est le moment de la composition (à partir d'articles écrits au cours de la période précédente) et de la publication de l'œuvre majeure de droit international de Schmitt, *Le nomos de la Terre,* paru en 1950.

Les crimes d'Hitler occupent la communauté internationale, auxquels répondent la fondation de l'ONU et les procès de Nuremberg. Schmitt n'a pas été jugé à Nuremberg, mais il a été interrogé par un ancien collègue qui avait émigré aux États-Unis, Robert Kempner, à la suite de quoi il est retourné vivre dans sa maison natale à Plettenberg. Il n'enseignera plus jamais. Ses articles de cette époque paraissent anonymement. Ses nouveaux textes restent souvent dans les tiroirs. Les événements avaient cruellement souligné l'écart au réel de la représentation d'une guerre totale économique et anglo-américaine. La guerre « la plus totale », c'est bien l'Allemagne qui l'avait menée, et non l'Angleterre ou les États-Unis. Et l'Holocauste n'avait pas été planifié à des fins économiques.

Le terme de guerre totale se trouve moins fréquemment dans les écrits de Schmitt après 1945. Deux termes s'y substituent : le terme *atrocities*, nom que le juriste donne à l'Holocauste dans des textes encore inédits ou parus à titre posthume (on notera qu'il emploie un mot anglais...)[1] et l'expression de « guerre juste » (*gerechter Krieg*). Le thème du retour de la guerre juste ouvre de nouvelles analyses, plus fécondes que celles sur la guerre totale et promises à une postérité plus grande. Nous le montrerons à propos de la lecture qu'il fait de Vitoria, la notion de « retour de la guerre juste », qui remplace la notion de « guerre totale » dans ces années-là, cesse d'être une *simple réaction* aux théories de la gauche. Elle deviendra une réponse inventive de Schmitt, mais au prix de plus vastes emprunts théoriques faits au camp adverse. Dans *Le nomos de la Terre*, Schmitt aura en effet adopté la théorie marxienne de l'idéologie et la théorie de l'impérialisme de Lénine au préalable (théories opératoires mais non thématisées dans son livre).

La punition des crimes du nazisme d'une part, la transformation réelle des normes internationales par le libéralisme et le pacifisme d'autre part font que le mépris à l'égard du droit supraétatique ne suffit plus. Depuis 1937, dans les textes de Schmitt, le droit international ne s'oppose plus à

1. *Das internationalrechtliche Verbrechen des Angriffskrieges und der Grundsatz "Nullum crimen, nulla poena sine lege"*, 1994 [1945], p. 16 ; *Entwicklung der internationalrechtlichen Pönalisierung des Angriffskrieges (1919-1939)*, *Arch* RW 265-19220, p. 33.

l'État-nation comme la fiction à la réalité : la réalité a changé, et le droit international en fait désormais partie. L'ONU ne se laisse pas « démonter » comme autrefois la SDN. Schmitt a pris acte d'une défaite de l'État-nation. La pensée de Schmitt s'est dialectisée au cours de la période précédente. Le juriste s'est ouvert à la pensée libérale (de certains grands juristes comme Lauterpacht, Scelle, Gierke). Il a appris quelque chose de ses adversaires. La conjoncture, mais aussi un travail dialectique dans la pensée de Schmitt marquent la coupure.

1953-1978

À maints égards cette dernière période de production renoue avec la liberté de ton de la première : le retour des références marxistes (à partir de « Prendre/partager/paître », 1953), le retour du *mot* « impérialisme », qui avait plus ou moins disparu de ses textes, en sont des indices. Une partie de l'autocensure de Schmitt est levée : il parle ouvertement d'un Clausewitz « politique », tabou dans l'entre-deux-guerres. Il donne des éclairages nouveaux sur ce qu'il a fait dans le passé, laissant entendre qu'il a en fait poursuivi la critique de l'économie politique dans la sphère du droit, comme G. L. Ulmen l'a montré[1] (la notion de « plus-value politique » apparaît dans « La révolution légale mondiale » en 1978). La *Théorie du partisan* expose les raisons pour lesquelles, face aux nouvelles guerres de partisans, le droit de la guerre sur terre tel qu'il a été codifié lors des Conventions de La Haye en 1899 et en 1907 est devenue caduque[2].

SOURCES DE DROITE, SOURCES DE GAUCHE : LA LOGIQUE CRYPTÉE DES SOURCES SCHMITTIENNES

Il est troublant de constater que dans les écrits de droit international de Schmitt, le terme « guerre totale » vient en fait remplacer le mot « impérialisme » à partir d'un moment précis (en 1937). Les écrits du juriste sur la guerre totale paraissent à un moment où celui-ci exhibe ses sources de droite et efface ses sources de gauche[3]. On peut penser que dans la substitution du terme de « guerre totale » à celui d'impérialisme à partir de

1. Gary. L. Ulmen, *Politischer Mehrwert. Eine Studie über Max Weber und Carl Schmitt*, Weinheim, VCH, Acta Humaniora, 1991, p. 407 *sq*.

2. Nous reviendrons plus en détail sur cette période dans notre quatrième partie.

3. Les références marxistes disparaissent dans la version de 1933 de *La notion de politique*. Elles ne réapparaîtront dans les textes publiés de Schmitt que vingt ans plus tard, en 1953, dans « Prendre/partager/paître ».

1937 culmine la tendance, présente chez Schmitt dès le début, à masquer une partie de ses sources. En effet, même quand il épouse les postulats d'Hilferding, de Lénine et de Rosa Luxembourg dans les années 1920, il recouvre systématiquement les sources marxistes d'autres sources issues du champ conservateur. Sur la question de l'impérialisme, il n'entre directement en discussion qu'avec des auteurs politiquement conservateurs, comme le juriste Triepel, l'économiste Schumpeter, son collègue de Bonn (qu'il estimait beaucoup), ou ses amis les économistes Werner Sombart et Carl Brinkmann. Il ne se référera ouvertement à *L'impérialisme, stade suprême du capitalisme* de Lénine qu'en 1953, livre qu'il connaît pourtant bien dès les années 1920. Dans ces années, il ne cite pas Lénine mais parfois les sources de Lénine, comme l'économiste anglais Hobson[1]. L'emploi récurrent du terme de « *Finanzcapital* » montre qu'il a en tête les textes de Rudolf Hilferding[2].

Dans ses premiers textes de droit international, Schmitt parle ouvertement d'« impérialisme[3] » sans abandonner, on l'a dit, son nationalisme méthodologique. À deux reprises, le juriste donne sa bibliographie sur la question de l'impérialisme. Il renvoie aux textes de Joseph Schumpeter, qu'il critique et à ceux de Carl Brinkmann, qu'il approuve[4].

Joseph Schumpeter

« La Rhénanie, objet de la politique internationale » (1925) de Schmitt contient une critique de l'essai sur l'impérialisme de Schumpeter. Celui-ci

1. « Der Völkerbund und das politische Problem der Friedensicherung », 1930, *FP*, p. 302.

2. Voir par exemple « Die Rheinlande als Objekt internationaler Politik », *FP*, p. 31.

3. Voir « Les formes de l'impérialisme en droit international moderne », 1932, mais aussi « La Rhénanie, objet de la politique internationale », 1925 ; « Die Kernfrage des Völkerbundes », 1926 ; « L'idée de raison d'État selon Meinecke », 1926 ; « Der Völkerbund und das politische Problem der Friedensicherung », 1930 ; « Der Völkerbund », 1930-1931 ; « Frieden oder Pazifismus ? », 1933 ; « Paktsysteme als Kriegsrüstung. Eine völkerrechtliche Betrachtung », 1935 ; « Grand espace contre universalisme », 1939 ; « Der Reichsbegriff im Völkerrecht », 1939 ; « Führung und Hegemonie », 1939 ; « Raum und Großraum im Völkerrecht », 1940 ; « Die Auflösung der europäischen Ordnung im "International Law" (1890-1939) », 1940 ; « Souveraineté de l'État et liberté des mers », 1941 ; *Völkerrechtliche Großraumordnung*, 1939-1941.

4. Voir « Die Kernfrage des Völkerbundes », 1926 et « Der Reichsbegriff im Völkerrecht », 1939. En 1926, il renvoie aux textes suivants : Joseph Schumpeter, « Zur Soziologie der Imperialismen », 1919 et Carl Brinkmann, « Die moderne Staatsordnung und der Kapitalimus », 1925 ; « Imperialismus als Wirtschaftspolitik », 1925. En 1939, Schmitt renvoie en outre aux deux textes suivants : Werner Sombart, « Das Wirtschaftsleben im Zeitalter des Hochkapitalismus », 1927 ; Heinrich Triepel, *Die Hegemonie : ein Buch von Führenden Staaten*, 1938.

affirme que la tendance à l'expansion violente des États est « sans but » et « sans objet ». Selon lui, elle n'est pas le résultat d'un calcul ni de la course « logique » au profit mais elle procède de la « routine » des castes militaires éduquées à faire la guerre[1], routine irrationnelle d'un point de vue économique. Loin d'être un « stade suprême » du capitalisme, l'impérialisme est alors présenté comme un atavisme qui provient non de la bourgeoisie et de l'industrialisation mais de l'absolutisme et de la caste des guerriers professionnels.

Comme de nombreux économistes libéraux et à l'encontre des marxistes pour qui le militarisme est une expression du capitalisme, Schumpeter conçoit la guerre comme l'effet d'une intervention politique. Il accepte la thèse d'Hilferding selon laquelle il existe une connexion causale entre capitalisme monopoliste et impérialisme, mais les monopoles sont à ses yeux le résultat de la politique protectionniste étatique, qui procède selon lui de la monarchie absolue. Pour prouver que la lutte des classes des pays capitalistes avait peu de chose à voir avec l'impérialisme, il affirme que l'exploitation coloniale était une exploitation de pays à pays et non de classe à classe. L'économiste en conclut que la conception économiste de l'histoire est invalidée par le fait de l'impérialisme[2].

En 1925, Schmitt formule une critique virulente des thèses de Schumpeter. Il répétera souvent qu'elles sont erronées. Or, pour les réfuter, il s'approprie sans le dire les arguments de Lénine ou Rosa Luxemburg, affirmant après eux que le capitalisme n'est pas par nature pacifique et que la guerre n'est pas l'effet de l'intervention extérieure de la politique et de la caste militaire dans l'économie. L'impérialisme n'est pas une survivance féodale. Au contraire, il correspond au moment où les nations dominantes atteignent le stade avancé de la compétition dans l'appropriation coloniale du monde. Schmitt objecte que de nouvelles formes de domination sont apparues, qui évitent la soumission politique ouverte et l'annexion. C'est le passage de la domination visible dans les colonies et les protectorats au « contrôle » indirect que, selon lui, Schumpeter n'a pas vu : au XXe siècle l'« étiquette de la souveraineté » continue à être attribuée au pays dominé, qui garde en apparence une politique extérieure autonome. Le respect des traités internationaux sert de façade aux intérêts privés et au capital financier. Ceux-ci vident le « pouvoir politique de son contenu » et font que les mots « indépendance », « liberté », « autodétermination »,

1. J. Schumpeter, « Zur Soziologie der Imperialismen », in *Aufsätze zur Soziologie*, Tübingen, J. C. B. Mohr (Paul Siebeck), 1953, p. 118 et p. 122.

2. *Ibid.*, p. 119.

« souveraineté » ont perdu leur sens ancien[1]. Comme aux pacifistes Schücking et Wehberg, Schmitt reproche à Schumpeter d'être obnubilé par le paradigme du « militarisme prussien » et d'être par là même aveugle à l'impérialisme économique.

Carl Brinkmann

Schmitt renvoie également aux écrits de son collègue Carl Brinkmann pour réfuter les thèses de Schumpeter. Ce renvoi est très utile pour « décoder » les sources réelles de Schmitt car l'économiste est beaucoup plus franc que le juriste dans son rapport à ses sources. Il a beau être politiquement conservateur, il parle ouvertement de toutes ses sources, mêmes quand elles sont de gauche. La lecture de Brinkmann acquiert ainsi pour nous une valeur de test. Alors que Schmitt adopte les règles théoriques de la théorie marxiste de l'impérialisme en prenant bien soin d'en changer les règles terminologiques (il rebaptise tour à tour l'impérialisme « guerre totale », « prise », « lignes d'amitié », « *cujus regio ejus economia* » selon les périodes), Brinkmann emploie sans complexes le vocabulaire des marxistes. Il qualifie directement la théorie de Schumpeter de « libérale et intenable », d'« idéologie bourgeoise[2] ». Il écrit que le marxisme a mieux compris l'ordre économique mondial que « les libéraux à la Schumpeter » qui postulent une économie mondiale harmonieuse. Les marxistes, écrit-il, sont également plus lucides que les néo-mercantilistes conservateurs qui critiquent le marché libre à l'intérieur mais approuvent l'impérialisme économique à l'extérieur[3]. Brinkmann n'hésite pas à dire que « la lutte des classes mondiale est de plus en plus la politique mondiale[4] » et qu'« Hilferding et Rosa Luxemburg ont dit l'essentiel à ce sujet[5] ».

D'après lui, c'est sur la question du rapport entre l'économie et la guerre que les marxistes sont incontournables. Il recommande à la théorie économique de s'inspirer d'eux : au lieu de toujours considérer la guerre comme destructrice de l'économie, elle devrait comprendre que sa violence a une fonction qui est aussi créatrice. Brinkmann reprend la thèse de la « destruction créatrice » de Werner Sombart et de Schumpeter, mais

1. « La Rhénanie, objet de la politique internationale », *FP*, p. 28 *sq*.

2. C. Brinkmann, « Imperialismus als Wirtschaftspolitik », in *Festgabe für Lujo Brentano zum 80. Geburtstag*, München, Leipzig, Duncker & Humblot, 1925, p. 80.

3. *Ibid*., p. 81.

4. *Id*., « Die moderne Staatsordnung und der Kapitalismus », *in* C. Brinkmann et G. Albrecht (hsgb.), *Grundriss der Sozialökonomik*, vol. 4, Tübingen, J.C.B. Mohr (Paul Siebeck), 1925, p. 62.

5. *Id*., « Imperialismus als Wirtschaftspolitik », *op. cit*., p. 95.

aussi la critique qu'adresse Engels à la théorie de la violence de Dühring[1]. La guerre, dit-il, tout à fait à la manière d'Engels, est trop souvent comprise de façon fataliste et sentimentale comme une cause première et non comme un facteur de l'économie mondiale. Aussi est-il urgent aux yeux de Brinkmann, que la théorie économique de son temps se mette à l'école du marxisme, qu'elle apprenne à traiter l'économie étatique sous l'angle réservé jusqu'alors à l'économie privée, c'est-à-dire sous l'angle de l'égoïsme et de la volonté de puissance[2]. Bien plus qu'une technique ou un problème de politique douanière, le protectionnisme concerne selon lui le cœur de l'État-nation. « L'impérialisme est l'*intensité politique et militaire* de l'État et non seulement une quelconque expansion à l'extérieur, sur la scène de l'économie mondiale, de sa puissance[3] ».

Sur la question de l'impérialisme, ce sont à ces textes de Brinkmann que Schmitt renvoie systématiquement jusqu'en 1937, textes qu'il cite encore en 1953 dans « Prendre/partager/paître » et en 1978 dans « La révolution légale mondiale ».

On comprend ainsi que lorsque Schmitt accepte de citer d'une traite, en 1937, la « guerre absolue » de Clausewitz, la « guerre totale » de Léon Daudet et de Ludendorff[4] et la sienne propre, comme si ces idées étaient identiques, il s'agit d'une véritable compromission. Le juriste savait parfaitement que la filiation entre Clausewitz et Ludendorff reposait sur un contresens et que sa propre définition de la guerre totale était incompatible avec celle de Ludendorff. En 1937, Ludendorff soutenait Hitler, et l'on voit où mène ce cercle de références.

La géopolitique

Il est courant de dire que la géopolitique était une discipline « interdite » pour les marxistes, du fait qu'ils affirmaient le primat de l'économie et non un déterminisme spatial. La géopolitique allemande était une science de droite entre 1914 et 1939. En vérité elle n'était pas vraiment une science. Elle se caractérise au premier chef par son « flou » et son syncrétisme épistémologique[5]. Cette pseudo-science rendait de multiples services pratiques et idéologiques. Elle s'est mise au service du nationalisme et du

1. *Id.*, « Die moderne Staatsordnung und der Kapitalimus », *op. cit.*, p. 87.

2. C. Brinkmann, « Imperialismus als Wirtschaftspolitik », in *Festgabe für Lujo Brentano zum 80. Geburtstag*, *op. cit.* , p. 83.

3. *Ibid.*

4. C. Schmitt, *FP*, p. 481.

5. M. Korinman, *Quand l'Allemagne pensait le monde : grandeur et décadence d'une géopolitique*, Paris, Fayard, 1990.

nazisme sous la houlette de Karl Haushofer. Elle a surtout servi de courroie de transmission entre la géographie politique universitaire et les dirigeants politiques, qu'elle abreuvait en simplifications. Karl Haushofer raconte qu'il a apporté en mains propres à Hitler une anthologie de textes de l'un des pères de la géopolitique allemande, Friedrich Ratzel[1]. En fait l'élasticité des concepts de la géopolitique lui permettait entre autres choses de fondre la conception matérialiste de l'histoire aux considérations de la géographie politique. Karl August Wittfogel et Michel Korinman ont montré que c'était une vue trop rigide de les opposer[2].

Avant d'être développée par Hilferding, Lénine et les autres, la connexion entre la guerre et l'économie établie par Engels a été très tôt « reçue » par l'inventeur du terme de géopolitique, le suédois Rudolf Kjellén, sur lequel Schmitt a écrit un article. *Die Großmächte der Gegenwart*, livre de Kjellén qui a rencontré un écho considérable pendant la Première Guerre mondiale et qui faisait écho à dessein dans son titre aux *Grossen Mächte* de Ranke, a servi de manifeste à plusieurs générations d'historiens. Kjellén y dessine la nouvelle situation de la politique mondiale à partir de l'industrialisation accélérée, de la formation d'une économie financière et de conflits massifs qui traversent le marché du travail.

Les juristes internationalistes de Weimar étaient ouverts à la géopolitique. Schmitt pouvait se servir de cette discipline neuve comme d'un habit pour introduire certains pans du matérialisme historique dans le droit international. C'est la fonction élastique des concepts de la géopolitique qu'utilise Schmitt plus qu'autre chose. La géopolitique lui permet de revêtir d'un vocabulaire non matérialiste un contenu matérialiste et d'opérer un habillage géographique d'idées marxistes. N'a-t-il pas affirmé que les « prises de terres » avaient pris fin, et que les mutations économiques étaient devenues plus importantes que les transferts de territoire[3]? Dans « Raum und Großraum im Völkerrecht » (1940) par exemple, le juriste écrit que « l'une des tâches de la science du droit international est de repérer et d'interpréter de nouveaux principes » à partir

1. De même qu'Hitler était un lecteur occasionnel de Friedrich Ratzel, Guillaume II était un lecteur de l'Américain Mahan.

2. Sur le rapprochement entre Karl Haushofer et le marxisme voir K. A. Wittfogel, « Geopolitik, geographischer Materialismus und Marxismus », *in* J. Matznetter (hsgb.), *Politische Geographie*, Darmstadt, Wissenschafliche Buchgesellschaft, 1972, p. 211 *sq.* ; sur Kjellén et le marxisme, voir T. Schieder, *Staat und Gesellschaft im Wandel unserer Zeit*, München, Oldenbourg, 1970, p. 89-90.

3. Voir par exemple *NT*, p. 245.

de la « nouveauté de la situation politique[1] ». Il cite Friedrich Ratzel et Friedrich Naumann. Il n'en reste pas moins que ce sont les recherches de Rosa Luxembourg sur la structure politique de l'impérialisme qu'il « fait passer » à cette occasion, et non l'organicisme de Ratzel. Il affirme que le sol extra-européen est le « grand réservoir (*das große Reservoir*) grâce auquel les peuples européens équilibrent leur conflits », par « les compensations et l'impunité qu'il offre[2] ». Dans *Völkerrechtliche Großraumordnung*, il montre que les rapports entre les États européens sur le sol européen ne sont pas séparables de l'appropriation des terres non européennes et répète trois fois que : « La colonie est le fait spatial fondamental (*raumhafte Grundtatsache*) du droit international européen tel qu'il s'est développé jusqu'à nos jours »[3]. Dans *Le nomos de la Terre*, il écrit que « d'immenses espaces libres rendirent possibles et portèrent le droit intérieur d'un ordre interétatique européen » (*NT* : 182) et que « les guerres entre grandes puissances gardiennes d'un certain ordre spatial peuvent faire éclater cet ordre si elles ne sont pas menées pour un espace libre et dans un espace libre » (*NT* : 186).

Schmitt conçoit donc le sol libre non européen comme la condition réelle de la guerre limitée de l'espace européen. Il a appris chez les théoriciens marxistes que la dépendance fondamentale du capitalisme vis-à-vis d'un monde non capitaliste est le cœur de l'impérialisme, que le processus historique de l'accumulation du capital repose sur l'existence de couches sociales non capitalistes, si bien que l'impérialisme est l'expression politique de l'accumulation du capital dans sa course pour s'emparer des restes du monde non capitaliste.

1. « Raum et Großraum im Völkerrecht», *SGN*, p. 234.

2. *Ibid*. p. 242.

3. « *Die Kolonie ist die raumhafte Grundtatsache des bisherigen europäischen Völkerrechts*", *Völkerrechtliche Großraumordnung*..., *SGN*, p. 310. Voir aussi p. 312, p. 313.

CHAPITRE II

SCHMITT LECTEUR DES JURISTES LIBÉRAUX

POURQUOI LES LIBÉRAUX ?

Dans une série de textes expérimentaux écrits à intervalles très rapprochés[1] (au cours de ce que nous avons défini comme la deuxième période de la pensée internationaliste schmittienne[2], qui va nous occuper dans cette section), Schmitt essaie de trouver une alternative à l'ordre étatique moderne. Cette série de texte s'ouvre avec *Le passage au concept de guerre discriminatoire* (1937-1938) et culmine dans « Changement de structure du droit international » et « Die letzte globale Linie » (La dernière ligne globale), tous deux parus en 1943.

La conférence sur les grands espaces (*Völkerrechtliche Großraum-ordnung,* 1939-1941) est le plus connu de ces travaux. Schmitt y fournit une légitimation à l'impérialisme allemand intra-européen et à la politique expansionniste d'Hitler. Il se fait le promoteur d'une « doctrine Monroe » allemande. Mais il tente également de dépasser la phase de critique du traité de Versailles et son attitude purement réactive face au droit international.

1. Il s'agit des textes suivants : « Über die zwei großen "Dualismen" des heutigen Rechtssystems », 1939, *PB* ; « Führung und Hegemonie », 1939, *SGN* ; « *Inter pacem et bellum nihil medium* », 1939, *FP* ; « Über das Verhältnis von Völkerrecht und staatlichem Recht », 1940, *FP* ; « Raum und Großraum im Völkerrecht », 1940, *SGN* ; « Die Auflösung der europäischen Ordnung im "*International Law*" (1890-1939) », 1940, *SGN* ; « Changement de structure du droit international », 1943, *GCM* et *MC* ; « Die letzte globale Linie », 1943, *SGN*.

2. Cf. *supra*, p. 183 *sq*.

L'idée que deux grands dualismes structurent le droit actuel est exprimée au moins à deux reprises, dans « Des deux grands dualismes du système juridique actuel » (1939) et dans « La dissolution de l'ordre européen dans l'"*International Law*" » (1940). Dans l'article de 1939, Schmitt parle des dualismes droit international/droit interne, droit privé/droit public. Dans le texte de 1940, ce second dualisme est remplacé par l'opposition entre droit et politique, qualifiée de « véritable constitution du droit international » moderne [1]. Ces dualismes sont tous conçus comme des ramifications du concept d'État souverain. Aux yeux de Schmitt, ils sont la structure profonde du droit international depuis le XIXe siècle plus encore que le principe de la sainteté des traités (*pacta sunt servanda*) ou les droits fondamentaux [2].

Dans ces textes expérimentaux des années 1937-1943, le juriste tente de mettre sur pied des expériences de pensée qui nous décentrent de notre pensée étatiste. Il essaye de faire sortir le droit privé de la position subordonnée qu'il occupe dans nos esprits, trop habitués à le situer à l'autre pôle d'un droit international conçu comme l'ordre public par excellence. Sans précédent chez Schmitt, ces réflexions aboutissent à la conclusion (dont la formulation la plus tranchante et la plus claire se trouve dans « Raum und Großraum im Völkerrecht » et dans *Le nomos de la Terre*) que l'opposition entre marché libre et sphère étatique interventionniste est périmée. La constitution libérale, écrit-il en 1940, assurait à l'Europe sa place au centre de l'économie mondiale au XIXe siècle *(SGN:* 249). Le juriste affirme que le constitutionnalisme libéral européen et la sphère privée libre ont, en dernier ressort, un sens *avant tout économique* et un sens *mondial*, dès le XIXe siècle : ils signifient la liberté de commerce au niveau mondial. Au XIXe siècle, le constitutionnalisme libéral garantit en premier lieu le caractère privé, non étatique du commerce, qui est le

1. « Ce n'est pas l'idée des droits fondamentaux des peuples ou des États, ni le principe plus ou moins tautologique "*pacta sunt servanda*" mais l'élimination du politique au sein d'une science hautement politique qui est la structure conceptuelle du droit international entre 1890 et 1939 », « Die Auflösung der europäischen Ordnung im "*International Law*" (1890-1939) », *SGN*, p. 381. Schmitt ne cesse de critiquer Alfred Verdross, qui fait du principe *pacta sunt servanda* le principe premier du droit international. Il écrit en 1951, dans le *Glossarium* : « Le crédit est l'essence du pacte. Le fondement du droit public est la situation de crédit, c'est-à-dire la paix ; le principe *pacta sunt servanda* n'est que le deuxième principe du droit et non un fondement. Le fondement est la paix, c'est-à-dire une situation. Le droit par la paix est raisonnable et convenable ; la paix par le droit est un désir impérialiste de domination », *Glossarium*, p. 316.

2. *Cf.* « Die Auflösung der europäischen Ordnung im "International Law" (1890-1939) », *SGN*, 1940.

fondement du commerce mondial libre. Schmitt affirme qu'une « ligne d'amitié » traverse les États, séparant la sphère étatique et le commerce privé *(SGN*; 249). Mais il poursuit en disant que ces deux sphères présupposent le commerce privé non étatique et il note qu'en droit international la neutralité juridique est l'expression du commerce libre. « Derrière la façade de l'étatisme exclusif des sujets de droit international et du dualisme strict entre droit international et droit interne, se met en place dans le domaine de l'économie un droit international en fait universaliste, sur la base de l'extension mondiale et cosmopolitique du droit constitutionnel libéral et démocratique » *(SGN*: 249-250).

Le commerce privé, conclut Schmitt, est un pont qui relativise la portée de la dichotomie en apparence si profonde entre droit interétatique et droit intra-étatique. Le commerce qui est à la fois privé et mondial fait de ce dualisme une simple façade *(SGN*: 250). Dans *Le nomos de la Terre*, Schmitt pousse encore plus loin cette réflexion (*NT*: 210-211, 233-234). « Plus ce dualisme strict entre intérieur et extérieur fermait les portes du côté du public, plus il devenait important qu'elles restassent ouvertes dans le domaine du privé et que subsiste une universalité, par-delà les frontières du domaine privé, en particulier économique. L'ordre spatial du *Jus publicum europaeum* en dépendait » (*NT*: 210-211).

Dans une lettre à Böckenförde, Schmitt fait remonter le dualisme strict entre droit international et droit interne aux traités d'Utrecht (1713), qui mettent fin à la guerre confessionnelle. Le théoricien classique de ce dualisme est Heinrich Triepel, avec son livre *Völkerrecht und Landesrecht* (1899), le chef de file des internationalistes anti-kelséniens entre 1918 et 1939. Finalement Schmitt clôt ces analyses, qu'il a poursuivies d'un texte à l'autre, sur l'affirmation, dans *Le nomos de la Terre*, que depuis le XIXe siècle, l'ordre mondial *est en fait une imbrication de deux ordres*, d'un ordre qui sépare intérieur et extérieur (le droit interétatique) et d'un autre ordre qui ne les sépare pas (l'*international law*, le droit international global) (*NT*: 234). Le standard de la constitution libérale, écrit-il, est commun aux deux. Il faut bien voir que ces propositions sont un véritable point d'aboutissement, qu'elles sont le terme d'un très long cheminement. Schmitt y prend congé de sa propre tendance néo-rankienne et souverainiste des années 1920. Il n'oppose plus l'État (allemand) à l'Empire (anglais) comme l'ordre à l'anarchie : il inclut la sphère étatique dans l'ordre commun et plus vaste de la constitution libérale. Le différend entre l'Angleterre et l'Allemagne, qui était si prégnant dans les textes de la plupart des historiens et des juristes dans les années 1920, est relégué au second plan. Les conflits interétatiques tombent en seconde position par rapport à « l'englobement économique[1] ». L'illusion du *Sonderweg* est défaite, et la nostalgie de l'équilibre européen paraît désormais purement réactionnaire.

Voilà le résultat auquel Schmitt parvient au terme d'un long parcours. Bien que le juriste soit souvent qualifié de souverainiste ou de nationaliste, sa pensée a évolué au cours du temps. Il a lui-même travaillé assez intensément à se déprendre de ses réflexes liés à la critique du traité de Versailles. L'écart entre le livre de Triepel *Die Hegemonie* (1938) et *Le passage au concept discriminatoire de guerre* (1937) qui paraît presque en même temps peut servir de point de repère pour mettre en avant le fossé, qui s'est agrandi au fil du temps, entre Schmitt et les internationalistes anti-kelséniens de son propre camp. Et en effet, on a d'un côté une conception ultra-classique qui continue à opposer État et Empire comme en 1800 et qui présuppose qu'il y a une continuité fondamentale entre l'Empire romain, le Saint-Empire et le *Commonwealth*, et de l'autre un chantier où tout est déconstruit…

Essentiel est le fait que Schmitt énonce sa proposition sur l'imbrication des « deux ordres » (l'ordre interétatique et l'ordre global qui l'englobe) une fois qu'il s'est ouvert à la pensée de juristes libéraux comme Scelle ou Lauterpacht, après avoir déclaré qu'il était nécessaire de chercher chez eux des « pistes » et des « leviers ». Cette ouverture à la pensée libérale peut sembler étrange de la part d'un contempteur du libéralisme. Comme Schmitt ne s'explique pas lui-même sur cet « écart », c'est au lecteur d'en retrouver le sens et les effets.

Les juristes positivistes centrés sur l'État (Triepel) et les nationalistes restent intellectuellement désarmés devant les formes fluides et démocratiques, les formes économico-juridiques de l'impérialisme moderne. La nouveauté de l'impérialisme moderne en effet vient de ce qu'il s'allie avec les formes *juridiques* de la démocratie et du parlementarisme. Ces juristes que Schmitt critique désormais sont ceux de son propre camp politique, ceux qui en outre étaient du même côté que lui dans le *Methodenstreit* des années 1920, et qui ont campé sur leur position purement défensive, impuissante, de laquelle il essaye de sortir[2]. Loin d'être perceptible immédiatement, l'impérialisme économique est invisible pour une certaine tradition politico-juridique. L'intuition de Schmitt qui prend corps

1. La notion d'englobement vient de François Perroux. Voir C. Schmitt, *GCM*, p. 143.

2. Voir la critique qu'il adresse à Triepel dans « Führung und Hegemonie », 1939, *SGN*, p. 225 *sq*. et dans *Le nomos de la Terre*, p. 234.

après 1937 est que concrètement, le droit international classique n'a rien à opposer à l'impérialisme.

Les positivistes partisans des traités commerciaux et des accords douaniers n'ont rien à répondre au *concept élargi de démocratie*[1] qui s'est mis à couvrir la régulation du commerce international depuis la Première Guerre mondiale. Ce concept élargi, comme le nomme Carl Brinkmann, n'a été dans nul domaine plus utile que dans la politique économique de la Première Guerre mondiale et de l'après-guerre. La régulation du commerce international n'était plus effectuée par les accords douaniers et les traités commerciaux, mais par les équilibres et les déséquilibres « libres » de l'économie privée, économie qui ne venait pas de la concurrence entre individus échangistes mais de grands monopoles.

Brinkmann a montré que la politique économique internationale a acquis un caractère juridique depuis la fin de la Première Guerre mondiale. Le changement d'époque se caractérise par le fait que la légalité internationale résulte moins d'une norme publique que de la percée indirecte de l'économie privée et de ses monopoles. L'économie se sert des méthodes « socialistes » de la contrainte étatique interne et externe pour affermir son pouvoir, mais rien n'empêche qu'elle ne se mette plus tard à revendiquer à nouveau sa « liberté » contre l'État et ne délaisse les formes « démocratiques » du droit international, que ce soit celle des accords douaniers, des traités de commerce, ou des institutions supra-étatiques.

Ainsi, on peut penser que l'avantage des juristes libéraux, et la raison pour laquelle Schmitt s'est tourné vers eux afin de refonder sa théorie, est qu'ils avaient opéré depuis longtemps un tournant vers le droit international. On pouvait leur reprocher leur optimisme, mais on ne pouvait pas leur reprocher, à eux, « cette insensibilité des juristes aux changements d'époque en général » (*NT* : 181).

Depuis le début des années 1920, Schmitt avait compris que l'idéologie parlementaire ou démocratique était devenue l'instrument de minorités aristocratiques au pouvoir. À la fin des années 1930, il remarque que le droit international classique est lui-même touché dans sa substance. C'est une *dégradation* du droit des gens classique en une simple façade idéologique qu'il diagnostique dès lors. Cette dégradation le gêne doublement : pour elle-même d'abord, et aussi parce que les défenseurs du droit classique, au XXe siècle, les tenants de la théorie dualiste de Triepel ou les nationalistes de toute tendance, ne l'ont pas perçue. Ils parlent du droit interétatique comme s'il existait encore et confondent le Saint-Empire et

1. C. Brinkmann, « Imperialismus als Wirtschaftspolitik », *op. cit.*, p. 85.

les Américains. Leur point de vue est devenu rétrograde. Autrement dit, le droit international au XXe siècle n'est plus un « nomos », il n'est plus en mesure de limiter les nouvelles guerres.

Ce serait ainsi à défaire les dualismes rigides *du positivisme juridique* que servirait chez Schmitt la pensée des juristes libéraux. Ces dualismes (droit public/droit privé, droit international/droit interne) conduisent à associer la domination impériale exclusivement à la violence légale ou illégale de l'État, à la conquête de territoires, à l'annexion, à l'oppression anti-démocratique, etc.

Schmitt ne lit pas les libéraux pour devenir libéral, il s'agit d'autre chose. D'ailleurs, il ne s'inspire pas seulement de libéraux comme Georges Scelle, Hersch Lauterpacht, ou Otto von Gierke, mais aussi d'un juriste comme Santi Romano. Il semble qu'en réalité l'important pour Schmitt soit de repartir du droit privé. Le tournant qui s'amorce dans les textes de 1939-1943 semble nous conduire ensuite jusqu'aux textes tardifs, détachés du point de vue étatiste, que sont la *Théorie du partisan* ou « La révolution légale mondiale ». G. L. Ulmen pourrait avoir raison quand il soutient que l'une des veines de la pensée schmittienne consiste à prolonger la critique de l'économie politique dans la sphère du droit [1].

Evgeny Pašukanis, l'un des juristes soviétiques les plus intéressants, offre des éclaircissements sur ce point. Schmitt a lu le livre majeur de Pašukanis, *La théorie générale du droit et le marxisme*, paru en 1924, comme le montre son exemplaire des archives [2]. Les mêmes sources apparaissent d'ailleurs dans l'ouvrage de Pašukanis et dans ce que nous avons appelé les textes expérimentaux de Schmitt. Dans *La théorie générale du droit et le marxisme*, quinze ans avant Schmitt, c'est avec Gierke, Duguit, et Hauriou que Pašukanis part à la recherche d'un droit pré-étatique et extra-étatique. Pendant longtemps le juriste soviétique le plus en vue jusqu'à ce que Vychinski l'inscrive dans la rubrique des traîtres (il a été exécuté par le régime stalinien), Pašukanis était partisan du « dépérissement de l'État », mais non du dépérissement du droit. Il se donnait pour tâche de penser un droit sans État. Schmitt allait annoncer solennellement, trois ans plus tard, que c'était la tâche du jour, au début de *La notion de politique* (« le concept d'État présuppose le concept de

1. Voir l'introduction de G. L. Ulmen, *Politischer Mehrwert. Eine Studie über Max Weber und Carl Schmitt*, *op. cit.*

2. Voir E. Pašukanis, *Allgemeine Rechtslehre und Marxismus : Versuch einer Kritik der juristischen Grundbegriffe*, Vienne, Berlin, Verlag für Literatur und Politik, 1929, *Arch* RW 265-23862.

politique »). Mais il a fallu attendre la fin des années 1930 pour que cette déclaration devienne un véritable programme de travail et que le juriste allemand s'attelle à la tâche dans ses textes de droit international.

Selon Pašukanis, il n'est pas nécessaire de partir du concept de norme comme loi autoritaire externe pour analyser le rapport juridique sous sa forme la plus simple. Le juriste soviétique soutient que le fondement du droit est le droit privé, il s'oppose au positivisme juridique qui fait dériver les règles juridiques de l'État. Il part de l'analyse marxienne de la valeur et la prolonge dans le domaine du droit, s'inspirant de Marx, qui, dans sa critique de la philosophie du droit de Hegel, puis dans le *Capital*, avait montré que le monde vécu est en fait un monde économico-*juridique*. Le fétichisme juridique est intrinsèquement lié au fétichisme économique. Le contrat est l'autre face de l'échange. Pašukanis est d'accord avec Marx sur ce point, mais sa pensée n'est pas anti-juridique comme celle de Marx. Le juriste soviétique soutient que l'obligation, sous sa forme la plus simple, vient non d'un impératif ou d'un commandement, mais qu'elle est issue de la volonté subjective, qui peut être désaliénée. Avec Marx, Pašukanis critique l'idéologie du sujet de droit. Le fétichisme juridique consiste à croire que l'individu échangiste est *par nature* porteur d'une volonté, qu'il est une personne. Mais il n'en conclut pas qu'il faut « éliminer » le droit.

Schmitt et Pašukanis s'accordent sur l'idée que l'État et la forme juridique ne sont pas seulement un reflet des besoins économiques, un instrument aux mains de la classe bourgeoise. Pour l'un comme pour l'autre, il est inacceptable de dire que le droit est bourgeois. Le droit n'est pas qu'un reflet des intérêts de classe de la bourgeoisie. Pašukanis écrit qu'il ne faut pas identifier la relation juridique à l'ordre juridique bien réglé de l'État bourgeois[1]. Quand cet ordre devient apparent (coalitions impériales des nations-Empires), il pense qu'on peut le défaire en rebroussant vers le fondement qu'est le droit privé.

Pašukanis récuse l'idée que la stabilité des rapports juridiques privés dans l'État moderne repose uniquement sur la police et les tribunaux. « Les dettes ne sont pas seulement réglées par les individus parce qu'elles seraient "de toute façon recouvrées" mais aussi afin qu'ils puissent conserver leur crédit pour l'avenir[2] ». « Historiquement et réellement, le concept d'acte juridique est issu du contrat[3] ». Le contrat n'est pas nécessairement issu de la sujétion, mais de l'espérance de « conserver un

1. E. Pašukanis, *La théorie générale du droit et le marxisme*, Paris, EDI, 1979, p. 124.
2. *Ibid.*, p. 79.
3. *Ibid.*, p. 110.

crédit pour l'avenir… ». Schmitt est proche de Pašukanis quand il écrit, en juin 1951, dans le *Glossarium* que « le crédit est l'essence du pacte. Le fondement du droit public est la situation du crédit, c'est-à-dire la paix ; le principe *pacta sunt servanda* n'est que le deuxième principe du droit et non un fondement » (*Gl* : 316).

Pašukanis est plus clair que Schmitt, et l'on comprend pourquoi : il n'a pas été décisionniste et nationaliste pendant des années. Mais on peut avancer l'hypothèse que ce que dit si clairement Pašukanis en 1924, c'est ce que cherche confusément à dire Schmitt en 1937-1939, quand il se tourne vers Santi Romano, Gierke ou Lauterpacht, qui mettent le droit privé au centre de leurs analyses ou soulignent le rapport fondamental entre l'aspect pré-étatique du droit privé et le droit international du XXe siècle en train de se faire.

On peut penser que c'est à force d'avoir pratiqué le droit international et non par une révolution abstraite de la méthode que Schmitt s'est défait peu à peu de son décisionnisme. Il semble en effet que le droit international soit devenu un terrain privilégié dans la pensée de Schmitt, qu'il ait cessé à partir d'un certain moment d'être seulement un terrain ajouté au droit public, comme c'était encore le cas dans les années 1920. Pašukanis a lui-même montré que le droit international moderne, parce qu'il ne connaît aucune contrainte organisée de l'extérieur, est un terrain privilégié pour prolonger la critique de l'économie politique dans la sphère du droit[1]. Si la racine du système du droit (et du droit privé) est l'échange et non l'autorité publique, repartir du droit privé, c'est relier le droit au monde de l'échange, c'est critiquer l'idéologie du sujet de droit. Comme le dit G. L. Ulmen, cela devient visible chez Schmitt après 1945. Mais il nous semble que ce mouvement s'amorce plus tôt, dans les textes de la fin des années 1930 et spécifiquement sur le terrain du droit international, à un moment de refondation de sa pensée, alors qu'en pleine incertitude (il ne sait pas par quoi remplacer l'État), il éprouve le besoin de s'appuyer sur les seuls juristes de l'époque qui avaient compris l'importance et la nouveauté du droit international (les libéraux).

1. *Ibid*, p. 79, p. 84.

DROIT INTERNATIONAL ET DROIT PRIVÉ. QUEL RAPPROCHEMENT ?

Hersch Lauterpacht

Dans *Le passage au concept discriminatoire de guerre* Schmitt rend hommage à l'internationaliste Hersch Lauterpacht (1897-1960). L'auteur de *The Function of Law in International Community* (1933), né en Galicie, enseigne à Cambridge dès 1937 et devient membre de la Commission du droit international de l'ONU et juge de la Cour internationale de Justice dans les années 1950. Il intéresse Schmitt dès les années 1930 parce qu'il donne une interprétation constructive du droit international contemporain. Schmitt dit prendre la pensée de Lauterpacht comme un symptôme : elle montre à ses yeux que le droit international est entré dans un nouveau stade (*WdK* : 8 ; *GD* : 83). Selon le juriste anglais, une constitution internationale n'est pas nécessaire : les textes fondateurs des institutions internationales peuvent rester des traités et non des lois. Les traités comme le Pacte de la SDN suffisent : ils sont contraignants et supérieurs aux traités ordinaires, comme en témoigne la doctrine Simson (1932) qui interdit de reconnaître les traités contraires à la charte de la SDN et au pacte Briand-Kellogg de 1928. C'est cette conception d'un droit international porté par les juges qui retient l'attention de Schmitt, qui rattache la pensée de Lauterpacht à la tradition typiquement anglaise du *common law* et du droit des juges. En effet, Lauterpacht détrône l'État au profit d'une *civitas maxima*, d'un *common law* et d'un pouvoir judiciaire international qu'il ne rattache à aucun pouvoir législatif.

L'article de Schmitt intitulé « Des deux grands dualismes du système juridique actuel » prolonge dans son inspiration une monographie fameuse de Lauterpacht, « Les sources de droit privé et les analogies de droit international[1] » (1927). Dans cette étude qui a fait date, Lauterpacht s'attaque à l'idée répandue chez les juristes positivistes selon laquelle le droit des gens classique aurait été fondé contre l'interprétation privatiste du droit. C'était une tradition bien établie de relever dans les œuvres de

1. H. Lauterpacht, « Private law sources and analogies of international law », 1927, in *International Law*, vol. 2 : *The Law of Peace*, Cambridge University Press, 1975, p. 173-212. Schmitt avait très certainement lu ce texte avant d'écrire « Des deux grands dualismes du système juridique actuel », non seulement parce qu'il a fait date, mais surtout parce qu'il est une source essentielle du livre majeur de Lauterpacht, *The Function of Law in the International Community* auquel Schmitt consacre une longue analyse en 1937-1938 dans *Die Wendung zum diskriminierenden Kriegsbegriff*.

Gentili, de Grotius et de leurs successeurs, les passages dans lesquels ceux-ci refusent de fondre le droit des gens dans le moule du droit civil romain, dans les « fictions » du *Corpus juris*. Les positivistes s'appuyaient sur le fait que dans *De jure belli ac pacis,* Grotius refuse fréquemment de reconnaître certaines règles comme des normes du droit des gens au motif qu'elles sont en réalité des règles du droit civil romain et rien d'autre. L'argument s'était donc imposé peu à peu que le droit des gens s'était construit dans le rejet de la *domestic analogy* : à leurs yeux, l'idée que les règles du droit des gens sont aux États individuels ce que les lois de l'État sont aux individus était justement ce que les pères du droit des gens comme Grotius et Gentili avaient refusé dès le départ. Le fossé entre droit privé et droit international n'en paraissait que plus grand. Or, Lauterpacht ne voit dans la critique des fictions du droit romain par Grotius et Gentili que des déclarations ne portant pas à conséquence, qu'il met sur le compte d'un pathos de fondateur. Il souligne qu'en dépit de ces déclarations, c'est pour l'essentiel le droit romain qui est passé dans le contenu du droit naturel, droit qui à son tour est devenu une partie intégrante du *Law of Nations*.

Lauterpacht conçoit le droit naturel de l'âge classique comme un « pont » entre droit international et droit privé. Sous son apparence généraliste, le droit des gens se serait en fait incorporé la matière même du droit civil romain[1]. À ses yeux le problème des fondateurs du droit interétatique n'était pas de savoir si le droit privé pouvait ou non servir de modèle au droit des gens, mais de savoir dans quelle mesure le droit matériel de l'ancien Empire romain, en tant que droit historique concret, pouvait être accepté comme source du droit des gens. S'il est clair qu'au Moyen Âge le droit romain était essentiel, d'après Lauterpacht, il est hors de doute que le droit civil romain est en fait resté la source majeure du droit des gens au moment de la dissolution du Saint-Empire romain germanique et de la naissance du droit des gens moderne.

Lauterpacht réduit donc la différence entre la conception romaine du *jus gentium* (ensemble de règles et d'institutions de droit privé admises par toutes les nations) et la conception du *jus inter gentes*, droit proprement interétatique. Sa thèse selon laquelle, historiquement, le *jus gentium* des Romains, qui était à la fois du droit privé et un droit interne commun, était en fait le précurseur de ce *jus naturae* « formel » et philosophique qui allait jouer un rôle si important dans la naissance du droit international, a

1. Voir M. Huber, « Beiträge zur Kenntnis des soziologischen Grundlagen des Völkerrechts und der Staatengesellschaft », *Jahrbuch des öffentlischen Rechts der Gegenwart*, n° 4, 1910.

contribué à défaire la tradition interprétative des positivistes qui prévalait au XIXe siècle.

L'enquête novatrice de Lauterpacht sur l'emploi du droit privé – et sa dénégation – par les fondateurs du *Jus publicum europaeum* comme Grotius débouche sur une critique en forme du positivisme centré sur l'État. Pour Lauterpacht, le fossé que les positivistes placent entre droit privé et droit international les conduit à concevoir à tort les analogies entre traités internationaux et contrats de droit privé comme le produit d'un psychologisme naïf. L'analogie entre droit international et droit privé n'est pas pour lui à mettre sur le compte de l'absence d'originalité des classiques et de leur incapacité à saisir la particularité des relations internationales. Le recours au « trésor » séculaire du droit romain ne menace aucunement le droit international dans son autonomie, pas plus qu'il ne le transforme en simple philosophie du droit. Pour Lauterpacht la « science générale du droit » du XIXe siècle ne fait rien d'autre que s'incorporer le riche matériau du droit civil et du droit romain, or il n'y a pas d'autres « principes généraux du droit » que les principes du droit privé, car le droit s'enracine dans l'acte d'échange[1]. En rebaptisant le droit privé « concepts universels du droit », Jellinek et Triepel ne font rien d'autre à ses yeux que refuser la primauté du droit privé en principe tout en l'adoptant en substance. Typique au fond de la raison classique, ce rejet emphatique du droit privé ne doit pas cacher que les positivistes en réintroduisent des pans entiers dans leurs « systèmes purs ».

Dans « Des deux grands dualismes du système politique actuel », Schmitt part du même constat que Lauterpacht. Il observe que dans la pensée juridique contemporaine un fossé sépare le droit privé du droit international public. « Pour la pensée actuelle centrée sur l'État et la légalité, il est évident que tout droit interne est aussi du droit étatique. Par conséquent, la distinction interne à l'État entre droit public et droit privé n'a aucun rapport avec la distinction entre droit international et droit interne. Pour une conception statique qui part de la situation actuelle, et cette conception non seulement est justifiée mais elle doit être notre point de départ, c'est un fait indéniable[2] ».

Pour le juriste positiviste, il semble évident que la source de tout droit privé est le droit public[3]. Si toutefois on abandonne « la conception

1. H. Lauterpacht, « Private law sources and analogies of international law », *op. cit.*, p. 208.

2. « Über die zwei großen "Dualismen" des heutigen Rechtssystems », *PB*, p. 299.

3. *Ibid.*, p. 303.

statique » et si l'on se tourne vers l'histoire, écrit Schmitt, « on ne peut plus répondre simplement à la question du primat du droit privé et du droit public ». Partir de la situation présente, c'est donc faire la généalogie d'un oubli. Schmitt montre qu'en réalité le droit public ne domine le droit privé que du point de vue de la source et de la validité formelle. Ce point de vue est fragile, ne serait-ce que parce que tout constitutionnalisme cohérent pose que le droit constitutionnel est en fait au service de la liberté individuelle. L'histoire conduit ainsi à relativiser la grande dichotomie entre droit public et droit privé, entre les normes imposées et les contrats négociés.

> La dissonance évidente entre la supériorité de la validité formelle du droit public et la supériorité scientifique du droit privé mérite une explication. La raison principale en est à mes yeux que derrière la façade des constructions de validité formelle typiques de l'État et sous le dualisme du public et du privé, en réalité le droit privé se maintient malgré tout comme un droit commun (*gemeines Recht*), comme un *common law* latent, au sens de l'ancienne unité non étatique. Dans les différents pays qui connaissent le dualisme du droit public et du droit privé, ce phénomène peut prendre des formes extrêmement variées [...] mais le plus souvent le droit privé joue au moins le rôle d'une patrie effective de la science du droit et de la pensée juridique. Ce qu'on appelle la « partie générale » de la doctrine du droit est essentiellement définie par le droit privé. La science du droit est bien placée, ne serait-ce que par la liberté, l'indépendance qui est la sienne et qui caractérise l'activité scientifique, pour maintenir vivante l'idée propre au droit commun que le droit ne se réduit pas à un ordre étatique, mais qu'il est aussi *logos* et *ratio* [1].

« Des deux grands dualismes... » ne représente qu'un moment dans la pensée de Schmitt. Néanmoins, aussi fugace que soit ce moment, ce texte étonnant a pour enjeu de montrer, comme l'ont fait avant lui Lauterpacht ou Pašukanis, que sur le plan de la fécondité conceptuelle, le système du droit civil se signale par sa simplicité, sa clarté et sa perfection, en regard de quoi les théories du droit public paraissent particulières, artificielles et unilatérales.

Georges Scelle

Le juriste français Georges Scelle (1878-1961), qui aurait pu être considéré comme un adversaire par Schmitt, comme Kelsen dont il est proche, a au contraire été l'objet d'une étude précise et bienveillante dans

1. *Ibid.*, p. 303-304.

Die Wendung zum diskriminierenden Kriegsbegriff et dans « Raum und Großraum ». Pour Schmitt, Scelle a le mérite d'avoir tenté de dépasser le droit interétatique dans une entreprise théorique de grande portée[1]. Le *Précis du droit des gens* de Georges Scelle[2] lui paraît précieux parce qu'il exprime les tensions du droit en train de se faire. Mettre au jour les contradictions de la théorie de Scelle permet à Schmitt de repérer certaines apories du droit international contemporain. Scelle l'intéresse parce qu'il se distingue de ses collègues positivistes qui ne font que la « science du *statu quo* » (*WdK*: 9; *GD*: 84). C'est de la sociologie de Durkheim et de Lévy-Bruhl que Scelle s'inspire, comme son maître Duguit. Schmitt qualifie son programme d'« extrémiste » parce que le juriste français pense que les individus et non les États doivent être les sujets du droit international[3]. Le primat du droit international sur le droit national exprime chez Scelle la primauté libérale de l'individu sur l'État, laquelle présuppose que l'État n'est qu'un groupe d'individus au service des individus. Le sens de la colonisation n'est plus dès lors la prise de possession de territoires non européens par les États européens, mais un « service public international »[4] qui permet à la communauté internationale de confier à certains États la tutelle de territoires non européens, comme ce fut le cas avec les colonies allemandes après la Première Guerre mondiale.

Le juriste français observe que les normes internationales finissent par s'imposer même quand elles sont en contradiction avec les normes constitutionnelles des États. La pratique lui semble en avance sur les principes. Bien que les constitutions internes restent en principe intouchables, elles sont *de facto* débordées de toutes parts. Les lois du droit interne qui entrent en contradiction avec les traités internationaux sont abrogées quasi automatiquement, sans que les États ne recourent à la procédure prévue, la révision législative ou constitutionnelle. Mais au lieu de regretter un manque de démocratie au niveau international, Scelle voit dans ce fait une étape dans un processus démocratique au sens large.

Ainsi, Scelle objecte à la théorie dualiste qui fait du droit interne et du droit international des sphères juridiques distinctes que le problème de la collision des normes nationales et internationales, problème qu'elle pose à

1. *Die Wendung zum diskriminierenden Kriegsbegriff*, p. 11-21 ; *Le passage au concept de guerre discriminatoire*, p. 86-95 ; « Raum und Großraum im Völkerrecht », *SGN*, p. 252.

2. G. Scelle, *Précis de droit des gens, Principes et systématique*, 2 vol., Paris, Centre National de la Recherche Scientifique, 1984 (1re éd. 1932 et 1934).

3. Cette thèse est la variante la plus radicale de la doctrine du primat du droit international dans l'échelle que présente Schmitt en 1948. Cf. *Repetitorium*, *FP*, p. 709-710.

4. G. Scelle, *Précis de droit des gens*..., vol. 1, *op. cit.*, p. 145.

tout propos, n'est pas central dans les faits. À ses yeux les traités ont diverses « qualités ». Le traité sert d'instrument à toute espèce d'actes juridiques, il peut aussi bien être un acte législatif ordinaire qu'un acte constitutionnel (comme le Pacte de la SDN). Ceux qui continuent à voir dans le Pacte de la SDN et les traités équivalents des alliances d'ancien type se méprennent. Depuis un certain temps, les traités n'ont plus rien de contrats entre États. Ceux qui le croient sont pour Scelle aussi rétrogrades que l'étaient les tenants de la théorie patrimoniale de l'État à partir du moment où est apparue la notion moderne de personnalité juridique de l'État.

> La doctrine personnaliste et contractualiste, en substituant la personnalité de l'État à celle du Prince n'a fait que transporter fictivement à la collectivité les attributs du Prince. Les peuples mêmes qui attachèrent le plus grand prix à la conquête de la liberté politique se désintéressèrent de la politique extérieure, dont les arcanes et les complexités déroutaient l'opinion. La pratique du secret diplomatique ou de la raison d'État s'est réfugiée dans le domaine des traités secrets, avec cette aggravation que les traités secrets sont précisément ceux par lesquels les gouvernements peuvent le plus aisément engager sans contrôle les destinées des peuples. La doctrine dualiste enfin a eu une répercussion d'ordre psychologique évidente. Elle a empêché l'opinion publique de s'apercevoir que l'exécutif retrouvait, par le détour des traités, la compétence qu'on avait cru limiter par la constitution. Mais plusieurs constitutionnalistes modernes qui persistent à assimiler le traité à un acte exécutif, par exemple à un décret réglementaire, continuent encore inconsciemment la doctrine du XVIIIe siècle. À mesure que la démocratie a pris conscience de la nécessité du contrôle sur l'action diplomatique, la compétence de l'exécutif a commencé de rétrograder[1].

La personnalité de l'État est pour Scelle une fiction qui provient de la tendance à l'anthropomorphisme de la « mentalité primitive » (Lévy-Bruhl) qui place derrière les phénomènes des êtres imaginaires. La cause doit en être cherchée « dans la psychologie exclusiviste des groupements et dans la psychologie autoritaire et égoïste des minorités gouvernantes[2] ». La science du droit international a pour but de « renouer la chaîne des solidarités brisées » et de « faciliter le développement de l'organisation juridique universelle[3] ». La personnalité morale ou collective n'est

1. G. Scelle, *Précis du droit des gens...*, vol. 2, *op. cit.*, p. 452.
2. *Ibid.*, p. 33-34.
3. *Ibid.*

qu'« une façon vicieuse de parler » qui aboutit à nier la responsabilité des individus. Dans le *Précis de droit des gens,* l'individualisme « réaliste » et l'universalisme font système. Le nationalisme apparaît comme un psychologisme naïf et la résistance de l'État contre le droit international comme la lutte atavique de la force contre le droit. La pluralité des États apparaît à Georges Scelle aussi archaïque que la pluralité médiévale des « états ». C'est son regard sociologique, formé à la pensée de Durkheim et de Duguit, qui permet à Scelle d'attribuer différentes valeurs aux traités. Selon Scelle la « force expansive » des traités-lois a sa source dans sa conformité avec un « intérêt objectif » de la communauté internationale, intérêt qui cause ce que le légalisme étroit appelle des « irrégularités » mais qui sera la règle dans l'avenir. Le manque de participation démocratique dans les institutions internationales lui paraît compensé par l'« objectivité » des décisions prises. En effet, dans son *Précis du droit des gens*, Scelle conçoit le néo-absolutisme des institutions internationales comme une démocratie en train de se faire.

Alors que dans la *Théorie de la Constitution*, en 1928, Schmitt centrait ses analyses sur le « cas de collision », déclarant « illégal » et « non constitutionnel » l'article 4 de la Constitution de Weimar qui affirmait la primauté des traités sur le droit allemand, en 1939, dans « Des deux grands dualismes… », il critique la perspective positiviste qui se focalise sur la question de la transformation (*Umschaltung*) des règles du droit international en règles de droit interne. Il affirme que la pensée qui met au centre les cas de collision entre normes internes et normes internationales construit en fait des fictions légalistes. « La victoire de cette conception étatique-décisionniste est plus la victoire d'une problématique que la victoire d'une réponse et de son contenu. […] La problématique dualiste est centrée sur la volonté étatique et sur le cas de collision » (*SGN* : 301). Dans l'ensemble, les positions de Schmitt et celles de Scelle coïncident rarement. Néanmoins, il ne faut pas sous-estimer ce qui, dans la pensée de Scelle, a pu nourrir l'autocritique de Schmitt.

Otto von Gierke

Georges Gurvitch en France et Franz Wieacker[1] en Allemagne ont tous deux reconnu l'importance, pour l'éclosion de l'idée de droit social, de la

1. *Cf.* G. Gurvitch, *L'idée du droit social : notion et système du droit social. Histoire doctrinale depuis la fin du XVIIe siècle jusqu'à la fin du XIXe siècle*, Paris, Sirey, 1932 ; F. Wieacker, *Privatrechtsgeschichte der Neuzeit*, Göttingen, Zurich, Vandenhoeck & Ruprecht, 1996 [1952].

théorie de la corporation de l'historien du droit Otto von Gierke (1841-1921). Gurvitch comme Wieacker font de Gierke le père de l'idée de droit social. Plus rares sont ceux qui ont vu la fécondité de la *Genossenschaftslehre* de Gierke pour l'histoire juridique de l'impérialisme. Dans « Raum und Grossraum » (*SGN*: 238) et dans *Völkerrechtliche Großraumordnung* (*SGN*: 319) Schmitt affirme que Gierke « a lancé des pistes pour intégrer l'espace à la théorie juridique » et il reconnaît que l'historien du droit est l'une des sources de sa propre théorie des grands espaces. Son geste avait un précédent dans la pensée de Maitland. Dans son introduction de 1927 à la traduction anglaise du *Deutsches Genossenschafsrecht*[1] (paru en Allemagne entre 1868 et 1913) – première traduction de Gierke en anglais – l'historien et juriste anglais Frederic William Maitland (1850-1906), co-auteur de l'*History of English Law* avec Sir Frederick Pollock et introducteur de la pensée de Gierke en Angleterre, a soutenu que le droit des corporations tel que Gierke l'a exhumé, en remontant jusqu'au Moyen Âge allemand, revêtait une grande importance pour l'analyse juridique de la colonisation moderne[2]. La réflexion de Maitland dans sa préface au texte de Gierke mérite qu'on s'y arrête non seulement parce qu'elle est célèbre, qu'elle a eu une grande postérité chez les « guilds socialists » anglais, ceux qu'on appelle les pluralistes anglo-saxons et que Schmitt critique dans *La notion de politique* (G. D. H. Cole et Harold J. Laski, qui, par l'intermédiaire de John Neville Figgis et de Maitland lui-même, ont été largement influencés par Gierke), mais aussi parce qu'il se pourrait que l'intuition de Maitland donne la clé de l'intérêt subit et un peu énigmatique que Schmitt porte à Gierke au moment de la formulation de la théorie des grands espaces.

Maitland rapproche d'emblée la corporation de Gierke du *trust* anglais : « Bien qu'ayant grandi dans les recoins les plus secrets du droit privé et

1. C'est en fait une partie du troisième volume de l'œuvre monumentale d'Otto von Gierke, *Das deutsche Genossenschafsrecht* (4. vol., 1868-1913), intitulée dans l'ouvrage allemand « Die publistischen Lehren des Mittelalters » que Maitland a traduite sous le titre *Political Theories of the Middle Age* (Cambridge University Press, 1927).

2. Wilhelm Grewe suit cette interprétation de Maitland. Il se réclame d'Otto Brunner (*Land und Herrschaft*, 1939) mais aussi de l'interprétation de Gierke par Georges Gurvitch, pour dire que le droit médiéval, dont la structure profonde est « corporative-fédérale » n'est pas à subsumer sous la catégorie de droit privé mais plutôt de droit international. *Cf.* W. Grewe, *Epochen der Völkerrechtsgeschichte*, *op. cit.*, p. 88 *sq*.

ayant été formé, si l'on peut dire, dans une école privée, le *trust* anglais a joué un rôle fameux sur la scène publique de l'histoire mondiale[1]. »

Pour Maitland, la corporation dont Gierke retrace l'histoire sur des siècles n'est pas seulement un concept poussiéreux dont l'étude est réservée aux historiens du Moyen Âge : le rapprochement que l'historien et juriste anglais fait avec le *trust* lui donne une réalité et une actualité spectaculaires. Maitland souligne qu'aux Indes, la corporation telle que Gierke l'a exhumée du passé allemand englobe plusieurs millions de personnes. Les aventures d'une *joint-stock company* anglaise (forme première des sociétés par actions) aux Indes montrent que « si seulement notre *Staatslehre*[2] anglaise, qui est tellement en vogue, faisait preuve d'un peu de sérieux et s'attachait à comprendre les faits de l'histoire anglaise au lieu d'analyser le contenu de l'esprit spéculatif des juristes, alors sa tendance à devenir elle aussi une *Korporationslehre*[3] serait mise au jour[4]. »

La multiplication des trusts-corporations dans les colonies indique aux yeux de Maitland qu'il est urgent de fondre la « *Staatslehre* philosophique » dans une doctrine plus large, la *Genossenschaftstheorie*[5].

Ici des éclaircissements sont nécessaires d'une part sur la théorie de la corporation de Gierke, d'autre part sur l'histoire coloniale. Pour Gierke, qui est un adversaire tardif de Savigny, la corporation n'est pas une fiction, elle n'est pas un organe de l'État, elle est une *Gesamtperson* (une personne collective) qui a une volonté propre, réelle, qui peut agir de façon autonome et doit répondre de ses fautes le cas échéant. Les termes d'*universitas* (corporation) et de *societas* (association), qui ont rendu perplexes des générations de glossateurs, sont distingués dans le Digeste. Ils ont été clarifiés par le pape-juriste Innocent IV au XIIIe siècle, lequel a identifié l'*universitas* à une personne juridique, alors que la *societas* n'était selon lui que la somme de ses membres : elle n'était qu'un autre nom pour les *socii*. D'après Innocent IV, seul le prince peut créer des personnes juridiques qui ne sont pas des personnes réelles, mais des fictions. La théorie de la fiction,

1. T.d.A. « *The English Trust, nurtured though it was whithin the priviest recesses of Private Law, and educated if we may so say, in a private school, has played a famous part on the public, the world-wide, and world-historic-stage* », F. W. Maitland, « Introduction », *in* O. von Gierke, *Political Theories of the Middle Age*, *op. cit.*, p. XXXV.

2. Doctrine de l'État. En allemand dans le texte.

3. Doctrine de la corporation.

4. « [...] *our popular English* Staatslehre *if, instead of analysing the contents of a speculative jurist's mind, it seriously grasped the facts of English history, would shew some inclination to become a* Korporationslehre *also* », F. W. Maitland, *ibid.*, p. XI.

5. *Ibid.*

reprise au XIXe siècle par Savigny, débouche sur l'idée que la corporation n'est pas indépendante, qu'elle est une « concession » de l'État. Théorie de la fiction et théorie de la concession vont donc de pair. Selon Maitland, toute la science juridique s'est efforcée artificiellement de maintenir l'*universitas* et la *societas* dans des compartiments distincts.

Gierke cherche à montrer que les raisons pour lesquelles le concept de corporation eut si peu de succès dans l'histoire de la pensée juridique par rapport à la notion de contrat sont tout à fait contingentes. Il explique qu'au moment de la réception du droit romain par les juristes allemands du Moyen Âge, le droit germain avait atteint « le stade de l'abstraction, mais pas le stade de la réflexion ». Le droit germain disposait selon lui d'un concept de corporation (*Körperschaftsbegriff*), mais pas d'une théorie de la corporation (*Korporationstheorie*). Il en a résulté que le concept encore « flottant » de corporation n'a pas fait le poids face à la puissance systématique du droit romain. Le terme de *societas,* quant à lui, a connu un destin glorieux, immérité aux yeux de Gierke. En effet, avant la fin du Moyen Âge et sous le patronage de comparaisons cicéroniennes, le mot romain *societas* est entré dans la grande théorie politique. Dans la perspective qui est celle de Gierke, le fait que la théorie politique ait eu recours au contrat d'association (*Gesellschaft*, *partnership*) plutôt qu'à l'acte *a priori* plus approprié d'incorporation [1] pour penser l'unité politique résulte d'un processus arbitraire et au fond réversible. Maitland résume ainsi le point de vue de Gierke : « La doctrine actuelle des corporations, la doctrine classique d'Innocent IV, était en dessous du niveau de la pensée philosophique. Une personnalité qui n'était qu'une fiction, créée par l'État et enfermée dans la théorie du droit privé n'était pas ce que le philosophe voulait quand il a procédé à la construction de l'État lui-même [2]. »

La philosophie a ensuite influencé la science du droit, après lui avoir fait des emprunts. Dès le XVIIIe siècle, la science juridique s'est mise à tout penser en termes de « contrat d'association » et la personnalité juridique est devenue « un simple instrument pour épargner du travail, comme la sténographie ou les symboles mathématiques [3] ».

Il reste maintenant à faire un détour par l'histoire juridique de la colonisation afin de saisir tout l'enjeu de la préface de Maitland. Celui-ci

1. *Ibid.*, p. 23.

2. « *The current doctrine of corporations, the classical and Innocentian doctrine, stood beneath the level of philosophic thought. A merely fictitious personality, created by the State and shut up whithin the theory of Private Law was not what the philosopher wanted when he went about to construct the State itself* », F. W. Maitland, *ibid.*, p. XXIII.

3. *Ibid.*

affirme que la *joint-stock company*, forme originelle de la société par actions, « donne à une théorie de la corporation sa pertinence et son importance[1] ». Cette affirmation devient claire si l'on rappelle que les compagnies de commerce, qui ont fait leur apparition au XVIe siècle, se sont multipliées au XVIIe siècle (il s'agissait surtout de compagnies anglaises et hollandaises) jusqu'à devenir les « sujets » véritables du droit colonial, avaient un statut semi-privé et semi-public qu'il est impossible de saisir quand on isole les catégories du droit privé de celles du droit public[2]. Les compagnies de commerce avaient deux caractéristiques juridiques principales : elles étaient des « *joint-stock companies* », ce qui signifie que leur capital était géré par un chef sur le modèle de l'absolutisme étatique ; elles étaient d'autre part des « *chartered companies* », des corporations reconnues et privilégiées par l'État, lequel leur octroyait un monopole commercial qui ensuite s'accompagnait de pouvoir politique sur un territoire donné. Contrairement aux Portugais qui envoyaient des représentants de la Couronne sur place, les Anglais, les Français et les Hollandais octroyaient des droits de souveraineté aux compagnies de commerce, qui cependant restaient privées. L'avantage de l'aspect « privé » des conflits dans les colonies est que ces conflits n'aboutissaient pas tout de suite à la guerre entre États.

L'étatisation des compagnies de commerce européennes est un phénomène relativement récent, qui date du XIXe siècle. Aux XVIIe et XVIIIe siècles, les compagnies de commerce avaient un statut hybride dont rend mal compte la tradition du positivisme centré sur l'État. Jouissaient-elles d'une sorte de souveraineté qui faisait d'elles des sujets du droit international ? Ou étaient-elles de simples organes de l'État d'origine ? Souvent les historiens du droit en font des organes de l'État et ils abordent l'histoire coloniale comme une partie du droit public[3]. Ils manquent ainsi ce qui a fait la spécificité de l'expansion coloniale européenne, qui avait des formes juridiques plus élastiques. Jusqu'à l'ère de l'impérialisme moderne, la « matière » des transformations, des passages et des révolutions qui fait la substance de l'histoire coloniale est cette sphère intermédiaire, semi-publique, semi-privée, invisible pour la pensée dualiste et contractualiste : il y avait bien du droit, mais les conditions du contrat social (peuple, territoire, frontière) n'étaient pas réunies sur le sol non européen. Comme le remarque Maitland, la société par actions moderne résiste à

1. *Ibid.*, p. 21.
2. W. Grewe, *Epochen der Völkerrechtgeschichte*, *op. cit.*, p. 350.
3. *Ibid.*, p. 352.

toute tentative de l'assimiler à un rouage de la machine État. Elle est une *universitas,* mais aussi une *societas*, ce qui selon lui menace une des conclusions les plus certaines de la science juridique.

Ce n'est qu'au XIXe siècle que l'expansion coloniale a pris des formes juridiques plus rigides et que les compagnies de commerce ont été tenues plus fermement sous le contrôle de l'État. À partir de là, les juristes européens ont pu interpréter le partage de l'Afrique comme un gigantesque transfert « légal » de souveraineté des colonisés aux colonisateurs, opéré par le biais des traités avec les chefs autochtones. Les compagnies de commerce ont perdu deux choses au XIXe siècle : leur monopole commercial, qui leur avait donné une si grande importance économique et le *jus ad bellum*, le droit de commencer la guerre, duquel elles avaient longuement profité, et qui leur confère une si grande importance dans cette histoire juridique du colonialisme, qui, selon Maitland (mais aussi selon Grewe et d'autres) reste à écrire[1]. « Le contrat, la plus avide des catégories juridiques, qui autrefois voulait dévorer l'État, ne pouvait accepter d'entendre qu'il ne pouvait pas même digérer sans douleur une *joint-stock company*[2]. »

Or, ce sont les mêmes suites d'idées et les mêmes provisions de mots empruntées aux philosophies du XVIIIe siècle qui tendent un voile sur l'impérialisme des sociétés industrielles depuis la fin du XIXe siècle. On comprend ce que Maitland cherchait chez Gierke : des outils pour penser l'histoire juridique de la colonisation.

Revenons maintenant à Schmitt. Celui-ci ne livre pas la même lecture de Gierke dans la première (1924-1937) et dans la deuxième période (1937-1945) de sa production internationaliste. L'usage qu'il fait de la pensée de Gierke est d'ailleurs un bon indicateur de la bifurcation qui s'est produite dans sa pensée à la fin des années 1930.

Dans la première période, de la première *Théologie politique* (1922) aux *Trois types de pensée juridique* (1934), Schmitt juge négativement la pensée de Gierke. Il associe l'historien du droit aux pluralistes anglo-saxons, les « *guild socialists* » comme Laski et Cole, qu'il a effectivement

1. Maitland n'est pas le seul à faire ce constat. Dans *Epochen der Völkerrechtgeschichte*, Wilhelm Grewe constate lui aussi que la signification pour le droit international (*die völkerrechtliche Bedeutung*) des compagnies de commerce, qui ont pourtant joué un rôle si important dans la colonisation depuis le XVIIe siècle, n'a pas encore été dégagée.

2. « *Contract, the greediest of legal categories, which once wanted to devour the State, resents being told that it cannot painlessly digest even a joint-stock company* », F. W. Maitland, *ibid*., p. XXIX-XXV.

influencés. Dans la première *Théologie politique* (1922), il reproche à Gierke de faire de l'État une simple association parmi d'autres et de faire de la souveraineté un attribut de l'État autoritaire (*TP* : 35). Dans la *Théorie de la Constitution*, il évoque à plusieurs reprises « le livre célèbre de Gierke sur Althusius » mais c'est pour reprocher à ce dernier la faiblesse politique de son point de vue. Selon Schmitt, le juriste s'enlise dans une histoire des idées d'antiquaire. Cette critique est répétée dans le texte sur Hugo Preuss [1]. Dans « L'éthique de l'État et l'État pluraliste » de 1930 (*P&D* : 134) ainsi que dans *La notion de politique* (*NP* : 80), Gierke est associé aux pluralistes anglo-saxons dont Schmitt critique les doctrines. On retrouve le jugement sur l'ambiguïté politique de Gierke, qui pour Schmitt est l'autre face de son érudition « indécise », foisonnante et désorientée dans *Les trois types de pensée juridique* (1934). Alors que dans son *Hugo Preuss,* Schmitt déclarait en ouverture que Gierke était, avec Gneist et Laband, l'une des trois figures cardinales du droit public allemand [2], quelques années plus tard, *Les trois types de pensée juridique* opposent la pensée vivante de Gneist et de Lorenz von Stein à l'érudition stérile de Gierke [3]. Il faut attendre les textes de droit international de 1939-1941 pour que Schmitt cesse d'assimiler la définition large du droit qui est celle de Gierke à une méconnaissance de l'essence du politique et pour qu'il rende un hommage appuyé à son aîné. La théorie de la corporation lui semble désormais féconde et utile. Mais il se situe alors sur le terrain du droit international et non plus de la *Staatslehre*. Le thème du pluralisme acquiert un sens positif en droit international alors qu'il était marqué d'un signe négatif dans la théorie de l'État. Significativement, le point de basculement entre critique et valorisation de la *Korporationslehre* gierkienne se situe chez Schmitt après 1937-1938, après la tentative malheureuse de généraliser l'usage de la notion de « guerre totale ». L'hommage à Gierke est rendu au moment où Schmitt donne forme à sa propre théorie *pluraliste* des grands espaces.

La critique de Schmitt d'avant 1937 s'explique sans trop de difficultés. Son hommage est plus difficile à comprendre. En effet, la conception de l'État de Gierke est irrecevable pour Schmitt. Gierke fait de l'État la plus haute des corporations. Il érige l'association libre en modèle. Gurvitch a montré que c'est Gierke plutôt que la doctrine française de Duguit qui a en fait hérité de la tradition syndicaliste proudhonienne et a donné une

1. C. Schmitt, *Hugo Preuss...*, 1930, p. 14-15.
2. *Ibid.*, p. 4.
3. C. Schmitt, *Les trois types de pensée juridique*, p. 99-100.

substance juridique à l'alternative syndicaliste au marxisme, essentielle pour le socialisme de l'Europe de l'Ouest[1].

Pour Gierke, l'État doit donc devenir « *Korporation* » au sens du constitutionalisme libéral et non une « *Anstalt* » au sens de l'absolutisme. Il est construit à partir du bas. D'où les traits libéraux et démocratiques de sa pensée derrière le conservatisme de son auteur, traits que Schmitt met en évidence en 1930 dans son opuscule sur Hugo Preuss, l'élève de Gierke. Dans son monumental *Deutsches Genossenschafsrecht* Gierke opère en fait une projection idéaliste de l'ordre corporatif du Moyen Âge, interprété comme libéral, sur une Europe bouleversée par la révolution industrielle. Opération « faible », comme le remarque Schmitt jusqu'en 1933, du moins par rapport à celle de Marx, qui, lui, selon l'expression du *Glossarium*, projette une « philosophie totale sur un monde déchiré » (*Gl* : 187).

Au début des « Deux grands dualismes de la pensée juridique actuelle[2] », Schmitt dit vouloir s'inspirer de la théorie internationaliste de Gierke. Il relève que pour lui, le droit international est le droit de coordination (*Koordinationsrecht*) par excellence. Le droit international est pour Gierke « le véritable droit privé » car « les États sont les uns par rapport aux autres comme des individus vraiment libres, alors que les individus du droit privé ont seulement une liberté médiatisée par l'État[3] ». Dans « Raum und Großraum » (1940), Schmitt cherche dans l'histoire de la corporation des « pistes » pour repenser l'espace en dehors du territoire étatique verrouillé et pour sortir des schèmes du normativisme dominant (*SGN* : 238). Le dernier texte dans lequel Schmitt donne une appréciation positive de la pensée de Gierke est *Völkerrechtliche Großraumordnung*. Il y affirme que la théorie de Gierke permet de « regagner l'espace concret contre l'oubli » (*SGN* : 319).

La thèse nodale de la conférence sur les grands espaces est que les acteurs futurs de la politique internationale ne seront ni les États ni un État mondial, mais des grands espaces (*Großräume*) homogènes aux contours encore indéfinis, unifiés par une idée politique. Schmitt juge qu'une révolution spatiale a eu lieu au XXe siècle qui rend caduque l'ordre territorial clos des États. Le rapetissement de la planète dû au progrès technique (dans *Le nomos de la Terre*, le juriste a en tête les bombardements aériens

1. Voir G. Gurvitch, *L'idée du droit social…*, *op. cit.*, p. 535-567.

2. « Über die zwei großen "Dualismen" des heutigen Rechtssystems », *PB*, p. 297. Schmitt renvoie au *Deutsches Genossenschaftsrecht*, vol. 1, Berlin, Weidmann, 1913 (1re édition 1868), p. 843.

3. *Ibid.*

de la Seconde Guerre mondiale et il parle alors de l'apparition de « l'air » comme dimension nouvelle de la guerre et de la communication) a pour Schmitt une signification comparable à la révolution spatiale du XVIe siècle et à la découverte du Nouveau Monde. Le mot « *Großraum* » sert précisément à prendre conscience de cette transformation. Les grands espaces ne sont pas la même chose que les espaces étatiques en grand. « Grands » devant « espaces » indique qu'il faut changer de champ conceptuel (*Begriffsfeld*)[1]. La théorie de l'espace (*Raumtheorie*) de la science du droit du XIXe siècle dont Laband, Jellinek et Anschütz sont selon Schmitt les plus grands représentants, porte mal son nom à ses yeux car elle sépare du droit la perception de l'espace et prend l'espace comme une surface de cadastre. Le droit public du XIXe siècle se comprend surtout par la doctrine qu'il combattait : la théorie patrimoniale de l'État[2] qui faisait du territoire étatique une propriété privée du prince. Les distinctions droit privé/droit public et *dominium/imperium* ont été les armes de l'État constitutionnel contre la féodalité. La théorie moderne de l'État conjugue deux espaces aussi abstraits l'un que l'autre : en droit privé toute propriété devient terrain (*Grundstück*) tandis qu'en droit public le territoire étatique est réduit au « théâtre de l'*imperium* » et rien n'empêche théoriquement que le territoire entier d'un État appartienne à des étrangers[3]. L'État « a juridiquement transformé en véritable *tabula rasa* une merveilleuse abondance d'organisations spatiales vivantes[4] ». Avec l'État moderne, un espace politique fut créé qui faisait abstraction de toute relation locale, traditionnelle ou « naturelle ». Tout enracinement (*Verortung*) concret devenait indifférent pour les rapports juridico-politiques.

L'intérêt soudain qu'éprouve Schmitt pour Gierke reste néanmoins dans certaines limites et n'a conduit à aucune conversion de sa part. Si l'on regarde de près ce qu'il retient des théories de son aîné, par exemple l'idée du droit comme coordination, on s'aperçoit que Schmitt ne peut l'adopter sans réserves. Il sait que Gierke est l'un des fondateurs du droit social et qu'il a procédé à la redéfinition complète de la « coordination » du droit

1. *Völkerrechtliche Großraumordnung*, *SGN*, p. 315.

2. En réalité ce sont les juristes allemands du XVIIIe siècle qui ont interprété la doctrine médiévale de l'État comme doctrine de l'État patrimonial (*Patrimonialstaat*), au moment où ceux-ci cherchaient à fonder juridiquement un État territorial allemand, comme Otto Brunner l'a montré. Cette conception ne trouve pas d'appui dans les sources médiévales. *Cf.* O. Brunner, *Land und Herrschaft*, Wien et Wiesbaden, Rudolf M. Rohrer Verlag, 1933, p. 147 ; W. Grewe, *Epochen der Völkerrechtsgeschichte*, *op. cit.*, p. 88. *sq*.

3. Schmitt évoque cette hypothèse dans le *Repetitorium*, *FP*, p. 779.

4. C. Schmitt, *Völkerrechtliche Großraumordnung*, *SGN*, p. 320.

privé et du droit civil en un sens qui ne peut lui convenir[1]. Historiquement en effet la théorie de Gierke a servi de cadre à l'avènement de l'État dirigiste et social à la fin de la Première Guerre mondiale. Le passage « de l'individualisme économique au pluralisme économique » a eu pour cadre l'« idéologie corporatiste[2] ». La théorie de la corporation de Gierke a trouvé un terrain d'application dans les transformations, à la fin de la guerre, en Allemagne, du droit civil : le droit privé contractualiste a été fortement érodé par le droit de détresse ou d'exception (*Notrecht*) qui s'est mis en place pendant la guerre avec l'économie de guerre planifiée[3]. Le droit social et le droit du travail se sont développés juste après la Première Guerre mondiale après avoir émergé pendant la guerre sous la forme d'un droit d'exception. Telle qu'elle s'est développée concrètement dans l'histoire du droit allemand, l'idée gierkienne de coordination a accompagné le développement croissant de la représentation des intérêts collectifs (grâce aux partis, aux syndicats, aux entreprises). Les tenants de la théorie de la corporation gierkienne reconnaissaient comme une forme juste d'organisation les grandes « associations économiques » (les cartels) qui s'étaient formées lors de la révolution industrielle, leur attribuant des fonctions vitales d'intégration. Dans le climat de méfiance générale qui entourait les cartels économiques, les gierkiens avaient nettement pris le parti de les défendre. Mais ils défendaient aussi la citoyenneté sociale en général, qui apparaissait comme un dédommagement des violences imposées au peuple dans la guerre. Le droit rationnel des XVIIe et XVIIIe siècles ainsi que l'économie politique classique avaient opposé une résistance forte à l'intégration de la société économique au sein du droit public, qui s'est finalement produite suite aux bouleversements apportés par la Première Guerre mondiale.

Quant à la conception du droit international de Gierke, elle peut se reconstruire à partir de son livre sur *Althusius*[4] (dont Figgis pense qu'il est

1. Voir G. Gurvitch, *L'idée du droit social…*, *op. cit.*, p. 535 *sq.* et F. Wieacker, *Privatrechtsgeschichte der Neuzeit*, *op. cit.*, p. 546.

2. F. Wieacker, *ibid.*, p. 546.

3. *Ibid.*, p. 543 *sq.* et M. Stolleis, *Geschichte des öffentlichen Rechts in Deutschland*, vol. 3, 2002, p. 61 *sq.*

4. O. von Gierke, *Althusius und die Entwicklung der naturrechtlichen Staatstheorien*, Aalen, Scientia Verlag, 1958 [1880]. Gierke insiste sur le fait que la théorie fédéraliste d'Althusius abolit toute différence entre droit privé et droit public. L'échelle des pouvoirs d'Althusius fait dériver toute unité sociale du bas vers le haut, selon le schéma du contrat social. Ainsi est attribué un pouvoir autonome à la famille, la corporation, la commune, la province et l'État. Ce ne sont pas toujours les individus qui sont les parties du contrat social, mais l'unité immédiatement inférieure à celle que le contrat instaure. Chaque unité ne renonce

la meilleure introduction possible à la théorie politique). Althusius, qui est un des maîtres de Gierke, est aussi celui qui a introduit l'idée de subsidiarité – issue à l'origine du droit canon – dans la théorie politique moderne. Le principe de subsidiarité, dit aussi « principe d'aide » (du latin *subsidium* : aide) énonce qu'il faut éviter de laisser faire par un niveau trop élevé ce qui peut être fait par l'organisation la plus proche. Ce principe a été réactualisé par la doctrine sociale de l'Église catholique en réaction aux conséquences socialement désastreuses de la révolution industrielle, mais aussi, plus récemment, par l'Union Européenne, du moins en théorie.

Si l'on veut exprimer brièvement le sens qu'a l'idée de droit comme « coordination » et l'idée de « subsidiarité » chez Gierke, on peut dire que le juriste invite à donner une solution sociale à la crise du nationalisme. Ses concepts de subsidiarité, de fédéralisme, de représentation économique peuvent être pris comme des concepts ouverts et imaginants, qui offrent des « trêves possibles » dans la lutte entre État et société, entre nationalisme et socialisme.

Schmitt se tourne vers Gierke au moment où il accepte d'envisager ces trêves. Cela correspond chez lui au moment de l'éclaircie constructive qu'est *aussi* la théorie des grands espaces, plus inventive théoriquement que les analyses sur la guerre totale, même si idéologiquement elle a eu la fonction désastreuse que l'on sait. La pensée de Gierke propose une alternative pacifique aux idéologies totales que sont pour Schmitt l'idéal de l'État mondial ou la guerre civile révolutionnaire.

Mais c'est finalement le désaccord qui prévaut à nouveau à partir du *Nomos de la Terre*. Schmitt ne devient pas gierkien, ni fédéraliste, ni défenseur du catholicisme social, ni partisan de l'État social ou de l'Europe fédérée [1]. Le moment d'ouverture à la pensée pluraliste et libérale ne durera pas chez lui. Même après avoir abandonné l'expression de « guerre totale »,

qu'à la part de droits nécessaire à l'unité supérieure ; non seulement le droit mais le devoir de résister en cas de tyrannie est reconnu. Dans les situations extrêmes, les provinces se voient reconnaître le droit de se séparer de leur souverain et de se soumettre à une autre province ou de se déclarer indépendantes. La guerre ne peut être déclarée sans l'accord des corporations inférieures. Le parallélisme strict entre tous les niveaux de pouvoir fait que la théorie de la corporation (*Korporationslehre*) et la théorie de l'État (*Staatslehre*) n'apparaissent plus que comme des éléments d'une même théorie de la société (*Gesellschaftslehre*). L'opposition entre droit privé et droit public cesse de renvoyer à la grande dichotomie entre contrat privé et norme publique. Elle devient relative : le droit privé n'est que le droit immédiatement inférieur au niveau où l'on se place. Voir aussi O. von Gierke, *Das deutsche Genossenschaftsrecht*, vol. 4, Graz, Akademische Druck- und Verlagsanstalt, p. 346 *sq*.

1. Sur le scepticisme de Schmitt par rapport aux institutions européennes, voir la fin de « La révolution légale mondiale », 1978, *GCM*, p. 153.

Schmitt reste très critique vis-à-vis de l'État social après 1945, auquel il donne le nom péjoratif d'« État total », à l'instar d'Ernst Forsthoff (*Der Totale Staat*, 1933). Il fait partie de ces juristes conservateurs qui ont vu d'un mauvais œil le développement des droits sociaux et l'ont interprété en termes de déclin de l'État, l'idéal restant pour lui, jusqu'à la fin, « l'État éthique prussien ».

Dans *Völkerrechtliche Großraumordnung*, c'est de l'analyse gierkienne de la ville médiévale[1] que Schmitt part pour préciser ce qu'il entend par « grand espace ». Ernst Bloch a montré que saint Thomas, comme Gierke, construisait sa théorie du droit à partir de la ville médiévale. Selon Ernst Bloch, c'est le choix de ce contexte pacifique qui permettait au théologien de développer une vision harmonieuse et organique du droit : la lutte entre ville et campagne dont parlent Marx et Engels dans le *Manifeste communiste* restait hors champ. La ville pouvait devenir le point de départ d'un droit pluraliste, pacifiste et réformiste, « propre à la classe moyenne[2] ». Comme points de départ de sa théorie politique, Gierke prend lui aussi ces îlots de paix bourgeoise au sein de la tourmente que sont les villes médiévales. L'intérêt porté à la ville médiévale, avec sa division du travail et sa structure corporative, ses proportions transparentes entre travail et revenu, son esprit pacifique qui l'oppose à l'esprit guerrier et chevaleresque, permet de maintenir à distance l'analyse de la lutte des classes de grande ampleur qui opposait au même moment les paysans et les seigneurs. Or, Schmitt privilégie la tourmente et non la paix : structurels sont chez lui le pillage et l'exploitation de la *Conquista*, les guerres civiles confessionnelles. À ses yeux, Gierke est un romantique et les thomistes modernes représentent le juste milieu[3]. Son utilisation de Gierke paraît donc peu concluante. On voit bien quel grand écart il faut faire pour passer de la ville médiévale de Gierke aux grands espaces modernes et l'on peine à croire que celle-là puisse vraiment devenir l'idealtype de ceux-ci. La « piste Gierke » que Schmitt était prompt à suivre un temps n'a pas débouché sur un récit pluraliste de l'histoire du droit international dans *Le nomos de la Terre*, qui est resté, comme on le verra, pris dans une perspective européocentrique.

1. O. von Gierke, *Das deutsche Genossenschafsrecht*, vol. 2, Graz, Akademische Druck- und Verlagsanstalt, 1954 (1re éd. 1873), p. 99 *sq*.

2. Voir E. Bloch, *Droit naturel et dignité humaine*, Paris, Payot, 2002, p. 40.

3. Sur le plan épistémologique aussi : « Le thomisme actuel doit-il s'offrir comme juste milieu entre spiritualisme et matérialisme ? », demande-t-il dans le *Glossarium*, p. 209.

Le thème dominant dans la pensée schmittienne des années 1920 était « l'économie contre le droit » ou « la société contre l'État ». La notion de guerre totale permettait de mettre en scène la substance éthique de la communauté politique assiégée par les forces du marché. Il fallait sauver le droit contre la société. Par la suite, Schmitt se livre aux exercices de pensée qu'on vient de décrire en compagnie de juristes comme Lauterpacht, Scelle ou Gierke. Ces exercices n'ont pas converti Schmitt au libéralisme mais ils ont tout de même eu pour effet d'infléchir sa pensée. Le juriste a fini par partir de l'*imbrication* des formes juridiques et des formes économiques de l'échange comme d'un fait premier et irrémédiable : c'est le sens de sa proposition cardinale du *Nomos de la Terre* sur l'ordre comme imbrication de deux ordres, de l'ordre interétatique et de l'ordre économique global (*NT* : 234). Il devenait alors possible de chercher à réformer le droit international de telle sorte qu'il ait à nouveau prise sur la violence des guerres nouvelles. Schmitt a dès lors abandonné son point de vue strictement souverainiste et il s'est mis à penser *ensemble* les formes juridiques et les formes économiques pour mettre en évidence l'aspect réactionnaire et *le fétichisme juridique des étatistes*. Finalement, les libéraux ont offert un « test de réalité » à Schmitt, parce que leurs utopies du XIXe siècle s'étaient réalisées en partie. C'est parce que ce moment d'autocritique a eu lieu dans la pensée schmittienne que le juriste n'est pas uniquement un auteur grâce auquel nous comprenons mieux notre rapport au XIXe siècle (comme le dit Carl Brinkmann) mais aussi un penseur qui nous permet de mieux comprendre le présent.

Dans la *Théorie de la Constitution,* Schmitt avait récusé l'idée que le contrat est l'essence du droit. On sait que pour lui, le droit constitutionnel n'est pas un contrat. La *Théorie de la Constitution* avait posé que le contrat a comme seul lieu la politique extérieure (les traités). Cette thèse, qui est au centre de la *Staatslehre* schmittienne, n'a certes pas été abandonnée par Schmitt par la suite mais il ne l'a plus revendiquée avec virulence une fois qu'il s'est ouvert à la pensée des juristes libéraux et qu'il s'est déplacé sur le terrain plus neutre, moins chargé politiquement et moins saturé théoriquement, du droit international. Les juristes libéraux dont on vient de parler (excepté Georges Scelle) revalorisent le contrat comme moment essentiel du droit et invitent à mettre le droit en correspondance avec la circulation marchande et le monde social.

La critique de l'économie politique poursuivie dans la sphère du droit, c'est finalement ce que signifie la critique schmittienne du positivisme juridique, comme l'avait montré G. L. Ulmen. L'État étant devenu l'auto-organisation de la société (ou État économique), l'idéal libéral de la non-intervention, qui était celui du XIXe siècle, se révélait dépassé, en droit public comme en droit international. Mais pour comprendre la transformation de la politique, il fallait désormais se placer au niveau mondial, et cela, seuls les juristes libéraux l'avaient fait. Dans le contexte de l'entre-deux-guerres, parmi les juristes, ils étaient les seuls à avoir compris que la politique extérieure était devenue politique économique à l'âge de l'État industriel. Aux yeux de Schmitt, le nouvel impératif était désormais de chercher à limiter la plus-value politique, les « primes sur la possession du pouvoir légal » des superpuissances[1].

Carl Brinkmann note qu'une « étrange inversion » de la distinction entre « politique économique monarchique » et « politique économique libérale-parlementaire » s'est produite dans la politique coloniale à la fin du XIXe siècle. Une autocratie comme celle de Bismarck s'est rendue dépendante des intérêts « privés » des sociétés coloniales allemandes d'outre-mer[2], dans le moment même où l'Angleterre recourait à la forme juridique mercantiliste et favorisait la renaissance des grandes « *chartered companies* » coloniales. Une sphère *intermédiaire* entre la puissance absolutiste de l'État du mercantilisme et l'atomisation « démocratique » de l'économie de marché était devenue l'élément dominant de la nouvelle économie mondiale : l'association économique *dotée de droits publics* – qui ne s'épanouissait plus dans la seule sphère des droits privés – phénomène auquel Carl Brinkmann donne le nom suggestif d'« impérialisme économique corporatiste » (*korporativen Wirtschafts-imperialismus*)[3].

Alors qu'au XIXe siècle, la supériorité de l'Europe dans l'économie mondiale était telle qu'elle avait permis à l'économie de rester libre-échangiste (au moins en théorie), de s'en tirer sans aucun moyen politique et d'apparaître comme l'*autre* de la contrainte juridique, le développement de la société industrielle avait peu à peu mis fin à la période d'auto-suffisance des compagnies coloniales, qui appelaient de plus en plus l'intervention d'une action politique qui freine ou qui stimule.

1. Voir C. Schmitt, « La révolution légale mondiale », *GCM*, p. 137-157.

2. Dans son discours du 26 juin 1884, Bismarck a livré sa conception du droit colonial : il souhaite que l'État « prête » sa souveraineté aux entreprises commerciales des citoyens mais ne fonde pas de provinces par lui-même. La politique coloniale lui semble artificielle : l'État doit selon lui accompagner l'initiative privée et la protéger, « la plante doit profiter des soins du jardinier, mais si elle ne survit pas, c'est qu'elle n'en valait pas la peine. », *Cf.* W. Grewe, *Epochen der Völkerrechtsgeschichte*, *op. cit.*, p. 549.

3. C. Brinkmann, « Imperialismus als Wirtschaftspolitik», *op. cit.*, p. 92.

Dans « Raum und Großraum im Völkerrecht », Schmitt écrit que la « conception non centraliste, élastique » (*nichtzentralistische, elastische Auffassung*) des colonies qui était celle de Bismarck fait de lui le dernier homme d'État du XIXe siècle. Cette conception disparaît au XXe siècle. La renaissance des compagnies de commerce à la fin du XIXe siècle n'a été que temporaire et c'est un vaste mouvement d'étatisation de ces compagnies qui s'est enclenché ensuite. D'où « l'imbrication des deux ordres » interétatique et libéral (*NT* : 234).

Ce que n'avait pas vu le positivisme juridique centré sur l'État (non pas Kelsen mais la théorie dualiste de Triepel), c'est que le marché a besoin d'institutions. En ce sens, Hermann Heller a raison de dire dans *Hegel und der nationale Machtstaatsgedanke in Deutschland* (1921) que dans la conjoncture qui était celle de l'Allemagne au début du XXe siècle, les théories des étatistes de toute tendance et les idéologues du *Machtstaat* avaient finalement apporté un appui de taille à la politique impérialiste, au lieu de lui avoir opposé une résistance[1]. Le mythe du petit État sans Empire[2], victime du droit international, a finalement eu une fonction désastreuse. La tendance à faire de l'idée d'autorité et de commandement le moment fondamental du droit reflétait en fait le moment où l'idéologie de Manchester et de la libre concurrence fut remplacée par les coalitions impériales et les grands monopoles capitalistes, qui étaient les nouveaux acteurs de la politique planétaire.

1. Hermann Heller affirme que « Hegel rend la guerre logique et la logique impérialiste », (« *Hegel macht den Krieg logisch und die Logik imperialistisch* »), in *Hegel und der nationale Machtstaatsgedanke in Deutschland*..., *op. cit.*, p. 121. Il reproche à Hegel d'avoir donné ses lettres de noblesse philosophiques à « l'impérialisme national » (p. 124, p. 129), critique qui vise avant tout ses contemporains, les néo-hégéliens. Il nomme Hegel « le père de l'impérialisme moderne » (p. 131). Heller préfigure ainsi la thèse de Ludwig Dehio (*Deutschland und die Weltpolitik*, *op. cit.*), lequel montre que l'idéalisation de l'autonomie de l'État et de sa puissance allait de pair avec un manque de projet de l'idéologie allemande sur le terrain de la politique mondiale. Pour Heller, le divorce entre idéal et réalité qui caractérise l'histoire du droit international n'est pas comblé par Hegel. Le philosophe ne fait que « rebaptiser la *Realpolitik* du nom de l'idéal ».

2. Dans *Völkerrechtliche Großraumordnung*, Schmitt écrit que la guerre commencée par l'Allemagne fait « payer » aux puissances européennes dominantes leur incapacité à introduire de nouveaux peuples européens dans le système du droit des gens et leur « aveuglement dû à la victoire et à leurs possessions », *SGN*, p. 314.

CHAPITRE III

LA CRITIQUE DE L'INTERNATIONALISME LIBÉRAL

LE MYTHE DE L'OCCUPATION EFFECTIVE

La critique schmittienne de l'universalisme est bien connue. Dès 1923, dans *Die geistgeschichtliche Lage des heutigen Parlementarismus,* Schmitt critique l'égalitarisme des droits de l'homme et le principe de l'égalité des États du droit international (*P&D*: 107 *sq.*). Il y voit des mythes apolitiques du rationalisme dogmatique. L'égalité de droit est pour lui une idée libérale et non démocratique. Il recourt par là même à une définition très discutable de la démocratie, qu'il identifie à la communauté concrète, regroupée à l'intérieur de frontières fixes et unie par des valeurs communes. Dans cette perspective, inacceptable pour les libéraux qui refusent, eux, de distinguer parlementarisme et démocratie, la démocratie devient une part d'ordre concret « plus précieuse que les généralités vides d'une fausse totalité » (*P&D*: 146). À ce moment-là, on l'a dit, le souverainisme de Schmitt n'a pas encore été entamé. Sa critique ne prend pour cible que les libéraux, non les étatistes, et la théorie dualiste du droit international de Triepel, qui sépare bien nettement le droit public du droit international, lui semble encore un cadre acceptable. Les libéraux postulent à ses yeux une « démocratie de l'humanité » qui non seulement n'existe nulle part sur terre, mais qui révèle la domination de l'économie sur la politique. « Dès qu'un peuple déterminé s'empare des idées universalistes pour s'identifier à elles », écrit le juriste en 1930, « elles se métamorphosent en un effroyable instrument au service du besoin qu'a l'homme de dominer. » Le juriste en conclut que « le nom d'humanité peut servir un impérialisme meurtrier » et qu'il est « autant susceptible de profanation que le nom de Dieu. »[1] Ces thèses fameuses se trouvent encore dans ses écrits tardifs.

Néanmoins, suite à sa lecture des libéraux, Schmitt s'est mis à critiquer vivement la théorie dualiste de Triepel. Il a défait l'idéologie des néo-rankiens et des juristes étatistes qui croyaient pouvoir séparer encore strictement le droit public et le droit international, qui défendaient un État prussien « purement politique » à l'intérieur, mais approuvaient le libre-échange dans les colonies. Ces auteurs qui croyaient que les colonies étaient une simple extension de l'État et qui ne voyaient pas que la politique coloniale avait touché à sa substance même, Schmitt pense maintenant qu'ils se fourvoient.

La critique des « deux grands dualismes » (droit privé/droit public ; droit international/droit interne), qui est le résultat le plus visible de la lecture que Schmitt a faite des libéraux, occupe une place importante dans *Le nomos de la Terre*. Mais cette lecture va agir en retour sur sa critique des libéraux. En effet, par un chiasme étrange, repéré par les historiens et les économistes, les juristes libéraux, qui défendaient le commerce libre, ont toutefois voulu exporter la souveraineté dans les colonies à la fin du XIXe siècle. Ils ont tenté de soumettre les compagnies de commerce au contrôle de l'État et la prise de terre déréglée à un contrôle légal. C'est le moment typique de la Conférence du Congo de 1884-1885, que Schmitt analyse en détail dans *Le nomos de la Terre*. Pour ce faire, les juristes libéraux ont tout centré sur la catégorie d'occupation effective. Les étatistes nationalistes et les libéraux faisaient donc cause commune pour soutenir l'agrandissement de l'Empire. C'est le jugement nouveau que Schmitt émet au milieu des années 1940 : il est parvenu au constat que le capitalisme s'est développé en se couvrant d'une doctrine de la *nation-Empire*.

La critique schmittienne de l'internationalisme gagne alors en précision et se modifie. *Le nomos de la Terre* comme les textes de 1940-1943 qui ont été intégrés à cet ouvrage le montrent. Ce qui a changé par rapport à la critique de l'internationalisme des années 1920, c'est que les oppositions politique/économie, politique extérieure/politique intérieure, Allemagne/Angleterre, État/Empire, sont maintenant déconstruites. Le primat de la politique extérieure au sens de Dilthey et de Ranke est réduit à néant : l'État ne sert plus de point fixe.

Tout se passe comme si l'ouverture de Schmitt au réformisme juridique des libéraux lui avait permis d'apprendre quelque chose de ses adversaires

1. C. Schmitt, « Éthique de l'État et État pluraliste », 1930, *P&D*, p. 146.

et de mieux les critiquer. Dans *Le nomos de la Terre*, il applique désormais pas à pas la critique du *fétichisme* juridico-économique à l'histoire de l'impérialisme colonial et il ne se contente plus de stigmatiser, comme c'était le cas dans les années 1920, l'utopie de la suppression des frontières. À la critique du contractualisme, présente très tôt chez Schmitt, s'ajoute alors dans les textes de ces années-là une critique des fictions juridiques dont s'accompagnent les pratiques impérialistes, critique qui puise son matériau dans l'histoire coloniale et montre que le droit de l'occupation, qui avait hypocritement remplacé le droit de conquête, embrasse un bon nombre de fictions à peine voilées.

Dans *Le nomos de la Terre*, Schmitt s'arrête longuement sur les constructions juridiques qui devaient légaliser l'occupation de l'Afrique par les puissances européennes. L'Acte du Congo signé lors de la Conférence de Berlin organisée par Bismarck en 1884-1885 statue que seule « l'occupation effective » donne droit au colonisateur de s'approprier les « territoires sans maître » (article 35).

Les juristes libéraux ont accueilli cette Conférence avec enthousiasme. Ils espéraient soumettre à des règles transparentes et justes le partage de l'Afrique. Aucun juriste internationaliste du XIXe siècle, aussi humaniste qu'il ait été, n'a remis en question la colonisation. Il n'y a rien chez Martens, chez Klüber ou Wheaton, rien non plus chez les libéraux de l'Institut de Droit International de Bruxelles, qui remette en cause le partage de l'Afrique par les États d'Europe. Les juristes libéraux du XIXe siècle pensaient que les Européens pouvaient à bon droit étendre leurs colonies par « l'occupation effective ». Ils admiraient Vitoria et Las Casas, critiquaient la violence extrême qui avait accompagné la *Conquista* et recouraient fréquemment à des arguments moraux empruntés au droit naturel. Mais ils ne dénonçaient pas les violences et les abus qui se produisaient à leur époque dans les colonies. La foi en la civilisation donnait à leurs yeux à la prise de terre coloniale l'allure d'une mission à accomplir pour le bien des « non-civilisés ». L'exportation de la souveraineté, avec toutes les charges et les devoirs qu'elle impliquait, semblait être le point d'aboutissement de la lente rationalisation du droit de l'occupation. Le droit de conquête était banni, considéré comme une forme primitive et anarchique.

Charles Salomon, juriste libéral renommé de la fin du XIXe siècle, dont la théorie sera reprise par Bonfils, justifie la prise de terre coloniale de la façon suivante : « On sait que les jurisconsultes romains, et après eux de nombreux publicistes, ont cherché dans la prise de possession l'origine du droit de propriété [...]. Mais l'occupation est un simple fait matériel. Pour que s'ensuive un droit de propriété il faut s'approprier la terre par le travail et l'industrie [...]. En somme la doctrine de l'effectivité n'est pas autre chose que l'application dans le domaine de la souveraineté de l'idée que le mode primitif principal d'acquérir la propriété est le travail [1]. »

Le principe de l'occupation effective est assimilé en définitive à l'idée que le travail, « en droit international comme en droit privé [2] », est la seule cause légitime d'acquisition. Ce principe paraît un équivalent de la valeur travail de Ricardo. « Occuper effectivement », c'était travailler, éduquer, civiliser, défendre les populations et donc mériter les fruits tirés des terres qu'on avait prises. D'un point de vue doctrinal, la notion d'occupation effective n'était pas nouvelle. Grotius déjà avait reconnu que la découverte ne fonde qu'un titre juridique imparfait, un *inchoate title* selon l'expression des Anglais. Mais c'est surtout Vattel qui avait généralisé l'idée qu'une occupation fictive ne crée pas de titre de propriété opposable aux puissances tierces et qu'il ne suffit pas de planter un drapeau sur une île pour en devenir le souverain [3]. Vattel traite avec le même dédain les poteaux, les inscriptions et les bulles papales. Le juriste hollandais avance qu'un État ne doit pas occuper plus de territoire qu'il ne peut en cultiver, parce que cela irait contre les principes du droit naturel. Mais l'argument avait perdu sa force par la suite. Au XIXe siècle, Bluntschli pense que ce serait retarder le progrès de l'humanité que d'exiger qu'un État tire toute l'utilité des territoires qu'il occupe.

De fait, l'article 35 sur l'occupation effective des terres sans maître avait une validité limitée. D'une part, il ne concernait que les côtes africaines (réserve imposée par les Anglais), d'autre part, il se trouve qu'au moment de la Conférence de Berlin presque tous les territoires du littoral africain étaient déjà « occupés ». L'article sur l'occupation effective cessait donc d'être valide dès son édiction, d'un point de vue purement légal. Mais cela n'empêchait pas les membres de l'Institut de Droit International de Bruxelles d'y voir l'aube d'une ère nouvelle, parce qu'ils s'appuyaient sur une « philosophie qui donne à celui qui se trouve du côté de l'avenir le droit considérable de prendre ce qu'au fond il possède déjà [4] ». Les juristes qui ont applaudi la signature de l'Acte du Congo admettaient que le principe de l'effectivité de l'occupation n'avait jamais été appliqué : l'histoire de ce

1. C. Salomon, *L'occupation des territoires sans maître*, Paris, Giard, 1889, p. 314-315.

2. *Ibid.*, p. 30.

3. É. de Vattel, *Le droit des gens, ou Principes de la loi naturelle appliqués à la conduite et aux affaires des nations et des souverains*, Paris, Adamant Guillaumin, 1863 [1758], vol. 1, § 207 et § 208.

4. C. Schmitt, « Prendre/partager/paître », *GCM*, p. 60.

principe était indubitablement l'histoire de sa non-application. Mais ils disaient que ce principe n'était devenu consensuel que peu de temps avant la Conférence de Berlin et les temps leur semblaient enfin mûrs pour la codification. En ce sens, cette Conférence marquait à leurs yeux « le commencement d'une nouvelle période de l'histoire de l'occupation [1] ». En outre, l'Acte ajoutait une règle nouvelle au principe de l'effectivité : la notification prescrivait au nouvel occupant de rendre publique son acquisition, qui devenait ainsi opposable aux tiers (article 34). Le caractère public de l'occupation semblait être le premier maillon d'une série de procédures qui devaient garantir le bon déroulement du partage.

L'exigence de l'effectivité de l'occupation était la tentative de traduire la prise en fait juridique, mais cette traduction a échoué. Généralement les actes d'occupation ne permettent pas de tracer des frontières claires, à cause de l'existence de régions peu peuplées et des inévitables superpositions de domaines. Le partage de l'Afrique au XIXe siècle s'est fait non par l'occupation, mais par le moyen traditionnel de l'accord entre les puissances : les zones d'occupation effective n'ont servi que de point de départ dans les négociations. En réalité, comme le montre Schmitt, l'effectivité et la notification concernaient non la relation juridique aux populations occupées mais l'équilibre des intérêts entre Européens, « le partage en sphères d'intérêts » (*NT* : 225). Il n'en reste pas moins que pour les juristes libéraux comme Rolin, Westlake ou Salomon, le principe de l'occupation effective semblait être un progrès considérable.

Qualifiée depuis Grotius de mode originaire d'acquisition (le mode dérivé d'acquisition étant la cession par traité), l'occupation effective paraissait juste relativement aux traités « de verroterie » que les gouvernements et les compagnies de commerce européens signaient avec les indigènes. Certains juristes restaient partisans de cette solution par la « cession » (Jèze par exemple). Leur « théorie de la liberté [2] » les empêchait de se demander au nom de quoi les peuples d'outre-mer souhaitaient « librement » se défaire de leurs terres en les cédant aux Européens. Peu à peu, ces traités avaient tout de même semblé inadmissibles et hypocrites à la plupart des juristes. Rolin et Westlake par exemple avaient avancé que des traités avec des « chefs ignorants » ne pouvaient opérer un transfert de souveraineté. « Il ne suffit pas que l'occupation soit précédée d'un traité,

1. C. Salomon, *L'occupation des territoires sans maître*, *op. cit.*, p. 84.
2. C. Schmitt, « Prendre/partager/paître », *GCM*, p. 57.

pour que le droit international la dise juste, il faut que ce traité soit librement consenti, ce qui arrive rarement[1]. »

De nombreux juristes de la fin du XIXe siècle relataient dans leurs livres les progrès accomplis depuis l'Antiquité: l'appropriation de territoires étrangers paraissait s'être peu à peu humanisée. Depuis le temps reculé où la propriété qui avait pour origine la violence et la conquête était la plus sacrée (les jurisconsultes romains, par exemple, assimilaient les choses prises à la guerre à la perle trouvée sur le rivage), et même depuis le XVIIe siècle, siècle au cours duquel le titre de la découverte et l'annexion symbolique prévalaient encore, le refus de l'occupation fictive était vu comme un bond en avant. Salomon et Bonfils espèrent que tous les cas d'occupation fictive qui ont précédé le traité de 1885 vont se transformer en occupation effective. « L'occupation restera », écrit Salomon, « une institution importante du droit international, car il y aura toujours des *terra nullia*[2] », « à cause du progrès de la technique, on découvre par exemple de nouvelles îles dans les pôles ». Bonfils et lui prédisent un grand avenir à l'occupation effective en tant qu'institution juridique. L'occupation effective permet en effet selon eux de régler le « désir d'avoir des colonies présent chez tous les peuples », le « besoin insatiable et irraisonné » qu'ont les peuples « de se créer un Empire[3] ».

Il était courant de distinguer trois périodes de l'appropriation coloniale : la période théologique des bulles papales, la période absolutiste de la découverte et de l'occupation fictive, et enfin la période éclairée de l'occupation effective[4]. Il semblait aux juristes de la fin du XIXe siècle que l'occupation effective était la base rationnelle des droits territoriaux et qu'elle allait supprimer la part d'arbitraire que comprenait le droit international.

Schmitt est plein de sarcasmes par rapport à l'« occupation effective » des libéraux[5]. À ses yeux elle n'est pas moins fictive que l'occupation fictive des siècles précédents (*NT* : 220). Seule la « reconnaissance de droit

1. C. Salomon, *L'occupation des territoires sans maître*, *op. cit.*, p. 242.
2. *Ibid.*, p. 365.
3. *Ibid.*, p. 366.
4. *Ibid.*, p. 29-102.
5. « À vrai dire, pour juger de la réalité concrète de cette occupation, il est éclairant de savoir qu'un juriste belge indique comme nombre d'habitants du territoire occupé de 14 à 30 millions, et ceci en 1909, vingt-cinq ans après la fondation de l'État indépendant du Congo ! Il y a là en vérité un singulier type d'organisation de même que d'effectivité, qui après un quart de siècle, ne sait pas encore au juste si son territoire abrite 14 ou 30 millions d'hommes ! », *NT*, p. 222.

international », c'est-à-dire le règlement des conflits par l'accord entre les puissances dominantes était « substantielle » selon lui (*NT*: 220, 231). Le juriste fait remarquer que l'Acte du Congo est resté sans effet au moment décisif, en 1914, sous-entendant ainsi à juste titre que la Première Guerre mondiale est une guerre interimpériale et que « les lignes d'amitié » qui jusqu'alors avaient empêché la guerre des Européens dans les colonies de remonter en Europe n'ont pas rempli leur mission. Il affirme d'autre part que l'Acte de Berlin « a une valeur symptomatique » (*NT*: 218, 223), qu'il est miné par les contradictions, qu'il révèle la fragilité de la solidarité européenne (*NT*: 218).

La critique du droit contractuel était présente chez Schmitt depuis longtemps. Elle correspond dans les grandes lignes à celle de Marx, qui écrivait dans son *Introduction générale à la critique de l'économie politique*, que « Le *Faustrecht* (le droit du plus fort) est également un droit[1] ». Depuis les années 1920, Schmitt avait fréquemment repris les arguments de Marx pour refuser de mettre le principe *pacta sunt servanda* au fondement du droit international. Les relations entre États, en se compliquant (partages territoriaux, échanges commerciaux, alliances militaires ou politiques) avaient nécessité des instruments juridiques adaptés, et le traité en fut la pièce maîtresse. Au cours des siècles, les traités ont bénéficié du travail de présentation libérale fait sur le contrat civil (égalité des parties, autonomie de la volonté, etc.), le droit des traités a ainsi été orné de ce qui apparaissait à Schmitt comme des formules rituelles dont personne n'est dupe[2]. Il écrit, dès *La notion de politique,* que l'obligation de respecter les traités ne peut être la norme fondamentale, car « l'échange n'exclut pas l'exploitation. [...] Ce fait rejette au néant notre construction idéale d'une société fondée sur l'échange et sur des contrats bilatéraux, pacifiques et justes. [...] Malheureusement les usuriers et les maîtres chanteurs invoquent eux aussi l'aspect sacré des contrats et l'adage *pacta sunt servanda* » (*NP*: 124). L'univers du contrat sans combat, de l'adaptation sans stratégie, de l'équilibre sans arbitrage est refusé comme abstrait et appauvrissant.

Dans le cas des traités de verroterie conclus avec les chefs d'Afrique, l'idéologie juridique saute aux yeux même du moins marxiste des

1. K. Marx, *Introduction générale à la critique de l'économie politique*, dans *Contribution à la critique de l'économie politique*, Paris, Éditions sociales, 1967, p. 153.

2. Voir notamment « Der Vorbehalt beim Abschluss völkerrechtlicher Verträge. Rezension des Buches von U. Scheidtmann », *FP*, 1934 ; « Paktsysteme als Kriegsrüstung – Eine völkerrechtliche Betrachtung », *FP*, 1935.

observateurs. Il devenait visible même aux libéraux que les garanties de la norme contractuelle n'empêchaient pas de faire du traité une niche de toutes les exploitations possibles et que les contrats bilatéraux « librement » consentis cachaient une inversion extraordinaire du sens du mot liberté. Les principes de l'égalité des parties et de la volonté libre qu'on avait projetés sur la relation asymétrique entre colonisateurs et colonisés pour la présenter comme une relation juridique, semblaient grotesques à la plupart. Mais Schmitt ne critique pas seulement la fiction juridique des traités de cession. Il critique aussi l'occupation effective, soit le mythe de l'appropriation par le mérite et par le travail des juristes libéraux.

Schmitt rappelle qu'à l'origine l'*occupatio* vient du droit civil romain et non du *jus gentium* ou du droit des gens interétatique. Comme il le remarque dans *Le nomos de la Terre*, on transposait sans précautions à la politique coloniale des États des concepts qui concernaient en fait l'acquisition d'une pomme ou d'une maison par un individu (*NT*: 202). Dans « Prendre/partager/paître » (1953), il reproche au libéralisme de minimiser « le problème de la prise ». Le libéralisme manque ainsi « l'essence de l'impérialisme », qui « réside dans le primat de la prise sur le partage[1] ». Selon Schmitt, le libéralisme dissimule la rapine sous les mécanismes de la distribution. Il déguise le problème de la prise en problème de répartition. Et en effet, l'idée défendue lors de la Conférence de Berlin que les terres à prendre étaient des « terres sans maître » pouvait faire croire qu'on ne prenait rien.

Schmitt énonce que « la découverte est le véritable titre juridique européen et non l'occupation ». Il fait de la découverte le « grand titre juridique des Européens » (*NT*: 131 ; 133). C'est une provocation qui vise directement les juristes libéraux, leur évolutionnisme et leur idéal d'un droit colonial entièrement juste et pacifique. Il veut souligner par cette thèse radicale que le moment de violence est impossible à résorber par le droit. Pour lui il n'y pas d'autre solution que d'assumer la violence commise : la mauvaise conscience produit de plus grands monstres encore. C'est un des traits qui l'apparentent à Sorel et à Proudhon : il préfère assumer la violence directe plutôt que d'accepter la violence « symbolique » de l'universalisme et de la philosophie de l'histoire. Il poursuivra dans cette direction en 1962 dans « L'ordre du monde après la Seconde Guerre mondiale », quand il présentera la mauvaise conscience de l'Europe comme l'une des causes de son déclin. L'anticolonialisme du Tiers-monde

1. C. Schmitt, « Prendre/partager/paître », *GCM*, p. 60.

ne fait à ses yeux qu'exploiter et retourner contre l'Europe un vice de l'Europe elle-même, sa tendance à l'autocritique.

Finalement la Conférence de Berlin n'a pas changé les pratiques : les puissances coloniales ont continué à exercer un plein contrôle politique et économique sans avoir à remplir aucun devoir administratif ou humanitaire, sans avoir non plus à occuper les territoires qu'elles contrôlaient. Depuis la crise de Fachoda (1898), il était clair que le partage de l'Afrique se faisait non pas suivant l'idéal de l'occupation effective et du transfert de souveraineté mais suivant la délimitation « abstraite » de grandes sphères d'intérêts[1].

Au début du XIXe siècle, les juristes et l'opinion publique ont progressivement réalisé que la souveraineté avait perdu tout sens progressiste sur le sol non européen. Si l'exportation de la souveraineté avait échoué, pourquoi ne pas propager directement « l'esprit d'internationalité » dans les colonies ? Au cours des années 1910, le programme d'un « internationalisme sans nations », repris ensuite par Wilson, avait remplacé peu à peu le projet de l'occupation effective chez la majorité des juristes internationalistes. Les juristes ont alors fondé leurs espoirs sur les rares cas de gestion internationale qui avaient eu lieu dans le passé, comme la gestion internationale des rivières d'Europe ou des ports de Chine. Les délégués de la SDN allaient s'en souvenir en 1919 : ils citeront plus tard ces mêmes exemples pour appuyer le nouveau système de mandats internationaux.

Schmitt commente également cette tendance. Il observe que peu à peu, au cours du XIXe siècle, l'espace en droit international a cessé d'être diversement « qualifié », le droit international n'étant plus conçu comme étant uniquement européen. Tout territoire a désormais été conçu comme un territoire étatique (*NT* : 219). Mais l'aspect ubiquitaire de la forme-État ne devait pas tromper. Aux yeux de Schmitt, l'aspect fictif de la légalité, évident dans les colonies, affectait de plus en plus les vieilles nations européennes. C'est pourquoi il est fécond de relier l'histoire que fait Schmitt de la disparition progressive du concept de colonie dans les théories de droit international du XIXe siècle[2] et ses analyses de la

1. M. Koskenniemi, « Occupation is nothing – Fashoda », in *The Gentle Civilizer of Nations…*, *op. cit.*, p. 152-155.

2. Voir « Raum und Großraum im Völkerrecht », *SGN*, 1940. Le concept de colonie exprimait traditionnellement la connexion à l'espace juridique européen. Il a commencé à devenir inutile quand le sol européen – comme d'ailleurs le sol colonial – a cessé d'être conçu comme un espace juridique unitaire et séparé. Plus précisément, il est progressivement devenu un concept de droit public. La colonie était désormais définie comme une région

révolution légale mondiale (1978), qui présentent une légalité partout dégradée en « plus-value politique ». Dans « La révolution légale mondiale », Schmitt propose d'appeler « plus-value politique » l'usage que la société s'organisant elle-même fait de la légalité. Il n'est plus question alors de distinguer l'État des institutions internationales. On serait d'ailleurs bien en peine de dire si cet essai de 1978 est un texte de droit public ou de droit international. Ce qu'on appelle « État » ou « institution » recouvre en fait la possession par des forces sociales des « primes politiques sur la possession du pouvoir légal ». L'État du *Jus publicum europaeum* semble bien avoir été remplacé par la société s'auto-organisant[1]. Le concept schmittien de « plus-value politique » rend enfin visible ce qui était à l'œuvre dans les écrits du juriste depuis un certain temps : la critique de l'économie politique et son extension dans la sphère du droit.

THÉORIE DE LA GUERRE JUSTE ET THÉORIE DE L'IMPÉRIALISME : RÉUTILISATIONS DE VITORIA

À partir de 1937, Schmitt commence à affirmer que les États-Unis – et non plus l'Angleterre – sont à l'origine du « changement de structure du droit international » du XXe siècle. Dès lors, il jette un regard neuf sur les changements qui ont affecté la légalité internationale depuis 1919. À la fin des années 1920, Schmitt rendait encore hommage aux États-Unis pour avoir atténué, grâce au Plan Dawes (1924) et au Plan Young (1929), la dureté de la politique des réparations que les Alliés imposaient à

d'implantation liée à la métropole par une relation « individuelle » de droit public (*staatsrechtliche Verbindung*). Pour le droit civil et le droit pénal, la colonie pouvait être conçue comme une terre étrangère, mais du point de vue du droit international, elle ne l'était plus. Elle n'était pas un sujet de droit international et disparaissait de la doctrine du droit international ; ce qui s'exprimait par le fait concret qu'en cas de guerre de la métropole, la colonie était en guerre.

1. On comprend que pour le juriste, l'idée que le fédéralisme est un pas vers la constitutionnalisation du droit international ait été illusoire. Rien n'indique selon lui que la tendance fédéraliste et le dépassement de l'État vers des unités plus larges soient une étape vers l'universalisme (*WdK*, p. 49). Il maintient cet avis dans ses réponses à Alexandre Kojève, au cours des années 1950. Dans les années 1960 encore, à propos de la Communauté Européenne, Schmitt affirme qu'il est d'accord avec le journaliste et doctorant de Julien Freund, Francis Rosenstiel, au livre duquel il se réfère souvent : *Le principe de « supranationalité ». Essai sur les rapports de la politique et du droit*, Paris, Pédone, 1962. Schmitt voit dans le blocage technocratique des institutions européennes non pas une étape provisoire mais une impasse durable.

l'Allemagne. Mais dès la fin des années 1930, le ton change[1]. Le juriste reconnaît que les États-Unis sont la nouvelle superpuissance et que ce sont eux qui modèlent le droit international. C'est en étudiant l'histoire de la politique extérieure américaine qu'il parvient alors à dégager les caractéristiques du nouveau droit international interventionniste et qu'il énonce sa thèse du retour de la guerre juste.

Il y avait quelques retouches à apporter au tableau que Schmitt avait délivré, avant 1937, des institutions internationales. Toutes choses égales par ailleurs, le *Commonwealth* et l'Empire informel des Américains n'avaient pas les mêmes caractéristiques. Avec l'Angleterre, ce qui était venu au premier plan c'était la *Realpolitik* : les réserves qu'elle parvenait à imposer aux traités, les compromis dans les négociations préparatoires, les ficelles tirées dans les coulisses et surtout les fictions juridiques. La fiction qui avait eu la plus mauvaise réputation de toutes était la distinction, que les Anglais s'étaient efforcés de maintenir contre vents et marées, entre colonie et protectorat, fiction démasquée par beaucoup comme une technique hypocrite d'annexion sans souveraineté[2].

Le système américain engendrait quant à lui la déconstruction du droit international colonial ainsi que celle du système anglais des trusts, des sphères d'intérêts et des sphères d'influence, les États-Unis lui préférant le système de la porte ouverte. Ce qui était prégnant dans le système américain, ce n'était pas la *Realpolitik* mais l'idéalisme de la justice. La « loi » devenait directement l'expression de valeurs. Le règne de la loi était lui-même dangereux, et non plus les réserves et les exceptions. Ce qui devenait marquant pour Schmitt qui se focalisait désormais sur les États-Unis et jetait un regard neuf sur la SDN, après avoir tant écrit sur elle, c'était l'idéalisme même de Wilson et des wilsoniens. La politique isolationniste de Jefferson et de Monroe qui avait défini la politique

1. Voir « Changement de structure du droit international », *GCM* et « Die letzte globale Linie », *SGN*. Il semble que le tournant se situe après *Die Wendung*... (1937-1938), texte dans lequel il est encore question de l'Angleterre comme de l'Empire principal, quoique de façon plus vague que dans les textes des années 1920.

2. Cette distinction très critiquée était une fiction mais elle avait une grande signification pratique. Le concept de protectorat, qui vient de Vattel, désigne un État indépendant mais faible qui décide de se mettre sous la tutelle d'un État plus fort pour des raisons de sécurité et qui cède ainsi certains de ses droits sans cesser d'être souverain. Monaco et les îles Ioniennes étaient déjà des protectorats en Europe, mais l'idée de protectorat *colonial* était neuve au XIXe siècle. Concrètement, la distinction conceptuelle entre colonie et protectorat, que l'Angleterre s'était efforcée de maintenir, avait permis aux puissances coloniales de se réserver des terres en les soustrayant à la convoitise des autres puissances européennes, sans avoir à porter la charge administrative liée aux colonies.

américaine durant tout le XIXe siècle, avait été abandonnée par Wilson, Hoover et Roosevelt. Schmitt note qu'un droit international américain a été ébauché un temps (l'œuvre de l'internationaliste Alvarez en témoigne), mais qu'un « droit international mondial » s'est finalement imposé (*NT*: 227), droit interventionniste qui se basait sur la nouvelle politique des États-Unis, elle-même devenue interventionniste au XXe siècle. Il ne fait plus de doute aux yeux de Schmitt que le développement de l'économie mondiale est le fondement concret du droit international contemporain (*NT*: 233). L'économie mondiale est, à ses yeux, la clé du retour de la « guerre juste ». La guerre se présente comme la défense de valeurs universelles ou du régime politique « vrai », mais ces valeurs continuent néanmoins à exprimer mythiquement une identité particulière et occidentale[1].

Dans un article intitulé « Vitoria und die Geschichte seines Ruhmes », que Schmitt a publié anonymement en juillet 1949 dans la revue *Die Neue Ordnung* et qu'il a repris ensuite dans *Le nomos de la Terre* en le modifiant légèrement, Schmitt donne son interprétation de l'œuvre de Francisco de Vitoria (1486-1546) et de sa place dans l'histoire du droit des gens. Depuis la fin de la Première Guerre mondiale, le théologien espagnol et défenseur du droit des Indiens était le maître des pacifistes et les wilsoniens qui le présentaient comme le véritable père du droit des gens. Dans son journal, Schmitt note que «Vitoria et la dé-théologisation du droit des gens (*Enttheologisierung des Völkerrechts*) » est « son grand thème » (*Gl*: 25). On s'en aperçoit en lisant le *Glossarium*[2]. La critique de son article de 1949 sur Vitoria par l'internationaliste von der Heydte[3] avait d'ailleurs beaucoup affecté Schmitt, qui n'a pas répondu publiquement à son collègue mais qui a longtemps exprimé son irritation à ses amis[4].

La lecture que Schmitt délivre des *Relectiones* de Vitoria a beau être fameuse, elle est rarement commentée et ceux qui tentent de l'interpréter expriment souvent le désarroi dans lequel elle les laisse[5]. Certains

1. *Cf.* « Changement de structure du droit international », *GCM* ; « Die letzte globale Linie », *GCM*.

2. *Glossarium*, p. 105-106, p. 173, p. 266.

3. F. A. von der Heydte, « Francisco de Vitoria und die Geschichte seines Ruhmes – Eine Entgegnung », *Die Friedens-Warte*, n° 4-5, 1949, p. 190-197.

4. Voir la lettre de Carl Bilfinger à Schmitt du 19 décembre 1949 ainsi que le *Glossarium*, p. 276.

5. À notre connaissance, après von der Heydte, c'est Wilhelm Janssen qui est allé le plus loin dans l'interprétation de la lecture schmittienne de Vitoria, qu'il réinscrit dans l'ensemble des débats sur Vitoria des internationalistes du XXe siècle à partir d'Ernest Nys.

spécialistes qui sont d'accord avec Schmitt pour dénoncer le contresens des pacifistes sur Vitoria ne se réclament pas de Schmitt[1] ; d'autres considèrent que c'est Joseph Höffner (*Christentum und Menschenwürde*, 1947), et non Schmitt, qui, dans l'après-guerre, a donné l'interprétation la plus pénétrante de la Seconde scolastique et du sens qu'elle a pour le droit international[2].

Notre interprétation de la lecture schmittienne des *Relectiones* repose sur deux hypothèses :

1) La première a un caractère philologique. On sait que *Le nomos de la Terre* n'a pas été rédigé d'une seule traite. Schmitt a composé son livre en reprenant divers articles qu'il avait écrits à la fin des années 1930 et au début des années 1940. Il procédait en « plaçant » dans son livre des thèmes et des textes auxquels il tenait[3]. Il semble qu'il y ait deux ensembles hétérogènes de textes qui concernent Vitoria dans *Le nomos de la Terre*, textes qui ont été écrits à des moments différents : le long chapitre que le juriste consacre au dominicain espagnol (*NT* : 102-126) reprend, en ne le modifiant que légèrement, son article paru en 1949 sur Vitoria (« Vitoria und die Geschichte seines Ruhmes »). Il s'agit d'un texte unitaire, que nous appellerons le « chapitre sur Vitoria ». Mais Schmitt parle également de Vitoria en d'autres lieux du *Nomos de la Terre* (que nous appellerons « le second groupe de textes »), dans des passages qui ont une grande signification parce qu'ils ont la double fonction de situer Vitoria par rapport aux autres classiques, comme Grotius et Pufendorf, et de rattacher l'article de 1949 sur Vitoria à l'architecture d'ensemble du *Nomos de la Terre*, opération, nous le verrons, qui échoue en partie : les conclusions du « chapitre sur Vitoria » et celles du « second groupe de textes » sont peu compatibles les unes avec les autres. Le cinquième corollaire introductif intitulé « La prise de terres comme événement constituant du droit des gens » (*NT* : 85) et la section portant sur Grotius et Pufendorf (*NT* : 134-139) sont les deux moments clés de ce second groupe de textes. Schmitt n'a

Cf. W. Janssen, *Die Anfänge des modernen Völkerrechts und der neuzeitlichen Diplomatie. Ein Forchungsbericht*, Stuttgart, J. B. Metzlersche Verlagsbuchhandlung, 1965, p. 2-14 et p. 55-59.

1. Voir A. Nussbaum, « James Brown Scotts Thesen über die Überlegenheit der spanischen Scholastiker über Hugo Grotius », in *Geschichte des Völkerrechts in gedrängter Darstellung*, *op. cit.*, p. 327-339.

2. Voir W. Janssen, *Die Anfänge des modernen Völkerrechts und der neuzeitlichen Diplomatie*, *op. cit.*, p. 53.

3. Voir *Glossarium*, p. 141.

l'air d'y parler de Vitoria qu'en passant, mais une lecture attentive révèle que l'ensemble du développement sur Grotius et Pufendorf est en fait un portrait indirect de Vitoria – qui est le point de comparaison constant de Schmitt quand il parle des deux juristes. Les mots suivants expriment bien la structure de cette section : « Aucun des deux [Grotius et Pufendorf] ne traite la question clé, la prise territoriale du sol non européen par les européens […] *tandis que Vitoria garde en vue le problème central*[1] » (*NT* : 138).

2) Notre seconde hypothèse a un caractère plus général. Elle ne concerne pas seulement Vitoria, il ne s'agit que de la vérifier à propos de Vitoria. L'hypothèse est que la théorie de l'impérialisme d'auteurs comme Lénine ou Rosa Luxemburg est le « centre absent » d'une série de textes de Schmitt et que le juriste applique cette théorie aux lieux communs de la doctrine du droit international pour la rajeunir mais aussi pour la critiquer, pour montrer que par certains aspects, elle a un caractère dérivé. Or, dans le cas qui nous occupe actuellement, cette « application » est visible uniquement dans le « second groupe de textes ».

Au départ, le chapitre sur Vitoria (*NT* : 102-126) est une longue protestation contre la « réutilisation » de Vitoria par les pacifistes et les wilsoniens. Ce culte du théologien espagnol, les spécialistes considèrent aujourd'hui qu'il était effectivement fondé sur une série de contresens et sur une idéologie bien spécifique, que Wilhelm Janssen nomme l'« idéologie de la SDN » (*Völkerbundsideologie*[2]). Depuis la Première Guerre mondiale, la renaissance de Vitoria participait d'une reviviscence du droit naturel, au moment de la fondation de la SDN. Cette ferveur pour les *Relectiones* participait aussi – cet aspect est plus rarement souligné – de l'émergence de l'histoire du droit international comme genre scientifique. Le principal responsable de ce que Schmitt appelle tantôt le « mythe politique » tantôt le « mythe journalistique » de Vitoria (*NT* : 118) est l'internationaliste américain James Brown Scott (1866-1943), promoteur de l'histoire du droit international et directeur d'un grand nombre de centres de recherches, comme l'*American Institute of International Law* ou l'*American Society of International Law*. La renaissance de la seconde scolastique dans l'entre-deux-guerres doit beaucoup à la grande influence qu'exerçait l'internationaliste américain sur l'opinion publique américaine

1. Nous soulignons.
2. W. Janssen, *Die Anfänge des modernen Völkerrechts und der neuzeitlichen Diplomatie*, *op. cit.*, p. 51.

et mondiale. Ernest Nys est le premier à avoir tiré le nom de Vitoria de l'oubli où il était tombé à la fin du XIXe siècle[1]. James Brown Scott a pris la suite des remarquables travaux du juriste belge, mais il a traité la pensée du dominicain avec moins de précaution que lui. Peu à peu c'est l'interprétation de Scott qui a pris le dessus, sans être soumise à une discussion scientifique sérieuse, parce qu'elle permettait mieux que celle de Nys de légitimer les nouvelles institutions internationales et la politique extérieure américaine.

Des historiens du droit comme Arthur Nussbaum ou Peter Haggenmacher ont livré le même diagnostic sévère que Schmitt à l'endroit de James Brown Scott. Schmitt n'est pas le seul à accuser le juriste américain de superficialité. Scott suivait une ligne politique claire. Il avait plaidé pour la poursuite pénale de Guillaume II à la Conférence de Paris de 1919. Pour Schmitt, il symbolisait le retour de la doctrine de la guerre juste : les guerres à venir se mettront de plus en plus à ressembler aux guerres de religion qui ont déchiré l'Europe avant que l'État moderne ne les jugule, mais il faut ajouter que ce n'est qu'une ressemblance approximative, car il n'y a pas de retour en arrière dans l'histoire, ce dont Schmitt était conscient. La théorie de la guerre juste qui était selon Schmitt au fondement du Protocole de Genève du 2 octobre 1924, mais aussi de la Conférence du désarmement de Genève de 1932-1934 et du pacte Briand-Kellogg de 1928, n'avait plus rien à voir avec l'ancienne doctrine médiévale. Les doctrinaires contemporains de la guerre juste invoquaient à tort, selon Schmitt, les théologiens de la Seconde scolastique pour soutenir leurs thèses.

James Brown Scott affirmait que Vitoria « avait décrit explicitement l'institution des mandats telle qu'elle existait au sein de la Société des Nations[2] » ainsi que la politique américaine de la porte ouverte. Selon lui Grotius s'était contenté pour une grande part de reprendre la pensée de Vitoria[3]. En outre, Scott traduisait le *jus gentium* de Vitoria par *international law*, mêlant continûment les problèmes contemporains à la pensée du théologien espagnol.

1. Voir E. Nys, *Le droit de la guerre et les précurseurs de Grotius*, Bruxelles, Leipzig, C. Muquart, 1882 ; *Les origines du droit international*, Bruxelles, Castaigne, 1894 ; J. B. Scott, *The Spanish Origin of International Law. Francisco de Vitoria and his Law of Nations*, London, Milford, 1934.

2. J. B. Scott, *The Catholic Conception of International Law*, Washington, Georgetown University Press, 1934, p. 31.

3. *Id.*, *The Spanish Origin of International Law*, *op. cit.*, p. 336.

On peut relever les deux thèses suivantes dans la réponse que Schmitt fait à James Brown Scott (*NT*: 102-126) :

1) la première objection qu'il adresse au juriste est la thèse selon laquelle Vitoria n'est pas un précurseur du droit des gens interétatique moderne mais qu'il reste attaché à la conception médiévale du *jus gentium*. Il invite à prêter une grande attention à la différence des contextes[1]. Sous le nom de *jus gentium* les Romains entendaient non pas des rapports entre peuples (*inter gentes*) mais les normes de « droit privé » qui réglaient les relations individuelles entre les citoyens romains et les non-Romains, ou des non-Romains entre eux. Les rapports juridiques entre citoyens romains étaient en revanche régulés par le *jus civile*. Le Moyen Âge a étendu le sens romain : le *jus gentium* médiéval était un droit valable pour tous les peuples, il incluait au surplus le droit de la guerre et de la paix, et non seulement le droit civil. Isidore de Séville, au seuil de la pensée médiévale, a essayé de concilier le sens étroit de l'Antiquité et le sens large du Moyen Âge. Schmitt le mentionne (*NT*: 49). James Brown Scott commet un contresens quand il fait de Vitoria le père de la SDN car le dominicain espagnol conçoit le *jus gentium* comme les autres auteurs du Moyen Âge. C'est Suarez après lui (1548-1617) qui sera le premier théoricien du droit interétatique moderne et qui définira le *jus gentium* comme un *jus inter gentes*, un droit interétatique, au sens qui est le nôtre. Sur ce point, la plupart des spécialistes, aujourd'hui, sont d'accord.

Mais Schmitt n'en reste pas à cet argument. Il ne se contente pas de souligner la différence entre les juristes du XXe siècle et les théologiens scolastiques. Il expose une thèse plus extrême et plus problématique, par laquelle il rejoint *Christentum und Menschenwürde* (1947) du futur cardinal Joseph Höffner, livre paru quelques années avant *Le nomos de la Terre* et qui, avec les textes de Truyol y Serra, est l'ouvrage qui a le plus marqué la recherche sur Vitoria du second après-guerre. À l'instar d'Höffner, Schmitt soutient que l'horizon idéal de la théorie de Vitoria n'est pas l'humanité entière (*totus orbis*) mais l'Église chrétienne, Église dont l'idéal est, certes, de s'étendre sur tout le globe (*una ecclesia*, *Weltkirche*), mais qui est en premier lieu lié à un espace concret et à une civilisation particulière. « L'objectivité et la neutralité de Vitoria n'en ont pas moins leurs limites et ne vont pas du tout jusqu'à lui faire réellement ignorer et nier la différence entre chrétiens et non-chrétiens. Au contraire :

1. Voir aussi le texte inédit de Schmitt intitulé *Entwicklung der internationalrechtlichen Pönalisierung des Angriffskrieges (1919-1939)*, *Arch* RW 265-19220, p. 48.

le résultat pratique est entièrement fondé sur la foi chrétienne de Vitoria qui voit dans la mission chrétienne la véritable justification de la conquête » (*NT*: 114). « À cet égard, l'Europe chrétienne est donc encore bien le centre de la terre pour Vitoria » (*NT*: 115). Alors que la majorité des spécialistes s'accordaient à reconnaître le premier point – la dépendance de Vitoria par rapport au *jus gentium* médiéval – sur ce second point, les avis divergent. Höffner et Schmitt sont accusés [1] de sous-estimer la portée universaliste de la pensée du théologien espagnol et l'importance chez lui du *totus orbis*. On leur objecte que le droit des gens médiéval était bel et bien universaliste, que l'idée d'unité du monde et l'idée de Chrétienté ne s'excluaient pas mutuellement. Contrairement à ce que Schmitt affirme, elles étaient tout à fait compatibles, étant toutes deux au fondement du *jus gentium*. La Chrétienté n'était pas un « grand espace de droit international » fermé aux interventions des étrangers comme Schmitt cherche à le faire croire. Pour cela, le juriste va jusqu'à identifier la guerre juste telle que la conçoit la Seconde scolastique aux croisades contre les infidèles [2], alors qu'il sait que la guerre juste implique la limitation de la guerre. La guerre juste suppose en effet la présence d'un *justus hostis*, une intention droite, la proportionnalité entre les moyens employés et la violence initiale et une procédure ordonnée, caractéristiques qui sont absentes de l'idée de croisade. Schmitt le sait, il le rappelle à l'occasion [3].

À partir de là, une question se pose : si le professeur de Salamanque s'inscrit pleinement dans la pensée médiévale et théologique, pourquoi est-il le « grand thème » de Schmitt, comme le juriste l'écrit lui-même dans son journal (*Gl*: 25) ? Plus précisément, pourquoi Schmitt affirme-t-il dans le *Glossarium* que son « grand thème » est Vitoria « *et la dé-théologisation du droit des gens* », s'il le rattache d'autre part avec insistance à l'univers de la théologie médiévale ?

On sait que la question s'était politisée après la Première Guerre mondiale. Ceux qui se réclamaient de Vitoria étaient surtout des

1. Voir W. Janssen, *Die Anfänge des modernen Völkerrechts und der neuzeitlichen Diplomatie. Ein Forschungsberich*, *op. cit.*, p. 55 et F. A. von der Heydte, « Francisco de Vitoria und die Geschichte seines Ruhmes – Eine Entgegnung », *op. cit.*, p. 194.

2. « Les croisades et les guerres de mission autorisées par l'Église étaient par là même des guerres justes, indépendamment de leur caractère offensif ou défensif ; les princes et les peuples qui persistaient à refuser l'autorité de l'Église, comme les Juifs et les Sarrasins, étaient par là même *hostes perpetui* », *NT*, p. 120-121.

3. Il écrit par exemple en 1938 dans « Das neue Vae Neutris ! », *PB*, p. 289 : « guerre juste n'est pas guerre sainte », et dans *Ex captivitate Salus*, p. 152 : « il y a des guerres justes, des guerres saintes, et des guerres en forme de duel ».

Anglo-Saxons et des Américains qui affirmaient que le *Jus publicum europaeum* sécularisé et son *jus ad bellum* représentaient un déclin par rapport à l'« origine », identifiée à la théorie médiévale de la guerre juste. Schmitt pensait que le droit des gens sécularisé apparu au XVIe siècle était un progrès par rapport au Moyen Âge. On comprend qu'il ait voulu « reprendre » Vitoria aux pacifistes et aux wilsoniens. S'il accorde un long chapitre à Vitoria dans son histoire – somme toute assez courte – du droit international, c'est qu'il s'agissait de ne pas laisser Vitoria aux pacifistes. On peut d'ailleurs noter que dans le débat qui faisait rage vers la Première Guerre mondiale (est-ce Grotius ou Vitoria, le père du droit international ?), Schmitt a ceci en commun avec les pacifistes et les libéraux qu'il accorde une grande importance à Vitoria et déprécie Grotius. Les choses sont donc passablement compliquées : en somme, Schmitt fait l'éloge de la sécularisation du droit des gens et de l'aspect procédural de la guerre, tout en donnant au théologien qu'est Vitoria une place éminente dans l'histoire du droit des gens et en refusant de reconnaître que la laïcité et l'humanité deviennent avec lui les horizons du droit. On est alors conduit à se poser la question suivante : si Schmitt juge positivement la sécularisation du droit international, pourquoi n'a-t-il pas porté comme d'autres toute son attention sur Suarez, plutôt que sur Vitoria, puisque c'est Suarez, en effet, qui suit de quelques décennies Vitoria, qui est le véritable père du *jus inter gentes* au sens du droit interétatique moderne ?

2) L'autre thèse insistante par laquelle Schmitt répond à Scott, controversée parmi les spécialistes, est que les *Relectiones*, notamment les deux leçons que le théologien de Salamanque a prononcées en 1538 et 1539, *Sur les Indiens* et *Sur le droit de guerre,* offrent une « justification de la prise territoriale d'un nouveau monde ». C'est le titre de son chapitre sur Vitoria. Ailleurs dans *Le nomos de la Terre*, Schmitt a plutôt l'air de dire que la pensée de Vitoria *a eu pour effet* de légitimer la *Conquista*, sans que Vitoria en ait *eu l'intention* ou qu'il l'ait expressément justifiée lui-même [1]. Le juriste renverse la représentation commune qui veut que Vitoria ait été avec Las Casas le défenseur du droit des Indiens et l'adversaire de Sepúlveda. L'historiographe de Charles Quint a affronté Las Casas à Valladolid après la mort de Vitoria lors d'une dispute célèbre. Il s'appuyait sur Aristote pour dire que les Indiens sont par nature des esclaves. Vitoria

1. « La théorie de la guerre juste de Vitoria permet par exemple la prise territoriale de sol étranger non libre », Schmitt, *NT*, p. 85 ; « La vieille doctrine de la guerre juste dont le résultat essentiel était de procurer un titre juridique pour une prise de terres… », *ibid.*, p. 170.

n'est pas d'accord avec cette idée : pour lui, même infidèles, « les Indiens sont des hommes, et non des singes », ce qui leur assure des droits. Il ne reconnaît à l'Empereur et à l'Église aucun droit de domination directe sur les terres d'Amérique. Historiquement cependant, il est vrai que Vitoria et Las Casas avaient pris parti pour le pouvoir central espagnol et le monopole de la Couronne contre les autres puissances qui cherchaient à tirer leur part du butin [1]. Le combat de Las Casas et la théorie de Vitoria ont de fait abouti à « aménager l'oppression des Indiens sans pour autant la supprimer [2] » au moment où l'Empire espagnol faisait sa fortune de l'or des Amériques.

Schmitt semble embarrassé. Cherchant de toute évidence à briser l'« invention de tradition » des pacifistes et des wilsoniens, il lui faut rompre la filiation qui fait remonter le système des mandats de la SDN à Las Casas et à Vitoria. Mais la lettre des *Relectiones*, dans la forme où elles nous sont parvenues, ne lui permet pas d'aller droit au but : ce sont des notes d'étudiants qui adoptent la forme scolaire de l'époque et juxtaposent le pour et le contre sans trancher, comme s'il s'agissait d'exercices d'argumentation : aux titres légitimant la *Conquista* Vitoria oppose les titres qui ne permettent pas de la légitimer, sans donner d'avis final. L'alternative devant laquelle se trouve Schmitt est claire : si la protection du droit des « indigènes » est la pierre de touche du système des mandats de 1919, système défini par l'article 22 du Pacte de la SDN, alors on peut en effet en faire remonter l'origine à Las Casas et à Vitoria. Les wilsoniens et James Brown Scott l'affirment. Ils font du mouvement pour l'abolition de l'esclavage une étape entre Vitoria et la SDN. Leur histoire du droit international est l'histoire linéaire de l'humanisation de la guerre. Toutefois, si la pierre de touche du système des mandats n'est pas la protection des populations colonisées mais l'appropriation des matières premières et des marchés, les choses changent [3]. Schmitt veut détruire les illusions progressistes des libéraux mais le texte des *Relectiones* ne se laisse pas tordre à volonté. Il admet que Vitoria présente deux séries antithétiques de titres, les titres légitimes et les titres illégitimes, permettant ou bien de justifier la *Conquista* ou bien de déclarer son iniquité. Il reconnaît que les propositions de Vitoria ont la forme de raisonnements

1. Voir J. Fisch, *Die europäische Expansion und das Völkerrecht*, *op. cit.*, p. 211.

2. P.-F. Moreau, « Nature, culture, histoire », dans F. Châtelet et G. Mairet (éd.), *Histoire des idéologies*, vol. 3, *op. cit.*, p. 34.

3. Sur les « inventions de tradition » successives des juristes et des hommes politiques déniant la nouveauté du système des mandats de 1919 et du système des *trusteeships* de 1945, voir R. N. Chowdhuri, *International Mandates and Trusteeship Systems. A Comparative Study*, La Haye, Nijhoff, 1955.

hypothétiques (« si... alors »), que le théologien ne présente aucune synthèse dans ce balancement du pour et du contre : « il ne tranche pas sur le mode d'une sentence judiciaire », mais reste « à distance des faits » (*NT*: 110). Il est vrai qu'« à l'aide de telles propositions générales et d'argumentations possibles, on parvient tout à fait à justifier dans l'ensemble la *Conquista* espagnole. Mais il s'agirait alors avant tout d'une question de fait et de situation, que le scolastique laisse ouverte sans y répondre ». C'est ce qui explique d'ailleurs, selon Jörg Fisch, que l'œuvre de Vitoria ait été l'objet de tant de discussions, les partisans comme les adversaires de la domination espagnole pouvaient y puiser les arguments qu'ils voulaient [1].

Une question se pose alors : qu'est-ce qui pousse Schmitt à annoncer dans le titre de son chapitre sur Vitoria (*NT*: 102), ce qu'il répète à plusieurs reprises (*NT*: 85; 170), que l'œuvre du théologien de Salamanque *justifie* la prise des Amériques par les Européens s'il ne le déduit pas du texte des *Relectiones* ? Pourquoi Schmitt éprouve-t-il le besoin d'interpréter Vitoria de cette façon [2] ?

Force est de constater que la place que Schmitt réserve au théologien de Salamanque est bien la place de l'origine, comme chez les pacifistes et les libéraux. Mais l'origine n'a plus chez Schmitt le sens qu'elle avait pour eux : l'origine du droit des gens est pour le juriste la prise violente du sol non européen et non les normes du droit humanitaire. Toutefois, ce n'est pas ce que Schmitt dit tout le temps : cette thèse n'apparaît que dans le second groupe de textes et non dans le chapitre qui porte sur Vitoria. La raison à cela n'est pas impossible à deviner : il y a un véritable coup de force à faire de Vitoria le justificateur de la prise violente des Amériques. Ce n'est donc pas l'argument qu'il met au premier plan dans son chapitre sur Vitoria, celui-ci ayant avant tout pour objectif de répondre aux abus interprétatifs des wilsoniens par l'*exactitude exégétique*.

C'est ici que la division des textes schmittiens sur Vitoria en deux groupes devient utile. Nous avons dit que nous repérions dans *Le nomos de la Terre* deux ensembles de textes sur Vitoria dont la date de composition et la visée différaient. Dans un premier temps, dans son chapitre sur Vitoria (*NT*: 102-126), composé en premier et publié à part en 1949, Schmitt

1. Voir J. Fisch, *Die europäische Expansion und das Völkerrecht*, *op. cit.*, p. 212.

2. C'est la question que F. A. von der Heydte pose à juste titre dans « Francisco de Vitoria und die Geschichte seines Ruhmes – Eine Entgegnung », *op. cit.*, 1949, p. 196. La perspective de von der Heydte est très critique, mais même pour les commentateurs mieux intentionnés à l'égard de Schmitt, la lecture schmittienne de Vitoria paraît alambiquée. Voir par exemple W. Janssen, *Die Anfänge des modernen Völkerrechts und der neuzeitlichen Diplomatie. Ein Forschungsberich*, *op. cit.*, p. 5.

cherche à débarrasser des fausses retouches l'image qu'on se fait de Vitoria (*NT*: 126). Il veut montrer le « vrai » Vitoria, dissoudre les contresens « superficiels » et « journalistiques » diffusés par James Brown Scott. « Contre ces possibilités tragiques de réutilisations hétérogènes » (*NT*: 126), le juriste rattache alors le théologien espagnol au champ médiéval, qu'il présente comme un ensemble d'ordres concentriques : l'ordre des dominicains, l'ordre européen, l'Église. Il met alors en avant la « méthode anhistorique » de Vitoria (*NT*: 115), « l'absence » chez lui « de toute perspective historique ». Il souligne qu'on ne trouve « rien du tout sur la civilisation » au sens moderne dans les *Relectiones* (*NT*: 108). Il souligne par là même la distance qui sépare Vitoria des notions évolutionnistes modernes de progrès et de civilisation (*NT*: 108-109), mettant en garde contre la tentation de confondre la théorie de Vitoria avec un *Kulturkampf* bismarckien ou une laïcisation à la française (*NT*: 113).

Dans le second groupe de textes toutefois, c'est une tout autre image de Vitoria qui se dégage. Dans la section sur Grotius et Pufendorf du *Nomos de la Terre* (*NT*: 134-139), Schmitt reproche à Grotius de maintenir la question de « l'acquisition de la propriété » dans le cadre anhistorique du droit civil (*NT*: 138). Précédemment Schmitt avait déjà affirmé à propos de la longue controverse sur la liberté des mers que « la pratique [...] et les déclarations officielles *manqu[aient] d'un nouveau principe et de la clarté de concepts repensés à neuf...*[1] » (*NT*: 177) et que « la discussion doctrinale au XVIe et XVIIe siècles [...] n'a[vait] *pas encore pris conscience des vrais problèmes* » (*NT*: 178). Plus tard, on comprend quel est ce « nouveau principe » qu'il reproche à Grotius et Pufendorf de ne pas avoir établi : ceux-ci n'ont pas « *établi de lien* entre leur conception du droit de propriété originaire et la prise territoriale tout à fait concrète du sol non européen par les puissances européennes qui s'est déroulée sous leur yeux à une échelle gigantesque » (*NT*: 137). Schmitt regrette alors que Grotius et Pufendorf « maintiennent le *jus gentium* dans l'équivoque produite par la transformation de notions de droit civil romain en des généralités de droit naturel » (*NT*: 138).

> Le juriste étatique [du XVIIe siècle] *ne parvenait même plus à aborder la question clé*, à savoir la prise territoriale de sol non européen [...]. Les distinctions capitales *manquaient* à la science du droit des gens d'alors, qui, depuis Grotius et Pufendorf, n'a plus traité en termes juridiques des différences du statut du sol. *Une telle science du droit des gens ne pouvait plus garder conscience de ses propres prémisses historiques*. (*NT*: 135)

1. Nous soulignons, comme dans les citations suivantes.

Et plus loin :

> Les juristes du droit des gens [des XVIIe et XVIIIe siècles] restèrent prisonniers d'une perspective intra-européenne et ne virent presque jamais que l'ordre du *Jus publicum europaeum* était déjà global. (*NT* : 136-137)

> Les développements internationalistes des deux célèbres juristes [Grotius et Pufendorf] ne touchent qu'à des controverses secondaires et *passent à côté de la structure concrète* du droit des gens européen d'alors. (*NT* : 137)

Schmitt martèle toujours la même idée : Vitoria est le bon élève de son histoire.

> Tandis que Vitoria garde encore en vue le problème central – la légitimité de principe de la prise territoriale du sol américain en tant qu'opération *jure gentium* –, ces prétendus fondateurs du droit des gens modernes ne parlent jamais que de l'acquisition en général. (*NT* : 139)

Par une série de glissements adroits, Schmitt a rangé Vitoria du côté de *« la science du droit des gens qui garde conscience de ses propres prémisses historiques »*. On est donc loin de la « méthode anhistorique » et « à distance des faits » que Schmitt attribuait à Vitoria une dizaine de pages plus haut dans le chapitre qu'il lui consacrait, chapitre qui partait d'une analyse détaillée du texte des *Relectiones* et de leur structure consistant à opposer le pour et le contre sans trancher.

Analysons un dernier extrait du second groupe de textes. Dans le cinquième corollaire introductif, le corollaire fondamental sur la prise de terres (*Landnahme*), le nom d'un seul grand juriste est invoqué : celui de Vitoria (*NT* : 85). Il est clair que pour Schmitt, Vitoria est « le » penseur de la prise de terres et n'oublions pas que la prise de terres est pour lui « l'événement constituant du droit des gens ». Pourtant dans son chapitre sur Vitoria, chapitre qui se situe plus loin dans l'ouvrage mais qui a été écrit plus tôt, dans lequel il restait proche du texte des *Relectiones* et déployait face à Scott une « stratégie de l'exactitude », il avait été forcé d'admettre que, contrairement à la conscience juridique de son époque, Vitoria *ne reconnaissait pas* la découverte comme titre d'acquisition légitime (*NT* : 106). En réalité, c'est Schmitt et non Vitoria qui affirme, ailleurs dans le livre, que la découverte est « le véritable titre juridique européen » (*NT* : 131). Dans son chapitre sur Vitoria, qui suit de très près le texte du théologien, Schmitt est forcé d'admettre que Vitoria ne justifie la conquête « que de façon médiate », par le biais du mandat de mission pontifical et du concept de guerre juste, qui lui, impose une foule de restrictions aux conquérants (*NT* : 112) et qui est loin d'être un « chèque en blanc » tendu aux conquérants.

L'aveu par lequel Schmitt ouvre son cinquième corollaire est décisif : le juriste reconnaît en effet qu'il transforme le vocabulaire classique du droit des gens, et même le vocabulaire de la discipline moderne du droit international, quand il introduit le terme de *Landnahme* (prise de terres). Ni pour les juristes du XXe siècle ni pour Vitoria la notion de *Landnahme* n'est un lieu commun : l'expression n'est d'ailleurs pas courante en allemand, comme le fait remarquer Peter Haggenmacher. C'est le terme de *Land-Teilungen* (partages de terre) qui est plus courant (*NT* : 84). Schmitt mentionne « qu'il n'y a pour l'instant qu'une seule monographie d'histoire du droit qui fasse la synthèse sur la prise de terres » accomplie par les peuples germains à l'époque des grandes Invasions (*NT* : 84). La « prise de terres » est donc loin d'être une catégorie générale de la science du droit. C'est le même diagnostic que font plus près de nous les historiens du droit Jörg Fisch et Martti Koskenniemi : les livres sur ce sujet sont rares, mais parce que la catégorie manque, non les matériaux. Si Fisch et Koskenniemi ajoutent quelques titres de livres à celui qu'indique Schmitt, c'est sans manquer de noter la rareté extraordinaire des études sur un sujet qui nous paraît aujourd'hui essentiel [1].

En bref, Schmitt fait de Vitoria le théoricien de la prise de terres coloniales alors que l'auteur des *Relectiones* ne reconnaît pas la découverte comme titre juridique et bien que le concept de « prise de terres » ne se trouve pas chez lui. N'y a-t-il pas quelque chose d'étrange dans ce cas à faire de Vitoria le théoricien du « pouvoir constituant » du droit des gens par opposition à Grotius, Pufendorf et Gentili, qui deviennent du même coup les théoriciens des « institutions constituées » (*NT* : 85) ? On l'aura compris, il nous semble que le juriste allemand fait de Vitoria le fondateur de la science du droit international *comme elle devrait être et non comme elle est* : c'est son programme du droit international comme « théorie de l'impérialisme appliquée » que Schmitt projette sur la pensée du professeur de Salamanque, programme d'une histoire du droit colonial, ou mieux : d'une histoire qui prendrait comme objet la *relation* entre droit colonial et droit européen et accorderait au second un statut dérivé.

Il n'est pas anodin qu'un historien du droit international comme Wilhelm Janssen avoue qu'il se sent dépaysé par les analyses de Schmitt.

1. J. Fisch, *Die europäische Expansion und das Völkerrecht*, *op. cit.*, p. 34, p. 157. Par exemple Fisch remarque l'absence de monographies exhaustives sur le rapport juridique des Européens avec les « infidèles », ou sur l'histoire de l'acquisition violente de territoires et sur le droit qui lui est lié.

Les histoires du droit international de Reibstein et Nussbaum[1] semblent plus normales à Janssen : elles parlent le langage familier du droit naturel et du droit positif. Mais dans l'enquête de Schmitt « tout tourne autour de termes comme *Ordnung und Ortung*, *Landnahme*, *Raumordnung*, *globales Liniendenken*[2], etc. – termes que la littérature de l'histoire du droit international (*Völkerrechtshistorie*) ignore ou emploie en leur donnant un sens beaucoup plus restreint[3]. » Schmitt semble avoir transfiguré les lieux communs de la doctrine même du droit des gens. Janssen remarque d'ailleurs à juste titre « qu'une critique de la pensée schmittienne doit prendre comme point de départ sa conception des lignes d'amitié[4] » et que la lecture que Schmitt propose de Vitoria ne peut se comprendre qu'une fois replacée dans l'ensemble des concepts clés du *Nomos de la Terre*.

Nous disposons de certains indices de ce que *le lieu d'où Schmitt se place* pour réécrire l'histoire du droit international est la théorie moderne de l'impérialisme. Il semble en effet que Schmitt traduise, dans ses grandes lignes, la théorie marxienne de l'accumulation primitive du capital ou la théorie de Rosa Luxemburg et de Lénine – selon laquelle la structure politique de l'impérialisme est l'expression de la dépendance fondamentale du capitalisme vis-à-vis d'un monde non capitaliste – dans le langage de la science du droit international, et que c'est précisément cette importation d'une théorie étrangère au sein de la doctrine du droit international qui en dérangerait la terminologie et qui la rendrait méconnaissable aux spécialistes de la discipline.

Le premier indice qu'on peut relever est que le cinquième corollaire introductif du *Nomos de la Terre* sur « la prise de terres comme événement constituant du droit des gens » ébauche déjà des thèmes qui seront développés par la suite dans « Prendre/partager/paître » (1953), texte que Schmitt appelle d'ailleurs parfois « le septième corollaire du *Nomos de la Terre* » (*VA* : 501 ; *GCM* : 62) et qui porte le sous-titre évocateur : « la question économique et sociale à partir du *nomos* ». Or il se trouve que dans « Prendre/partager/paître », il n'est question que des théories politiques

1. A. Nussbaum, *Geschichte des Völkerrechts in gedrängter Darstellung*, *op. cit.*; E. Reibstein, *Völkerrecht. Eine Geschichte seiner Ideen in Lehre und Praxis*, 2 vol., *op. cit.*

2. Ordre et localisation, prise de terres, ordre spatial, pensée selon les lignes globales. Ces concepts sont difficiles à traduire précisément parce qu'ils sont des créations conceptuelles de Schmitt. Nous renvoyons au glossaire commenté de Peter Haggenmacher à la fin de l'édition française du *Nomos de la Terre*.

3. W. Janssen, *Die Anfänge des modernen Völkerrechts und der neuzeitlichen Diplomatie. Ein Forschungsbericht*, *op. cit.*, p. 5.

4. *Ibid.*, p. 6.

modernes. Il y est question de Marx, de Lénine, de Proudhon, et non de Vitoria, bien que les thèmes développés soient très proches de ceux du cinquième corollaire où n'apparaît que le nom de Vitoria. Dans son essai de 1953, Schmitt consacre un long passage à l'impérialisme selon Lénine (*VA* : 495 *sq.* ; *GCM* : 56 *sq.*). On peut commencer par noter que dans ce texte, le style diffère grandement de celui auquel nous a habitués *Le nomos de la Terre*. Au lieu de dire comme dans ce livre, dans un langage poétique mais vague, que tout *nomos* est précédé d'une prise, il écrit que « le partage et la production sont précédés de l'expansion impérialiste » (*VA* : 495 ; *GCM* : 56). Il parle « des prises de terres primitives des temps pré-industriels » (*VA* : 499 ; *GCM* : 60), « des pillages ouverts du capitalisme primitif » et des « formes dissimulées de la prise sous lesquelles s'opère l'appropriation, par le capitaliste, de la plus-value produite par le travailleur » (*VA* : 499 ; *GCM* : 59). Le juriste reprend alors un thème qu'il avait traité plus en profondeur, quelques décennies plus tôt, dans *Die geistgeschichtliche Lage...*, à propos de la différence entre Lénine et Marx. Il reproche à Marx et à Engels d'être encore trop métaphysiciens, trop attentistes – ils ne misent pas sur l'action directe – et trop rationalistes. Aux yeux de Schmitt, Marx et Engels continuent comme Dühring de « naturaliser » la violence et le pillage et de les insérer dans une chaîne de causes et d'effets, au lieu d'y voir comme Lénine des moments fragiles de crise qui sont la matière même de l'action politique, de son imprévisibilité, de sa précarité, et le point d'ancrage de la transformation de l'histoire par la politique. La « civilisation » des libéraux et la « lutte des classes » des marxistes se rejoignent en ceci, pour Schmitt, qu'elles représentent toutes deux la raison qui se révèle lentement à elle-même. Par rapport aux socialistes et aux libéraux qui pensent que pour résoudre la question sociale, il suffit d'accroître la production (*VA* : 495-496 ; *GCM* 56-57), Lénine paraît plus lucide à Schmitt. Lénine (et non Vitoria) est le grand théoricien de la « prise de terres ». Dans *L'impérialisme, stade suprême du capitalisme* (1916), Lénine montre que la guerre impérialiste moderne est une « guerre de conquête, de pillage, de brigandage[1] ». Schmitt dit ouvertement dans son « septième corollaire » de 1953 qu'à ses yeux Lénine a le mérite d'avoir compris que le fait « que le partage et la production fussent précédés de l'expansion impérialiste, donc d'une prise et en particulier d'une prise de terres » était encore actuel dans le système-monde du XXe siècle et n'était pas un fait « moyenâgeux, pour ne pas dire

1. V. I. Lénine, *L'impérialisme, stade suprême du capitalisme*, Paris, Éditions sociales, 1979, p. 10.

atavique, réactionnaire» (*VA* : 495 ; *GCM* : 56). L'idée essentielle est que le pillage n'est pas une affaire close: il continue même si le droit de conquête a été révoqué depuis longtemps. Le pillage ne se situe pas seulement au commencement de l'ère capitaliste mais il perdure à travers les «nouveaux partages» sociaux (*VA* : 499 ; *GCM* : 60), car, comme Schmitt le dira à Alexandre Kojève, on ne peut donner sans prendre. Il faut prendre aux uns pour donner aux autres : l'État social rétablit peut-être une certaine justice «à l'intérieur» mais il continue de piller la périphérie. Replacé dans le système mondial, l'État social européen est un privi-lège à proprement parler, une « loi privée ». Centrale est donc pour Schmitt l'idée que la prise perdure sous d'autres formes après l'ère des prises de terres coloniales, idée qu'on trouve déjà dans *L'impérialisme, stade suprême du capitalisme*[1].

On peut penser que « Prendre/partager/paître », paru trois ans après *Le nomos de la Terre* était déjà en gestation au moment où Schmitt rédigeait son livre, et qu'il a décidé de publier à part ses réflexions trop directement économiques, à tonalité trop léninistes. Mais il est vrai que le vocabulaire directement marxiste et économique de l'essai permet de décoder bien des passages du *Nomos de la Terre*. On comprend soudain pourquoi Schmitt reproche à Grotius et Pufendorf de ne pas faire le lien entre la question générale de l'appropriation et la prise de terres mondiale dont ils sont pourtant les spectateurs, pourquoi il leur reproche de poser le problème de la propriété uniquement dans le cadre étroit et individualiste du droit civil. Ce lien, Schmitt l'établit lui-même continûment. C'est même sa spécificité la plus nette par rapport aux autres internationalistes non libéraux de son temps, qui souvent restent pris dans la question de l'équilibre européen. Mais cette spécificité n'est pas une originalité absolue, c'est un apport des économistes, des marxistes, des théoriciens de l'impérialisme. Schmitt lit Grotius et Vitoria à partir de Marx et de la théorie de l'accumulation primitive. C'est pourquoi il trouve qu'il manque quelque chose dans Grotius, que Vitoria, selon lui, a vu. Il peut alors reprocher au juriste hollandais de n'avoir pas vu ce qu'il avait pourtant « sous les yeux ». Cela est manifeste quand il parle des lignes d'amitié. Contrairement à ce qu'affirme Schmitt, on le verra, le principe « *no peace beyond the line* » n'a jamais été un grand principe de la dogmatique du droit des gens[2]. S'il continue à évoquer ce principe censé venir du XVIIe siècle quand il parle de l'Acte du Congo de 1885, n'est-ce pas parce qu'il lui fait porter toute la

1. *Cf.* V. I. Lénine, *L'impérialisme, stade suprême du capitalisme*, *op. cit.*, p. 125 *sq.*
2. Cf. *infra*, p. 311-313.

charge de l'opposition entre capitalisme et monde précapitaliste, entre exploiteurs et exploités, qu'il tire non pas bien sûr de la dogmatique du droit des gens du XVIIe siècle mais de la théorie marxiste ?

Le dernier indice que nous relèverons est une note du *Glossarium*. Le juriste note dans son journal, le 26 février 1948 :

> Excitants, les sept titres juridiques que donne Vitoria pour la conquête espagnole de l'Amérique. À lui seul, l'ordre dans lequel il les présente est étonnant dans la bouche d'un moine chrétien : *jus commercii* au début, *jus praedicandi* (propagande), *jus protegendi Christianos conversos*, *jus Christiani principis a Papa delegato et instituto*, *jus interventionis contra tyrannidem*, *jus liberae electionis*, *jus protectionis socios* ! D'ailleurs les deux premiers, le commerce et la propagande, se fondent l'un dans l'autre et ils sont l'objet des 9/10e de l'argumentation. À la fin le gouvernement espagnol sera rassuré parce qu'il n'aura pas subi de pertes financières et parce que l'impérialisme des Romains et les titres chrétiens se sont révélés bien utiles, parce qu'il sera mis devant le fait accompli d'une christianisation déjà bien entamée qui justifiera toutes les guerres justes que l'on voudra [...]. Heureusement que cette aura de Vitoria n'a pas été analysée par Karl Marx ou par Lénine (*Gut, daß dieser Vitoria-Nimbus nicht von Karl Marx oder von Lenin analysiert worden ist*). Les choses se seraient corsées. Je me demande toujours : mais que veut-il au fond ? Apparemment il ne veut rien changer à l'aspect politique et économique de la *Conquista*. Que veut-il donc ? Il veut rester maître de l'argumentation, pour conserver sa suprématie spirituelle (*Er will die Argumentation in die Hand bekommen, um die geistige Führung zu behalten*). (*Gl* : 105-106)

On voit que la lecture de Vitoria à partir de Marx et de Lénine, qui est à notre avis une clé du *Nomos de la Terre*, n'est pas une hypothèse si farfelue que cela. Elle a été évoquée au moins une fois par Schmitt.

Il reste à se demander quelle est la logique de cette lecture de Vitoria en deux temps. Disons dès maintenant que nous ne l'examinons pas pour elle-même, mais parce qu'elle donne probablement la clé du discours de Schmitt sur la guerre juste. La question que certains se posent concerne un contresens que commet Schmitt, contresens qui ressort de *l'architectonique d'ensemble* de la théorie schmittienne de la guerre, mais que l'on trouve en fait assez rarement dans la lettre de son texte. Il s'agit de l'identification entre guerre juste et guerre totale, ou guerre juste et guerre sainte. On l'a dit, la théorie médiévale de la guerre juste refusait la guerre vindicative et déchaînée. Seule une guerre limitée pouvait être qualifiée de juste pour Vitoria, Grotius et les autres. La théorie de la guerre juste soumettait à certaines conditions formelles la violence guerrière, la *justa causa* n'étant qu'une de ces conditions, nullement suffisante. Or, cela, l'historien Schmitt le sait. Pour autant, l'impression perdure que Schmitt condamne le retour de la théorie de la guerre juste et y voit un retour de la guerre totale. Pourquoi Schmitt ne parle-t-il pas plutôt du retour de la guerre sainte ou du retour des croisades ?

Le 29 juin 1948, Schmitt recopie dans son journal le passage d'une lettre qu'il a envoyée à Günther Kraus : « Quand je songe à l'attitude de Vitoria et aux conséquences qu'elle a eues, je ne peux m'empêcher de trembler devant le dominicain. Je crains maintenant que mon chapitre sur Vitoria du *Nomos* [*de la Terre*] soit beaucoup trop indulgent, pétri de scrupules et circonspect, et que par là même il perde de sa force. Ce que j'y affirme très discrètement sur Nys, James Brown Scott (et du coup aussi sur Jackson[1]) a pourtant au fond la même portée que ce qu'ont dit et fait Augustin Cochin, Vallery-Radot et le jeune Bernanos (avant qu'il ne s'endorme tout à fait). Mais qui l'entend ? Pour les dominicains, Vitoria est un dieu domestique et un objet de prestige. Que peut-on faire en tant que profane ? *Ubi nihil vales, ubi nihil velis*[2]. Je pourrais montrer à partir de Vitoria – et même en partant de ce qu'il dit lui-même dans les cinq *dubia* « *circa bellum iustum* » et les neuf *dubia* « *quantum liceat in bello iusto* » – que la guerre juste est la guerre totale, mais qui est-ce que cela intéresse ? » (*Gl* : 173).

Bien que Schmitt écrive à Günther Kraus (dans son journal et en privé) qu'il pourrait montrer « *à partir de Vitoria que la guerre juste est la guerre totale* », il sait qu'historiquement c'est inexact. Ce n'est pas la guerre juste de Vitoria qui est une guerre totale, c'est la guerre impérialiste contemporaine. L'envie qu'il avait de le montrer en dépit des faits est peut-être l'un des facteurs qui donne à sa lecture de Vitoria son aspect embrouillé et sinueux.

En vérité, l'exactitude historique et philologique semble ne pas avoir été le seul objectif de Schmitt. Elle n'était qu'une étape de son démontage de l'humanisme théorique, l'étape du chapitre sur Vitoria, moment de la réfutation des thèses exagérées de James Brown Scott dont la motivation idéologique était si visible. La vacillation de Schmitt sur la guerre juste (parfois assimilée à la guerre totale, parfois distinguée de la guerre sainte) n'est pas une ignorance. Elle surgit au point de rencontre de deux exigences distinctes.

1. Robert Jackson avait été *Attorney general* puis juge de la Cour suprême des États-Unis avant de prendre la tête de l'accusation américaine à Nuremberg. Il était le supérieur de Robert Kempner, le juriste qui a interrogé Schmitt à Nuremberg.

2. Là où tu ne vaux rien, tu ne dois rien vouloir.

Dans le chapitre sur Vitoria du *Nomos de la Terre*, Schmitt part à la recherche du « vrai » Vitoria pour montrer que les pacifistes et les doctrinaires de la SDN n'ont pas à se l'approprier comme ils le font. Toute son analyse vise à distinguer deux concepts de guerre juste : la conception authentique du théologien espagnol et ses déviations construites au XXe siècle. Schmitt souligne l'écart entre les *Relectiones* et le Protocole de Genève de 1924 ou le pacte Briand-Kellogg de 1928 (*NT*: 121). D'où les phrases du type : « la guerre juste du Moyen Âge admet une *guerre juste d'agression* », expression étonnante puisque la notion de guerre d'agression n'est apparue qu'au XXe siècle. La guerre juste contemporaine est pour Schmitt une « guerre juste positivée ». Les traités internationaux reposent « *sur l'idéal d'une interdiction automatique de l'agression et sur le refus de poser le problème de la guerre juste*[1] ». « Celui qui tire le premier coup de feu ou franchit la frontière en premier » devient celui qui commet une guerre injuste » (*NT*: 123). C'est l'absence d'un *concept* de guerre véritable que le juriste regrette. L'agresseur est celui qui attaque en premier, principe qui est au service du *statu quo*.

En somme, dans le chapitre sur Vitoria, voulant montrer le « vrai » Vitoria, Schmitt présente la « méthode anhistorique », « à distance des faits » du théologien espagnol. En revanche, dans le second groupe de textes (le cinquième corollaire et la section sur Grotius et Pufendorf), Vitoria apparaît du côté de ceux qui « édifient une science du droit des gens qui a conscience de ses propres prémisses historiques » (*NT*: 137 ; 138). Dans le chapitre sur Vitoria, le concret est le *biographique*, le *textuel*, les *intentions*. Schmitt proteste contre le détournement d'autorité auquel procède assez grossièrement James Brown Scott et nous plonge, en philologue et en historien, dans ces détails qui font la substance même du livre du futur cardinal Joseph Höffner, détails que Schmitt trouve d'ailleurs souvent chez Höffner (Vitoria le directeur de conscience, la « situation concrète » du confesseur par rapport à celle du conseiller juridique, etc. *NT*: 111). Schmitt joue ainsi la carte du retour au sens originel puisque c'est comme un retour aux sources du droit international que les wilsoniens invoquent Vitoria. Provisoirement donc, Schmitt ne met pas en question le présupposé des libéraux : le sens authentique du texte de Vitoria doit donner accès à l'essence du droit international.

Mais dans le second groupe de textes, « l'origine » n'a plus le même sens. Elle désigne non plus le sens authentique des doctrines des premiers auteurs mais la prise de terres. Le concret n'est plus la biographie de

1. *Arch* RW 265-19220, p. 22.

Vitoria, dans ses détails, mais la *Conquista* elle-même. La vérité de la théorie de Vitoria ne surgit plus au détour d'une analyse interne du texte mais de la conscience que cette théorie a de ses « propres prémisses historiques » (*NT* : 137) qui sont en dehors d'elle, dans les guerres réelles. La science du droit est alors conçue comme une superstructure dérivée à partir d'une base réelle : la science vraie a conscience de sa provenance (Vitoria), l'idéologie est oubli de l'origine matérielle (Grotius et Pufendorf). La théorie de Vitoria est vraie parce qu'elle a conscience de son propre caractère « constitué » (*NT* : 85), dérivé, par rapport aux plus « constituantes » des guerres, les guerres coloniales. Le langage marxiste n'est pas employé mais sa syntaxe est présente. Vitoria n'est plus compris à partir de lui-même dans ce groupe de textes. Sa pensée y est insérée dans un ensemble de concepts qui ne viennent pas de lui. C'est la suture avec le reste du livre que le second groupe de textes opère. Et l'on parvient enfin à traduire certains des concepts de Schmitt les plus importants : *nomos* peut signifier « base », lignes d'amitié « rapport de dépendance entre monde capitaliste et monde préindustriel », prise de terres « impérialisme », etc. C'est bien la théorie marxienne de l'idéologie ainsi que la théorie de l'impérialisme qui sont constamment présupposées : Grotius et Pufendorf donnent pour Schmitt une vue superficielle du droit des gens car il s'en tiennent au droit bien réglé de l'Europe et oublient qu'il a pour condition la violence dans les colonies. C'est un coup de force de Schmitt, car pour Vitoria le droit des gens ne saurait être une « science » dont la question du droit des Indiens serait les « prémisses historiques ».

Finalement, dans le chapitre sur Vitoria aussi, la préoccupation première de Schmitt est l'actualité. Le long détour par l'exégèse des *Relectiones* est stratégique. Schmitt y oppose la théorie de la guerre juste de Vitoria à celle des Américains et des institutions internationales du XXe siècle, *qui s'opposent l'une à l'autre comme la guerre limitée à la guerre totale*. Dans le second groupe de textes, c'est la théorie de l'impérialisme et non la théorie médiévale de la guerre juste qui est centrale. La question de l'origine du système mondial prévaut. Schmitt oppose alors *ensemble* les deux théories de la guerre juste, l'ancienne et la nouvelle, à leurs conditions matérielles d'émergence. En tant qu'intellectuel européen favorisé, Vitoria, que veut-il ? demande-t-il dans son journal (*Gl* : 106). Et il répond : conserver sa suprématie intellectuelle (*die geistige Führung behalten*). Ce n'est pas intentionnellement ni dans son texte que Vitoria « justifie » la conquête, mais c'est le « résultat essentiel » (*NT* : 170), l'effet réel, inconscient, anonyme, de la « vieille doctrine de la guerre juste », quand on critique en elle l'idéologie. Dans le second groupe de textes,

Schmitt a systématiquement substitué le vocabulaire de l'effet inconscient au vocabulaire des intentions : « la théorie de la guerre juste de Vitoria *permet* la prise territoriale de sol étranger… » (*NT* : 85). La théorie dans son ensemble devient universalité fictive et la différence entre guerre juste et guerre totale s'estompe (« *je pourrais montrer à partir de Vitoria que la guerre juste est la guerre totale*…). Il n'est plus gênant, dès lors, de considérer que la signification de l'œuvre de Vitoria est l'ensemble de ses réutilisations, construites au cours du temps, que celle-ci n'est ni achevable, ni réductible à un seul principe. D'ailleurs, Schmitt le disait déjà dans son chapitre sur Vitoria (« Qu'on transporte des arguments à des situations nouvelles n'a en soi rien d'insolite et se produit souvent dans l'histoire… » *NT*: 116). C'est par sa syntaxe et non pas son langage (théologique) que la théorie de Vitoria est vraie. Le langage de Grotius et de Pufendorf a beau être moderne et sécularisé, il est oublieux de la prise, qui reste impensée. Voilà peut-être la raison pour laquelle Schmitt s'intéresse à Vitoria plutôt qu'à Suarez : à ses yeux Vitoria est plus moderne que Suarez, bien que Suarez soit le véritable inventeur du droit interétatique moderne et que le *jus gentium* de Vitoria soit encore d'ascendance médiévale et théologique. C'est que le Vitoria de Schmitt remonte en deçà du *jus inter gentes*, plus proche de l'origine « matérielle » ou « réelle » qu'est la prise de terres violente. À cet égard on peut dire que Vitoria est le « fantasme » de Schmitt et l'on comprend qu'il soit son « grand thème », thème de la « dé-théologisation du droit des gens ». Dans le texte schmittien Vitoria a pour fonction de combler le divorce entre idéal et réalité, divorce qui caractérise toute l'histoire doctrinale du droit des gens, vue du XXe siècle.

On comprend maintenant pourquoi les spécialistes du droit international comme August Friedrich von der Heydte ou Wilhelm Janssen ont pu être décontenancés par la lecture schmittienne de Vitoria : c'est qu'ils restaient eux-mêmes à l'intérieur de la tradition doctrinale du droit des gens et n'avaient pas l'idée d'aller chercher ailleurs les sources de Schmitt. Certains ont tout de suite compris en lisant *Le nomos de la Terre*, par exemple Carl Brinkmann ou François Perroux[1]. Mais ce sont des économistes.

1. On se reportera à la recension que fait Carl Brinkmann de *Positionen und Begriffe* dans le *Schmoller Jahrbuch*, n° 64, cahier 4, mai 1940, *Arch* RW 265-21355, ainsi qu'à François Perroux, *L'économie du XXe siècle*, Grenoble, Presses universitaires de Grenoble, 1991, p. 545.

LE « DOUBLE VISAGE » DE KANT

La lecture que Schmitt délivre de Kant, dans le seul texte qu'il a rédigé sur lui, porte sur le projet de paix perpétuelle. Elle est présentée dans une section du *Nomos de la Terre* (*NT*: 168-171). Elle est beaucoup moins retorse que sa lecture de Vitoria. Le juriste s'attache à décrire le « double visage » de Kant, (*NT*: 168) visage réaliste-étatiste, et visage idéaliste. Comme avec Vitoria, son exposé est en partie motivé par le besoin de montrer aux pacifistes et aux libéraux que leur héros ne leur appartient pas en propre, qu'il est plus réaliste qu'ils ne le croient et qu'ils se servent abusivement de son nom[1].

Aux yeux de Schmitt, Kant appartient au moins autant au XXe siècle qu'au XVIIIe siècle. Il parle de la « coupure » entre Vattel et Kant. Vattel appartient pleinement à son siècle, tandis que le « succès de Kant » ne se révèle qu'au XXe siècle (*NT*: 168). Schmitt d'ailleurs parle de Kant après avoir parlé de Hegel.

Dans les archives Carl Schmitt de Dusseldorf se trouve un texte inédit de Koselleck, daté de décembre 1948, intitulé *Von der Garantie des ewigen Friedens. Kants Friedensplan*[2], qui commente le projet de paix perpétuelle de Kant et qui, du point de vue du ton comme du contenu, semble fait de la même texture que le chapitre sur Kant du *Nomos de la Terre*. Le chapitre de Schmitt et le texte de Koselleck ne se répètent pas mais se complètent et se répondent, se précisent mutuellement. On peut en conclure sans trop de risque d'erreur que le texte sur Kant du *Nomos de la Terre* est le fruit de discussions entre Schmitt et Koselleck.

À la fin des années 1940, le jeune Koselleck faisait ses études à Heidelberg et rendait fréquemment visite à Schmitt. L'influence que Schmitt exerçait sur lui était grande. De son côté, le juriste admirait les travaux du jeune historien, qu'il lisait soigneusement. Il était flatté par la rumeur disant que « Koselleck était la *Théologie politique III* de Schmitt[3] ».

1. Typique à cet égard est la remarque de Schmitt : « il faut rappeler que Kant, justement, refusait de reconnaître à l'individu un droit de résistance par rapport à son gouvernement ». *Cf.* C. Schmitt, *Entwicklung der internationalrechtlichen Pönalisierung des Angriffskrieges (1919-1939)*, *Arch* RW 265-19220, p. 50.

2. De la garantie de la paix perpétuelle, le projet de paix de Kant.

3. Pour un compte-rendu des relations entre Schmitt et Koselleck et pour tout ce qui concerne Schmitt après 1945, on se reportera à Dirk van Laak, *Gespräche in der Sicherheit des Schweigens. Carl Schmitt in der politischen Geistesgeschichte der frühen Bundesrepublik*, Berlin, Akademie Verlag, 1993.

Ce qu'on lit sous la plume de Koselleck a souvent l'air d'avoir été prononcé par Schmitt. Par exemple l'historien qualifie Kant de «*Aufhalter*» du *Jus publicum europaeum*. *Aufhalter* signifie «celui qui retient», c'est la définition du *katechon* (ce qui retarde la venue de la fin des temps) de Saint Paul dont Schmitt a fait l'un de ses concepts majeurs. Le juriste semble aussi inspiré par les réflexions de son jeune ami et le rapprochement des deux textes montre qu'il est vain de chercher à savoir qui est l'auteur de quoi.

Kant ne croit pas en la réalisation d'un État mondial (*Weltstaat*). Dans son *Projet de paix perpétuelle*, il affirme que « l'idée de droit international suppose la séparation entre une pluralité d'États voisins indépendants les uns des autres », séparation qui est préférable à une « fusion de ces États » parce que celle-ci se transformerait inévitablement «en une monarchie universelle (*Weltmonarchie*)[1] ». Kant distingue le droit international du droit cosmopolitique[2]. Celui-ci n'est que le droit pour tout membre d'un État de commercer avec un membre d'un autre État, tandis que le droit international garantit aux hommes le droit d'être respectés comme hommes par leurs États respectifs et par les autres États dans la conduite de la guerre. Du fait que l'homme est méchant les citoyens doivent obéir, la souveraineté demeure intacte. Ce n'est donc pas une république mondiale (*Weltrepublik*), projet irréalisable, mais seulement une fédération des peuples (*Völkerbund*) que l'on doit s'efforcer d'établir selon le *Projet de paix perpétuelle*[3]. La citoyenneté mondiale se réduit à un « droit de visite » (*Besuchsrecht*). Le commerce, dont l'esprit est intrinsèquement pacifique, se substitue à la conquête. « Le commerce libre est l'application pratique de la citoyenneté mondiale générale » («*der freie Handel ist die praktische Anwendung des allgemeinen Weltbürgerrechts*»): Schmitt souligne ces mots qui sont un commentaire de Koselleck (*KF*: 5). Plus haut, Schmitt écrit « *Imperialismus* » à côté de *Weltrepublik* dans la marge du manuscrit de Koselleck (*KF*: 5). Pour Schmitt comme pour le jeune Koselleck, l'important dans le cosmopolitisme n'est pas ce qu'il dit, mais ce qui se fait sous son nom.

D'où la recherche constante de personnages concrets sous le discours kantien. Schmitt demande: «Qui est cet ennemi injuste? [...] nous aimerions voir l'ennemi injuste *in concreto*, tout comme Kant fait apparaître l'«inquisiteur» dans un passage caractéristique. Mais le

1. E. Kant, *Pour la paix perpétuelle*, Lyon, Presses Universitaires de Lyon 1985, p. 70.
2. *Ibid*, p. 64, p. 68, p. 70.
3. *Ibid*., p. 62.

philosophe reste ici dans le nuage de ses prudentes abstractions» (*NT*: 169). Et plus loin: «Est-il possible, sur la base de la définition kantienne de l'ennemi injuste, de savoir qui était concrètement l'ennemi injuste dans la situation mondiale d'alors, en 1797 ? Sur quel front se tenait-il à l'époque ? L'ennemi injuste, était-ce par exemple la France révolutionnaire ? ou la monarchie habsbourgeoise conservatrice ? ou la Russie tsariste ? ou l'Angleterre maritime ?» (*NT*: 170-171). Non seulement Koselleck pose la même question dans son manuscrit mais il y répond : Kant est du côté de la France contre les monarchies héréditaires, Angleterre comprise (*KP*: 3). Il voit dans le républicain de Kant un commerçant (*Händler*), un propriétaire (*Eigentümer*). «Avec beaucoup d'art, Kant donne dans sa *Rechtslehre* la justification transcendantale de la propriété. Le propriétaire est désormais habilité à entrer dans le corps législatif. [...] Qui sont concrètement les représentants dans la république de Kant ? L'officier comme savant, le pasteur comme savant, le bourgeois comme savant... Ils forment le *corpus mysticum de la couche raisonnable*[1] » (*KF*: 7).

Koselleck s'étonne de ce que, chez Kant, une couche de gens raisonnables traverse mystérieusement tous les États et devienne le substrat («*corpus mysticum*») de la société mondiale. Il soupçonne qu'il y a là la racine de l'abstraction, le terreau de l'idéologie pacifiste qui allait porter tous ses fruits au XXe siècle. Il présente un Kant voltairien, qui confie à la bourgeoisie (comme plus tard Hegel, et encore Meinecke) la tâche de représenter l'universel et d'éduquer les autres classes. «Chez Kant le *Bürger* n'est pas une catégorie sociologique mais anthropologique», observe Koselleck (*KF*: 9). «*Der Bürger ist der Mensch*» (le *Bürger* est l'homme[2]).

Dans le texte de Schmitt, le Kant réaliste est celui qui rejette la guerre punitive, préventive, policière. Et Kant écrit effectivement que la guerre punitive «n'établirait la paix que sur le grand cimetière de l'espèce humaine[3]». Mais le Kant idéaliste permet ce type de guerre, non pas dans le *Projet de paix perpétuelle* (1795), mais dans la *Rechtslehre* (1797). Le Kant réaliste comprend que la paix véritable ne résulte pas du verdict d'un tribunal mais de l'oubli des malheurs, ou amnistie (*NT*: 170). Il met au-dessus du règne du droit le principe de l'intégrité territoriale des États (*NT*: 170)[4]. D'une part, Kant s'inscrit en plein dans la tradition du *Jus*

1. Schmitt souligne.
2. Schmitt souligne cette phrase. Le mot *Bürger* signifie à la fois citoyen et bourgeois.
3. *Ibid.*, p. 54.
4. *Ibid.*, p. 87.

publicum europaeum, il refuse la guerre juste, dans la lignée de Gentili et de Zouch. Et en effet, le philosophe ne remet pas en cause le *jus in bello*. Il critique les réserves secrètes qui minent les traités, ainsi que l'intervention des pays tiers et défend la guerre en forme, limitée. Mais d'autre part, Kant accuse Grotius, Pufendorf et Vattel d'être de « détestables consolateurs » qui légalisent l'agression[1]. Ce Kant-ci tente de renouer les liens entre le droit et la morale, une morale qui a recueilli l'héritage de la théologie au XVIIIe siècle. La veine réaliste de Kant, Koselleck la situe dans les articles préliminaires du *Projet de paix perpétuelle*, tandis qu'il repère sa veine utopique dans les articles définitifs (*KF* : 5). Le juriste et l'historien sont d'accord pour dire que la dimension réaliste de Kant est liée à son anthropologie pessimiste, quasi augustinienne (*NT* : 170 ; *KF* : 4). Koselleck insiste sur la différence que Kant dessine entre démocratie et république. Le règne du peuple et le règne du droit ne sont pas identiques pour lui. Quelque vingt ans plus tard, Koselleck écrira que l'une des caractéristiques constitutives de la modernité est que la démocratie a remplacé la république comme synonyme du bien, tous les régimes, même les pires se qualifiant désormais de démocratiques[2]… Parce que Kant affirme que la démocratie équivaut au despotisme[3] phrase que Schmitt ne manque pas de relever dans le manuscrit de Koselleck, Kant est encore un « *katechon* », un *Aufhalter* qui retient la venue de ce concept « large » de démocratie qui habillera l'impérialisme. Koselleck écrit dans son tapuscrit que l'idéologisation (*Ideologisierung*) de la pensée kantienne vient de ce que l'on applique aux masses du XXe siècle la mission que Kant attribuait au petit groupe des bourgeois républicains et des gens instruits (*die Gelehrten*). Faire des masses les porteuses de la citoyenneté mondiale dont le patron a été découpé au départ pour la bourgeoisie commerçante et savante, voilà ce qui marque l'entrée en scène de la propagande dans la modernité, voilà ce qui permet au XXe siècle de se réclamer de Kant pour justifier les guerres justes.

Schmitt et Koselleck sont d'accord sur un autre point : « en fin de compte, Kant se révèle être malgré tout philosophe et moraliste et non pas

1. *Ibid.*, p. 59.

2. R. Koselleck, « Einleitung », *in* O. Brunner ; W. Conze ; R. Koselleck (hsgb.), *Geschichtliche Grundbegriffe : Historisches Lexikon zur politisch-sozialen Sprache in Deutschland*, vol. 1, Stuttgart, Klett-Cotta, 1972, p. XVI.

3. « La démocratie est nécessairement et au sens propre un despotisme », E. Kant, *Pour la paix perpétuelle*, *op. cit.*, p. 57.

juriste » (*NT* : 170)[1]. Ce qui prévaut chez Kant n'est pas l'homme méchant mais l'homme bon. « Kant fait redescendre sur terre, dans la raison pratique, l'idéal céleste ; c'est le cœur de son système. L'homme kantien est l'homme autonome et non l'homme qui obéit » (*KF* : 11). C'est le court-circuit entre l'impératif catégorique et le pouvoir législatif qui fait l'actualité de Kant au XXe siècle aux yeux de Koselleck. La raison étant avant tout législatrice, elle établit la liaison entre la morale et le droit. Aussi le droit est-il pour Kant « l'application de l'impératif catégorique à l'État » (*KF* : 11). « La morale, en tant qu'héritière de l'ancienne théologie, a absorbé la pensée juridique et étatique. Selon cette conception nouvelle, la source du droit n'est plus la révélation, mais la conscience » (*KF* : 12). « Le devoir se substitue à la grâce ». L'idée de paix perpétuelle, écrit Koselleck, est la sécularisation de l'idée d'immortalité ; avec elle le paradis devient « temporel et horizontal ». L'Église est dissoute dans le Royaume de la vertu. La politique n'est plus un art, elle devient légalité. La philosophie de l'histoire de Kant met le mal au commencement (méchanceté de l'homme) et le bien à la fin (la nature fait que la somme des maux est nulle). C'est la conception mécaniste-providentialiste de la dialectique que Koselleck récuse chez Kant : la nature y apparaît comme la machine de la Providence. Comme la seconde loi de la mécanique de Newton, elle sert à harmoniser les forces contraires dans l'homme et entre les hommes. Le ciment réel de la citoyenneté mondiale est le commerce, que la nature favorise. L'historien souligne que chez Kant, c'est la nature, par le biais du mécanisme des penchants humains, qui est elle même garante de la paix éternelle. Kant « transporte sa vision mécaniste de la nature sur les relations internationales » (*KF* : 13). La guerre, institution qui, selon la loi de la nature, sert selon Kant « à faire advenir de nouvelles relations entre les États », sert finalement à supprimer la guerre (*KF* : 13). La communauté internationale n'est alors rien d'autre qu'un « automate constitué d'États » (*Staatenautomat*). La conclusion du tapuscrit de Koselleck exprime une autre idée chère à Schmitt : l'idée que la vision mécaniste-providentialiste de la dialectique qui est celle de Kant anticipe sur la philosophie de l'histoire de Hegel et de Marx (*KF* : 14). On l'a dit, c'est une des idées maîtresses de Schmitt : le juriste tend sans cesse à réduire l'ambivalence de la notion de dialectique et la différence entre Marx et les idéalismes.

1. Michel Villey affirme la même chose dans « Sur la *Rechtslehre* de Kant », dans *Critique de la pensée juridique moderne*, Paris, Dalloz, 2009 (1re éd. 1976).

On peut dire en guise de conclusion provisoire que pour Schmitt, la réalité contemporaine voit à la fois une tendance, fondamentalement économique, ou économico-militaire, à savoir l'émergence d'un impérialisme hégémonique, et une relativisation des souverainetés nationales par un appareil de droit international qui « traduit » les rapports de forces et les équilibres diplomatiques en termes de moralisation du droit. C'est ainsi qu'on est passé, dans la perspective qui est la sienne, d'un concept non discriminatoire à un concept discriminatoire de guerre, fondé sur la distinction des ennemis en agresseurs et agressés, au moyen de critères formels discutables (le premier qui passe la frontière ou celui qui tire le premier coup de feu est l'agresseur, caricature-t-il[1]). Le juriste montre qu'on assiste par là même à un retour du concept de la « guerre juste » dans une forme sécularisée et « positivée » qui était déjà en germe dans une certaine tradition humaniste du droit naturel (Kant), mais qui au fond cache mal ses origines et sa fonction théologiques. Ce concept permet en effet de désigner un « ennemi absolu », qui n'est pas seulement l'ennemi de tel ou tel mais qui est l'ennemi de l'humanité entière (le non-démocrate, l'État-voyou, le terrorisme international, etc.) dont il met en danger l'aspiration à la paix, et avec qui, par conséquent, il est exclu de négocier.

1. C. Schmitt, *Entwicklung der internationalrechtlichen Pönalisierung des Angriffskrieges (1919-1939)*, *Arch* RW265-19220, p. 16.

QUATRIÈME PARTIE

LA GUERRE CIVILE MONDIALE

INTRODUCTION

Alors que la guerre médiévale, dont le type est la croisade, part de la détermination d'une « cause » qui entraîne la définition d'un ennemi absolu, la guerre moderne, codifiée dans le droit des gens classique, résulte d'une sécularisation radicale des conceptions de la souveraineté, et donc d'un primat de la notion d'ennemi légitime (*justus hostis*) sur la notion de juste cause (*justa causa*). Selon Schmitt, est ennemi légitime pour un État donné tout autre État avec lequel le premier est en conflit d'intérêt. Par conséquent est « raisonnable » toute guerre qui se déroule pour l'obtention d'un résultat politique déterminé contre un ennemi lui-même légitime. Nous avons montré jusqu'ici que cette thèse relative à la guerre « civilisée » est explicitement rapportée par Schmitt à une condition : elle ne vaut que pour les pays européens eux-mêmes (ou ceux qui viennent après-coup s'agréger au club des États-nations impérialistes), c'est-à-dire qu'elle dépend d'un partage du monde entre une zone « civilisée » et un « outre mer ». Mais le juriste expose une seconde condition, qui va nous occuper à présent, laquelle suppose que seuls les États sont des « ennemis légitimes », et donc que toute forme de guerre civile ou de violence révolutionnaire suspend les obligations que l'on a à l'égard d'un *justus hostis* : l'ennemi intérieur redevient d'une certaine façon un ennemi absolu. La notion de « guerre civile mondiale » qui apparaît dans ses écrits à la fin des années trente vient décrire l'écroulement de ces deux conditions (la guerre seulement européenne, la guerre seulement étatique) dans la réalité contemporaine. Elle décrit l'« après » de la guerre « civilisée », dont l'espace apparaît rétrospectivement comme étant géographiquement situé et historiquement transitoire. Cet espace de la « guerre classique » est limité, on l'a vu, par l'évolution du partage impérialiste du monde entre dominants et dominés. Le présent chapitre montrera qu'il est également limité par le principe de la guerre civile. Ce qui veut dire que l'espace de la guerre « classique » va être remis en question lorsque des guerres civiles révolutionnaires ou des conflits idéologiques internationaux vont ébranler la stabilité de l'ordre étatique. Autrement dit, et c'est ce dont Schmitt prend nettement conscience dès la fin des années trente, l'ordre de la guerre classique est remis en question lorsque la colonisation s'achève et débouche sur les guerres de libération et sur les guerres de partisans de la décolonisation. C'est d'abord dans son contexte – les transformations induites dans le droit international par la fréquence accrue de la guerre civile au XXe siècle – que nous réinscrirons la notion de *Weltbürgerkrieg* « inventée » par Schmitt à la fin des années trente. C'est ensuite au cœur du *Nomos de la Terre*, en des termes que Schmitt emprunte principalement à Hobbes, que nous retrouverons cette problématique de la guerre civile.

CHAPITRE PREMIER

DROIT INTERNATIONAL ET GUERRE CIVILE

LA « GUERRE CIVILE MONDIALE » : GENÈSE ET SENS D'UNE EXPRESSION

La « guerre civile mondiale » (*Weltbürgerkrieg*) ne désigne pas en premier lieu la guerre froide chez Schmitt[1]. Elle apparaît sous sa plume avant la guerre froide, en 1939, dans « Neutralität und Neutralisierungen[2] » (*PB* : 325). Elle désigne un « changement de structure » du droit international, qui se caractérise par la fin du principe de non-intervention et l'avènement d'une ère d'interventions dans les affaires intérieures des États qui excèdent tout ce que le droit international traditionnel permettait, y compris le droit humanitaire. Plus que le choc des grandes puissances impériales (l'URSS et les USA), c'est le fait que celles-ci siègent *ensemble* dans les institutions internationales qui paraît significatif au juriste. Dans les premiers textes où apparaît l'expression, ce n'est pas l'antagonisme entre capitalisme et « socialisme réel » qu'elle désigne, mais une forme

1. Voir C. Jouin, « La guerre civile mondiale n'aura pas lieu », dans Carl Schmitt, *La guerre civile mondiale. Essais (1943-1978)*, *op. cit.*, p. 7-27.

2. Ce n'est pas en 1943 dans l'article intitulé « Changement de structure du droit international » que Schmitt emploie pour la première fois l'expression de *Weltbürgerkrieg*, comme nous l'écrivions dans « La guerre civile mondiale n'a pas eu lieu », mais quatre ans plus tôt. Notons que Schmitt parlait déjà de « guerre civile internationale » dans *Le passage au concept de guerre discriminatoire* (1937-38, p. 116). L'expression de *Weltbürgerkrieg* n'apparaît donc pas à la fois chez Hannah Arendt et chez Schmitt en 1961 (dans l'*Essai sur la révolution* et dans la *Théorie du partisan*) comme l'affirme Giorgio Agamben (*État d'exception*, Paris, Le Seuil, 2003, p. 12).

d'*asymétrie impériale* déterminée par le transfert d'une logique pénale et policière au droit de la guerre. Schmitt prévoit que les guerres se mettront de plus en plus à ressembler à des opérations de police ou de politique intérieure mondiale (*Weltinnenpolitik*) et que la répartition des tâches entre armée et police sera de plus en plus vague et indéterminée.

Les premières réflexions où apparaît l'expression de *Weltbürgerkrieg* portent sur la montée de la superpuissance américaine. L'entrée en guerre des États-Unis en 1941 est probablement le traumatisme qui a alimenté les analyses internationalistes schmittiennes de l'après-guerre, de la même façon que l'occupation de la Ruhr par l'armée française au début des années 1920 avait été le choc premier à l'origine de son intérêt pour le droit international. L'avènement de l'interventionnisme américain et d'une nouvelle théorie de la guerre juste étend, selon Schmitt, la guerre civile à l'échelle de la planète. Non que les Américains soient interventionnistes par nature ou par tradition, c'est le contraire qui est vrai. Mais, Schmitt y insiste, c'est parce qu'ils sont économiquement les plus puissants, mais aussi parce qu'on réclame leur aide, qu'ils se mettent à adopter des mythes missionnaires pour couvrir leurs interventions.

Le nomos de la Terre insiste sur l'équivalence entre l'interventionnisme américain et sa variante soviétique. Le « Pacte Kellogg américain » de 1928 qui condamnait la guerre d'agression et dépossédait les États de leur pouvoir souverain d'engager librement une guerre (du *jus ad bellum*), légitimant paradoxalement la « guerre contre la guerre » et ouvrant la voie à une série potentiellement illimitée de « toutes dernières guerres », fut aussitôt secondé, remarque Schmitt, par des efforts soviétiques allant dans le même sens (*NT*: 256). Et de fait, l'URSS a été membre de la SDN, membre de la Croix-Rouge internationale même sous Staline, puis membre de l'ONU. Dès l'entre-deux-guerres, les internationalistes soviétiques ont défendu la légalité internationale et ses institutions, tout en proclamant que le droit international se trouvait dans une période de transition et que leur participation était elle-même une alliance éphémère avec « l'internationale capitaliste [1] ».

Schmitt a souligné assez tôt que la guerre froide ne durerait pas éternellement[2]. Il a mis en relief les points communs entre le bloc occidental et le bloc soviétique à l'égard du droit international. Ce qui était décisif à ses yeux était l'usage analogue, révolutionnaire, que les

1. E. A. Korovine, *Das Völkerrecht der Übergangszeit. Grundlagen der völkerrechtlichen Beziehungen der Union der Sowjetrepubliken*, *op. cit.*, p. 24.

2. Voir « L'ordre du monde après la Seconde Guerre mondiale », *GCM*, 1962.

superpuissances faisaient de la légalité internationale. Il était d'accord avec l'économiste français François Perroux, à qui il a dédié « La révolution légale mondiale » (1978), pour dire que le pouvoir soviétique n'était internationaliste qu'en apparence et qu'il utilisait les moyens de la souveraineté étatique et des coalitions de nations pour pratiquer un impérialisme structural[1].

Que la légitimité démocratique prévale sur toute légalité, que les entorses à la légalité internationale soient d'avance justifiées par les fins poursuivies (la Démocratie, la Paix, le Bien, etc.), c'est en cela que réside, aux yeux du juriste, le « changement de structure » du droit international au XXe siècle. Au cours des quatre siècles précédents, conclure la paix avec l'ennemi n'impliquait nullement de changer son régime politique. Dans *Die geistgeschichtliche Lage...*, Schmitt a comparé la Société des Nations à la Sainte Alliance qui, après la Révolution française, avait tenté de ramener à la vie la légitimité dynastique en prenant la défense des monarchies européennes (*P&D* : 36-39). Les efforts de la SDN pour ranimer la démocratie, à l'ère de l'impérialisme, lui semblaient aussi désespérés que ceux, jadis, de la Sainte Alliance à l'ère post-révolutionnaire. Le droit à l'autodétermination des peuples, écrivait-il dès 1923, sert souvent de prétexte aux interventions impériales.

Les textes où apparaît l'expression de « guerre civile mondiale[2] » présupposent que les nations sont devenues apparentes et fictives, que les nationalismes ont beau se multiplier, le nombre des nations de plein exercice décroît. C'était la conclusion à laquelle Schmitt était parvenu dans sa conférence sur les grands espaces : l'État n'est plus territorial, ni la nation. En cette saison de l'histoire, le nationalisme, s'il dépasse le stade de la revendication et de l'opposition, se met en contradiction avec lui-même. Le droit des peuples à disposer de soi est instable et fragile dans l'état contemporain de la technique. L'économie étant elle-même devenue transnationale (elle était encore inter-nationale au XIXe siècle), la notion d'économie nationale devient inadéquate : ni l'armement, ni l'industrie du XXe siècle ne permettent aux patries d'assurer leur sécurité et leur vie sinon en ensembles organisés de poids mondial. La logique de l'industrie

1. F. Perroux, *La coexistence pacifique*, Grenoble, Presses universitaires de Grenoble, 1992 [1958], p. 169-170.

2. Voir « Neutralität und Neutralisierungen (über Christoph Steding) », *PB*, 1939 ; « Changement de structure du droit international », *GCM*, *MC*, 1943 ; « Die letzte globale Linie », *GCM*, 1943 ; *Le nomos de la Terre*, 1950 ; « Le nouveau nomos de la Terre », *MC*, 1950.

moderne ne permet pas à chaque État-nation de désigner seul son ennemi ni de lui faire la guerre seul.

L'expression de *Weltbürgerkrieg* ne se trouve pas dans la littérature marxiste, bien que des expressions proches figurent chez Lénine et dans d'autres textes de la tradition marxiste. Lénine avait parlé de « transformation de la guerre impérialiste en *guerre civile révolutionnaire* » dès 1914. Ce qui donne à penser que la charge polémique de l'expression de « guerre civile mondiale » vient de ce qu'elle détourne le vocabulaire marxiste. Dans les textes fondateurs de la IIe Internationale, on lit que « la lutte des classes entre dans la période de guerre civile », ce qui justifie qu'une « discipline de fer confinant à la discipline militaire » soit introduite dans les partis communistes.

L'analogie de la lutte des classes avec la guerre civile avait des conséquences pratiques considérables. Selon qu'on la refusait, comme les réformistes qui préféraient la voie démocratique, ou qu'on affirmait que la lutte des classes était une vraie guerre, on ne se retrouvait pas dans le même camp. À l'encontre des réformistes, Lénine mais aussi les anarchistes affirmaient que seule une guerre civile réelle pouvait faire avancer l'histoire.

Dans la littérature conservatrice et contre-révolutionnaire, l'expression de « guerre civile mondiale » a probablement été une réaction aux expressions des marxistes. Elle a servi à biffer le prestige de la révolution, à dire que l'espoir révolutionnaire ne donnerait lieu qu'à une interminable guerre civile et non à l'avènement d'un monde meilleur. Notons que l'expression « *Weltrevolutionskrieg* » (« guerre révolutionnaire mondiale ») était assez courante dès la fin de la Première Guerre mondiale dans la littérature anti-bolchevique et anti-franc-maçonnerie. On la retrouve par exemple chez Eduard Stadtler (1886-1945), l'idéologue fasciste du « Casque d'acier ». Il s'agissait chez Stadtler, comme plus tard chez Schmitt et Jünger, d'arracher la révolution à son horizon progressiste. Ces conservateurs réactivaient la « découverte » que Mussolini avait faite au moment où il avait commencé à se détourner du socialisme : « Si du moins il était vrai que la guerre précède, prépare la révolution ! Or, c'est une illusion, une tromperie. [...] La guerre ne peut susciter de sentiment révolutionnaire là où il n'existe pas. Au contraire, quand ce sentiment ne préexiste pas, elle ne peut que le refouler, l'étouffer » (*Contro la Guerra*, 1912). Ce qui correspondrait à la thèse d'Ernst Nolte (*Der Faschismus in seiner Epoche*, 1963), acceptée aujourd'hui par de nombreux historiens, selon laquelle l'efficacité du fascisme a notamment consisté à se greffer sur les énergies révolutionnaires et à les détourner à son profit.

C'est également comme une notion contre-révolutionnaire que la jeune génération des schmittiens a repris et propagé l'idée de *Weltbürgerkrieg* dans les années 1950. Nicolaus Sombart, Roman Schnur, Hanno Kesting et Reinhart Koselleck projetaient de fonder à Heidelberg une revue ayant pour titre « Les archives de la guerre civile mondiale et de l'ordre spatial ». Les thèses de doctorat de ces jeunes chercheurs qui étaient souvent en visite à Plettenberg (hormis celle de Sombart) sont conçues comme de véritables théories de la guerre civile mondiale. Dans la plus célèbre, *Le règne de la critique* de Koselleck, la crise de la guerre froide est directement imputée aux utopies de la philosophie de l'histoire née pendant les Lumières [1]. On ne se bat plus pour la Nation mais pour des idées : l'abstraction de la philosophie est mise en accusation.

La spécificité de Schmitt par rapport à Eduard Stadtler, Ernst Jünger ou Reinhart Koselleck vient de ce qu'il emploie l'expression de « guerre civile mondiale » dans des analyses juridiques. À ses yeux les guerres « idéologiques » entre fascisme et communisme ne se situent pas hors du droit. Bien que Lénine n'ait pas été juriste, il a pris conscience, selon Schmitt avant les juristes, du fait que la guerre révolutionnaire affectait le droit lui-même (*TPa* : 256). Le juriste considère en effet que c'est Lénine qui, le premier, a su transformer la légalité en une arme pour la guerre civile. Dans *La maladie infantile du communisme* (1920), que Schmitt a lu peu de temps après sa parution comme en témoigne la préface à *La dictature*, Lénine affirme qu'en Europe occidentale, les communistes doivent poursuivre leur combat à l'intérieur des institutions parce que les travailleurs et les paysans réactionnaires sont attachés aux préjugés parlementaires bourgeois. Avec *La maladie infantile du communisme*, c'est le chapitre intitulé « Légalité et illégalité » d'*Histoire et conscience de classe* (1923) de Georg Lukács qui est aux yeux de Schmitt le texte qui a signalé le plus tôt et le plus clairement ce qu'est devenu le rapport entre légalité et légitimité dans notre modernité. Comme Lénine, Lukács a sommé les révolutionnaires de renoncer au romantisme de l'illégalité et de poursuivre la révolution à l'intérieur de l'appareil d'État. Les révolutions illégales ont vieilli. Dans une lettre datée du 16 décembre 1965, Schmitt écrit à Julien Freund que « la pierre de touche de la théologie politique est le *jus reformandi*. [...] Qui est compétent pour faire une réforme ? La hiérarchie ? Mais c'était (et ce sera toujours) exactement elle qui a besoin d'être réformée [...]. Après la

1. Voir l'introduction de Reinhart Koselleck, dans *Le règne de la critique*, Paris, Minuit, 1979, p. 7-11.

révolution de 1789, le *jus reformandi* s'est transformé en *jus revolutionis,* et qui oserait dire aujourd'hui que le droit révolutionnaire appartient essentiellement à l'autorité existante dont les abus provoquent la nécessité d'une réforme [1] ? »

Dans les textes du second après-guerre, la légalité internationale apparaît au juriste conservatrice et révolutionnaire à la fois. Schmitt est convaincu de l'insignifiance croissante de l'opposition entre la droite et la gauche, entre les libéraux et les conservateurs (*Gl* : 183). Il affirme parfois qu'au niveau international, la gauche a gagné [2]. Dans tous les cas, il souligne l'importance des problèmes communs. Dans le cas du droit international, le problème est que le droit de la guerre existant présuppose que la guerre est une relation d'État à État. Le Règlement de la Haye de 1907 spécifie par exemple qu'il ne s'applique qu'en cas de conflit intense entre États. Or les guerres impérialistes prennent le caractère de l'universalité, elles sont placées sous le signe de l'entrelacement et de la connexion des intérêts et non du heurt violent (ou de la réciprocité), ce qui suffit à réduire la signification pratique du droit de la guerre traditionnel tel qu'il a été codifié notamment dans le Règlement de la Haye. L'impérialisme démocratique paraît invulnérable parce qu'il emprunte aussi bien au réformisme qu'à l'étatisme ses concepts et ses méthodes.

RECONNAÎTRE LA GUERRE CIVILE ? LES DEUX TENDANCES DU DROIT INTERNATIONAL DEPUIS LA RÉVOLUTION FRANÇAISE

Pendant des siècles, en ignorant la guerre civile, le droit international l'a en fait condamnée. Durant la période comprise approximativement entre la paix de Westphalie et la Première Guerre mondiale, le *Jus publicum europaeum* n'a considéré comme une guerre véritable que la guerre entre États. Selon Schmitt, le droit des gens classique est né en mettant fin aux guerres de religions. C'est à ses yeux la constitution d'une sphère étatique neutre faisant abstraction des motifs de la guerre, de leur vérité ou de leur fausseté (la *justa causa*) qui a permis de mettre fin aux guerres confessionnelles en leur donnant précisément un aspect de guerres civiles. Du même coup, toutes les guerres civiles ont été refusées comme

1. Schmitt écrit en français. P. Tommissen (hsgb.), *Schmittiana IV*, Berlin, Duncker & Humblot, 1994, p. 59.

2. « Le front de la gauche : absolution des crimes de gauche et mobilisation de la guerre juste contre le droit », *Glossarium*, p. 183.

des guerres « injustes » et placées sous le signe de la faction, du crime et du complot.

Les choses ont changé au XVIIIe siècle, avec Vattel d'abord puis avec la Révolution française. Au XVIIIe siècle, la guerre civile a été reconsidérée [1]. Le juriste Emeric de Vattel, sous l'influence du philosophe Christian Wolff, a transposé de toutes pièces les règles de la guerre internationale à la guerre civile. Historiquement, c'est la lutte pour l'indépendance des Provinces-Unies (les futurs Pays-Bas) contre l'Espagne, depuis la fin du XVIe siècle, qui a été le tournant majeur. Il s'agit du premier conflit au cours duquel le problème de reconnaissance de belligérance s'est posé en des termes modernes. La guerre d'indépendance des Provinces-Unies est devenue un paradigme en la matière pour des générations de juristes. La reconnaissance, par des puissances extérieures, des « rebelles » comme de véritables « combattants », protégés par le droit international, et l'élévation de la guerre civile au même rang de dignité que la guerre extérieure n'a jamais été complète jusqu'à aujourd'hui. Mais une tendance humanitaire du droit international a pris naissance depuis que les Lumières ont inscrit la guerre civile dans le mouvement progressiste de l'histoire. Vattel, les philosophes du XVIIIe siècle et les révolutionnaires français ont en effet considéré la guerre civile comme juste et utile au progrès quand elle s'opposait à la tyrannie, lui faisant ainsi perdre son tranchant.

La tendance du droit international à reconnaître les conflits n'ayant pas un caractère international a pris corps à travers certaines institutions : les traités d'extradition, la reconnaissance de belligérance et l'acquisition partielle d'un statut par les combattants irréguliers. Leur développement a été tel que la question qu'il revient à Schmitt d'avoir posée depuis *Le passage au concept de guerre discriminatoire* est restée des plus actuelles : existe-t-il encore, à l'heure actuelle, une institution juridique qui, à défaut d'être restée européenne, peut néanmoins s'appeler guerre publique ou internationale ?

Il n'est pas anodin que le droit pénal international ait commencé à se développer au début de l'ère moderne pour régler son sort à l'ennemi politique. Alors que l'extradition pour le criminel de droit commun avait du mal à se mettre en place, très tôt, entre le XVe et le XVIIe siècles, les souverains se sont échangé les auteurs d'attentats politiques. Cette pratique

1. Voir P. Haggenmacher, *Grotius et la doctrine de la guerre juste*, *op. cit.*, p. 147 *sq.* ; R. Koselleck, « La guerre civile », dans *Le règne de la critique*, *op. cit.*, p. 176-179.

ne s'est étendue qu'ensuite aux délits de droit commun[1]. Avec la Révolution française, les choses se sont inversées : le succès de la Révolution a fait que l'opposition politique en général a été considérée comme une source de conflit légitime. Schmitt résume de la façon suivante le destin des juristes en Europe : après 1789 le droit s'est scindé en légalité et en légitimité, ce qui a donné naissance au positivisme pur. La scission de la légitimité en deux types, la dynastique et restauratrice d'une part, la révolutionnaire d'autre part, s'est ensuivie, la légitimité révolutionnaire ayant finalement vaincu. Napoléon a su naviguer en aventurier entre les légitimités contraires[2].

Cette évolution s'est traduite par un changement dans la pratique de l'extradition, qui existe depuis l'Antiquité. Depuis des siècles, les réfugiés livrés à leur pays d'origine étaient en grande majorité des opposants politiques, des déserteurs ou des immigrants irréguliers et non des criminels à proprement parler : les traités d'extradition concernant les auteurs de crimes de droit commun restaient rares. Au XIXe siècle, les choses ont changé : les traités d'extradition se sont multipliés. Toujours bilatéraux, ces traités n'avaient pas de caractère général : leurs clauses spécifiaient quels crimes étaient concernés. Les révolutionnaires français ayant offert l'asile politique à ceux qui avaient été persécutés à cause de leur combat « pour la cause de la liberté », la Belgique a ensuite donné le signal du renouveau en édictant, en 1833, après une révolution, une loi qui interdisait l'extradition des auteurs de crimes politiques. Dès lors, le principe de la non-extradition des auteurs de « crimes politiques » s'est imposé, surtout après les guerres civiles de 1848 et 1871 qui avaient engendré des vagues importantes de réfugiés politiques. Les traités d'extradition ont alors spécifié que les crimes politiques n'étaient pas concernés (sans que le « crime politique » soit jamais défini). Conjointement, la chasse aux criminels de droit commun s'est intensifiée, notamment parce que les moyens de communication avaient facilité la fuite à l'étranger[3]. Aujourd'hui, les traités bilatéraux prévalent toujours pour régler ces questions, et le principe de non-extradition des auteurs de crime politique est toujours proclamé, sauf pour les auteurs de génocide

1. H. Donnedieu de Vabres, *Les principes modernes du droit pénal international*, Paris, Sirey, 1928, p. 86 *sq*.

2. C. Schmitt, « Clausewitz, penseur politique », *GCM*, 1967.

3. Voir A. Nussbaum, *Geschichte des Völkerrechts in gedrängter Darstellung*, *op. cit.*, p. 37 *sq*. et H. Quaritsch, « Nachwort », *in* C. Schmitt, *Das internationalrechtliche Verbrechen des Angriffskrieges und der Grundsatz "Nullum crimen, nulla poena sine lege"*, 1994, p. 110-111.

(1948), pour les terroristes (1977) et les preneurs d'otage (1979). Précisons que la loi allemande du 29 décembre 1929 sur l'extradition interdisait elle aussi l'extradition des auteurs d'attentats politiques, toujours sans définir le «*politischer Tat*». Schmitt a dirigé une thèse de doctorat qui porte sur ce thème[1].

L'institution de la reconnaissance de belligérance est une autre institution du droit international qui concerne la guerre civile. La fin du XVIIIe siècle a vu naître, sans qu'elle soit encore nommée, cette nouvelle pratique juridique. Elle consistait pour un État tiers à reconnaître certaines entités non étatiques comme «parties» d'un conflit. L'Angleterre a mis le terme de *belligerence* en usage pour les conflits non internationaux dès la Restauration, suite à ses interventions dans les conflits latino-américains et grec. Le concept a atteint ensuite sa formulation classique lors de la guerre de Sécession[2]. Il a suscité une abondante littérature à certains moments de l'histoire : après la guerre de Sécession, après la Première Guerre mondiale et la révolution soviétique, au moment de la guerre civile espagnole. Pour ce qui nous intéresse ici, l'essentiel est que la reconnaissance de belligérance s'est vidée de son sens initial et qu'elle est aujourd'hui tombée en désuétude. Cela s'explique : elle a pour cadre l'institution même de la reconnaissance, qui a elle-même périclité dans la pratique actuelle du droit international[3].

L'examen des conditions dans lesquelles la reconnaissance de belligérance s'est pratiquée ou non (on se souvient de la dramatique «neutralité» de l'Angleterre et de la France dans la guerre civile espagnole) depuis le XIXe siècle indique que cette institution ne pouvait conserver quelque effectivité qu'à l'ère de la guerre interétatique. Ce n'est pas le droit humanitaire ni la protection des insurgés qui était au départ la clé de voûte de la reconnaissance de belligérance, mais la préservation d'un droit de neutralité des puissances tierces et la protection de leurs intérêts,

1. Il s'agit de la thèse de Hermann Siebenhaar, intitulée *Der Begriff des politischen Delikts im Auslieferungsrecht*, 1939. Friedrich Berber était le second directeur de thèse.

2. À propos de la guerre de Sécession, voir Schmitt, *Le nomos de la Terre*, p. 296 *sq.* Voir également pour un traitement plus général de la question de la reconnaissance de belligérance, le texte tapuscrit de Peter Haggenmacher présenté comme un «mémoire de thèse de doctorat», intitulé *La guerre publique européenne. Avènement et déclin d'une institution juridique*, accessible dans les archives de Schmitt à Düsseldorf. En fait la thèse de Peter Haggenmacher, soutenue en 1978, est devenue son livre *Grotius et la doctrine de la guerre juste* (1983). Le statut de ce tapuscrit n'est donc pas clair. Ce qui est sûr, c'est qu'il s'agit d'un texte inédit, d'allure schmittienne, que Peter Haggenmacher a envoyé à Schmitt et que celui-ci a annoté. Cf. *Arch* RW 265-20069.

3. P. Haggenmacher, *La guerre publique européenne*, *op. cit.*, p. 3.

avant tout maritimes. C'est par le biais d'une déclaration de neutralité que les États tiers accordaient *de facto* un statut juridique aux entités non étatiques d'un conflit, déclarées par là même égales aux yeux de la puissance reconnaissante. Les gouvernements légaux s'offusquaient de l'intervention que représentaient ces déclarations de neutralité des pays tiers. Il va de soi qu'ils ne reconnaissaient pas eux-mêmes les tensions internes comme un état de belligérance : leur objectif était de criminaliser la « rébellion », de dépolitiser la révolution – quand c'en était une –, de traiter la guerre civile dans le cadre du droit pénal interne et non dans le cadre du droit de la guerre, du fait que celui-ci accordait aux combattants non seulement des protections, mais aussi le droit de tuer. La reconnaissance de belligérance avait pour fonction essentielle non pas de promouvoir une sorte de *jus in bello civili*, mais de créer un état de guerre qui permettait à son tour la mise en vigueur du droit de la neutralité et la délimitation de sphères protégées pour la poursuite du commerce des neutres.

Plusieurs développements politiques et juridiques ont amené la doctrine à poser le problème des conflits internes en des termes nouveaux et à faire abstraction de la reconnaissance de belligérance. Depuis la Révolution française, deux tendances contraires se manifestent dans le droit international : la tendance souverainiste, dominante, qui veille à accorder le moins de protection possible aux combattants irréguliers et une tendance mineure, aussi favorable que possible à la protection des parties non étatiques aux conflits. Schmitt considère que jusqu'en 1919, un certain équilibre a été conservé entre la tendance restrictive, souverainiste, et la tendance progressiste qui promouvait le droit humanitaire[1]. La Convention de la Haye de 1907 concernant la guerre sur terre donne un certain statut aux combattants irréguliers et leur accorde des protections qui jusque là n'avaient jamais été inscrites dans les textes du droit de la guerre[2]. Elle s'inscrit dans la ligne de l'humanisation de la guerre (ce que Schmitt appelle la limitation de la guerre, « *die Hegung des Krieges* ») qui était déjà celle des traités d'extradition – qui protègent tendanciellement les

1. *Cf.* C. Schmitt, *Théorie du partisan*, Paris, Flammarion, 1992, p. 237, p. 312.

2. Voici l'article premier du chapitre un de la Convention de La Haye de 1907 : « Les lois, les droits et les devoirs de la guerre ne s'appliquent pas seulement à l'armée, mais encore aux milices et aux corps de volontaires réunissant les conditions suivantes :

1) d'avoir à leur tête une personne responsable pour ses subordonnés

2) d'avoir un signe distinctif fixe et reconnaissable à distance

3) de porter les armes ouvertement et

4) de se conformer dans leurs opérations aux lois et coutumes de la guerre. »

opposants politiques – et de la reconnaissance de belligérance, qui n'a jamais été totale ni désintéressée de la part des États tiers mais qui pouvait tout de même agir en faveur des parties non étatiques aux conflits. Toutefois un revirement s'est produit au moment de la fondation de la SDN. Beaucoup s'accordent à dire que la ligne humanitaire a pris le dessus. Schmitt, comme d'autres, observe que c'est le programme de la Révolution française en matière de droit international qui a resurgi avec Wilson et la SDN[1]. Dans un inédit de 1948, il écrit que la conception anglaise ne s'est pas imposée dans les Conventions de La Haye de 1907 mais seulement avec l'hégémonie anglo-américaine après la Première Guerre mondiale. « À partir de ce moment-là, la conception jusnaturaliste du droit international a prévalu, celle de la *societas humana*. [...] Significativement, cette conception s'est greffée sur la conception que la Révolution française se faisait du droit international. Elle a été imposée principalement par les Américains. [...] Le principe de l'autodétermination des peuples, le principe de la sécurité collective et le concept discriminatoire de guerre disqualifiant l'agresseur » en sont la pierre de touche[2]. Cette tendance se prolonge ensuite dans la doctrine Stimson de 1932, doctrine américaine qui interdit de reconnaître les extensions de territoires issues de la conquête violente. Elle « avait débuté lors de la première conférence panaméricaine à Washington (1889-90) avec la condamnation du principe de la conquête[3] ». La reconnaissance par la Cour permanente de Justice internationale des « principes généraux de droit reconnus par les nations civilisées » comme source de droit à côté de la coutume et des traités est encore un recours typique du jusnaturalisme[4].

La SDN continuait à suivre une certaine ligne médiane entre la tendance souverainiste et la protection des parties non étatiques aux conflits. L'article 10 du Pacte de la SDN garantissait à chacun de ses membres l'intégrité territoriale et le *statu quo*. Il protégeait néanmoins les États uniquement contre les annexions externes et non contre les

1. Voir le chapitre sur la Révolution française *in* W. Grewe, *Epochen der Völkerrechtsgeschichte*, *op. cit.*

2. C. Schmitt, *Gedanken zur Theorie und Praxis des angelsächsischen Rechtsdenken mit besonderem Bezug auf die Bevorstehende Prozesse gegen die sog. « Wirtschaftskriegsverbrecher »*, 1948, *Arch* RW 265-19555, p. 19-21.

3. *Ibid.*, p. 19.

4. Hermann Heller a fait une critique, rapidement devenue classique et reprise par de nombreux juristes allemands, du recours aux « principes généraux » par la Cour permanente de Justice internationale. Voir H. Heller, *Die Souveränität, Ein Beitrag zur Theorie des Staats- und Völkerrechts*, *op. cit.*, p. 132-142. Schmitt reprend les analyses de Heller et en fait l'éloge dans la *Théorie de la Constitution*, p. 203 *sq*.

changements de frontière procédant des conflits internes. Une commission avait dû préciser que l'article 10 ne contenait pas de garantie générale de l'intégrité territoriale mais prévoyait la possibilité de convoquer le Conseil en cas de violation *extérieure*. La SDN ne pouvait donc pas, comme la Sainte Alliance autrefois, servir à réprimer les mouvements de révolte internes. Mais elle défendait tout de même le *statu quo* territorial : l'article 10, qui protégeait l'ordre établi, n'était pas compatible avec le principe très effectif, à défaut d'être reconnu formellement, du droit des peuples à disposer librement d'eux-mêmes. De l'avis de Schmitt, les deux pris ensemble auraient pu constituer une sorte de voie moyenne, si le cours des événements n'en avait décidé autrement (*NT* : 242).

Plus tard, sous l'impulsion des Conventions de Genève de 1949 (que Schmitt commente dans la *Théorie du partisan*) et du nombre croissant de conflits qui semblaient échapper à toutes les catégories reçues, un revirement significatif s'est produit. Il a consisté à se concentrer moins sur la personne collective du belligérant que sur la personne du combattant individuel. Une évolution semblable s'est produite en matière de droits de l'homme, où, au lieu de protéger des minorités globalement, on a de plus en plus protégé directement les droits des individus eux-mêmes. On ne s'est plus demandé à quelles conditions les règles du droit de la guerre devenaient applicables à des entités non étatiques, pour s'interroger davantage sur la manière dont on pouvait, en dehors de toute reconnaissance de belligérance, assurer un traitement de combattant régulier à un cercle croissant de personnes. Ce faisant, on se situait de plus en plus hors de la problématique classique de la guerre civile et de la reconnaissance de belligérance qui en était le pendant.

Lors des travaux préparatoires de la Conférence diplomatique qui s'est tenue à Genève en 1949, il a été question de rendre automatiquement applicables les nouvelles conventions aux conflits non internationaux. Les diplomates avaient l'intention d'octroyer le statut de combattant ordinaire et de prisonnier de guerre à toute personne satisfaisant à certaines conditions matérielles. C'était d'emblée faire abstraction de la reconnaissance de belligérance. Cependant, cette position extrême s'est heurtée à une forte résistance de la part des gouvernements. Les deux tendances, l'une restrictive, l'autre favorable à la protection des combattants irréguliers, continuaient de s'affronter. Si bien que c'est finalement une norme minimale qui a fini par s'imposer dans l'article 3 commun aux quatre Conventions de Genève de 1949. Cet article prescrit aux combattants des conflits armés non internationaux de respecter des règles humanitaires générales s'ils veulent bénéficier d'une certaine protection.

Le rétrécissement du regard concentré uniquement sur la personne du combattant s'est donc accru avec les Conventions de Genève de 1949. Ce que Schmitt appelle la «criminalisation de la guerre d'agression» (*Pönalisierung des Angriffskrieges*) et Peter Haggenmacher le *jus contra bellum*[1] est intrinsèquement lié à ce point de vue individualiste qui présente la guerre comme un mal absolu.

Schmitt observe que dans l'entre-deux-guerres, le mouvement américain de l'*outlawry of war* voulait abolir la guerre comme on avait aboli autrefois les lettres de courses autorisant les corsaires à sévir sur les mers, ou comme on avait aboli l'esclavage[2]. À force de nier le *jus ad bellum* classique et l'armature juridique à laquelle il était lié, on tendait à vouloir tout résoudre par le *jus in bello*, le droit humanitaire, au moment où les distinctions entre guerre et paix, guerre internationale et guerre civile, belligérants et neutres, combattants et civils s'estompaient. Au départ, le droit humanitaire n'était qu'une partie du droit de la guerre. Mais peu à peu, « on tendait à identifier droit humanitaire et droit de la guerre et à prendre la partie pour le tout[3] ». Comme l'article 3 commun aux Conventions de Genève de 1949 et le second protocole additionnel de 1977 – les deux textes juridiques de l'après-guerre sur la guerre civile – ne s'appliquent qu'en cas de conflit intense, les États ont alors pris l'habitude de considérer que l'intensité des combats était trop faible pour que les Conventions de Genève puissent s'appliquer et de criminaliser la violence politique dans des accords bi- ou multilatéraux de poursuite et d'extradition. La guerre civile est ainsi isolée et neutralisée aux confins du droit pénal interne.

LES FORMES CHANGEANTES DE L'EXCEPTION : *CLAUSULA REBUS SIC STANTIBUS*, RÉSERVES, HOLOCAUSTE (PÉRIODISATION II)

Il s'agit maintenant de reprendre la périodisation des œuvres internationalistes de Schmitt donnée dans la troisième partie pour la compléter et l'éclairer sous un nouveau jour, non plus en prenant la notion de « guerre totale » comme fil directeur, mais à partir cette fois des deux notions d'exception et de guerre civile.

1. P. Haggenmacher, *La guerre publique européenne*, *op. cit.*, p. 6.

2. C. Schmitt, *Das internationalrechtliche Verbrechen des Angriffskrieges und der Grundsatz "Nullum crimen, nulla poena sine lege"*, p. 44, p. 53-54.

3. P. Haggenmacher, *La guerre publique européenne*, *op. cit.*, p. 7.

1924-1937

On sait que Schmitt accorde une grande place à l'exception dans sa théorie juridique. Dans la *Théologie politique* (1922), il affirme que le souverain « est celui qui décide de la situation d'exception ». Dans sa théorie de droit public (*Staatslehre*), l'exception permet d'expliquer la souveraineté autrement que par le contrat social. En droit international, on retrouve aussi l'exception, en particulier sous la forme de la *clausula rebus sic stantibus*, clause qui rend les traités aussi peu contraignants que possible et admet que ceux-ci cessent de valoir quand certaines conditions changent, laissant ainsi toute sa place à la raison d'État[1]. Les réserves (*Vorbehalten*) que les puissances ajoutent aux traités pour en limiter la validité sont une autre figure de l'exception. La focalisation sur la *clausula*, sur les réserves ainsi que la critique du principe *pacta sunt servanda,* caractérisent le point de vue de Schmitt et des autres juristes allemands souverainistes dans les années 1920. Il est révélateur que le livre de droit international d'Erich Kaufmann s'intitule *Das Wesen des Völkerrechts und die Clausula rebus sic stantibus* (1911) et celui d'Hermann Heller *Die Souveränität* (1927). Hormis quelques pacifistes isolés, la plupart des juristes de l'Allemagne de Weimar sont d'accord pour affirmer que les sources réelles du droit international sont et doivent demeurer les traités et la coutume, comme autrefois. Les exceptions paraissent donc « normales » car les États souverains, par nature, se dédisent. Ce n'est que l'abus des réserves de la part des ennemis qui agace, non le principe, en particulier de la part des Anglais. Werner Sombart écrit dans *Händler und Helden* (1915) que « le *Vertrag* (traité/contrat) est le moyen de la politique anglaise, moyen adapté à la vie économique plus qu'à la politique », dont les Anglais ont fait un instrument d'« escroquerie, de vol, de pillage » (*Gaunerei, Dieberei, Rauberei*) au cours des siècles[2]. Les juristes allemands s'attardent donc sur « les réserves qui transformaient les plus belles conventions en simples façades » (*NT* : 237). Mais pour des juristes comme Triepel, Kaufmann, Heller ou Schmitt, les règles de droit international sont

1. La *clausula* a été introduite dans le droit international par Gentili. Elle vient au départ du droit canon : les canonistes avaient tendance à assouplir le droit civil romain, trop rigide à leurs yeux. Elle devient importante à partir de la fin du XIXe siècle. Elle a par exemple été invoquée en 1870 par la Russie quand celle-ci a rompu le traité de neutralisation de la mer noire, en 1908 lors de l'annexion de la Bosnie-Herzégovine par l'Autriche ou en 1913, lors de la rupture du traité d'alliance serbo-bulgare. *Cf.* A. Nussbaum, *Geschichte des Völkerrechts in gedrängter Darstellung*, *op. cit.*, p. 106, p. 225 ; E. Reibstein, *Völkerrecht. Eine Geschichte seiner Ideen in Lehre und Praxis*, vol. 2, *op. cit.*, p. 577.

2. W. Sombart, *Händler und Helden*, *op. cit.*, p. 37-38.

par essence sapées (*durchlöchert*) par les exceptions. Leur préoccupation principale est de montrer que le droit supra-étatique est une fiction créée par les impérialistes anglais et les utopistes libéraux, fiction minée de toute part par des réserves qui révèlent que l'« état de nature » entre États souverains subsiste en profondeur.

Dans cette perspective, l'exception a le même sens en droit public qu'en droit international. Elle désigne dans les deux cas la souveraineté des États, conçue comme étant la seule réalité. Avant 1937, chez Schmitt, la notion d'exception est un trait d'union entre ses écrits internationalistes et sa « théorie de la constitution ». Sa pensée juridique d'alors est un édifice relativement harmonieux (si l'on excepte les écrits de propagande), mais cette harmonie a une condition : le ravalement de la guerre civile au rang d'une guerre non noble, n'ayant pas le sérieux des guerres étrangères. C'est l'une des différences notables entre Schmitt et Lénine : pour Schmitt la guerre civile n'est pas une guerre à part entière. On l'a dit, le paradigme prussien du petit État non encore formé, luttant pour sa survie, prédominait chez les historiens et chez les juristes allemands dans le premier après-guerre. Ils faisaient comme si l'Allemagne n'était pas devenue entre-temps un État puissant qui menait une politique extérieure agressive. Hobbes était (avec Hegel) la référence philosophique, la petite Prusse assiégée était le paradigme historique. Invoquer Hobbes et la Prusse permettait aux juristes de subsumer le droit international tout entier sous la catégorie de légitime défense de l'État. Schmitt est peu original à cet égard et Habermas a raison de parler d'un « hobbisme allemand [1] ». Erich Kaufmann, qui voyait dans la *clausula* le « principe des principes », admettait qu'il s'agissait d'un « principe hobbesien [2] ». Hermann Heller, pourtant juriste de gauche, écrivait que la souveraineté et la légitime défense de l'État étaient le point de départ de tout le droit international [3]. Chez tous ces juristes, le paradigme hobbesien présuppose que la guerre civile est le pire des maux et que l'autorité de l'État est son seul remède. Le principe le plus haut est ainsi celui de l'autoconservation de l'État, à l'intérieur comme à l'extérieur. Pour le droit international, la conséquence est la relativisation du principe *pacta sunt servanda*, subordonné à la *clausula rebus sic stantibus*.

1. J. Habermas, *Écrits politiques*, Paris, Flammarion, 1990, p. 125 *sq.*

2. E. Kaufmann, *Das Wesen des Völkerrechts und die Clausula rebus sic stantibus. Rechtsphilosophische Studie zum Rechts-, Staats- und Vertragsbegriffe*, *op. cit.*, p. 69.

3. H. Heller, *Die Souveränität. Ein Beitrag zur Theorie des Staats- und Völkerrechts*, *op. cit.*, p. 118, p. 124, p. 129.

Dans les écrits de Schmitt de cette période, la guerre civile reste un phénomène interne à l'État, non une caractéristique de l'ordre mondial. Seule la fausse philosophie de l'histoire des marxistes peut faire croire, selon lui, que la lutte des classes est la structure profonde de l'histoire entière. Schmitt analyse le pluralisme démocratique immédiatement en termes de guerre civile. Dans *La notion de politique* par exemple, il crée un néologisme et propose d'appeler la politique de parti « stasiologie » (du grec *stasis*, qu'on peut traduire approximativement par guerre civile[1]). L'équation « politique de parti = politique, ou politique intérieure = politique, dégrade la politique », écrit-il en 1927 (*NP* : 70). En 1930, il affirme que le pluralisme repose sur une « éthique de la guerre civile » (*P&D* : 150). Chez Schmitt la guerre civile est condamnée comme lutte de vices non pas politiques mais « sociaux », lutte intéressée, fondée sur l'égoïsme du riche et l'envie que le pauvre nourrit à son endroit. Le juriste souligne la citation de Victor Hugo dans son exemplaire de *Masse et classe* de François Perroux : « être envieux, c'est s'avouer inférieur[2] ». On comprend alors qu'au fond, il condamne la guerre civile en moraliste. Il condamne les moteurs de la vie sociale et économique comme « passions », à la façon des théologiens et des moralistes du XVIIe siècle. Il n'est d'ailleurs pas anodin qu'il rapproche parfois La Fontaine de Hobbes : la critique des passions sociales chez La Fontaine pouvait être rapprochée de l'auteur du *Léviathan* qui donne peu d'importance aux possibilités de la vie sociale dans l'état de nature et dont la pensée se prête assez mal à analyser l'activité de la bourgeoisie.

1937-1945

Dès 1937, Schmitt a pris conscience du fait que la guerre civile devenait mondiale. L'expression « *internationaler Bürgerkrieg* » apparaît dans *Le passage au concept de guerre discriminatoire* en 1937, celle de « *Weltbürgerkrieg* » en 1939 dans « Neutralität und Neutralisierungen », reprise aussitôt dans une série d'autres textes[3]. Cette expression désigne une transformation de la forme même de la guerre étrangère interétatique. Le scénario hobbesien est mis à distance : dès lors le constat de l'impuissance

1. *Cf.* N. Loraux, *La cité divisée. L'oubli dans la mémoire d'Athènes*, Paris, Payot, 2005.

2. F. Perroux, *Masse et classe*, Paris, Casterman, 1972, p. 110-111. Schmitt souligne également le commentaire de Perroux : « la pauvreté est un phénomène multidimensionnel ». Perroux veut dire que le pauvre n'est pas seulement une victime, que la pauvreté ne définit pas nécessairement l'homme tout entier. Cf. *Arch* RW 265-25419.

3. « Changement de structure du droit international », *Le nomos de la Terre*, la préface à l'édition italienne de 1971 de *La notion de politique*, etc.

de l'État domine et non plus la condamnation morale de la guerre civile : « Le droit international actuel centré sur l'État a peu de prise sur la guerre civile.[1] » Ce constat est aussi un appel à réformer le droit international et à reconnaître la guerre civile comme guerre véritable.

1945-1953

Les crimes du nazisme ne correspondaient à aucune catégorie juridique au moment où ils ont été commis. Les Alliés ont réagi à ces crimes par une refondation du droit international après 1945. Certains internationalistes allemands ont alors réagi à leur tour à cette refondation, aux procès de Nuremberg, aux modalités de l'occupation de l'Allemagne, à la dénazification, luttant contre ce qu'ils appelaient l'*Ausnahmevölkerrecht* ou le *Sondervölkerrecht* (le droit international d'exception) que les Alliés mettaient en place pour juger les crimes exceptionnels du IIIe Reich. Cette lutte n'a pas ressemblé à celle qui avait uni les juristes allemands contre le traité de Versailles dans les années 1920. Les voix étaient plus isolées, comme « sorties du désert » (Schmitt n'est qu'un cas extrême de l'isolement où semblaient tombés les juristes allemands en 1945). La démesure de l'Holocauste leur interdisait d'employer le même ton qu'à l'égard du « *Diktat* » de Versailles.

Il est frappant de voir que les internationalistes allemands conservateurs cessent à ce moment-là de faire valoir la *clausula rebus sic stantibus* ou l'aspect « normal » des exceptions, ils en appellent désormais, pour un bon nombre d'entre eux, au respect strict du droit international positif. Cet appel avait bien sûr quelque chose de pathétique. Alors que plusieurs générations de juristes allemands avaient cautionné la politique expansionniste de l'Allemagne dans l'entre-deux-guerres, après 1945, face à la mise en place des procès de Nuremberg, aux modalités de l'occupation de l'Allemagne et à la dénazification, ils sont un certain nombre à rappeler les Alliés à la rigueur et à la lettre des textes juridiques. Il est vrai que la démilitarisation, la dénazification, la démocratisation de l'Allemagne n'étaient pas pensables dans le cadre du Règlement de La Haye de 1907, ni des autres conventions écrites de l'entre-deux-guerres. Schmitt et Grewe avaient au moins raison de noter que le droit international traditionnel n'offrait aucune base pour une intervention politique et juridique de cette ampleur. Le droit international positif n'offrait aucun espace à une intervention qui prévoyait de refaçonner un régime politique, de suspendre et d'interner des fonctionnaires et des industriels à cause de

1. « Der Reichsbegriff im Völkerrecht », *PB*, p. 349.

leur participation à la politique légale de leur gouvernement. Mais c'est bien la « nature politique » du droit international, tant invoquée autrefois par ces mêmes juristes, qui exigeait dorénavant que les Alliés rompent avec les catégories juridiques du passé pour punir les auteurs de l'Holocauste. Les juristes allemands qui protestaient et demandaient que l'Allemagne soit jugée sur la base du droit de la guerre traditionnel semblaient pris au piège de leur argumentation passée.

Alors que d'autres internationalistes comme Wilhelm Grewe ou August von Knieriem prenaient directement la parole et publiaient des livres importants[1], Schmitt, qui était passé à Nuremberg en tant que *possible defendant* (accusé potentiel), ne pouvait pas publier ce qu'il voulait. La synthèse érudite, le récit littéraire (*Ex Captivitate Salus*), les articles anonymes, voilà tout ce qu'il pouvait se permettre de publier. Dans la production de Schmitt, cette période est celle de la rédaction finale du *Nomos de la Terre*. La rédaction de l'ouvrage commence au début des années 1940, le livre paraît en 1950. *Le nomos de la Terre* intègre les résultats des textes « expérimentaux » de la période précédente qui montraient que l'édifice autrefois cohérent du droit des gens classique qui autorisait les États souverains d'Europe à recourir à la guerre afin de trancher leurs litiges est en train de se désintégrer. Schmitt signale l'émergence d'un « nouveau *nomos* de la terre » à la fin de son livre. Mais l'appel à la réforme du droit international qui traversait ses textes expérimentaux de 1937-1943 est maintenu en sourdine dans *Le nomos de la Terre* et dans les inédits d'après 1945. La notion de « guerre civile mondiale » elle-même reste en retrait. Celle-ci avait servi à mettre l'accent sur le « chantier » qu'était devenu le droit international et à montrer qu'il fallait le réformer si l'on voulait que le droit ait à nouveau prise sur les guerres nouvelles. Mais ces questions n'étaient plus à l'ordre du jour : l'issue de la guerre faisait que les réformateurs du droit international étaient soudain les ennemis de l'Allemagne et la réforme avait peu de chance d'aller dans le sens souhaité par Schmitt et ses collègues. Mieux vallait donc se contenter de faire l'éloge de l'ancien droit interétatique qui avait au moins l'avantage d'offrir un cadre prévisible aux sanctions auxquelles l'Allemagne allait être soumise.

1. Voir en particulier W. Grewe, *Nürnberg als Rechtsfrage. Eine Diskussion*, Stuttgart, Ernst Klett Verlag, 1947 ; *Ein Besatzungsstatut für Deutschland. Die Rechtsformen der Besetzung*, Stuttgart, K.F. Koehler Verlag, 1948 ; A. von Knieriem, *Nürnberg. Rechtliche und Menschliche Probleme*, Stuttgart, Ernst Klett Verlag, 1953.

On peut répartir les textes schmittiens de cette période en deux ensembles : d'une part *Le nomos de la Terre,* qui se présente comme une grande synthèse historique à distance de l'actualité (la Seconde Guerre mondiale et l'Holocauste n'y sont pas décrits) et qui présente l'âge de la souveraineté classique comme un âge d'or. Le second ensemble de textes livre les positions de Schmitt sur les questions d'actualité (la naissance de l'ONU, la mise en place du premier tribunal pénal international, l'occupation de l'Allemagne par les Alliés, l'émergence des catégories nouvelles de crime contre l'humanité puis de génocide). Il est composé d'inédits, d'articles parus sans signature. On peut leur ajouter les textes d'autres juristes dont Schmitt salue la parution dans le *Glossarium*, qui permettent de reconstituer ses propres positions.

Le livre de Wilhelm Grewe sur l'occupation (*Ein Besatzungsstatut für Deutschland,* 1948) est l'un des livres dont Schmitt fait l'éloge dans le *Glossarium*. Celui-ci écrit en 1948 que la « performance scientifique de Grewe est tout à fait extraordinaire », que ce livre fait de lui « le premier professeur de droit international allemand », non seulement « à cause de la performance, mais aussi à cause de la situation » (*Gl* : 203). Ce livre montre, comme d'autres de la même époque, que les crimes d'Hitler ont fait passer les internationalistes allemands de l'autre côté de la barrière par rapport aux années 1920, le rapport entre norme et exception s'étant renversé. Alors que les juristes allemands défendaient naguère « un droit à l'exception souveraine » contre les traités-lois, ils défendent désormais pour leur pays un droit à être traité normalement, selon les anciennes règles, et non en fonction du « droit international d'exception » que les Alliés sont en train de forger « sur mesure » pour répondre aux crimes exceptionnels de l'Allemagne. Ce sont désormais les « concepts clairs du droit international » (*BD* : 18) qu'ils défendent, ainsi que toutes les variantes du principe *pacta sunt servanda* (par exemple le principe « *nullum crimen, nulla poena sine lege*[1] »).

Grewe a rédigé son livre durant l'été et l'automne 1947, alors qu'il ne connaissait pas encore le texte de la Conférence de Londres (1948) qui définit le statut de l'occupation de l'Allemagne. Son livre est donc un combat « préventif ». Le juriste tente d'empêcher « le pire ». Il bat en brèche l'idée qu'à cause de la capitulation sans conditions du 8 mai 1945, l'Allemagne n'aurait plus aucun droit par rapport aux puissances

1. Voir C. Schmitt, *Das internationalrechtliche Verbrechen des Angriffskrieges und der Grundsatz "Nullum crimen, nulla poena sine lege"*, Berlin, Duncker & Humblot, 1994 [1945].

occupantes (*BD*: 16-17). Il admet que «c'est certes une situation désagréable de revendiquer des droits que l'Allemagne a piétinés grossièrement quand elle était encore puissante» (*BD*: 111), mais il demande tout de même aux Alliés de ne pas abandonner sans nécessité la base du droit de la guerre traditionnel et du Règlement de La Haye de 1907 concernant la guerre sur terre. Il leur rappelle les limitations que leur impose ce Règlement, notamment en matière d'occupation. «Les accusés à Nuremberg ayant été punis de ne pas avoir respecté le Règlement de 1907, on doit le respecter soi-même..., même l'URSS le doit» (*BD*: 110).

La notion de guerre civile mondiale, que Schmitt avait dégagée peu à peu à la fin des années 1930 et au début des années 1940 dans ses textes «expérimentaux» est maintenant explicitement refusée comme catégorie juridique pertinente par Grewe et d'autres juristes après 1945 (ceux précisément dont Schmitt se sent proches après la guerre). On l'a dit, Schmitt lui-même semble avoir maintenu cette notion en retrait. Certains indices donnent à penser que cette catégorie semblait dangereuse aux collègues de Schmitt à ce moment-là, comme si elle était susceptible de donner de mauvaises idées aux Alliés dans leur travail de refonte du droit international.

Dans son livre de 1948, Grewe part de l'analyse de la «capitulation sans conditions», notion qui vient de la guerre de Sécession. Le juriste trouve inadmissible de «transposer directement la situation américaine de 1865 à celle de 1945». «Cela n'a aucun sens juridiquement, écrit-il, de concevoir la dernière guerre mondiale comme une "guerre civile internationale" (*internationaler Bürgerkrieg*)» (*BD*: 18). Il faut au contraire partir des concepts clairs du droit international pour déterminer la position juridique actuelle de l'Allemagne, d'autant que les Alliés ne sont pas prêts de leur côté à parler de "guerre civile" ni à exonérer la résistance allemande de la responsabilité globale qui est celle du peuple allemand» (*BD*: 18). « La capitulation sans conditions est une capitulation militaire [...] Les droits et les devoirs de droit international de celui qui capitule demeurent donc intouchés. La capitulation a été signée par des militaires et non par des dirigeants politiques. Son texte énonce qu'elle a une signification purement militaire. Il n'y est question que d'obligations assumées par le haut commandement militaire et par les forces armées sans qu'aucune clause politique ne figure » (*BD*: 20). Les Alliés qui «disent vouloir rétablir un ordre du monde fondé sur la paix n'ont donc aucune raison de *détacher le cas allemand du droit international*» (*BD*: 23).

Selon Grewe, la capitulation sans conditions ne concerne donc pas les modalités de l'occupation de l'Allemagne. Les Alliés restent liés par les restrictions du droit de la guerre traditionnel et par les clauses sur l'occupation fixées par les Conventions de La Haye de 1907. Il allègue que : « ... les États nordistes [pendant la guerre de Sécession] qualifiaient la situation de guerre civile pour se *soustraire au droit international* », *BD* : 18). Ceux-ci ne voulaient pas que les sudistes soient reconnus comme belligérants et jouissent des protections qu'offre le droit de la guerre aux combattants. De façon analogue, les Alliés tentent de qualifier la Seconde Guerre mondiale de « guerre civile internationale » pour *se soustraire* au droit interétatique en vigueur, pour le refondre de l'intérieur (sur la base non de la légalité mais de la légitimité). Tous les efforts de Grewe paraissent tendus vers un seul but : empêcher qu'une « révolution légale » ne se produise dans le droit international, qui laisserait à l'Allemagne un statut incertain.

Ainsi, après 1945, les juristes allemands pouvaient difficilement admettre la comparaison « révolutionnaire » entre la guerre mondiale et la guerre civile. C'est sur cette comparaison que la notion de « capitulation sans conditions » reposait. Le parallèle entre guerre mondiale et guerre civile pouvait paraître dangereux pour l'Allemagne à ce moment-là car dans l'opinion publique, ce parallèle allait surtout dans une direction : il n'était pas question de reconnaissance de belligérance pour les résistants allemands. C'est une occupation « dictatoriale », déliée des normes *jure gentium* qu'il appelait, ainsi que la punition des crimes du IIIe Reich par un tribunal pénal international. On comprend ainsi que les découvertes sur la « fin de l'État » que Schmitt avait faites entre 1937 et 1943 devaient rester dans les tiroirs en 1947. Pour les juristes allemands de l'après-guerre, il ne fallait pas que la *Weltbürgerkrieg* devienne une catégorie clé du nouveau droit international, les Alliés n'ayant que trop tendance eux-mêmes à normaliser, contre l'Allemagne, le schème d'une guerre civile mondiale qui avait pour remède l'État mondial.

Ceci étant dit, il n'est pas si étonnant qu'aujourd'hui l'expression de « guerre civile mondiale » ne soit que vaguement rattachée au nom de Schmitt[1]. Lui-même semble avoir compris que cette notion, tombée dans les mains de l'adversaire en 1945, était une arme à double tranchant, qu'il valait mieux s'abstenir de mettre en avant.

1. Ernst Nolte, qui l'emploie, avoue qu'il n'en connaît pas la provenance, et Agamben, récemment, en attribuait la paternité à la fois à Schmitt et à Arendt.

1953-1978

Schmitt a tôt perçu la multiplication des guerres civiles et des guerres de guérilla après 1945 qui tendaient, dès les années 1950, à devenir la forme dominante de la guerre, notamment avec la décolonisation. L'analyse de ce phénomène a donné lieu à sa *Théorie du partisan* (1963). À partir des années 1950, plus encore qu'auparavant, l'expression de « guerre civile mondiale » exprime l'embarras de la doctrine face aux conditions entièrement renouvelées de la guerre et de la politique. Schmitt en vient à constater dans sa Préface de 1963 à *La notion de politique* que la guerre et la paix sont devenues des notions toutes relatives et qu'elles ont fini par perdre jusqu'à leur sens même, face à la multiplication de certains états intermédiaires entre guerre et paix qui semblent défier toute qualification (*NP* : 49, 53). C'est le foisonnement actuel de concepts nouveaux tels que *status mixtus*, guerre au sens matériel, conflit armé, conflit international mais non interétatique, etc. qui est anticipé par Schmitt. Dans le contexte de la prolifération de la guerre de guérilla et de la guerre d'indépendance, l'expression de « guerre civile mondiale » n'est pas une catégorie juridique, elle désigne plutôt un chantier et la nécessité pour le droit international contemporain d'avoir prise à nouveau sur les guerres réelles. Elle invite à retrouver une charpente conceptuelle claire et commune à tous les acteurs du système international. Les nouvelles guerres ressemblent plus à la guerre de tous contre tous qu'à la lutte des classes[1]. Mais l'anarchie contemporaine ne paraît plus pouvoir être résolue par des *Léviathan*. Les écrits de cette période signalent que Schmitt tend à ne plus considérer la guerre que comme un fait qui échappe au contrôle du droit.

Dans la *Théorie du partisan*, le juriste dénonce le « légalisme utopique » des Conventions de Genève de 1949. En se focalisant sur les combattants individuels et sur le droit humanitaire, les États ne se donnent pas les moyens, à ses yeux, de mettre un ordre dans le chaos. Il incrimine l'héritage du pacifisme de l'entre-deux-guerres, qui s'est scandalisé de ce que la guerre ait été érigée en institution juridique et qui s'est promis de tout résoudre par le *jus in bello*.

1. É. Balibar, « Krieg », *in* W. F. Haug (hsgb.), *Historisch-kritisches Wörterbuch des Marxismus*, vol. 7, Hamburg, Argument-Verlag, 2008.

NUREMBERG : CRIMES CONTRE L'HUMANITÉ ET CRIMES DE GUERRE

De défenseurs de l'exception, les juristes souverainistes allemands sont devenus les défenseurs de la règle, mais d'une règle passée au crible. Schmitt et Grewe demandent que l'Allemagne ne soit pas condamnée pour avoir lancé une guerre d'agression mais seulement pour l'Holocauste et les crimes de guerre traditionnels. Ils considèrent que tous les crimes du IIIe Reich (sauf l'Holocauste) peuvent être jugés sur la base du droit de la guerre traditionnel[1].

Dans des inédits écrits à la fin des années 1940, Schmitt cherche en effet à démontrer que la « criminalisation » de la guerre n'est pas entrée dans le droit positif entre 1919 et 1939 et que la structure interétatique du droit est « restée intouchée » (*IntV* : 79). Il souligne que le pacte Briand-Kellogg condamne la guerre en général tout en autorisant dans ses nombreuses réserves le recours à la force, dans les situations de légitime défense. Ce Pacte, affirme-t-il, est un « règlement accompagné de nombreuses réserves, sans définition, sans sanction et sans organisation[2] ». Étant donné qu'il autorise la guerre défensive et qu'aucune nation moderne ne présente jamais d'autre motif que la légitime défense pour attaquer, il est en fait impossible de l'enfreindre légalement. De sorte que le pacte Briand-Kellogg n'a pas pour effet d'abolir la guerre, mais de reconnaître la légalité de toutes les guerres mentionnées dans les exceptions et les réserves[3]. Ainsi, pour lui ni le Protocole de Genève de 1924 ni le pacte Briand-Kellogg de 1928 ne sont parvenus à créer un nouvel ordre juridique de droit international. Il cite de nombreux exemples à l'appui de sa thèse, rappelant que ces conventions n'ont pas empêché que la neutralité de type ancien soit rétablie avant la Seconde Guerre mondiale : en 1937 la Suisse n'a-t-elle pas affirmé qu'elle ne participerait plus aux sanctions de la SDN, allant jusqu'à proclamer qu'elle rétablissait sa neutralité « contre le droit international en vigueur », bientôt suivie par d'autres pays traditionnellement neutres, comme les USA, sans que personne n'y trouve à redire[4] ? Schmitt rappelle

1. C. Schmitt, *Das internationalrechtliche Verbrechen des Angriffskrieges und der Grundsatz* "Nullum crimen, nulla poena sine lege", *op. cit.*; W. Grewe, *Nürnberg als Rechtsfrage. Eine Diskussion*, *op. cit.* ; *Ein Besatzungsstatut für Deutschland. Die Rechtsformen der Besetzung*, *op. cit.*

2. C. Schmitt, *Entwicklung der internationalrechtlichen Pönalisierung des Angriffskrieges (1919-1939)*, *Arch* RW 265-19220, p. 27.

3. *Ibid.*, p. 19.

4. *Ibid.*, p. 36-38.

en outre que la désertion est restée une infraction pour tous les États avant la guerre (*IntV*: 76). Il cherche en fait à démontrer que la théorie de la guerre juste n'est pas devenue un *nomos*, un ordre concret dans l'entre-deux-guerres : les individus se soulevant contre leur État ne recevaient de protection suffisante de la part d'aucune autre institution. C'est pourquoi la résistance pouvait être un acte héroïque, mais non un devoir ou une obligation, n'étant pas un droit véritable pour les citoyens des Léviathan d'Europe. Les citoyens des États totalitaires n'avaient le choix « qu'entre la guerre civile ou le martyre » (*IntV*: 78). Devant Kempner, le procureur de Nuremberg, Schmitt admet, lors de son dernier interrogatoire, que sa faute est grande mais qu'elle n'est que morale. Il reproche à ses juges de confondre non-résistance et collaboration. Il n'a pas été courageux, mais cela n'en fait pas un criminel. Le droit ne punit pas l'absence de vertu. Voilà la façon (clémente) dont il se juge lui-même[1].

Schmitt n'a pas critiqué la catégorie de crime contre l'humanité, contrairement à ce qu'on lit parfois. S'il écrit, certes, dans son journal, que le procès est un « jugement de sorcières », il émet ailleurs des jugements plus pondérés sur le tribunal. D'autre part, il a écrit en 1945 une expertise de grande tenue sur le concept de guerre d'agression pour défendre l'industriel Friedrich Flick[2]. Après sa détention à Nuremberg, Schmitt a caché l'existence de ce texte, devenu impubliable comme tout autre texte de lui à propos de Nuremberg. Son existence n'a été révélée qu'à la parution de son journal en 1991. Qu'il ait rêvé un temps de connaître son heure de gloire scientifique à Nuremberg grâce à ce texte[3] prouve qu'il ne méprisait pas tant que cela le tribunal, mais aussi qu'il était loin d'imaginer qu'il irait un jour à Nuremberg en tant qu'« accusé potentiel ». C'est parce que Schmitt encourage la punition des crimes contre l'humanité (il écrit « des *atrocities*[4] », *IntV*: 16) dans l'expertise que lui a commandée

1. *Cf.* C. Jouin, « Carl Schmitt à Nuremberg. Une théorie en accusation », *Genèses*, n° 74, 2009/1.

2. C. Schmitt, *Das internationalrechtliche Verbrechen des Angriffskrieges und der Grundsatz* "Nullum crimen, nulla poena sine lege", *op. cit.*

3. En lisant le livre de Jacques Isorni sur le procès de Brasillach (*Le procès de Robert Brasillach*, Paris, Flammarion, 1946) Schmitt note que le plus important est que la discussion entre l'accusé et l'accusateur ait été publiée. Il ajoute qu'il serait volontiers mort pour que son expertise sur la guerre d'agression soit publiée (*Glossarium*, p. 167).

4. Comme le remarque Helmut Quaritsch (*in* Schmitt, *Das internationalrechtliche Verbrechen des Angriffskrieges*..., p. 86), chez Schmitt l'expression *atrocities* qu'il tire en fait de la « *Declaration on German Atrocities* » signée par Roosevelt, Staline et Churchill le 1er novembre 1943 ne correspond pas à la catégorie de crime contre l'humanité définie en 1945 dans l'article 6 de la Charte du Tribunal Militaire International de Nuremberg, car celle-ci est

Friedrich Flick que celle-ci n'a pu être utilisée lors du procès dit « contre les industriels[1] » par ce dernier qu'on accusait finalement de crime contre l'humanité (chef d'accusation large qui incluait la déportation) et non plus de crime de guerre comme c'était prévu au départ.

Schmitt affirme à plusieurs reprises que les « *atrocities* » commises par le régime d'Hitler sont si démesurées qu'il est possible de condamner leurs auteurs devant un tribunal sur la base de la simple opinion morale[2]. Dans une note inédite écrite en anglais, datée de 1945, qu'il a peut-être rédigée à l'attention des Américains quand il était en camp d'internement à Berlin, il recommande de séparer strictement la guerre d'agression, qu'il refuse toujours de soumettre à un traitement pénal, des crimes d'Hitler :

> Il va sans dire qu'à la fin de cette guerre mondiale, l'humanité se trouve dans l'obligation de condamner le "*scelus infandum*[3]" d'Hitler et de ses complices. Cette condamnation doit être solennelle dans sa forme et spectaculaire dans ses effets. Après la défaite de Napoléon en 1815, les gouvernements européens ont trouvé une forme solennelle et effective pour condamner Napoléon. Aujourd'hui, la condamnation du nazisme doit être d'autant plus sévère et marquante que les crimes d'Hitler ont dépassé en horreur ceux de Napoléon. [...] Il est évident que le "*scelus infandum*" d'Hitler et en particulier les atrocités monstrueuses commises par les SS et la Gestapo, par leur nature même, ne peuvent être soumis aux règles et aux catégories usuelles du droit positif, pas plus à celles du droit pénal ou constitutionnel interne qu'à celles du droit international. [...] Mais le fait qu'Hitler soit responsable d'une guerre d'agression dans le sens du Protocole de Genève et du pacte Briand-Kellogg n'est pas identique aux *atrocities* du nazisme et des SS qui doivent être ouvertement condamnées. Il ne semble pas indiqué de combiner ces deux éléments et de prendre le Protocole de Genève et le pacte Briand-Kellogg comme centre de gravité du procès [...]. Même si l'on parvenait sur cette base à un verdict précisément formulé, l'issue ne pourrait qu'être décevante. Hitler et ses

trop large, elle inclut notamment la déportation. Ce que Schmitt appelle *atrocities* (en les distinguant des crimes de guerre) correspond exactement à la catégorie de génocide qui n'apparaîtra que plus tard. Proposée par l'internationaliste américain d'origine polonaise, Raphaël Lemkin, dès 1933 (sans le mot encore), l'idée de génocide n'est codifiée qu'en 1948 dans l'article 2 de la Convention pour la prévention et la répression du crime de génocide.

1. Il s'agit de l'un des douze procès qui ont suivi le procès des principaux criminels de guerre, les « *Nachfolgeprozesse* ».

2. C. Schmitt, *Das internationalrechtliche Verbrechen des Angriffskrieges...*, p. 16 ; *Entwicklung der internationalrechtlichen Pönalisierung des Angriffskrieges* (1919-1939), *Arch* RW 265-19220, p. 33.

3. Crime monstrueux.

complices seraient alors rangés sous des règles et des notions qui anéantiraient ce qu'il y a d'anormal, de monstrueux et d'unique dans leurs actions. Un "*scelus infandum*" ne doit en aucun cas devenir un précédent[1].

Dans son expertise pour Flick, Schmitt affirme qu'il est difficile de se passer du concept de « régime » politique pour penser les crimes de l'Allemagne (*IntV*: 65-67). Il entend par « régime » une méthode particulière de formation de la volonté politique. Il appelle de ses vœux une sociologie des régimes totalitaires et des élites qui prolongerait les travaux de Robert Michels sur les partis. Convaincu que pour juger les hauts fonctionnaires du IIIe Reich, les noms des fonctions ne suffisent pas, il rappelle que l'ordre constitutionnel avait été mis sens dessus dessous et certaines fonctions étaient devenues de simples étiquettes.

> Un dirigeant n'est pas responsable de la même manière dans un régime absolutiste et dans une monarchie constitutionnelle. Dans le cas de Guillaume II, ce n'est pas celui qui était constitutionnellement responsable que l'on a accusé, à savoir le chancelier Bethmann-Hollweg, parce que l'on considérait que Guillaume II était à la tête d'un régime autoritaire, personnel et arbitraire [...]. Si l'on applique ce principe au gouvernement d'Hitler, étant donné le degré de concentration du pouvoir du régime hitlérien, il faudrait déclarer qu'Hitler était le seul coupable de la dernière guerre. En réalité, il faudrait probablement élargir le cercle des coupables du crime international et inclure le « régime » hitlérien. Mais la particularité du régime fasciste et du régime nazi réside dans le fait que la formation de la volonté politique se concentre dans le chef d'un parti, qui, au moyen de ce parti, se soumettait l'État et le peuple entiers. [...] Dans de tels régimes la formation de la volonté politique est un phénomène très intéressant mais opaque[2].

Le juriste s'élève ainsi contre l'idée de faute collective, qui relève à ses yeux d'une conception primitive, qui conduit notamment à innocenter les vrais coupables[3]. Citant Napoléon (« Les crimes collectifs n'engagent personne »), il affirme que seuls ceux qui faisaient partie de la clique autour d'Hitler, (il parle de « *verschworene Gemeinschaft* », d'« association politico-criminelle » au sens de Sorel) sont coupables d'un crime de droit international. Il dit du gouvernement d'Hitler qu'il était un « gouvernement terroriste » (*terroristische Regierung*), que « la

1. C. Schmitt, « Note », *Arch* RW 265-19552, p. 1-2.
2. *Ibid.*, p. 42-43.
3. *Ibid.*, p. 41.

criminalisation des citoyens particuliers aurait [eu] pour effet de déclarer criminel non seulement le terroriste, mais aussi le terrorisé, la victime de la terreur (*nicht nur den Terroristen, sondern auch den Terrorisierten, das Opfer des Terrors*[1])». Or le «complot» était bel et bien un crime à Nuremberg, mais pas au sens où l'entendait Schmitt : ce chef d'accusation permettait à la Cour internationale ou au tribunal militaire d'occupation de contourner la clause *Deutsche gegen Deutsche,* qui interdisait aux tribunaux de Nuremberg de punir les maux que les Allemands s'étaient infligés «à eux-mêmes». Selon cette clause, ni les lois antisémites, ni la politique d'euthanasie ne pouvaient être condamnées directement par les Alliés car elles concernaient la «politique intérieure». La catégorie de «complot» permettait aux Alliés de juger tout de même les affaires «internes» au nom du fait qu'elles avaient préparé la guerre d'agression.

PARTISAN OU TERRORISTE ?
LA VIOLENCE DES DÉFINITIONS

Dans la *Théorie du partisan*, parue en 1963, Schmitt annonce que le partisan a fait éclater le cadre de la guerre, qu'il est devenu le personnage central de la guerre. Schmitt reconnaît l'aspect prémonitoire des écrits de Lénine, de Mao et de Che Guevara sur le partisan. Alors que Marx et Engels considéraient pour leur part que le combattant irrégulier n'était qu'une force d'appoint, Lénine, Mao et Che Guevara ont le mérite, aux yeux de Schmitt, d'avoir été les premiers à comprendre que le partisan allait jouer un rôle central dans l'histoire : ce sont eux qui ont contribué à faire «basculer le partisan» dans la «grande politique» et dans «l'histoire universelle», alors que la guerre de partisan n'était initialement qu'une tactique particulière. Telle qu'elle avait été pratiquée par les Espagnols contre Napoléon au début du XIXe siècle, telle aussi que Clausewitz et Gneisenau en avaient fait la théorie en Prusse, la «petite guerre» était restée une technique militaire bien spécifique, une forme marginale de guerre contre l'occupant. Elle n'avait pas eu pour objectif de remplacer la «guerre en forme», ni les grandes batailles ni l'armée régulière. Les choses ont changé par la suite.

Après avoir fait l'éloge de la «lucidité active» de Lénine, de Mao et de Che Guevara, Schmitt se livre lui-même à quelques pronostics historiques qui révèlent ses dons d'anticipation. Le juriste pense par exemple

1. *Ibid.*, p. 50.

qu'au cours du XXe siècle, le partisan a perdu son caractère tellurique et défensif qu'il avait encore dans l'Espagne conquise par Napoléon ou plus tard en Afghanistan. Il annonce la venue de « cosmopirates et cosmopartisans » délocalisés (*Tpa* : 289), qui mèneront leur combat hors de tout territoire national. Il prévoit que « le partisan aura peut-être bientôt la bombe atomique » (*Tpa* : 285).

En Allemagne, dans les années 1970, un débat est né autour de la *Théorie du partisan* pour savoir s'il fallait distinguer le partisan et le terroriste[1]. Il s'agissait de savoir si la théorie de Schmitt qui parlait de Mao et du Che s'appliquait aussi au terrorisme des Brigades rouges ou de la RAF, voire au terrorisme international[2]. Julien Freund a affirmé que Schmitt « n'avait pas toujours bien perçu le problème du terrorisme» et qu'il fallait compléter sa « théorie du partisan » par une « théorie du terroriste[3] ».

La question de la distinction entre le terroriste et le partisan (quel que soit le nom que l'on donne à ce dernier : guérillero, résistant, révolutionnaire professionnel ou combattant d'une guerre de libération nationale, etc.) est une pierre de touche dans les efforts de la communauté internationale pour réglementer la guerre civile. Le Règlement annexé à la quatrième Convention de La Haye de 1907 définit quatre conditions pour que les membres des « milices » ou des « corps de volontaires » soient considérés comme de véritables combattants : ceux-ci doivent avoir un chef responsable, être munis d'un signe fixe et reconnaissable à distance,

1. Des erreurs dans la traduction française de l'édition de 1972 de la *Théorie du partisan* nourrissent le malentendu. L'expression récurrente *Terror und Gegen-Terror* est en effet systématiquement traduite par « terrorisme et contre-terrorisme » et non par « terreur et contre-terreur » comme il le faudrait. En réalité, Schmitt n'emploie pas le mot de « terroriste » dans son ouvrage de 1963, sauf une fois, à propos de l'Indochine. Or il se trouve que cette phrase a justement été oubliée dans la traduction française : « *Wenige Terroristen genügen, um große Massen unter Druck zu setzen* » (Un petit nombre de terroristes suffit à mettre de grandes masses sous pression). *Cf.* C. Schmitt, *Theorie des Partisanen*, Berlin, Duncker & Humblot, 1963, p. 76.

2. Voir P. Tommissen, « Über Carl Schmitts *Theorie des partisanen* », *in* H. Barion et E. W. Böckenförde, *Epirrhosis. Festgabe für Carl Schmitt*, Berlin, Duncker & Humblot, 1968, vol. 2, p. 709 ; J. Gross, *Unsere letzten Jahre. Fragmente aus Deutschland, 1970-1980*, Stuttgart, Deutsche Verlag-Anstalt, 1980, p. 145 *sq.* ; H. Quaritsch (hsgb.), *Complexio Oppositorum*, *op. cit.*, p. 387 *sq.* ; H. Münkler, *Der Partisan. Theorie, Strategie, Gestalt*, Westdeutscher Verlag, 1990 ; *Gewalt und Ordnung. Das Bild des Kriege im politischen Denken*, Frankfurt-am-Main, Fischer, 1992 ; J. Schickel, C. Schmitt, « Conversation sur le partisan », *GCM*, 1969, p. 113-136.

3. J. Freund, « Der Partisan oder der kriegerische Friede », *in* H. Quaritsch (hsgb.), *Complexio Oppositorum*, *op. cit.*, p. 387.

porter les armes ouvertement et observer les lois et coutumes de la guerre. Ces quatre conditions ont été reprises dans l'article 3 commun aux quatre Conventions de Genève de 1949 (article sur les conflits armés non internationaux). Un Protocole lui a été adjoint en 1977: le second Protocole additionnel de 1977 est le seul texte juridique du XXᵉ siècle portant uniquement sur la guerre civile. Schmitt a commenté les Conventions de 1949 dans la *Théorie du partisan* et ailleurs, critiquant leur « normativisme désorienté » et leur « juridisme utopique[1] ». Bien qu'il n'ait pas commenté le Protocole additionnel de 1977, il n'est pas impossible d'imaginer quelle aurait été sa position à ce propos. Le Protocole II de 1977 conjugue un champ d'application très restreint et une protection légère des combattants : les conflits doivent être d'une forte intensité ; les insurgés doivent contrôler un territoire déterminé et mener des opérations militaires continues, mais en contrepartie le statut de prisonnier de guerre n'est pas reconnu pour les parties non étatiques aux conflits. Comme le Second Protocole ne s'applique qu'aux guerres civiles « intensives » et non aux désordres multiformes, les États n'ont pas de mal à déclarer que les conditions de son application ne sont pas réunies. L'objectif initial du CICR qui était de mettre en place une protection substantielle des irréguliers et de ne pas se contenter des principes humanitaires très généraux de l'article 3 commun aux Conventions de 1949 n'a pas été atteint.

Avant d'examiner la discussion qui a eu lieu dans les années 1970 à propos de la *Théorie du partisan*, deux remarques préalables. La première concerne le droit international positif, l'autre la position de Schmitt sur le droit humanitaire. On peut d'abord constater que la distinction entre partisan et terroriste s'est institutionnalisée dans le droit international avec les deux Protocoles additionnels de 1977. La conférence diplomatique de 1974-1977 cherchait à réglementer la guerre civile. Elle a accordé au partisan ses lettres de noblesse en donnant aux guerres de libération nationale un statut de guerres véritables au sein du droit international. L'article 1ᵉʳ du Protocole I de 1977 précise que son champ d'application comprend « les conflits armés dans lesquels les peuples luttent contre la domination coloniale et l'occupation étrangère et contre les régimes racistes ». Il a représenté une victoire pour les pays du tiers-monde[2]. Le point essentiel est que, même pour les pays qui se sont battus pour

1. P. Tommissen (hsgb.), *Schmittiana VIII*, *op. cit.*, p. 79.

2. A. Cassesse, « La guerre civile et le droit international », *Revue Générale de Droit International Public*, n° 90, 1986, p. 553.

régulariser le guérillero des guerres de libération nationale, la distinction entre partisan et terroriste est demeurée intangible : les pays qui ont voulu légitimer le partisan des guerres coloniales (protocole I de 1977) sont ceux-là mêmes qui ont refusé d'accorder le statut de combattant du droit international aux insurgés des guerres civiles au motif que cela empièterait sur la souveraineté des nouveaux États. D'où la scission entre un protocole I sur la guerre de libération nationale célébré par le Tiers-monde, accordant un statut juridique au partisan d'hier, le reconnaissant comme soldat d'une guerre juste, et un protocole II sur la guerre civile, vidé de son contenu par ces mêmes pays, interdisant de fait au droit international d'accorder des droits à l'ennemi interne de demain. Les anciens partisans devenus présidents lors de la décolonisation ont craint les nouveaux partisans… La qualification par le droit international des conflits internes n'est donc valable que pour les luttes anticoloniales du passé. Pour l'avenir, elle est considérée comme une ingérence illégitime dans les affaires de l'État. Les partisans devenus présidents (Fidel Castro siégeant à l'ONU dans son costume militaire en est le symbole) ont donc « refermé la porte de la légalité » au nez des irréguliers, porte qui s'était ouverte sous les yeux effrayés de Schmitt avec les Conventions de Genève en 1949.

La tendance restrictive et souverainiste visant à criminaliser l'opposant politique a donc triomphé sur la tendance progressiste de défense des droits de l'homme. Schmitt se situe indubitablement du côté de la tendance restrictive. Dans *Le nomos de la Terre*, il a admonesté l'Angleterre pour avoir reconnu comme belligérants les États sudistes lors de la guerre de Sécession. Il déclare en 1963 que « c'est aux frais du droit international classique qu'on tire le partisan de l'illégalité » (*Tpa* : 237). Mais il n'est pas inutile de préciser que Schmitt a moins critiqué le droit humanitaire lui-même (qui est après tout une forme de « *Hegung des Krieges* », de limitation de la guerre) que la tendance à vouloir tout régler par le droit humanitaire. Ne déclare-t-il pas que « Les quatre Conventions de Genève du 12 août 1949 sont l'œuvre d'une attitude humaine et d'une évolution humanitaire digne d'admiration » ? qu'elles « font preuve d'humanité et de justice par rapport à l'ennemi » (*Tpa* : 237) ?

Nous pouvons maintenant retracer les étapes de la discussion qui eut lieu entre Julien Freund et Schmitt, puis entre Freund et d'autres sur Schmitt, à propos de la distinction partisan/terroriste. Cette première discussion a pour origine une intervention radiophonique de Julien Freund, reprise dans un texte du sociologue français que Schmitt a lu en 1975[1], à la fin duquel Julien Freund écrit : « En tant qu'irrégulier, le partisan se prépare à prendre le pouvoir. Pour le terroriste, ce but est secondaire. Comme les partisans forment une armée irrégulière, c'est avec une autre armée qu'il faut les combattre. Ce n'est pas le cas pour les terroristes, car c'est avant tout à la police de combattre ce petit groupe. Je crois que Carl Schmitt n'a pas toujours bien perçu le problème du terroriste. Selon lui, la police était une affaire intérieure, qui ne s'insérait pas dans le schéma ami/ennemi. J'ai parlé avec lui après un débat auquel M. Altmann a participé. C. F. von Weizsäcker avait fait une intervention sur l'État mondial et la paix mondiale. J'avais fait remarquer qu'un État mondial ne pouvait être qu'un État policier, de sorte qu'il faut choisir entre politique et police, et von Weizsäcker avait rétorqué qu'il choisissait la police. Carl Schmitt était d'accord avec cette façon de poser le problème et il ajouta : très bien. La police n'est plus la politique véritable. On comprend alors pourquoi Schmitt présente ses réflexions sur la figure du partisan comme une note incidente relative à la notion de politique et pourquoi il laisse de côté la figure du terroriste. Je crois qu'à ses yeux le terrorisme n'était pas un problème authentiquement politique au sens de la distinction ami/ennemi[2]. »

Schmitt commente ce texte (en français) dans une lettre à Julien Freund datée du 30 mai 1975 :

> J'ai lu votre texte avec beaucoup de consentement [sic] et une joie profonde. [...] La différence fondamentale entre la défense partisane d'un pays occupé par une armée ennemie et la méthode des groupes terroristes est manifeste. Si je pouvais ajouter des remarques, elles viseraient les erreurs des Conventions internationales de 1949 qui démontrent les paradoxes d'un normativisme désorienté qui culmine aujourd'hui dans un juridisme utopique dont profitent les terroristes. Comprenez-vous maintenant ma plainte : *docui, sed frustra* ? Et mon appel à Maurice Hauriou, dans « La révolution légale mondiale » ? On glissera dans cette sorte de légalité – inévitablement – comme l'Allemagne de 1930-1933 a glissé dans « la Révolution légale » d'Hitler[3].

1. J. Freund, « Der Partisan oder der kriegerische Friede », *in* H. Quaritsch (hsgb.), *Complexio Oppositorum*, *op. cit.*, p. 387.
2. *Ibid.*, p. 391.
3. P. Tommissen (hsgb.), *Schmittiana VIII*, *op. cit.*, p. 79.

Schmitt dit donc approuver l'interprétation que Julien Freund donne de sa propre pensée. Un débat qui eut lieu plus tard, avec Freund et d'autres [1], permet pourtant de montrer les limites et la fragilité de l'interprétation de Freund :

> FREUND : Le partisan peut être maîtrisé juridiquement, mais pas le terroriste. Le partisan a été juridiquement reconnu comme un combattant régulier, après la guerre, par les Conventions de Genève. L'action du terroriste est quelque chose de tout autre. [...] Les juges se trouvent devant une décision difficile : le terroriste est-il un brigand ou un acteur politique ? Il est peut-être les deux : il ramasse un butin, pour accumuler de l'argent et des armes, il tire sur les gens comme un criminel et justifie son action par des idées politiques. Mais quel est le motif véritable ? Le motif politique ou le motif criminel ? De son côté le gouvernement n'y est pas parvenu : on ne peut donner de définition du terroriste. Car alors on pourrait le reconnaître juridiquement. Mais le terroriste, le vrai terroriste, ne peut pas être reconnu par l'État. On peut reconnaître juridiquement un combattant irrégulier comme partisan, mais pas un terroriste, parce qu'il est une figure non politique et apolitique (*unpolitisch und a-politisch*), qui se soustrait au droit.
>
> GRÜNDER : Lors de la prise de l'ambassade allemande de Stockholm, en 1975, Carl Schmitt a été frappé par le style des terroristes au moment où ils ont communiqué leurs revendications. Il a répété plusieurs fois : « C'est ainsi que parle l'État ». La prétention d'une souveraineté qui se hissait à la hauteur de l'État, voilà ce qui lui semblait être le sens caché de l'événement. « C'est ainsi que parle l'État ».
>
> FREUND : Cette affirmation de Schmitt m'est totalement inconnue, je n'ai jamais rien entendu de tel dans sa bouche.
>
> MEIER : Si, si ! ça l'a beaucoup impressionné, ces États qui sont comme des lavettes et ne font que pousser des cris d'effroi et ensuite les terroristes qui arrivent et disent : « Nous voulons ça et ça ! ». C'était l'État !
>
> ALTMANN : [...] La question qui se pose selon moi est de savoir si le terroriste ne doit pas être défini comme un perturbateur (*Störer*). L'ennemi dans ce cas serait le perturbateur de la paix.
>
> FREUND : Oui, le mot « perturbateur » appartient à la lutte pour le pouvoir. Il renvoie à la figure classique de l'opposition, de l'adversaire politique. Je

1. Voir H. Quaritsch (hsgb.), *Complexio Oppositorum*, *op. cit.*, p. 393 *sq.*

connais très bien ces choses à cause de mon expérience de la Résistance. Je faisais d'abord partie d'un groupe de terroristes. Ensuite l'Armée Secrète a été fondée. C'était une armée irrégulière, une armée de partisans [...] au sens du partisan de Schmitt. D'autre part, il y avait les perturbateurs, qui agissaient sur l'opinion publique par le biais de la presse secrète. Mais le terroriste était quelque chose d'autre, il était indépendant. Il ne faisait pas partie de l'Armée secrète ni des perturbateurs. Il formait un groupe à part. [...] Contrairement au perturbateur et au partisan, le terroriste n'a rien à voir avec l'État parce qu'il est son propre maître. Le véritable terrorisme, tel que je l'ai vécu et tel que nous le vivons avec le terrorisme international, n'a rien à voir avec le phénomène du partisan. Et la lutte contre le terrorisme est du coup tout autre chose que la lutte contre le partisan, parce que les terroristes ne forment pas une armée.

SCHIERA : Dans la préface de 1971 à l'édition italienne de *La notion de politique*, Carl Schmitt ne faisait plus de distinction tranchée entre police et politique : « La police n'est pas apolitique. La politique mondiale est un type très intense de politique, à savoir la politique de la guerre civile mondiale (*Weltbürgerkriegspolitik*) ». Est-ce que ce n'est pas nouveau pour vous ?

FREUND : Bon, c'était en 1971. Schmitt avait changé d'avis [...].

KENNEDY : J'aimerais seulement poser une question. Nous avons en Grande-Bretagne une longue expérience avec l'IRA (*Irish Republican Army*). Cela m'intéresserait de savoir comment vous classeriez l'IRA : est-ce que ce sont des partisans, des terroristes ou des perturbateurs ? Il me semble problématique de faire entrer l'IRA dans vos catégories et dans vos concepts.

FREUND : Vous avez les trois degrés dans l'IRA, comme dans la Résistance française. Vous avez une armée, une armée régulière, une armée de partisans, vous avez des perturbateurs mais vous avez aussi quelques terroristes. Et c'est la nouvelle configuration, qui est peu adéquate à la dernière guerre. La dernière guerre a engendré cette catégorie du véritable terrorisme de façon claire. Il y avait eu quelques prémices chez les révolutionnaires professionnels, par exemple chez Lénine. Depuis la dernière guerre, les trois degrés, le perturbateur, le partisan et le terroriste, sont devenus indépendants les uns des autres.

KENNEDY : [...] Ces hommes veulent atteindre leur but par des moyens anarchistes, mais est-ce pour vous politique, M. Freund, si ces terroristes veulent fonder leur propre État ?

FREUND : Pas « terroristes » ! Les terroristes ne luttent pas pour le pouvoir. Pour un partisan, la lutte pour le pouvoir est quelque chose d'important, mais pas pour le terroriste. On ne rencontre pas l'aspect tellurique chez les terroristes, parce que ce qui les intéresse, ce n'est pas le sol mais les idées [1].

Assailli de toutes parts par des interlocuteurs qui tentent de lui montrer que Schmitt ne dit pas toujours ce qu'il lui fait dire, Julien Freund invoque son expérience de la Résistance pour fonder une distinction d'essence entre partisan et terroriste. La notion de terroriste désigne à ses yeux un groupe de personnes précises, clairement reconnaissables. Le combat du terroriste lui paraît apolitique. Il le présente comme une combinaison de la destruction pure et de la tactique pure. Bien que Schmitt semble parfois suivre Julien Freund dans sa correspondance, il convient de rappeler qu'en d'autres lieux le désaccord affleure clairement.

Dans une lettre à Julien Freund datée du 22 avril 1964, Schmitt commente la thèse de doctorat de Freund, *L'essence du politique*[2]. Il indique pourquoi dans *La notion de politique*, contrairement à Julien Freund, il n'a pas parlé d'« essence » du politique : son intention était d'éviter tout « ontologisme », tout « scolasticisme » (en français sous sa plume). Il y revient dans une lettre du 10 novembre 1964 : « Pour vous, le droit n'est pas une essence mais une dialectique. Eh bien, je l'ai senti. C'était pour moi le motif de ma timidité de principe qui m'a restreint à un "critère" seulement du politique[3]. »

De même que *La notion de politique* ne donne qu'un « critère » du politique, la *Théorie du partisan* ne donne que des « critères » permettant de distinguer le partisan du soldat de l'armée régulière (il s'agit de l'irrégularité, du haut degré de mobilité dans le combat, de l'engagement politique intense et du caractère tellurique, *TPa* : 217). Schmitt insiste plus tard sur le caractère relatif et provisoire de ces critères[4]. Dans une troisième lettre à Julien Freund, il précise encore sa position. Comme dans les lettres précédentes, il réaffirme l'identité de leurs points de vue, sans qu'il soit pour autant certain que la façon dont il définit leur position commune corresponde bien à celle de Freund. À propos de la création de la revue « Guerre et Paix », revue de l'Institut Français de Polémologie fondé par Gaston Bouthoul en 1945, Schmitt écrit : « Vous savez que pour moi (et

1. *Ibid.*, p. 395-399. T.d.A.
2. J. Freund, *L'essence du politique*, Paris, Dalloz, 2003 [1965].
3. En français. P. Tommissen (ed.), *Schmittiana II*, Bruxelles, Economische Hogeschool Sint-Aloysius, 1990, p. 59.
4. « Conversation sur le partisan », *GCM*, p. 115.

non moins pour vous, Julien) le centre de toute polémologie est une polémiologie[1]. »

En réalité, Schmitt remplace constamment les définitions par des repérages[2]. Il donne rarement à ses « critères » un poids de vérité autonome par rapport au contexte des polémiques réelles. L'existence de ces critères est dépourvue de signification hors de l'activité théorique d'intervention. Sa théorie du droit prend pour base le langage commun, celui des polémiques réelles. Il montre quel imaginaire hante la rationalité : l'image du résistant de la Seconde Guerre mondiale hante les Conventions de Genève de 1949, tout comme celle du franc-tireur de 1871 hantait le Règlement de La Haye de 1907. Julien Freund au contraire a un mode de définition empiriste et idéaliste à la fois : il prétend tirer des définitions claires et définitives à partir de l'expérience (la Résistance). Comme Marx l'a montré dans les *Thèses sur Feuerbach*, ce mode de définition est un effet majeur des philosophies idéalistes, celles qui voient dans les définitions des abstractions communes aux objets considérés et constituent une sorte d'objet essentiel général. Les *Thèses sur Feuerbach* opposent le matérialisme à l'empirisme : l'anti-empirisme ne signifie pas le refus des expériences comme origine des mots et des idées, mais l'insistance sur le décalage des idées par rapport aux pratiques dont elles procèdent, qu'elles ne font pas forcément connaître.

Dans « La révolution légale mondiale » (*GCM* : 156), Schmitt reprend à son compte les analyses de Koselleck sur « la sémantique historico-politique des concepts antonymes asymétriques[3] » que sa propre définition du politique avait inspirées, afin de poursuivre sa critique de l'humanisme théorique. Koselleck part en effet de la définition du politique comme distinction ami/ennemi pour montrer sur quels couples de concepts antithétiques reposent les universels du passé : l'opposition entre Hellène et barbare, entre chrétien et païen ne sont que les exemples les plus connus. L'idée d'humanité elle-même, universel « extensif » qui semble enfin n'exclure personne, s'est elle aussi dédoublée, politisée et transformée en universel « intensif » ou en « valeur », par le biais des oppositions entre l'homme, le sous-homme et le surhomme. L'argument de Koselleck, repris par Schmitt, est qu'on peut difficilement évoquer l'humanité sans recourir à ces hiérarchisations. L'idée d'humanité, loin de préserver de la violence

1. En français. *Cf.* P. Tommissen (ed.), *Schmittiana VIII*, *op. cit.*, p. 28.

2. Voir *supra*, p. 156-159.

3. Cet article de Koselleck est repris dans *Le futur passé. Contribution à la sémantique des temps historiques*, Paris, Éditions de l'EHESS, 1990, p. 191-232.

eugénique, raciste, sexiste ou simplement politique, apparaît ainsi comme l'un de ses piliers. Ainsi, le juriste a clairement énoncé quel piège représentent les définitions platoniciennes dans les théories politiques, où les concepts sont des positions. Nulle définition qui ne soit idéologique. Nul point de vue de survol qui permette d'échapper à la polémique. Si les concepts politiques ont tendance à être binaires et antithétiques, c'est qu'ils sont eux-mêmes des armes dans le combat.

La distinction entre (bon) partisan et (méchant) terroriste n'échappe pas à la règle. Non que le vrai terrorisme, l'activité purement criminelle, soit une pure fiction et ne corresponde à rien dans la réalité. Mais l'utilisation de la notion de terrorisme pour discriminer l'adversaire politique est si courante qu'il est difficile de fixer apodictiquement, dans l'abstrait, la nature profonde du terrorisme. Il semble qu'au contraire la distinction entre terroriste et partisan ne soit qu'un cas de cette scission définitoire qui sert à discriminer l'adversaire. La « théorie du partisan » n'a donc pas à être complétée par une théorie du terroriste contrairement à ce que pense Julien Freund. La définition du terroriste *ne manque pas* dans la pensée de Schmitt. La *Théorie du partisan* délimite bien plutôt un champ de variation – qui s'est imposé depuis dans la structure réelle du droit international, depuis les Protocoles additionnels de 1977 – qui donne les conditions de possibilité de l'opposition partisan/terroriste, champ à l'intérieur duquel les définitions peuvent jouer et alimenter la série ouverte des disqualifications polémiques. La distinction partisan/terroriste est donc fluctuante, éternellement, il n'y a pas à la fixer. Elle n'est qu'une des innombrables variantes de la distinction homme/sous-homme/surhomme ou barbare/Hellène.

En réalité, seul le pirate est défini chez Schmitt comme « mal en soi » et comme phénomène apolitique. Schmitt exprime fréquemment son refus du parallèle entre guerre et piraterie (*der Krieg als Piraterie*). Nous lisons dans un inédit : « Hormis quelques pacifistes radicaux, tout le monde distingue guerre injuste et guerre juste. Il n'y a pas de piraterie juste, la piraterie est un *malum in se*. Il n'y a pas de piraterie défensive. D'autre part, dans la guerre, on distingue l'intérieur de l'extérieur. Une guerre apolitique est impensable, alors que la piraterie est apolitique[1]. »

1. C. Schmitt, *Entwicklung der internationalrechtlichen Pönalisierung des Angriffskrieges (1919-1939), Arch* RW 265-19220, p. 33. Sur la piraterie dans les écrits de Schmitt, voir « Der Begriff der Piraterie », *PB* et *FP*, 1937 ; *Die Wendung…*, 1937-1938, p. 46 *sq.* ; *Le passage au concept de guerre disciminatoire*, p. 115 *sq* ; « Souveraineté de l'État et liberté des mers », *DP*, 1941 ; *Land und Mer*, 1942, p. 40-50 ; *Le nomos de la Terre*, p. 48-49 ; *Das*

Les définitions générales du terrorisme oscillent d'ordinaire entre la morale et la tactique, entre la moralisation pure et simple et l'énumération des attributs techniques de l'irrégularité. Le partage simplificateur entre les stratégies terroristes « justes » des guerres de libération et le terrorisme « criminel » surgi « en temps de paix » est consacré par le droit de la guerre en vigueur. Il érige de facto un *jus ad bellum* qui est un droit d'exception par rapport à l'interdiction générale du recours à la force. On peut dire que le partisan est l'exception domestiquée (l'exception passée), tandis que le terroriste est l'exception de l'exception, l'exception dangereuse.

Jusqu'à maintenant, l'État a conservé le monopole de la qualification des situations : il a les moyens de décider qu'il s'agit d'un désordre et non d'une guerre, d'une opération de police et non d'une bataille. Le seul fait de nommer les choses est un acte violent. C'est ce que Julien Freund n'a pas vu, voulant trancher autoritairement : la distinction partisan/terroriste trace la ligne d'un clivage polémique permanent, qui est la vie politique elle-même.

Schmitt indique que la Résistance et les guerres de libération fournissent une légitimité ambiguë au terrorisme au sein même du droit international (*TPa* : 231). Les États préfèrent ainsi lutter contre le terrorisme dans le cadre de leur droit pénal plutôt que dans le cadre d'un droit de la guerre qui, en reconnaissant le droit à l'autodétermination des peuples, légitime dangereusement l'action directe de toutes sortes de « guerres justes ». Le droit à l'autodétermination s'est dégradé trop vite en rhétorique, utilisé par des « peuples » qui ne luttent pas toujours contre le colonialisme, le racisme ou l'occupation étrangère mentionnés dans l'article 1(4) du Protocole I de 1977. D'une part, la forme-État, ubiquitaire, recouvre parfois des réalités qui ont peu à voir avec les États-nations européens du XIXe siècle. D'autre part, les combattants irréguliers sont peu gênés par l'État et forment des armées parallèles. C'est le changement d'époque que Schmitt a pressenti vers 1937, dont il prend acte encore dans la *Théorie du partisan* : l'impuissance du droit international est devenue l'impuissance de l'État lui-même.

En somme, dans le droit positif, la différence de régime a été maintenue, malgré son anachronisme, entre les guerres civiles et les conflits internationaux : l'article 3 commun aux trois Conventions de Genève de 1949 et le Protocole II de 1977 ne connaissent pas de statut de combattant ni de statut de prisonnier de guerre, valable seulement pour le

internationalrechtliche Verbrechen des Angriffskrieges..., p. 44, p. 50 ; *Völkerrecht, Ein juristisches Repetitorium*, p. 762 *sq*.

soldat des armées régulières. Un insurgé capturé ne devient pas un prisonnier de guerre, il est « livré » à la loi pénale de son pays. Le droit international échoue donc à la fois à « enclore » (*hegen*) la violence des guerres civiles et à retenir les États-nations dans leur criminalisation de l'ennemi intérieur.

CHAPITRE II

LE SCÉNARIO HOBBESIEN DU *NOMOS DE LA TERRE*

HOBBES DANS L'HISTOIRE DU DROIT INTERNATIONAL. LA LECTURE DE SCHMITT

Le triomphe de Hobbes

Lorsque l'on passe du droit constitutionnel au droit international, une inversion des signes se produit dans le texte schmittien : l'idée d'*unité* est marquée d'un signe négatif (critique de l'idée d'unité du monde) alors qu'elle était positive en droit public (unité de l'État). La *pluralité* des grands espaces de droit international est valorisée, alors que le pluralisme et son « éthique de la guerre civile » (*P&D* : 149) étaient combattus en politique intérieure. Ce renversement se constate pour la plupart des thèmes clés : la notion de *neutralité*, valorisée comme pilier du droit des gens classique, est critiquée comme « dépolitisation libérale » en politique intérieure. De même, Schmitt valorise la *dé-théologisation* du droit des gens alors qu'il invoquait la « théologie politique » quand il abordait la notion de souveraineté. Loin d'être une inconséquence, cette inversion des signes est la marque d'une fidélité profonde à la pensée de Hobbes. Elle est la trace de ce que l'on peut appeler le « théorème hobbesien » de Schmitt. Ce théorème exprime précisément le « renversement qui se produit sur le plan du droit international » (*Lev* : 108). Schmitt l'a énoncé dans *Le Léviathan dans la doctrine de l'État de Thomas Hobbes* (1938), sous forme d'une suite de propositions étroitement liées entre elles.

Pour Hobbes en effet :

> L'État est précisément ce qui met fin à la guerre civile. Ce qui ne met pas fin à la guerre civile n'est pas un État. L'un exclut l'autre. On ne saurait imaginer construction plus simple et plus "objective". [...] Le droit international devient, à proprement parler, un droit qui n'est possible qu'entre États, et non entre peuples ou groupements « non civilisés ». [...] L'État a son ordre en lui même, pas en dehors de lui-même. C'est pourquoi dans le droit international il n'y a guère lieu d'établir des distinctions ou des discriminations entre des guerres qui respecteraient ou violeraient le droit international. Hobbes est le premier à l'avoir dit avec exactitude, les États se font face les uns les autres dans l'état de nature. [...] L'État absorbe en lui-même toute rationalité et toute légalité. Tout ce qui est en dehors de lui-même est "état de nature". C'est pourquoi les mécanismes de commandement, en eux-mêmes parfaitement rationalisés, se font face les uns les autres de manière d'autant plus "irrationnelle". Plus leur organisation interne est parfaite, moins leurs relations réciproques sont organisables sur le même plan. Plus, et plus intensivement chacun d'entre eux est État, moins leurs relations inter-étatiques peuvent avoir de caractère étatique. Entre des États il n'existe pas d'État, et par conséquent pas non plus de guerre légale et de paix légale, mais seulement l'état de nature pré- et extra-légal des relations de tensions entre des Léviathan, que surmontent imparfaitement des contrats fragiles. (*Lev* : 107-110)

L'identification du droit international à l'état de nature, Schmitt la reprenait dès les années 1920, mais « plus comme une image expressive que comme un dogme » (*PB* : 110-111). Il rapprochait la thèse de Hobbes des fables de La Fontaine. Leur côté imagé retenait son attention. Les fables de La Fontaine, écrivait-il en 1928 à sa manière provocatrice, donnent une image plus juste du droit international que celle qui se dégage des manuels : les histoires de loups mangeant les agneaux permettent de mettre en relief l'aspect élémentaire des relations entre les puissances souveraines (*PB* : 110-111). L'identification du droit international à l'état de nature exprime mieux la nature des relations internationales que l'idée d'un pur « règne du droit[1] ». Mais dans *Le nomos de la Terre*, l'identification du droit international à l'état de nature cesse d'être simplement une image suggestive, évoquée en passant, pour devenir le centre d'une construction très élaborée.

On peut commencer par noter que dans *Le nomos de la Terre*, le juriste donne vie sous nos yeux à une sorte d'école hobbesienne du droit

1. C. Schmitt, « Völkerrechtliche Probleme im Rheingebiet », 1928, *PB*, p. 265.

international (*NT*: 145-149). Il fait de Rachel et de Klüber, mais aussi de Leibniz et de Kant, des héritiers de Hobbes. Le point commun à ces juristes et ces philosophes est selon lui qu'ils ont tous personnifié les États (*NT*: 148). À la suite de Hobbes, affirme Schmitt, on pense la guerre comme une relation entre des individus en grand, alors qu'au Moyen Âge, comme pour les Romains, le *jus gentium* désignait un domaine du droit positif réglant les rapports entre citoyens et étrangers, autrement dit les rapports entre individus ou entre entités non étatiques.

> En droit des gens l'analogie de l'État avec la personne humaine, l'*international personal analogy*, domine désormais toute la pensée internationaliste. De toutes les constructions doctrinales, celle de Hobbes sur l'état de nature l'emporte par la vigueur et la vérité dont elle fait preuve dans l'histoire des idées. Les deux tendances, philosophique et positiviste, de la science du droit des gens se rejoignent dans la représentation commune que les États souverains, qui en tant que tels vivent entre eux dans l'état de nature, ont le caractère de personnes. Rousseau, Kant, et même encore Hegel (*Philosophie du droit*, §333) parlent tous de l'état de nature entre peuples (organisés en États). C'est par là seulement que le *jus gentium* est devenu susceptible d'être traité juridiquement et s'est érigé en discipline nouvelle et autonome de la faculté de droit. Ce n'est qu'avec la personnification des États territoriaux européens qu'est apparue une science juridique du *jus inter gentes* interétatique. (*NT*: 148)

Le juriste ne dira quasiment rien de plus pour se justifier d'introduire Hobbes au centre d'une histoire intellectuelle du droit international. La pierre de touche qui lui permet d'introduire l'auteur du *Léviathan* à la meilleure place dans l'histoire doctrinale du droit des gens est la question de la guerre civile. Dans *Le nomos de la Terre*, la guerre civile apparaît à l'origine et à la fin du *Jus publicum europaeum*. Le schéma « état de nature/état civil/retour à l'état de nature », lieu commun de la pensée politique du XVIIe siècle, est étalé par Schmitt sur le cours de l'histoire mondiale réelle. Ce schéma devient la séquence : « guerres de religion/droit des gens classique/guerre civile mondiale ». En apparence le schéma est ternaire (avant/pendant/après). En réalité, l'avant et l'après se ressemblent tellement qu'on peut bien dire que l'on se trouve devant l'une de ces dichotomies strictes qui caractérisent la pensée positiviste centrée sur l'État, dualismes dont le juriste avait essayé de se déprendre dans ses textes des années 1939-1943. La séquence ternaire « guerre civile européenne/droit interétatique/guerre civile mondiale » repose en fait sur le dualisme État/guerre civile (« L'un exclut l'autre », *Lev*: 107). Les corollaires introductifs mis à part (ils contiennent les antécédents médiévaux), le récit de Schmitt commence avec l'extinction des guerres confessionnelles par l'État. Dans le paragraphe intitulé « la guerre civile surmontée par la guerre sous forme étatique », Schmitt met en scène une « décision de droit public » (*NT*: 142) qui fait table rase des conflits internes. L'État, comme dans le *Léviathan* de Hobbes, apparaît comme un Dieu mortel qui crée l'ordre à partir du désordre. Il est présenté comme un commencement absolu, qui refoule sa propre historicité (le Moyen Âge est relégué dans les corollaires introductifs). L'État est le *Creator Pacis* (*Lev*: 95), le Créateur de la paix entre les religions[1]. La thèse de Hobbes selon laquelle l'État n'est rien d'autre que la guerre civile empêchée par le moyen de la force intraitable a l'air de recevoir sa confirmation de l'histoire elle-même.

On s'en doute, la projection de la construction si « simple » et si « objective » de Hobbes sur l'histoire du droit international crée une série de difficultés. Elle conduit parfois Schmitt à distordre les faits. On peut relever cinq distorsions principales qui permettent au « théorème hobbesien » de garder sa pureté dans *Le nomos de la Terre* :

1) l'élimination de la question cruciale : Hobbes est-il le père du droit interétatique ou le négateur du droit international ?

2) la surévaluation du rôle de la doctrine des lignes d'amitié et du principe « *no peace beyond the line* » dans le droit des gens classique ;

3) la réduction des guerres de religion à la guerre de tous contre tous ;

4) la disqualification de la guerre médiévale comme vengeance privée et comme guerre sainte « totale » ;

5) la négation de l'aspect pluraliste du droit international, soit la construction d'un dualisme sol européen/sol non européen qui ne rend pas compte de l'histoire réelle et qui fait abstraction des rapports inter-impériaux qui ont été constitutifs du droit des gens européen.

Hobbes, négateur ou fondateur ?

Hobbes a douté de la nature juridique du droit international, geste qui a été lourd de conséquences. Aucun de ses écrits ne porte sur le droit international proprement dit. Il faut se contenter de remarques éparses, qui sont souvent des images suggestives plus qu'autre chose (*cf.* les gladiateurs s'épiant l'un l'autre[2]). La position du philosophe à l'égard du droit

1. Dans son *Léviathan*, Schmitt détourne le titre du célèbre ouvrage de Marsile de Padoue : il écrit que le souverain n'est pas le *Defensor Pacis* (d'une paix qui serait due à Dieu) mais le *Creator Pacis*. *Cf.* C. Schmitt, *Le Léviathan dans la doctrine de l'État de Thomas Hobbes*, *op. cit.*, p. 95.

2. T. Hobbes, *Léviathan*, Paris, Folio-Gallimard, 2000, p. 227.

international découle en réalité de son droit naturel pris comme un tout[1]. Nombre de commentateurs affirment que la thèse selon laquelle les États entre eux sont encore à l'état de nature suffit à faire de Hobbes le père des négateurs (*Leugner, deniers*) du droit international[2]. En effet, seul le droit étatique est pour Hobbes du droit véritable. L'état de nature est pour lui une guerre de tous contre tous, sans règles ni lois. Dans cette perspective, la guerre se définit alors simplement comme absence de lois. « Quand les armes parlent, les lois se taisent » (Cicéron). La limitation de la guerre par le droit devient impossible. Or cette impossibilité a sa racine au cœur du système de Hobbes. Dans le *Léviathan,* le souverain n'est engagé à rien. La souveraineté n'est pas un pouvoir auto-limité. Les fins supérieures qui justifieraient l'auto-limitation du pouvoir souverain sont absentes. Ni la paix ni la sécurité ni le bien-être ne sont des fins poursuivies au niveau mondial ; le seul but est la paix interne.

Néanmoins Schmitt affirme le triomphe de Hobbes au sein de la science continentale du droit des gens, comme si cela allait de soi « À travers Pufendorf et Thomasius, Hobbes *a triomphé sur le continent* » (*NT* : 147-149 ; 163). Le paradoxe qu'il y a à faire de Hobbes l'un des pères fondateurs du droit des gens est passé sous silence. Ce sera tout le travail de juristes et d'historiens comme Gierke ou Figgis de le montrer.

La doctrine des lignes d'amitié

Selon Schmitt, la phrase de Pascal « Un Méridien décide de la vérité[3] » révèlerait l'influence exercée par la doctrine des lignes d'amitié sur le philosophe. « Le méridien de Pascal n'est en fait rien d'autre que le méridien des lignes d'amitié de son époque » (*NT* : 96). « La signification des lignes d'amitié des XVIe et XVIIe siècles du point de vue du droit des gens tenait à la délimitation de grands espaces de liberté, en tant que zones

1. Sur Hobbes et le droit international, voir : G. A. Walz, *Wesen des Völkerrechts und Kritik der Völkerrechtsleugner, op. cit.*, p. 7-18 et p. 182-184 ; E. Cassirer, *Natur- und Völkerrecht im Lichte der Geschichte und der systematischen Philosophie*, Berlin, Schwetschke & Sohn, 1919, p. 138-153 ; voir également la troisième édition du livre de Tönnies sur Hobbes : F. Tönnies, *Hobbes Leben und Lehre*, Stuttgart, Fr. Frommanns Verlag, 1925 ainsi que le chapitre intitulé « Die Leugner des Völkerrechts », *in* : A. Nussbaum, *Geschichte des Völkerrechts in gedrängter Darstellung, op. cit.*, p. 161 *sq*.

2. Hersch Lauterpacht affirme que Spinoza, s'inspirant de Hobbes sur ce point, récuse plus clairement que le philosophe anglais l'idée que le droit international est du droit et non simplement une morale ou un idéal. Voir H. Lauterpacht, « Spinoza and International Law », in *International Law*, vol. 2 : *The Law of Peace*, Cambridge, Cambridge University Press, 1975, p. 366-384.

3. Pascal, *Pensées*, *op. cit.* , fragment 60.

de combat où pouvait se dérouler la lutte pour le partage d'un nouveau monde. À titre de justification pratique on pouvait faire valoir que, par la délimitation d'une zone libre de combat, le domaine en deçà de la ligne, c'est-à-dire celui du droit public européen en tant que sphère de la paix et de l'ordre, se trouverait déchargé et ne serait pas mis en péril par les événements au-delà de la ligne aussi immédiatement que ç'aurait été le cas sans cette délimitation. La délimitation d'une zone de combat extra-européenne servait donc à circonscrire la guerre en Europe. Tel est son sens en droit des gens et sa justification » (*NT* : 98).

Schmitt s'appuie sur les recherches de Frances Gardiner Davenport et d'Adolf Rein [1] pour affirmer que la doctrine des lignes d'amitié joue un rôle central dans le droit des gens des XVIe et XVIIe siècles et étayer la thèse selon laquelle le droit des gens n'avait pas une valeur universelle mais uniquement européenne. Adolf Rein donne une interprétation extensive de la thèse de Davenport : il assimile l'Outre-mer à un état de nature, une guerre de tous contre tous [2], alors que Davenport se contentait d'affirmer que les traités de paix conclus entre les puissances européennes ne valaient pas « *beyond the line* » aux XVIe et XVIIe siècles, en vertu de clauses secrètes, ce qui ne signifiait pas que l'ensemble du droit de la guerre et de la paix y était suspendu. Schmitt donne à son tour une version maximaliste de la thèse de Rein, puisqu'à ses yeux les lignes globales « forment une série cohérente, homogène », qui ne concerne pas seulement les XVIe et XVIIe siècles, mais « qui va de la découverte de l'Amérique en 1492 jusqu'aux déclarations américaines de la Seconde Guerre mondiale » (*NT* : 91). L'article 10 de l'Acte du Congo par exemple a valeur pour Schmitt de ligne d'amitié, parce que cet article confère un statut différent au sol des colonies et au sol européen. En bref, la doctrine des lignes d'amitié est pour Schmitt le fait central qui confirme l'aspect non universel et non universaliste du droit des gens européen.

1. F. G. Davenport, *European Treaties Bearing on The History of The United States and Its Dependencies*, 4 vol., Washington, Carnegie Institution, 1917-1937 ; A. Rein, *Der Kampf Westeuropas um Nordamerika im 15. und 16. Jahrhundert*, *op. cit.* Quelques internationalistes ont accrédité la thèse schmittienne. Voir W. Grewe dans « Vom europäischen zum universellen Völkerrecht. Zur Frage der Revision des "europazentrischen" Bildes der Völkerrechtsgeschichte », *Zeitschrift für ausländisches öffentliches Recht und Völkerrecht*, n° 42-43, 1982, p. 461 ; T. y Serra, *Die Entstehung der Weltstaatengesellschaft unserer Zeit*, München, Pustet, 1963, p. 53-58.

2. Schmitt s'inspire surtout du chapitre intitulé « Die Demarkation. Die kolonialpolitischen Auseinandersetzungen zwischen Portugal und Spanien » (Rein, *op. cit.*, p. 26-65).

L'idée que la doctrine des lignes d'amitié a un jour fait partie de la dogmatique du droit des gens est en fait très controversée. Alexandrowicz, spécialiste de l'histoire du droit des gens européen dans son rapport à l'outre-mer, ne la mentionne pas. De nombreux historiens du droit contestent le sens général que lui attribuent Rein et Schmitt[1]. La France a certes fait valoir à plusieurs reprises les lignes d'amitié face aux Espagnols à partir de la fin du XVIe siècle, mais sans que les Espagnols ne les aient acceptées ni mentionnées dans les traités. Au mieux, le principe « *no peace beyond the line* » résultait d'un accord tacite, car il n'y en a pas de trace dans la lettre des traités. La thèse de Davenport qui suppose que des clauses orales et secrètes permettaient aux Européens, depuis le traité hispano-français de Cateau-Cambrésis, d'assouplir entre eux les rigueurs du droit de la guerre dans l'espace colonial paraît donc difficile à prouver. La plupart des juristes qui l'acceptent[2] ne lui accordent, comme Davenport lui-même, qu'une signification minime : les « lignes d'amitié » n'auraient pas eu pour sens de laisser un espace à la guerre déchaînée loin de l'Europe, mais elles auraient consisté à accorder des délais plus longs que sur le continent pour faire régner la paix, pour des raisons en partie techniques et de bon sens, ou bien elles auraient établi des différences concrètes et spécifiques concernant les échanges commerciaux. S'il est vrai que les lignes d'amitié avaient ce sens technique et restreint, et non le sens général que Schmitt leur donne, alors elles n'avaient pas pour fonction de créer un espace de non-droit. Au contraire, elles présupposaient l'accord et la paix des Européens sur le sol non européen[3].

Schmitt croit repérer l'influence de cette « règle » du droit des gens sur Pascal et sur Hobbes. En fait, il est vraisemblable qu'il « pascalise » et « hobbesiannise » l'histoire du droit international. La thèse du sens global des lignes d'amitié (que Schmitt rebaptise d'ailleurs « lignes globales ») permet de faire rayonner un thème hobbesien (l'état de nature belliqueux) sur l'histoire du droit international tout entière.

1. Voir E. Reibstein, *Völkerrecht*, vol. 1, *op. cit*, p. 379 *sq.* ; W. Janssen, *Die Anfänge des modernen Völkerrechts und der neuzeitlichen Diplomatie. Ein Forschungsbericht*, *op. cit.*, p. 5-7. Pour un résumé de ces controverses et une réfutation vigoureuse de la thèse de Rein et de Schmitt, voir J. Fisch, *Die europäische Expansion und das Völkerrecht*, *op. cit.*, p. 25-31 ; p. 146-152 ; p. 154-155.

2. Voir *ibid.*, p. 147.

3. *Ibid.*, p. 69-70 ; p. 81.

Guerres confessionnelles, guerre-duel, guerre de tous contre tous

L'idée que le souverain a mis fin aux « guerres intensifiées » et aux « disputes meurtrières » qu'étaient « les faides de l'époque féodale et les guerres civiles confessionnelles » (*NT* : 157) est nodale dans *Le nomos de la Terre*. Schmitt est conduit à identifier la guerre de tous contre tous de Hobbes aux guerres confessionnelles. Ce qui ne va pas sans poser des difficultés considérables, puisque les guerres de religion supposent des groupes organisés d'amis. Or, comme l'a fait remarquer Leo Strauss dans son commentaire de 1932 de *La notion de politique*, il n'y a pas d'amis dans l'état de nature de Hobbes [1]. Chez Hobbes, il n'y a pas de réelle consistance des relations sociales avant la fondation de l'État, elles sont placées sous le signe des injustices à corriger par l'État.

Chez Schmitt, c'est principalement l'idée de guerre-duel qui est chargée de rendre compte du fait que le système des traités parvient à limiter la violence guerrière. La « guerre en forme » est présentée comme un combat entre Léviathans égaux, comme une guerre qui est limitée parce qu'elle se déroule entre égaux qui se respectent et partagent des règles communes. Schmitt oppose la guerre-duel du droit des gens classique depuis les traités de Westphalie à la guerre juste du Moyen Âge (qu'il rabat parfois sur l'idée de Croisade). L'image du duel acquiert alors un rôle fondamental, celui de donner une cohésion à l'ensemble du récit schmittien en transférant l'ethos de l'honneur, de la mesure et de l'humanité à l'irrationalité de la politique absolutiste de puissance et des guerres de succession.

Comme Peter Haggenmacher l'a montré dans *Grotius et la doctrine de la guerre juste*, il n'est pas historiquement exact d'assimiler la guerre-duel à une guerre limitée. C'est plutôt l'idée de Hobbes d'une « égalité anarchique » que celle d'une égalité ordonnatrice qui correspondrait à la réalité historique. La guerre « dans les formes » ou guerre « réglée » de Vattel implique qu'une procédure règle un conflit entre égaux ou que la guerre est un simple expédient de la politique, auquel les États sont libres de recourir, sans égard pour la cause matérielle. Peter Haggenmacher objecte à Schmitt que la limitation de la guerre, paradoxalement, procède du concept discriminatoire de guerre alors que l'égalité des belligérants est au contraire liée à un droit de guerre illimité [2]. Chose étonnante, chez

1. L. Strauss, « Anmerkungen zu Carl Schmitt, "Der Begriff des Politischen" », 1932, *in* H. Meier, *Carl Schmitt, Leo Strauss und « Der Begriff des Politischen », Zu einem Dialog unter Abwesenden*, Stuttgart, Weimar, Verlag J. B. Metzler, 1988, p. 107.

2. P. Haggenmacher, *Grotius et la doctrine de la guerre juste*, *op. cit.*, p. 597-598.

Grotius et ses successeurs, c'est précisément l'égalité des belligérants, telle qu'elle résulte du droit des gens positif, « qui fait naître un droit de guerre certes bilatéral mais illimité, alors que les limitations fondées sur la justice de la cause nous situent au contraire dans le sillage de la doctrine traditionnelle du droit de la guerre unilatéral, et impliquant par conséquent leur inégalité[1] ». L'égalité des belligérants peut aussi bien inciter ceux-ci à se combattre sans restriction, avec tous leurs moyens, comme le démontrent certains peuples de l'Antiquité. L'image de la guerre-duel doit être prise à la lettre : elle permet l'élimination de l'un des adversaires. Rien n'empêche les adversaires se sentant également justifiés dans leur cause de se battre jusqu'au bout. La guerre d'Ancien Régime, simple moyen de la raison d'État, était un instrument neutre, maniable, savamment dosable, qu'il était possible de « régler » mais aussi de déchaîner. Corrélativement, la vision caricaturale de la guerre médiévale qu'il est ordinaire de brosser dans les milieux humanitaires manque de justesse. Dans la théorie médiévale, mais aussi dans la pratique, la guerre juste implique une limitation de la guerre : le belligérant doit restituer un droit auparavant lésé et ne doit pas dépasser ce qu'exige la réparation du tort, il ne doit pas sévir au-delà de la proportionnalité, même et surtout en infligeant un châtiment[2].

Le traitement du Moyen Âge

Le grand historien autrichien Otto Brunner a montré dans son livre *Land und Herrschaft* (1933) que pour celui qui n'a en tête que le *Léviathan* de Hobbes, le Moyen Âge est impensable. Selon Otto Brunner, l'échec de l'historiographie médiéviste de son époque vient de ce qu'elle n'attribue de motifs politiques qu'aux seules puissances ayant quelque ressemblance avec l'État et qu'elle considère tout le reste comme du brigandage. Tout ce qui ne ressemble pas à l'État de droit bourgeois du XIXe devient « anarchie » et « chaos », état de nature et guerre de tous contre tous. La guerre médiévale est qualifiée de guerre privée, ce qui est absurde puisque l'opposition entre société civile et État, entre le privé et le public, date du XIXe siècle : l'appareil conceptuel sociologique projeté sur le Moyen Âge date en fait du siècle de Hegel.

Schmitt avait lu Brunner et l'admirait. Pourtant, son application du « scénario hobbesien » à l'histoire du droit international le conduit à ne pas tenir compte des mises en garde de l'historien. Le juriste expulse la guerre médiévale du corps de son récit, il la relègue dans l'espace étroit des

1. *Ibid*.
2. *Ibid*, p. 499.

corollaires introductifs. Quand le droit médiéval est tout de même évoqué dans le corps du livre, il est rangé sous les deux catégories générales et faussées, selon Brunner, de « droit de résistance » et de « droit du plus fort[1] » (*Faustrecht*) (*NT*: 148). Schmitt reconnaît à Hobbes le mérite d'avoir « surmonté l'*anarchie* du droit de résistance féodal et la guerre civile qui est ainsi constamment rallumée » et d'opposer « au pluralisme médiéval, à la prétention à la domination des Églises et autre forces « indirectes » la force ordonnatrice de l'État. Schmitt identifie le droit de résistance à l'anarchie et le pluralisme religieux au non-sens de la guerre civile. Au surplus, le juriste reprend le concept de « guerre privée médiévale » dont Brunner avait montré qu'il est intenable et il applaudit les auteurs qui ont refusé de considérer la « guerre privée » comme une guerre véritable : Ayala et Gentili ont le mérite à ses yeux d'avoir déclaré que « la guerre privée » était « une non-guerre » (*NT*: 159). La faide médiévale relevait pourtant non seulement du droit international mais aussi de plusieurs branches du droit interne, dont le droit constitutionnel, le droit pénal, ainsi que de la procédure civile, comme Brunner l'a montré. Elle avait des fonctions positives de règlement des conflits civils et pénaux. Si elle débordait largement la notion politico-militaire de la guerre qui nous est familière, elle était cependant irréductible à l'anarchie et à la guerre déchaînée[2].

L'européocentrisme

Les travaux de certains historiens du droit international comme Alexandrowicz, Roberto Ago et Jörg Fisch[3] montrent que le point de vue européocentriste conduit Schmitt à déformer le rapport que l'Europe a

1. Voir par exemple *Le nomos de la Terre*, p. 148.

2. La caractérisation de la guerre médiévale comme guerre vindicative date en fait du XXe siècle, du mouvement pacifiste qui précéda la Première Guerre mondiale. Voir Peter Haggenmacher, *Grotius et la doctrine de la guerre juste*, *op. cit.*, p. 424.

3. Voir en particulier C. H. Alexandrowicz, *An Introduction to the History of the Law of Nations in the East Indies*, Oxford, Clarendon Press, 1967 ; Roberto Ago, « Die pluralistischen Anfänge der internationalen Gemeinschaft. », *in* P. Fischer ; H. F. Köck et A. Verdross, *Völkerrecht und Rechtsphilosophie. Internationale Festschrift für Stephan Verosta*, Berlin, Duncker & Humblot, 1980, p. 25-58 ; J. Fisch, *Die europäische Expansion und das Völkerrecht. Die Auseinandersetzungen um den Status der überseeischen Gebiete vom 15. Jahrhundert bis zur Gegenwart*, 1984. Wilhelm Grewe défend le point de vue « dualiste » de Schmitt et tente de réfuter la thèse pluraliste de C. H. Alexandrowicz dans « Vom europäichen zum universellen Völkerrecht. Zur Frage der Revision des "europazentrischen" Bildes der Völkerrechtsgeschichte », *Zeitschrift für ausländisches öffentliches Recht und Völkerrecht*, n°42-43, 1982, p. 449-479 et dans *Epochen der Völkerrechtsgeschichte*, *op. cit.*

entretenu avec « son autre », l'Amérique et l'Afrique (il ne parle pas du reste). Ces travaux montrent également qu'il ne prend pas en compte le fait que dans le passé lointain, de grands espaces de droit international existaient déjà, sous la forme des grandes civilisations, des Empires ou des continents, ni le fait que les relations diplomatiques et juridiques de l'Europe avec ces grands espaces ont aussi contribué à faire du droit européen ce qu'il est devenu. Ces spécialistes démontrent que la relation avec la Méditerranée musulmane a aussi été constitutive, avant le XVe siècle, et que la relation aux autres Empires n'a pas « manqué de toute force ordonnatrice » (*NT* : 60), contrairement à ce que dit Schmitt. On peut indiquer par exemple que dans sa relation à l'Asie, l'Europe n'a pas imposé son droit des gens comme modèle. Les Européens n'ont pas essayé d'exporter leurs pratiques et leurs concepts dans leur commerce avec l'Asie. Au contraire, ils ont exploité le droit international asiatique et « régional » à leur profit. Cette tactique s'est révélée plus profitable que s'ils avaient tenté d'imposer leur *jus publicum*[1]. Si l'on veut parler de la relation de droit international avec l'espace extra-européen, on ne peut se contenter de parler du rapport à l'Amérique entre les XVIe et XVIIIe siècles et du rapport à l'Afrique au XIXe siècle. L'Europe y domine trop, la situation y est trop asymétrique. En limitant son champ d'observation aux deux objets traditionnels de la colonisation, Schmitt naturalise la domination européenne et reprend par des voies à peine détournées la dichotomie entre peuples civilisés et peuples non civilisés. Dans son récit, l'« état de nature » est projeté sur tout ce qui n'est pas l'Europe. Or, les relations de l'Europe à l'Amérique après la *Conquista* et ses relations à l'Afrique étaient elles-mêmes très différenciées. À cet égard le scénario hobbesien opère une réduction radicale : Schmitt réduit les rapports des Européens à l'Outre-mer à une seule formule unitaire (« *no peace beyond the line* »). Dans le détail de ses analyses, il superpose sans cesse la situation américaine et la situation africaine. Dans un développement sur la *Conquista* par exemple, il parle des « nombreux traités conclus avec les chefs indigènes » (*NT* : 137). En fait cette situation concerne l'Afrique, non l'Amérique. Les historiens qui défendent la thèse pluraliste à propos de la genèse du droit des gens européen montrent bien que le point de départ du rapport à l'Amérique était l'absolue non-reconnaissance du statut de droit international des populations : aux Amériques, très peu de questions territoriales ont fait l'objet de traités avec les peuples allogènes, tandis qu'en Afrique, avant le XIXe siècle, la relation des Européens aux peuples

1. J. Fisch, *Die europäische Expansion und das Völkerrecht*, *op. cit.*, p. 39.

allogènes était plus juridique, plus proche de leur relation à l'Asie que de celle qu'ils entretenaient avec l'Amérique. Jörg Fisch rappelle qu'en Afrique, les Européens ont conclu pendant des siècles des traités véritables avec les potentats locaux. Il s'agissait de traités de commerce réciproques conclus sur un pied d'égalité. Il faut attendre la seconde moitié du XIXe siècle pour que les traités de protectorats se multiplient et que la situation change. L'oubli de l'ancien rapport *jure gentium* avec l'Afrique est selon Jörg Fisch le cœur de l'idéologie coloniale[1]. Dire que l'on n'avait affaire qu'à des tribus non civilisées, que les traités conclus avec ces peuples n'avaient aucune valeur est à ses yeux une vue complètement erronée. Le point de départ du rapport à l'Afrique au XIXe siècle était d'ailleurs la pleine reconnaissance des droits des Africains, souveraineté comprise, à l'inverse de ce qui s'est passé dans les Amériques. Ce n'est qu'après la signature des traités que les colonisateurs européens négligeaient les droits des populations, sans pour autant les nier complètement (l'Acte du Congo protège les « droits acquis »). En conséquence, le rapport à l'Afrique n'est pas réductible au rapport à l'Amérique, ni non plus au rapport à l'Asie.

Jörg Fisch affirme que la domination européenne avait des formes juridiques variées. Il s'avère difficile de parler d'un droit international européen commun à l'outre-mer. Schmitt parle en fait exclusivement des rapports que les Européens entretenaient *entre eux* dans l'outre-mer et non de leurs rapports à autrui. Il parle seulement du droit international européen *concernant* l'outre-mer et non des relations juridiques *avec* l'outre-mer[2], comme si ces dernières relations avaient été par définition de pures relations de puissance.

DÉMARCATIONS : GIERKE, TÖNNIES, FIGGIS, SCHMITT

Il est fécond de confronter *Le nomos de la Terre* à la fois aux analyses que font Gierke et Tönnies du rôle de Hobbes dans l'histoire doctrinale du droit des gens et au récit de l'émergence du droit international moderne que livre John Neville Figgis dans *From Gerson to Grotius* : la spécificité du récit hobbesien de Schmitt n'en apparaît que plus clairement.

1. *Ibid.*, p. 43.
2. Sur cette distinction, *ibid.*, p. 476-477.

Otto von Gierke

Schmitt écrit que « de toutes les constructions doctrinales, celle de Hobbes sur l'état de nature des *magni homines* l'emporte par la vigueur et par la vérité dont elle a fait preuve dans l'histoire des idées » (*NT* : 148). La section du *Nomos de la Terre* qui conclut au triomphe de Hobbes dans l'histoire doctrinale du droit des gens s'ouvrait sur les réflexions suivantes :

> Un pas décisif vers la nouvelle entité appelée « État » et le nouveau droit des gens interétatique consistait à se représenter les structures de pouvoir territorialement closes sur elles-mêmes comme des personnes. Elles recevaient ainsi une qualité qui donnait tout son sens à l'analogie de la guerre avec un duel. On se les représentait comme de grands hommes, des *magni homines*. Pour l'imagination des gens, c'étaient réellement des personnes souveraines [...]. La personnification est essentielle pour la conceptualisation du nouveau droit des gens interétatique [...]. Du point de vue de l'histoire de la pensée, le processus de personnification des puissances politiques est déjà en plein développement au XVIe siècle, grandement favorisé par la tendance allégorisante de la Renaissance. Les juristes européens s'habituèrent ainsi à penser les puissances politiques sous forme personnifiée, et ils se mirent à parler de l'Espagne, de l'Angleterre, de la France, de Venise et du Danemark comme de grands individus. (*NT* : 145-146)

Schmitt ne s'intéresse ici qu'à l'image, à l'allégorie (« *personnification* »), à « l'imagination des gens », et non au concept (la « *personnalité* de l'État »). Il faut prêter attention au passage dans lequel Schmitt affirme que, sans la « figuration » des États territoriaux « comme des personnes souveraines, il n'y a plus de droit des gens européen. *Aux philosophes et aux juristes ensuite de débattre*[1] sur la manière dont il faudrait conceptualiser le nouveau *magnus homo*. Plus tard, ils pourront aussi se demander si c'est la personne du prince représentant l'État, ou au contraire l'État qu'il représente comme unité territoriale, qui est le véritable titulaire et le vrai sujet de la souveraineté et du nouveau *jus gentium* interétatique. [...]. *Mais ce ne sont là que des questions tout à fait secondaires et au fond posthumes* par rapport à la réalité qui domine tout, le nouvel ordre spatial européen fondé sur des États territoriaux et sa représentation personnalisée par le truchement du souverain » (*NT* : 147).

1. Nous soulignons.

Gierke est probablement l'un de ceux que Schmitt vise ici quand il parle des « juristes et des philosophes » qui, en posant la question de la personnalité de l'État, débattent « de questions secondaires et au fond posthumes ». Schmitt a affirmé en 1930 qu'il interprétait l'œuvre de Gierke comme une tentative de fonder juridiquement la théorie de la personnalité de l'État[1]. Dans le chapitre du quatrième volume du *Deutsches Genossenschafsrecht* qui aborde la question délicate de la place de Hobbes dans l'histoire doctrinale du droit international (*DGR4* : 280-332), Gierke analyse longuement l'émergence du concept de personnalité de l'État. Pour l'historien du droit, c'est le mérite de Hobbes d'avoir dégagé ce concept, qui vient remplacer les constructions précaires des prédécesseurs – Grotius et Bodin – sur la double personnalité du souverain (qui désigne tour à tour le peuple et le Prince). L'extrait du *Nomos de la Terre* que nous venons de citer permet à Schmitt de biffer les analyses de Gierke, geste auquel Schmitt nous avait habitués[2] dans les années 1920, alors qu'il qualifiait souvent Gierke de compilateur ayant livré une œuvre érudite mais désorientée, politiquement impuissante.

Gierke a écrit le quatrième tome du *Deutsches Genossenschaftsrecht* dans lequel est abordé le « problème Hobbes », après avoir terminé son livre sur Althusius[3]. Il semble que le juriste ait décrit la place de Hobbes dans l'histoire du droit en gardant les yeux fixés sur la théorie fédéraliste d'Althusius, regard comparatiste qui a imperceptiblement un effet déconstructeur dans la restitution de la pensée hobbesienne. Alors que Schmitt interprète l'apparition du droit interétatique comme la victoire de la théorie hobbesienne, Gierke décrit au contraire la relation entre le système de Hobbes et l'histoire doctrinale du droit international comme un rapport tendu de mise en crise réciproque. Il affirme que la doctrine du droit naturel a traversé la théorie de Hobbes comme une crise, dont elle est finalement sortie renforcée, mais qui a bien failli la faire éclater[4]. L'ambition de son histoire du droit allemand en quatre volumes est de

1. C. Schmitt, *Hugo Preuss. Sein Staatsbegriff und seine Stellung in der deutschen Staatslehre*, Tübingen, J. C. B. Mohr, 1930, p. 10.

2. Cf. *supra*, p. 216 *sq*.

3. O. von Gierke, *Althusius und die Entwicklung der naturrechtlichen Staatstheorien*, *op. cit.*

4. « Avec la théorie matérialiste [de Hobbes], la doctrine jusnaturaliste de l'État semblait parvenue à son stade terminal. Mais au lieu de mourir d'une mort précoce, de façon inespérée, la théorie du droit naturel a puisé des forces nouvelles de cette crise dangereuse. Tantôt en se perfectionnant, tantôt en combattant, mais toujours sur les épaules de Hobbes et sur la base de son système, elle a recommencé à se développer par la suite », O. von Gierke, *DGR4*, p. 332.

montrer le travail de refoulement, par la théorie de l'État, de la forme Empire et de la forme corporation. Le récit gierkien permet de s'apercevoir que le remplacement du *jus gentium* médiéval par le droit interétatique moderne prend l'allure du remplacement *d'un ordre par un autre* et non de l'anarchie par l'ordre. D'emblée, le schéma hobbesien de Schmitt est donc mis à mal, puisque celui-ci consiste à suggérer que l'émergence du droit interétatique a été l'équivalent d'un passage de l'état de nature anarchique (la guerre civile confessionnelle) à l'état civil ordonné.

Alors que pour Grotius encore, le *jus gentium* marque sur un mode non technique et presque par négation tout ce qui dépasse le *jus civile*, chez Hobbes, l'expression de *jus gentium* n'apparaît plus que dans le sens moderne d'un droit naturel valant entre États souverains. Aux yeux de Gierke, Hobbes vient couronner une tendance qui a pris naissance avant lui et qui a abouti au remplacement de la tripartition traditionnelle du droit, au fond adéquate au droit privé, entre *jus naturalis*, *jus gentium* et *jus civilis* par le dualisme droit naturel/droit positif. À la fin du Moyen Âge, ce sont surtout les politiques et les philosophes qui se sont mis à diviser le droit public uniquement en droit naturel et en droit positif (*DGR4*: 283), devançant ainsi les juristes qui continuaient à utiliser l'ancienne tripartition. Le couple droit positif/droit naturel (ce dernier étant conçu comme un ensemble de pouvoirs du sujet) s'est imposé peu à peu. Le détour par le concept de *jus gentium* devenait inutile. D'où la fondamentale ambivalence de la place de Hobbes dans la doctrine du droit des gens et l'oscillation, chez les commentateurs eux-mêmes, de l'interprétation. Les commentateurs attribuent à Hobbes tantôt un rôle de fondateur du droit interétatique, tantôt un rôle de négateur. Les deux affirmations sont vraies. Hobbes peut apparaître comme un négateur du droit international parce qu'il nie l'existence d'un droit des gens positif, affirmée par Suarez et Grotius [1], mais il peut aussi être reconnu légitimement, avec Zouch, comme le fondateur du *jus inter gentes*, parce qu'il fonde le droit international comme sphère autonome.

Peu à peu, la sphère de puissance de l'État et la sphère de liberté de l'individu sont devenues les seuls points de départ de la théorie politico-juridique. Aux yeux de Gierke, cette évolution a conduit au refoulement de l'idée fédéraliste, de l'idée d'autonomie des « corps intermédiaires » et de

1. Voir « Die Leugner des Völkerrechts », *in* A. Nussmaum, *Geschichte des Völkerrechts in gedrängter Darstellung*, *op. cit.*, p. 161 *sq.* ainsi que la synthèse sur ce qui distingue droit médiéval et droit moderne *in* P. Haggenmacher, *Grotius et la doctrine de la guerre juste*, *op. cit.*, p. 617 *sq.*

l'idée de subsidiarité. Tout ce qui échappait désormais à la réduction étatique était saisi sous les apparences de la mauvaise particularité. Caractéristique est l'anathème jeté par Pufendorf sur les entités fédérales du type du *Reich* allemand, que celui-ci qualifie de « monstrueuses ». Les entités comme les Provinces-Unies des Pays-Bas ou la Confédération helvétique devenaient des anomalies. Les partisans les plus fermes de la doctrine de la souveraineté interprétaient les entités fédérales soit comme des alliances entre États soit comme des États unifiés [1].

Gierke voit en Hobbes le premier théoricien qui a su dépasser ces contradictions du droit naturel médiéval. Il qualifie cela d'« événement considérable » (*DGR4* : 328). Mais il importe ici de souligner deux points :

1) Gierke va être obligé d'entrer sur le terrain de l'épistémologie pour le montrer.

2) Il va s'attacher à montrer les raisons pour lesquelles cet « événement considérable » n'a pas atteint le droit international.

1) Gierke aborde les questions épistémologiques que Schmitt évite dans *Le nomos de la Terre* et ne traite qu'à part, dans « Der Staat als Mechanismus bei Hobbes und Descartes » et dans *Le Léviathan dans la doctrine de l'État de Thomas Hobbes*. Imposer l'idée de personnalité de l'État sans avoir besoin de l'organicisme [2], c'est là la puissance du système hobbesien selon lui. Alors que les théoriciens du Moyen Âge s'appuyaient sur les allégories de la Bible et sur la philosophie grecque et romaine quand ils comparaient l'humanité à un corps doué d'une âme, Hobbes impose l'idéologie mécaniste. Il compare l'État à un corps de géant mais il réduit le vivant à une machine. L'organicisme apparent lié à l'image du grand Léviathan n'est rien d'autre que l'expression d'une pensée mécaniste et individualiste. L'être vivant se révèle être un automate, semblable à une horloge. Seuls les individus sont des personnes réelles ; la corporation comme l'État est une « *persona civilis* », une « *persona artificialis* ». Seul le contrat que concluent entre eux les individus peut produire cette personnalité fictive, qu'incarne uniquement le souverain, sans lequel l'État ne serait qu'un amoncellement d'individus épars. Ce qui est troublant, relève Gierke, c'est que Hobbes emprunte les images en apparence les plus organicistes et les plus spiritualistes pour sa construction entièrement matérialiste. Hobbes insiste en effet sur le fait qu'il ne faut pas voir le souverain comme la tête du dieu mortel mais comme son âme. Sur ce point

1. O. von Gierke, *Althusius*, *op. cit.*, p. 235.

2. D. Runciman, *Pluralism and the Personality of The State*, Cambridge University Press, 1997, p. 40.

l'analyse de Gierke sera reprise mot pour mot par Schmitt (qui n'avouera pas sa dette envers l'historien du droit) dans « Der Staat als Mechanismus[1]... » :

> La personnalité de l'État peut seulement être une, comme un corps : cepentant le souverain n'est pas la tête, mais l'âme (*nicht das Haupt, sondern die Seele*) de ce corps de géant, de là vient qu'elle représente à elle seule sa personnalité. De cette façon résulte de la vie artificielle (*vita artificialis*) du grand automate (*homo artificialis*) une personne artificielle (*persona artificialis*) qui est désormais transportée au centre du droit public sous le nom technique de *persona civitatis*. (*DGR4* : 330)

C'est l'un des commentaires les plus tranchants de Gierke : parler d'âme au lieu de tête pour désigner le souverain représente paradoxalement un passage au matérialisme radical, en dépit de la tonalité spiritualiste du mot « âme ». « Certes, cette comparaison [du souverain avec l'âme] avait souvent été utilisée, mais c'est toujours sur un mode spiritualiste qu'on l'avait rapportée au pouvoir étatique en tant que tel, et c'est cette interprétation matérialiste nue, qui, en la rapportant pour la première fois à la personne physique du souverain, a tué dans l'œuf tout concept d'une personnalité réelle du tout social[2] ! »

Si l'État n'est plus la tête, mais l'âme du corps social ou du Dieu mortel, c'est que la mécanisation de l'État *inclut la tête*. Alors que traditionnellement l'âme a son siège dans l'œil (c'était l'usage de Grotius) et que chez Descartes, le dualisme entre l'âme et le corps invite à déduire la puissance de la volonté du prince[3], chez Hobbes l'âme apparaît en tout point de la surface visible du corps humain ; le monisme de Hobbes transforme pour ainsi dire tout le corps humain en un œil car c'est pris

1. Voir Hobbes, *De cive*, chapitre 6 § 19. Pour le commentaire, voir O. von Gierke, *Althusius*, *op. cit.*, p. 189 et *Das deutsche Genossenschaftsrecht*, vol. 4, *op. cit.*, p. 292-311. Pour la reprise du commentaire de Gierke par Schmitt, voir « Der Staat als Mechanismus bei Hobbes und Descartes », *SGN*, p. 144-145.

2. O. von Gierke, *Althusius*, *op. cit.*, p. 190.

3. *Cf.* A. Negri, *Descartes politico o della ragionevole ideologia*, Milano, Feltrinelli, 1970, p. 124-132 et P. Raymond, *La résistible fatalité de l'histoire*, Paris, Albin Michel, 1982, p. 67. Antonio Negri comme Pierre Raymond dressent des parallèles tout à fait à la manière de la « théologie politique » entre théorie de la connaissance et théorie politique. Ils établissent un parallèle à propos de Descartes entre le dualisme âme-corps et le refus de la souveraineté populaire. Negri soutient que la philosophie mécaniste est « une véritable philosophie publique du pouvoir constitué », *Descartes politico o della ragionevole ideologia*, *op. cit.*, p. 124.

comme un tout qu'il fait apparaître l'esprit dans le monde sensible[1]. « À travers ce résultat matérialiste-mécaniste (*in diesem materialistisch-mechanistischen Ergebnis*) la doctrine jusnaturaliste de l'État sembla être parvenue au terme de son développement » (*DGR4* : 332).

L'âme, et non la tête : la formule résume pour Gierke ce par quoi Hobbes a enfin dépassé la scission médiévale de la personnalité juridique de l'État, qui était tantôt le prince, tantôt le peuple. Elle renvoie au remplacement des deux contrats, d'association et de soumission, par un seul. L'unique contrat rend impensable une société civile reposant en elle-même ainsi qu'une relation contractuelle entre souverain et peuple. Ce n'est que dans une personnalité sensible (un individu, à la limite une assemblée) que l'État trouve sa personnalité[2]. Aucune personnalité ne peut apparaître à côté de celle du souverain. Sans elle, il n'y a qu'un ensemble lâche d'individus, une foule qui ne peut en aucun cas être un sujet juridique. Ainsi Hobbes a-t-il arraché à l'individualisme du droit naturel, avec une logique implacable, une personnalité unitaire de l'État.

2) De l'avis de Gierke, cette construction de Hobbes ne s'est pas imposée dans la doctrine du droit international. L'individualisme, le mécanisme, pas plus que la logique de l'immanence (on construit le corps social par en bas), n'apparaissent dans le domaine des relations entre États : les relations internationales sont des rencontres au sommet. Si la théorie de l'État est devenue mécaniste et individualiste sous l'influence de Hobbes, l'État se présentant à l'intérieur comme un contrat social conclu entre individus, en revanche, à l'extérieur, l'État a continué d'être pris comme une corporation et comme une unité collective. À l'intérieur, on a remplacé les chaînes des corporations par les libres associations d'individus, mais à l'extérieur, l'État est demeuré une corporation. La notion antique et médiévale de corporation (*universitas*) a en effet trouvé refuge dans la notion de peuple (organisé en État), notion qui n'a plus dominé que la seule politique extérieure.

> Dans cette construction composée d'une multitude d'individus libres et égaux *unis par des chaînes d'obligations*, la "personne morale" n'est plus rien d'autre qu'une formule abrégée pour désigner une quelconque relation juridique commune à une somme d'individus. Son concept n'a plus de

1. Plus tard, Hegel dira que c'était le mérite de la sculpture grecque d'avoir rendu sensible cette vérité.

2. Tönnies montre que ce n'est pas le transfert de droits à une personne déjà existante – la tradition concevait la monarchie comme naturelle – mais la création d'une personne souveraine complètement artificielle qui est le problème que Hobbes veut résoudre.

> valeur que vers l'extérieur, dans la mesure où il permet de réduire formellement une multiplicité à une unité en ne prenant en compte que leur sphère commune face à d'autres sujets. Vers l'intérieur, il se révèle parfaitement inutile, étant donné que les relations juridiques ne peuvent tout bonnement pas être pensées sans disloquer l'unité collective en ses éléments constitutifs et sans dissoudre la sphère commune en sphères spécifiques et antagonistes (*in gegensätzliche Sondersphären*). Ainsi la perspective qui consiste à prendre l'État comme un tout, comme une personne morale, n'acquiert de signification fondamentale que pour le droit international. En droit interne, au contraire, la personnalité de l'État (*Staatspersönlichkeit*) disparaît entièrement devant les relations juridiques individuelles entre les personnes, relations qui caractérisent les sociétés et les mandats [1].

Ainsi, peu à peu, le concept de personne morale est devenu inutile pour décrire les rapports de sujétion entre sujets et souverain. Il n'a subsisté qu'en droit des gens. Gierke parle ainsi d'un « concept amputé » (*verstummelt*) parce qu'il n'a gardé qu'une valeur technique dans la *Staatslehre,* où il est devenu une sorte d'abréviation (Maitland parlera de « signe sténographique ») permettant de s'épargner l'énumération des individus et parce qu'il n'a gardé de valeur qu'en droit international. Gierke regrette que le droit de la société (*Sozietätsrecht*) ait envahi tout le droit public, lequel a été conçu en termes de contrat jusqu'au sommet de l'État. Il regrette, en outre, que la notion de communauté n'ait pas trouvé sa place dans le droit moderne et n'ait été habillée de personnalité morale que dans le droit international.

Le présupposé indispensable du droit des gens était que le droit naturel continue d'être considéré comme un droit véritable, une limite imposée à la souveraineté. Dans la mesure où l'État tendait à se libérer de cette entrave, le droit des gens menaçait de s'effondrer. Selon Gierke, l'idée que le droit naturel n'est qu'un commandement moral interne à la conscience était en général refusée et restait exceptionnelle au XVIIe siècle. Le problème consistait en général à concilier la souveraineté avec les limites du droit. Mais cette difficulté disparaissait dès lors qu'avec Hobbes et Spinoza, on concevait le droit international comme du droit naturel et le droit naturel comme asocial. Hobbes, et Spinoza à sa suite, ont dissout le droit naturel dans la « loi de la nature » qu'est le droit du plus fort. Un tel droit naturel ne pouvait engendrer de communauté ni imposer de limites à la volonté. Il n'avait du droit que le nom et recouvrait la puissance nue. On était alors

1. O. von Gierke, *Althusius*, *op. cit.*, p. 198. T.d.A.

amené à rejeter le concept d'une société d'États. Gierke en tire la conclusion que si la théorie du droit des gens ne voulait pas saper ses propres fondements, il fallait qu'elle s'abstienne d'adopter les principes de Hobbes et de Spinoza[1]. C'est probablement cette conclusion que Schmitt cherche à éviter quand il déclare que les problèmes concernant la personnalité juridique de l'État sont « secondaires et posthumes ». Son scénario centré sur la victoire de Hobbes est en jeu.

Selon Gierke, c'est l'idée de Grotius, non celle de Hobbes, qui s'est finalement imposée en droit des gens. L'idée d'une communauté de droit des gens s'est affirmée parallèlement au concept de souveraineté, dans une combinaison absolument non hobbesienne. Gierke constate en effet que l'idée de communauté humaine est en fait restée compatible avec celle d'État national, qu'il n'y a pas eu d'antagonisme profond. Les deux notions se sont opposées ensemble à la conception féodale de la Chrétienté. C'est à ce couple que renvoie la distinction entre droit positif (celui des États) et droit des gens (hors États).

Ferdinand Tönnies

Ferdinand Tönnies (1855-1936), sociologue allemand, spécialiste de Hobbes et auteur de *Communauté et société* (1887), aborde la question de la place de Hobbes dans la doctrine du droit international dans la troisième édition de *Hobbes Leben und Lehre* (1925). Dans cette édition considérablement augmentée par rapport aux versions de 1896 et de 1912, Tönnies accorde un intérêt tout particulier à la question du droit international[2]. La conjoncture y était certainement pour quelque chose : comme toute une génération d'Allemands, il était indigné par le traité de Versailles. La préface de cette troisième édition du *Hobbes* s'ouvre sur la question de la politique étrangère. La situation internationale y est décrite comme un état de guerre latente et générale, « proche d'une guerre ouverte de tous contre tous », interrompue par des traités de paix « apparents » qui « enfreignent grossièrement la loi naturelle[3] ».

Dans sa sociologie, Tönnies a été influencé par la théorie de la corporation de Gierke, sur lequel il s'appuie pour dégager son concept de

1. *Ibid.*, p. 179 *sq.*

2. F. Tönnies, *Hobbes Leben und Lehre*, Stuttgart, Fr. Frommanns Verlag, 3e éd., 1925. C'est cette édition que possède Schmitt. Le terme « Völkerrecht » (droit international) y apparaît dans l'index analytique.

3. *Ibid.*, p. VII.

« communauté » et l'opposer à celui de « société »[1]. Mais dans la troisième édition de son *Hobbes*, discutant l'interprétation par Gierke de la place de Hobbes dans la doctrine du droit des gens, il se distancie de la thèse gierkienne. Selon lui, la thèse selon laquelle Hobbes serait à la fois le *réformateur* du droit naturel et le *négateur* du droit international bute sur plusieurs difficultés. Il lui semble très improbable qu'un auteur qui a eu une telle influence sur la doctrine du droit naturel n'ait pas également infléchi de façon décisive la doctrine du droit des gens[2]. Il réduit l'écart entre les hobbesiens et ceux qu'on appelait au XVIIe siècle les « socialistes » – c'est ainsi qu'on appelait ceux qui soutenaient que l'état de nature est social. Selon Tönnies, cet écart entre les hobbesiens et les spinozistes d'une part, et les « socialistes » d'autre part, est par trop dramatisé par Gierke[3].

Faire de Hobbes le père du droit des gens interétatique (et d'une école de pensée qui comprend Pufendorf et Vattel) comme le fait Schmitt n'est pas absurde aux yeux de Tönnies, puisqu'après Hobbes la plupart des théoriciens ont construit le droit des gens comme un droit naturel subsistant entre des peuples conçus comme des personnes libres demeurées à l'état de nature. On peut donc qualifier sans scandale Pufendorf et Vattel de « successeurs de Hobbes ». À l'âge classique et malgré les traités de paix, le droit des gens n'était pas une loi positive. Par conséquent, le droit des gens ne correspondait qu'approximativement au concept normal du droit. Mais il n'y a là, pour Tönnies, aucune raison de concevoir le droit international comme un phénomène à part. Son argument est qu'un concept normal n'est que le concept le plus parlant, le mieux compris. Il ne correspond à aucune essence impérative. Le droit international ne fait pas exception : la plupart des phénomènes empiriques qui portent un nom déterminé ne correspondent qu'approximativement à leur concept normal[4]. L'idée que Hobbes aurait rabaissé le droit international au rang d'une simple morale est fondée pour Tönnies sur un dualisme factice, qui fige et qui essentialise des associations d'idées vagues. Selon l'opinion commune, certes, la morale a pour forum l'opinion publique alors que le droit évoque toujours l'idée de tribunal. Dans les conflits de droit international, on s'attend à voir une cour d'arbitrage. Mais selon lui, l'intuition centrale et prophétique de Hobbes renvoie toutes ces distinctions à l'arrière-plan, l'exploit de Hobbes

1. Voir ce qu'il dit de son maître Gierke dans sa lettre à Schmitt du 18 juillet 1930. *Arch* RW 265-16110.

2. *Ibid.*, p. 202.

3. *Ibid.*, p. 203-204.

4. *Ibid.*, p. 204.

étant d'avoir anticipé l'état de guerre que serait la société capitaliste elle-même[1]. Hobbes fait partie, pour lui, des rares théoriciens du XVIIe siècle qui ont entrevu le développement du capitalisme. Or, dans cette optique, contrats et traités, droit privé et droit international, droit et morale, servent avant toute chose au «commerce» (*Verkehr*) ; chacun accorde autant d'importance au droit et à la morale que son intérêt l'y pousse et l'on peut aussi bien appeler ce commerce réglé et pacifique un état de guerre. La guerre des prix, la guerre des salaires, les procès civils, etc. : c'est le caractère antagoniste de la société moderne «déchaînée» que Hobbes aurait anticipé et cette découverte concerne tout autant le droit que la morale, le droit interne que le droit international.

Ainsi Tönnies reproche à Gierke de surévaluer chez Hobbes la coupure entre état de nature et état civil. Il affirme que l'esprit de la théorie hobbesienne (« *der Geist der Theorie*[2] ») consiste en réalité à l'estomper, à montrer que la guerre civile et l'ordre étatique sont en fait co-présents. Le Béhémoth et le Léviathan existent en même temps. Le concept clé de Hobbes serait non pas celui de guerre de tous contre tous mais plutôt celui de *paix armée*[3]. L'intuition principale du philosophe anglais aurait été que toute paix (et tout le droit positif) est une guerre latente.

Faire de Hobbes le père du droit des gens interétatique n'est donc pas absurde dans cette perspective : il suffit de se souvenir qu'état de nature et état civil ne sont pas des états historiques se succédant dans le temps et qu'ils sont contemporains l'un de l'autre. L'absolutisation du principe de la souveraineté signifie alors, en dépit de tous les rapports juridiques, que l'état normal est une guerre latente de tous contre tous, habillée dans les formes du droit, un état de guerre pacifié qui éclate aux yeux de tous au moment des guerres « militaires » à proprement parler.

Tönnies est donc d'accord pour dire que Hobbes a fait école dans la doctrine du droit des gens, comme Schmitt après lui, mais pour des raisons qui sont inacceptables aux yeux de Schmitt. C'est sans doute l'une des raisons pour lesquelles ce dernier ne se réclame jamais de Tönnies pour asseoir son récit hobbesien dans *Le nomos de la Terre*. Schmitt n'a pas commenté par écrit l'interprétation du sociologue, mais il existe certains éléments qui permettent de conjecturer sa réponse[4]. Dans *La notion de*

1. *Ibid.*, p. 205-206.
2. *Ibid.*, p. 222.
3. *Ibid.*, p. 234.
4. Notons que les deux auteurs ont échangé une brève correspondance en 1930 : Schmitt a envoyé à Tönnies certains de ses textes dans lesquels il critique Gierke et le pluralisme, notamment son *Hugo Preuss* et son article «Éthique de l'État et État pluraliste». Tönnies a

politique, Schmitt s'était explicitement distancé de la lecture de Tönnies : pour lui, ce n'est pas parce que Hobbes aurait connu le capitalisme naissant et aurait eu le pressentiment de la société de marché en voie de formation (la libre concurrence) qu'il a formulé l'idée de la guerre de tous contre tous. C'est parce qu'il a été le témoin de la guerre civile dans son pays et par son pessimisme anthropologique qu'il est devenu un esprit éminemment politique (*NP* : 109-110).

Des années plus tard, Schmitt se ralliera à la critique que Julien Freund adresse, dans un article qu'il admire [1], à la lecture de Hobbes délivrée par C. B. Macpherson dans *La théorie politique de l'individualisme possessif, de Hobbes à Locke* (1962). Or, les interprétations de Tönnies et de Macpherson sont suffisamment proches l'une de l'autre pour qu'on puisse en déduire la réaction de Schmitt à l'égard des thèses de Tönnies. Comme le sociologue allemand, C. B. Macpherson relativise la différence entre Hobbes et Locke. Pour lui, Hobbes est aussi le théoricien d'une sphère relative dans laquelle peuvent s'énoncer des règles propres, qui va devenir le lieu de la société civile, détachée de la société politique. Macpherson ne met pas l'accent sur la dichotomie anarchie/État, comme le fait Schmitt en permanence, mais insiste au contraire comme Tönnies sur l'émergence de l'idée de société civile chez Hobbes, réduisant comme ce dernier la différence entre l'idée hobbesienne d'état de nature entre les États et l'idée proprement lockéenne de société civile mondiale, idée qui est reprise aujourd'hui par Habermas et par Michael Walzer (tous deux favorables à la constitutionnalisation du droit international).

Selon C. B. Macpherson, Hobbes, comme Locke, offrirait une théorie de la « société de marché généralisé ». L'individualisme possessif propre aux auteurs anglais du XVIIe siècle serait la racine de la politique libérale. C'est cet individualisme possessif que l'on retrouve plus tard chez les juristes libéraux du XIXe siècle qui applaudissent la catégorie d'« occupation effective » de l'Acte du Congo : je possède mon corps, donc les fruits de mon travail, donc mon épargne, etc., contrairement aux animaux qui ne peuvent être propriétaires, car ils ne le sont pas de leur corps. La raison implique la propriété de soi donc la liberté (à l'encontre de saint Thomas qui parle de sociabilité spontanée...). Selon Tönnies et

répondu sur ce point, admettant que la pensée de Gierke était « romantique » et parfois « enfantine » (*kindlich*), *Arch* RW 265-16109 ; *Arch* RW 265-16110.

1. J. Freund, « Marxisme et XVIIe siècle, ou les limites de l'interprétation marxiste », *Critique*, n° 301, juin 1972. Voir le tirage à part de cet article annoté par Schmitt dans les archives de Düsseldorf, *Arch* RW 265-22389.

Macpherson, l'hypothèse de l'état de nature n'avait donc pas la validité universelle que lui accordait Hobbes, mais elle s'appliquait à un certain type de société et aux rapports humains qui en découlent. Le philosophe anglais décrivait pour eux la psychologie de ses contemporains, bien qu'il ait dit dans l'introduction du *Léviathan* qu'il fondait son analyse sur l'évidence commune (« Quiconque regarde en soi- même... [1]»).

Julien Freund s'élève contre la lecture «économiste» de C. B. Macpherson d'une façon si schmittienne que Schmitt ne pouvait que l'approuver (ce qu'il fait dans une lettre à H.-D. Sander[2]). Selon Freund, Hobbes était beaucoup plus préoccupé par les troubles politiques et les querelles théologiques que par le modèle d'une société économique[3]. C'est aussi la conviction profonde de Schmitt : la crainte de la mort violente est la passion première pour Hobbes et celui-ci «entend par crainte de la mort non seulement la peur devant la décrépitude physique mais surtout la peur de l'autre[4]». C'est ce qui constitue l'aspect proprement politique de la pensée de Hobbes pour Schmitt, aspect auquel Macpherson et Tönnies n'accordent pas assez d'importance à ses yeux quand ils donnent la priorité à l'aspect économique de la concurrence.

John Neville Figgis

Dans *Studies of Political Thought from Gerson to Grotius, 1414-1625* (1907), livre constitué de conférences tenues en 1900 à Cambridge, John Neville Figgis décrit, entre autres choses, la naissance du droit international moderne. Historien, prêtre anglican converti au catholicisme, libéral, Figgis était professeur à Cambridge au début du XXe siècle. Il était politiquement engagé et ne craignait pas de rapporter les problèmes du passé au présent, d'où son rôle de chef de file des pluralistes anglo-saxons, avec H. Laski et G. D. H. Cole. Figgis était un disciple de Maitland. Il était en outre influencé par Gierke. L'attitude de Schmitt à l'égard de Figgis ressemble d'ailleurs à celle qu'il a envers Gierke : il critique sa pensée politique, mais il s'inspire souvent du détail de ses travaux d'historien.

1. Hobbes, *Léviathan*, *op. cit.*, p. 66.

2. H-D. Sander ; C. Schmitt, *Werkstatt-Discorsi. Briefwechsel 1967-1981*, *op. cit.*, p. 221. Schmitt avait cherché à montrer sept ans plus tôt, en 1965, dans « Die vollendete Reformation. Bemerkungen und Hinweise zu neuen Leviathan-Interpretationen », que la situation capitale pour Hobbes était la guerre civile – les troubles politiques engendrés notamment par les disputes théologiques dans l'Angleterre du XVIIe siècle – et non la société de marché naissante.

3. J. Freund, «*Marxisme et XVIIe siècle, ou les limites de l'interprétation marxiste*», *op. cit.*, p. 564.

4. *Ibid.*, p. 561.

Schmitt cite Figgis à plusieurs reprises dans *Le nomos de la Terre*. Il est manifeste que le juriste connaissait bien l'ouvrage *From Gerson to Grotius,* et ce, dès *La notion de politique*. Ce livre a fait date parce qu'il a renouvelé l'interprétation de l'époque située entre la fin du Moyen Âge et le début de la Réforme. On s'accorde à dire qu'entre son livre précédent *(The Divine Rights of Kings,* 1896) et *From Gerson to Grotius,* Figgis a changé de philosophie politique, suite à la découverte éblouie qu'il a faite de Gierke[1]. En effet, au moment où il tient les conférences qui sont reprises dans son livre de 1907, Figgis a cessé de se réclamer de la théorie du droit et de la souveraineté de John Austin, son premier maître. Il livre un récit de la naissance du droit international moderne qui porte la marque de la pensée libérale et pluraliste et permet de mieux faire ressortir, par contraste, la structure hobbesienne du *Nomos de la Terre*.

Selon Figgis, « le droit international est un legs du Moyen Âge[2] » ; c'est la « révolution religieuse » des XVe et XVIe siècles qui a engendré le droit international moderne. Le passage de l'Empire au droit international aurait été accompli non par l'État mais par le pluralisme religieux avant lui. Les traités de Westphalie qui inaugurent l'ordre interétatique européen n'ont fait, à ses yeux, qu'entériner un équilibre et une neutralisation des conflits théologiques déjà passés dans les faits au moment de la codification des accords étatiques dans les traités des paix de religion. La thèse maîtresse de Figgis est que la « religion » n'a pas eu besoin de l'État pour se libéraliser : la compétition religieuse a engendré la liberté. Cette thèse est le pendant de l'une de ses plus fortes convictions politiques : les associations humaines n'ont pas besoin de l'État pour s'ordonner. « Ce qu'il faut retenir, c'est que la liberté est le résultat de la compétition religieuse : sans elle, elle aurait succombé aux tendances monarchiques générales[3]. » Les différentes Églises se seraient livrées – pour paraphraser Mauss – une guerre à coups de tolérance et de générosité, non par conviction mais pour attirer des clientèles. C'est en s'auto-libéralisant que la religion aurait ainsi engendré le visage de l'Europe moderne.

Par rapport au Moyen Âge, époque à laquelle le roi avait toujours la religion de ses sujets, la Réforme a introduit un fait nouveau à l'impact considérable : la différence entre la religion du roi et celle du peuple. Figgis en déduit que par la division que la Réforme a produite entre l'Empereur et

1. D. Runciman, *Pluralism and the Personality of the State*, *op. cit.*, p. 130.

2. J. N. Figgis, *From Gerson to Grotius, 1414-1625*, New York, AMS Press, 1978 [1907], p. 7.

3. *Ibid.*, p. 137.

les princes, entre les princes et les sujets et entre les États eux-mêmes, la Réforme a empêché la notion de justice internationale de prendre la forme d'un Empire reconstitué. Alors que pour Schmitt, c'est l'État qui pacifie, Figgis place l'« écart machiavélien » entre vérité et politique, entre dogmes de la foi et conduite extérieure dans le giron de la religion elle-même. Pour Figgis, la religion s'est neutralisée elle-même, politisée elle-même, sans l'aide de l'État. Il en résulte que le mérite de la modernisation revient non à l'État mais à la religion. L'idée que seul un pouvoir fort, séculier et centralisé a pu neutraliser les guerres religieuses perd alors de sa pertinence[1].

C'est donc la Réforme qui aurait relégué au second plan l'idée de l'unité de l'humanité. Cette idée, défendue depuis les stoïciens, devenue un idéal à partir de saint Augustin jusqu'à la Renaissance, impliquait que les États n'aient pas de devoirs les uns envers les autres. Au sein de l'Empire, affirme Figgis, les différences religieuses sont devenues la normalité et la rébellion la règle. L'insurrection s'est transformée en guerre légale.

> Le pape et l'empereur perdirent théoriquement ce qu'ils avaient déjà perdu depuis longtemps en pratique et en l'espace de quelques années la Chancellerie impériale elle-même donnait aux monarques nationaux le titre de « Majesté ». Le droit canon cessa de fait d'être international, ce qu'il était en premier lieu au Moyen Âge et il fut réduit à une machinerie subordonnée servant, quand les concordats le permettaient, à réguler un département des États particuliers. La souveraineté des États de l'Empire était acceptée et les luttes entre Habsbourg et Hohenzollern allaient être à l'avenir des guerres et non des rébellions. [...] Bien que d'autres facteurs que les facteurs religieux eussent bien sûr contribué à faire advenir la prééminence princière, ce cas permet de voir comment les effets de la

1. Olivier Christin confirme les thèses de Figgis et démonte explicitement les postulats hobbesiens du *Nomos de la Terre* dans *La paix de religion. L'autonomisation de la raison politique au XVIe siècle*, Paris, Le Seuil, 1997. « Notre approche comparatiste conduit à des conclusions différentes de celles qu'avançait Carl Schmitt. Car, d'une manière générale, les structures étatiques de type fédéraliste, sans État central fort, paraissent avoir mieux géré le défi de l'éclatement confessionnel et, surtout, mieux su trouver les compromis qui ont assuré à des territoires très divers une assez longue période de paix commune (cantons suisses, Pologne, Empire...). Faut-il rappeler que jamais la paix d'Augsbourg ne fut abolie dans l'Empire, y compris pendant la guerre de Trente Ans, et que les traités de 1648 ne firent qu'en reprendre et en développer les principes fondamentaux ? La faiblesse même de l'État central, l'importance des entités devenues plus ou moins souveraines en matière religieuse (États princiers, cantons, villes...) et l'existence de procédures institutionnelles de négociation et d'arbitrage ont ouvert la voie à des équilibres politiques et à des systèmes de pacification complexes, combinant reconnaissance des particularismes et préservation de l'intérêt général, et donc à ce qu'il faut définir comme des États de droit. », p. 203-204.

différence religieuse ont introduit la liberté dans la politique internationale, ou plutôt, comment ils ont rendu la politique internationale [1].

En somme, le récit de Figgis est structuré par deux gestes fondamentaux :

1) le déplacement de la coupure moderne de la paix interétatique de Westphalie (1648) à la paix religieuse d'Augsbourg (1555). Aux yeux de l'historien de Cambridge, les traités de Münster et d'Osnabrück (les traités de Westphalie), généralement reconnus comme le fondement du *Jus publicum europaeum*, ont comme antécédent la paix de religion d'Augsbourg. Les premiers traités ne font que consacrer légalement des libertés religieuses internationales qui étaient déjà passées dans les faits auparavant. Le principe de l'égalité des États du droit des gens ne serait ainsi qu'un effet de la coexistence des religions au plan international.

2) le remplacement tendanciel de la notion de guerre par celle de compétition. La concurrence religieuse est constamment pensée en termes de gain chez Figgis. Elle débouche sur le droit des gens moderne en faisant de la politique internationale un système entièrement séculier en dépit de ses origines théologiques. On reconnaît là la matrice libérale, telle qu'elle a été analysée par Schmitt : le libéralisme se caractérise selon le juriste par sa méfiance à l'égard de l'État et sa tendance à remplacer l'ennemi par le concurrent économique ou intellectuel. Et en effet, Figgis insiste non sur la destructivité des guerres confessionnelles comme le fait Schmitt mais sur l'équilibre final, le gain que représentent les conflits des religions qui semblent n'avoir été que des malentendus finissant toujours par l'enrichissement mutuel, la Réforme des deux côtés, etc.

Figgis a insisté sur le fait que le principe *cujus regio ejus religio* adopté lors de la paix d'Augsbourg, qui fut une étape décisive dans la formation d'une hétérogénéité cohérente en Europe, était non seulement un principe pluraliste, mais aussi une maxime de *réalisme politique* qui avait peu de choses à voir avec la théorie moderne de la tolérance développée par Locke[2]. Au fondement du principe *cujus regio ejus religio*, il place l'idée libérale de paix comme tranquillité. Cette idée, qui réduit la paix à la simple sécurité ou à l'absence de guerre (et non au règne de la vérité divine) vient non des philosophes comme Hobbes, ni même des Monarchomaques protestants, mais des jésuites et des presbytériens, comme l'a montré

1. J. N. Figgis, *ibid.*, p. 141-142.

2. Voir la conférence intitulée « Luther and Machiavelli » dans laquelle Figgis expose la genèse du principe territorial, in *From Gerson to Grotius*, *op. cit.*, p. 60 *sq.*

Figgis (repris sur ce point par la plupart des historiens[1]). Le grand « dessein » du XVIe siècle, dont on sait qu'il remodèlera l'Europe au cours des siècles suivants, est loin d'avoir été un principe de tolérance : la persécution restait un devoir du prince et l'unité de la Chrétienté était toujours l'objectif premier. La tolérance n'était donc pas une vertu religieuse mais un pis-aller – une maxime politique, déjà.

C'est un paradoxe de taille, repéré d'abord par Gierke mais souligné par Figgis[2], que « les deux groupes religieux qui ont le plus fait pour établir les « droits de l'homme » furent ceux qui portèrent le moins d'attention à la liberté individuelle[3] », à savoir l'Église presbytérienne et l'Église catholique (et en son sein, les jésuites en particulier). C'est en effet au sein du parti « ecclésiastique » que la théorie purement sécularisée du pouvoir civil a pris naissance. Pour les jésuites et les presbytériens, le pouvoir politique n'était qu'un moyen externe d'assurer la tranquillité extérieure et la paix. Ultramontains, les jésuites défendaient l'unité de la chrétienté. C'est parce qu'ils séparaient nettement la vie politique et la vie religieuse de l'homme qu'ils pouvaient asseoir leur vision utilitariste d'un État qui se consacre à la tache subalterne de garantir la paix et les richesses. « C'est parce que l'État et l'Église ont été reconnus comme des sociétés indépendantes et que le principe territorial prenait de l'ampleur, surtout en Allemagne, qu'une théorie des rapports de ces différents corps est devenue nécessaire. Cette théorie allait prendre la forme du droit international au siècle suivant[4]. » Suite à quoi, l'Église a perdu sa qualité d'État englobant d'autres États et le pape n'a plus eu que le rôle d'un professeur expliquant les principes de l'obligation politique.

Le terreau du droit international semble dès lors avoir été « transconfessionnel » plus que transnational. L'insistance sur la formation d'un milieu transconfessionnel unissant les religions adverses et sur la circulation des idées d'un camp à l'autre est un motif central du récit de Figgis. L'échange des problématiques (ce que Figgis appelle la « passe d'armes spirituelle ») entre les confessions protestante et catholique est illustré par exemple par l'usage que les protestants ont fait du concept d'institution, qui est issu du droit canonique. La Réforme a commencé par nier radicalement le concept canonique d'institution (*Anstalt*), lui

1. *Cf.* B. Tierney, *Religion et droit dans le développement de la pensée constitutionnelle*, Paris, Presses universitaires de France, 1993.

2. Voir O. von Gierke, *Das deutsche Genossenschafsrecht*, vol. 4, *op. cit.*, p. 261 et J. N. Figgis, *From Gerson to Grotius*, *op. cit.*, p. 66-67.

3. *Ibid*, p. 136.

4. *Ibid.*, p. 187-188.

substituant le concept de paroisse, de collectivité locale (*Gemeinde*). Or, la réalisation du concept de commune a échoué sur le terrain du droit. Luther brandissait l'idée d'Église invisible contre Rome, qui mettait à mal toute autorité commune extraterritoriale[1]. De ce point de vue, ce n'est pas seulement le concept d'un État spirituel, mais tout concept d'un pouvoir spirituel quel qu'il soit qui devenait caduque. Comme l'idée d'Église invisible n'était pas un concept juridique et que le concept juridique, pour Luther, s'incarnait seulement dans les Églises de peuples particuliers, l'écartèlement entre les instances étatique et ecclésiastique a pris fin. Parce que le concept d'Église invisible de Luther ne pouvait devenir un concept juridique et que, dans la pratique, le concept de paroisse, de communauté ou de collectivité locale (*Gemeinde*) n'a pas eu d'importance juridiquement, les protestants ont finalement repris le concept très catholique et centraliste d'institution, concept qui est devenu pour eux fondamental et qui leur a permis non seulement d'achever l'absorption de l'Église par l'État amorcée au Moyen Âge, mais aussi de limiter la sphère du pouvoir divin de l'international au national[2]. Dans le luthéranisme, l'Église et l'État se faisaient face comme deux pouvoirs souverains d'origine différente, liés comme deux États peuvent l'être, conception qui a trouvé sa formulation juridique dans le système épiscopal. En bref, le rapport entre Église et État est devenu international. La politique internationale et le principe de *balance of power* pouvaient, à partir de là, occuper le devant de la scène. La fonction de Luther, de Zwingli et des Anglicans, telle que Figgis la décrit, a été de transférer à l'État les prérogatives de l'Église du Moyen Âge, soit de faire décliner l'autorité de l'Empereur et d'accroître partout celle du prince.

Schmitt, sa lecture divisée de Hobbes

Si l'on tente de donner une synthèse de la lecture que Schmitt donne de Hobbes au fil des textes, il apparaît que cette lecture est marquée par la division. Schmitt tire Hobbes tantôt vers le matérialisme intégral, tantôt vers la théologie, sans qu'aucun texte du juriste ne tente de conciliation ou de synthèse entre ces deux tendances.

1. *Ibid.*, p. 70.

2. Les corps de l'Église devenus publics ont perdu leur forme corporative : les cloîtres, écoles, hôpitaux, etc. sont devenus des institutions, des *Anstalten* ou des *Stiftungen*. Les nouveaux sujets juridiques ont donc perdu l'autonomie qui était encore la leur au Moyen Âge. En Allemagne, seules les universités ont préservé leur aspect de corporations autonomes après le Réforme. Voir Gierke, *Das deutsche Genossenschafsrecht*, vol. 3, p. 799-817 et Figgis, *ibid.*, p. 67 *sq.*

En 1965, Schmitt publie son dernier article sur Hobbes : « Die vollendete Reformation. Bemerkungen und Hinweise zu neuen Leviathan-Interpretationen[1] ». Par ce texte, il affirme vouloir combler une lacune de son *Léviathan dans la doctrine de l'État de Thomas Hobbes* (1938), qui omettait, écrit-il, de présenter le *Léviathan* de Hobbes comme un document du combat entre le pouvoir ecclésiastique et le pouvoir temporel (*VR* : 54 ; 69). En réalité, la recontextualisation du livre de Hobbes entreprise dans « Die vollendete Reformation » – sa réinscription au sein des mouvements théologiques du XVIIe siècle – conduit le juriste à émettre des thèses qui, loin de simplement compléter celles qu'il avait exposées dans ses précédents textes sur Hobbes, à savoir « Der Staat als Mechanismus bei Hobbes und Descartes » et *Le Léviathan dans la doctrine de l'État de Thomas Hobbes*, les contredisent radicalement.

Dans « Die vollendete Reformation… », l'argumentation se développe dans deux directions, l'une politique, l'autre épistémologique, toutes deux ayant pour effet de faire passer à l'arrière-plan le nominalisme et la théorie du droit subjectif de Hobbes (son libéralisme, son individualisme) et de rapprocher le philosophe, via l'augustinisme, le luthéranisme et le principe *cujus regio ejus religio*, de la « communauté concrète » et des « grands espaces homogènes[2] ».

1) La ligne politique (étatiste, territorialiste, luthérienne)

« Hobbes achève la Réforme » (*Die vollendete Reformation*) : c'est le titre du texte de Schmitt. Le juriste y brosse le portrait d'un Hobbes augustinien. Depuis longtemps, il avait insisté sur le « pessimisme anthropologique » qui caractérise à ses yeux toute théorie politique véritable, en particulier celle de Hobbes. Mais cette fois-ci, il va plus loin. Il rapproche Hobbes des nouvelles variantes de l'augustinisme qui, sous la Réforme, étaient devenues le danger dominant, et risquaient d'écraser le droit subjectif sous le droit divin. Il souligne tout ce qui rapproche le luthéranisme, le catholicisme et Hobbes : le refoulement sous l'État de la société civile et « lockéenne », qu'il ne veut pas voir émerger. Il accentue du même coup la séparation entre Hobbes et Locke ainsi qu'entre Luther et Calvin. La théologie luthérienne, influencée par l'augustinisme, sépare le royaume de Dieu du Royaume temporel. Son pessimisme lui fait rejeter le

1. *Der Staat*, vol. 4, 1965, cahier n° 1, p. 51-69.

2. La même logique était déployée dans son chapitre sur Vitoria du *Nomos de la Terre*, dans lequel il faisait passer à l'arrière-plan l'occamisme et l'universalisme du théologien espagnol pour le rattacher à une « théologie concrète » et à un espace culturel bien délimité (la Chrétienté).

droit naturel et l'idée d'un droit accessible à la raison humaine. La nature et la raison, dépréciées, ne sauraient être le fondement du droit pour Luther. Alors que le calvinisme a, au contraire, juridicisé le droit naturel catholique et l'a réactivé politiquement – dans les démocraties d'Europe du Nord le calvinisme est devenu une arme dans le combat contre l'absolutisme –, le luthéranisme a au contraire favorisé l'émergence du positivisme juridique.

S'il n'est pas absurde d'affirmer comme Schmitt le fait que l'État de Hobbes porte à la perfection certains traits du luthéranisme et de l'anglicanisme, qu'il les seconde dans leur lutte contre l'Église-monde romaine et dans l'implantation du système des États territoriaux en Europe, il est plus discutable de faire de Hobbes le représentant d'une tendance théologique, de refuser de faire de lui un héraut de la sécularisation et d'affirmer que la quatrième partie du *Léviathan* (« Du Royaume des ténèbres ») ne critique pas la religion en général (*VR* : 66). Selon le juriste, la proposition « *Jesus is the Christ* » est la « profession de foi apostolique de Hobbes ». Elle ne servirait pas au philosophe anglais à rapporter toutes les religions à un dénominateur commun neutre, ce qui ferait de lui sur ce point précis un prédécesseur de Lessing, mais à prendre partie en faveur du principe *cujus regio ejus religio*, soit de la préservation, par « la décision du souverain chrétien », de la « spécificité des Églises chrétiennes distinctes » (*VR* : 62-63).

Il se trouve que pour étayer sa thèse, Schmitt invoque *The Divine Right of Kings* (1896) de Figgis et plus particulièrement un texte de l'historien intitulé « Erastus and Erastianism[1] » (*VR* : 58). Il se réclame du texte que Figgis a écrit sur le théologien suisse anticalviniste Erastus pour mettre en avant la ressemblance entre ce dernier et Hobbes. Ce faisant, il part de l'épithète « érastien », qui désigne couramment dans les querelles théologiques la position de ceux qui soutiennent que le pouvoir d'excommunier revient au souverain séculier (*Obrigkeit*) et non à la communauté religieuse. Toutefois, cette référence à Figgis est problématique. L'historien affirme en effet, à l'encontre de ce que Schmitt lui fait dire, que « Hobbes est le seul penseur de son temps à réaliser que la politique ne peut être une branche de la théologie[2] » et il s'attache à montrer qu'« Erastus n'était pas érastien au sens ordinaire du terme[3] » : le terme polémique d'érastianisme

1. J. N. Figgis, *The Divine Right of Kings*, Gloucester, Peter Smith Publisher, 1970, p. 267-316. Le texte de Figgis sur Erastus était déjà connu de Schmitt en 1938 puisque l'idée que « *the Deity of Calvinism is Hobbes'* Leviathan », exposée par Schmitt dans *Le Léviathan dans la doctrine de l'État de Thomas Hobbes* (p. 94) en est extraite (p. 299).

2. J. N. Figgis, *The Divine Right of Kings*, *op. cit.*, p. 249.

3. *Ibid.*, p. 283.

employé au XVIIe par les presbytériens pour vilipender ceux qui défendaient la suprématie de l'État correspond mal selon lui au combat réel d'Erastus. Le théologien suisse aurait écrit non pour défendre la cause de l'État ni subordonner l'Église mais pour garantir la liberté des sujets, la discipline que les Calvinistes de Heidelberg voulaient imposer à tous lui semblant être une forme non libérale de persécution. Pour Figgis « rien ne prouve qu'Erastus aurait subordonné la vérité à la politique et l'aurait fait passer comme Hobbes sous le rouleau compresseur de la raison d'État [1] ».

2) La ligne épistémologique

Dans « Der Staat als Mechanismus bei Hobbes und Descartes », Schmitt reprenait sans le dire l'analyse que Gierke fait dans le quatrième volume de *Das deutsche Genossenschaftsrecht* du renversement chez Hobbes de l'imagerie spiritualiste – le souverain étant l'âme et non la tête du corps social – en matérialisme intégral – l'âme étant en fait corporelle : « La personne souveraine-représentative ne peut empêcher la mécanisation intégrale de l'idée d'État. Elle n'est qu'une expression typique pour l'époque, pour le XVIIe siècle, de l'idée baroque de représentation, et non un « totalisme ». Du fait que, chez Hobbes, l'État pris comme un tout n'est pas une personne, mais qu'au contraire la personne souveraine-représentative n'est que l'âme de « l'homme en grand » qu'est l'État, il ne suffit pas de dire que le processus de mécanisation n'est pas freiné par ce personnalisme, il faut dire que lui seul l'accomplit (*vollendet*). Car cet élément personnaliste même est entraîné dans le procès de mécanisation, ce qui signifie sa perte. L'État pris comme un tout, corps et âme, est un *homo artificialis* et comme tel une machine. L'âme elle-même est réduite à un simple élément d'une machine artificiellement composée d'hommes. Le résultat final n'est pas un « homme en grand » mais une « grande machine, un mécanisme gigantesque construit pour protéger l'existence physique et terrestre des hommes qu'elle domine et protège » (*SGN* : 144-145).

Schmitt accrédite ainsi la thèse de Tönnies selon laquelle Hobbes, influencé par la physique et les mathématiques de son temps, a influencé en retour la philosophie matérialiste du XVIIIe siècle. Sous sa plume, Hobbes devient le prédécesseur du positivisme de d'Alembert et de Comte. Il ajoute que la transposition du mécanisme cartésien à l'État semble être « le cœur de la philosophie [hobbesienne] de l'État » (*SGN* : 141). « L'État est un Dieu mortel mais sa transcendance est matérielle et juridique et non métaphysique » (*SGN* : 144), qualifiant de « saut métaphysique décisif », et

1. *Ibid.*, p. 306, p. 311.

en 1938 de « décision métaphysique » (*Lev* : 100) la représentation de l'État comme un mécanisme. « Tout ce qui suit, le développement qui va du rouage de l'horloge à la machine à vapeur et au moteur électrique, au processus chimique ou biologique découle tout naturellement du développement ultérieur de la technique et des sciences de la nature et ne nécessite pas de nouvelle décision métaphysique » (*SGN* : 145-146 ; *Lev* : 99-100).

Schmitt souligne alors que Hobbes représente l'Église comme un « royaume de ténèbres », qu'il peint les clercs comme des lémures, le pape comme un fantôme coiffé d'une tiare et que ses écrits ont été mis à l'index (*SGN* : 141). En somme, dans « Der Staat als Mechanismus bei Hobbes und Descartes », Schmitt tenait explicitement compte de la philosophie générale de l'auteur du *Léviathan*, en particulier de son matérialisme, au moment d'étudier sa philosophie politique, comme le font Gierke, Figgis ou Tönnies constamment. Mais cette adhésion sans réserves au postulat de la systématicité de la philosophie naturelle et politique chez Hobbes n'est qu'un moment dans la lecture schmittienne.

C'est la tendance contraire que Schmitt adoptera tangentiellement au fil de ses textes successifs : celle qui accorde une signification uniquement régionale au matérialisme dans la pensée de Hobbes et le coupe du cercle des déductions politiques. On a parlé de l'expulsion, dans *Le nomos de la Terre*, de l'analyse *épistémologique* du texte hobbesien et de la conservation de la seule *image* des grands Léviathan. Dans ce livre, Schmitt ne retient que l'analogie vague de la guerre et des querelles entre individus pour en faire l'élément « substantiel », éloignant ainsi l'ensemble des analyses épistémologiques (hobbesiennes, gierkiennes ou les siennes propres) dans un geste qui est révélateur de cette scission entre matérialisme et spiritualisme que nous avons cru pouvoir repérer dans son œuvre. En affirmant, en 1965, dans « Die vollendete Reformation » que le sens de la pensée hobbesienne est en premier lieu théologique et « pas seulement positiviste », Schmitt revient plus nettement encore sur son interprétation de 1937-1938. Alors que dans son *Léviathan*..., il avait soutenu que la pensée de Hobbes était au fond un « grand combat contre la théologie politique sous toutes ses formes » (*Lev* : 80), et, dans « Der Staat als Mechanismus... » que Hobbes allait encore plus loin que Descartes dans la même direction (mécaniste), il détache désormais Hobbes du cartésianisme pour le maintenir du côté de la théologie (« je ne crois pas qu'il soit un “homme au masque” comme Descartes... », *VR* : 56). Il affirme dès lors que Hobbes utilise les arguments scientifiques uniquement comme un langage apparent « parce que les disputes théologiques avaient usé les autres arguments jusqu'à la corde » (*VR* : 64). « La scientificité ne fournit à Hobbes que l'évidence qui provoque l'adhésion » (*VR* : 59) ; « son but n'est pas la géométrie, ni les mathématiques, mais l'unité du monde chrétien » (*VR* : 64). Le juriste va jusqu'à parler du « mythe » dû à Auguste Comte d'un Hobbes positiviste. Non seulement l'épistémologie matérialiste est détachée du système hobbesien de déduction, mais de plus, le fait que Hobbes est l'un des théoriciens les plus conséquents du droit subjectif passe à l'arrière-plan, ainsi que l'influence sur Hobbes du nominalisme. Le contraste avec les premières lectures schmittiennes ne saurait être plus grand.

CONCLUSION

La doctrine de la guerre juste qui prend forme pour l'essentiel à l'époque de la haute scolastique, dès le XIVe siècle, qui a ensuite été développée par les théoriciens espagnols de la Seconde Scolastique et conservée dans la doctrine de l'Église est une tentative de justifier au plan de la morale chrétienne la pratique de la guerre médiévale, tout en la *limitant* et en déclarant illégitimes certaines guerres. Elle définit une série de critères auxquels la guerre doit se conformer pour être juste, dont celui de la « proportionnalité » ou limitation des moyens mis en œuvre, de façon à assurer non seulement l'humanité des usages de la force, mais aussi le fait que le recours à la guerre ne conduise pas au renversement du bon droit initial. Selon cette doctrine, la juste mesure des dommages infligés à l'ennemi en fonction de sa propre violence, ou à des tiers englobés dans le théâtre des opérations de guerre, doit faire que la guerre ne débouche pas sur un accroissement du mal et sur un cycle indéfini de vengeances. La retenue exige en outre que tous les autres moyens de réclamer un droit ou de régler un conflit aient été effectivement épuisés avant qu'une guerre soit engagée. La guerre devient ainsi un moyen de dernier recours.

Ces caractéristiques sont absentes de l'idée de croisade. Dans la théorie scolastique, la notion de « justice » est en fait synonyme de limitation, et par conséquent la guerre juste y est irréductible à la notion de guerre sainte menée contre le mal absolu ou contre l'ennemi essentiel.

Or, pour Schmitt, la « guerre juste » dont il décrit le retour au XXe siècle tend à être « totale ». Selon lui, la guerre qui se fait passer pour juste a pour objectif de passer outre les obligations juridiques, d'enfreindre la *légalité* du droit international au nom de la *légitimité*. La « justice » de la guerre n'est donc à ses yeux qu'une expression idéologique, celle dont a besoin l'interventionnisme. Et de fait, on l'a montré, il tend à rabattre la notion de guerre juste sur celle de croisade. De sa part, cette « erreur » n'en est pas une, car il connaît la différence entre « guerre juste » et croisade, d'un point de vue historique et théorique. Cette « inexactitude », structurelle dans sa propre théorie de la guerre, s'explique par son propre combat idéologique : ce sont en effet les wilsoniens et les Alliés, qui, au lendemain de la Première Guerre mondiale, se réclamaient de la doctrine scolastique de la guerre juste au moment même où ils fondaient la SDN. Si donc le juriste allemand ne peut être d'accord avec ceux qui voient dans la doctrine de la guerre juste d'un Vitoria le début du droit humanitaire moderne, soit la première théorie universaliste qui prescrit des limites à la guerre et au droit de conquête et qui « civilise » la guerre en reconnaissant des droits à tous les hommes, même hors de la Chrétienté, c'est que les tenants de cette interprétation sont ceux-là mêmes qui imposent à l'Allemagne le Traité de Versailles. La guerre injuste par excellence est alors dans les esprits la guerre menée par l'Allemagne. La connotation négative que prend d'emblée chez Schmitt le paradigme du retour de la guerre juste est donc facile à expliquer. Mais l'« erreur » de Schmitt qui identifie parfois « guerre juste » et « guerre totale » ou « guerre juste » et « croisade » vient aussi de ce qu'il surimpose la théorie de l'impérialisme à l'ancienne doctrine de la guerre juste. Si la doctrine de la guerre juste telle qu'elle resurgit ne peut être à ses yeux qu'une idéologie, couvrant des guerres ultraviolentes, c'est qu'il a en tête les écrits de Lénine et de Rosa Luxemburg au moins autant que ceux de Vitoria. Ainsi s'explique la collusion dans ses textes entre la guerre « idéologique » contemporaine et la guerre sainte médiévale. Toutes deux encadrent l'époque de la souveraineté absolue des États-nations, qui fait figure à ses yeux de paradis perdu de la politique de puissance. Schmitt affirme en outre que le caractère total de la guerre contemporaine est le résultat des moyens techniques d'anéantissement et des possibilités d'intervention illimitée dont elle dispose : selon lui l'idéologie de la guerre juste est la seule qui soit assez mobilisatrice pour être en mesure de justifier l'usage des armements actuels, mais il ne lui revient pas le rôle de « cause » des guerres nouvelles[1].

Les emprunts que Schmitt effectue silencieusement à l'endroit des théories marxistes et plus généralement du matérialisme seraient étonnants, voire invraisemblables, si l'on ne se remémorait la « querelle du matérialisme » qui a divisé les universitaires allemands depuis le milieu du XIXe siècle, et qui obligeait l'éventuel sympathisant à rester discret. Nous avons voulu montrer que cette querelle ainsi que le concept « polémique de matérialisme[2] » qui avait cours dans l'Université allemande du vivant de

1. C. Schmitt, *Le nomos de la Terre*, *op. cit.*, p. 319-320.
2. C. Schmitt, « Die vollendete Reformation », 1965, p. 61.

Schmitt est ce qui a conduit celui-ci à masquer une partie de sa propre épistémologie et de ses emprunts au matérialisme, au nominalisme, au marxisme, le poussant à présenter son épistémologie dans des termes qui pouvaient paraître acceptables à ses collègues.

Sur le terrain de l'histoire du droit international, les quelques prédécesseurs de Schmitt ont écrit une histoire doctrinale, une histoire des idées marquée par l'idéalisme. L'histoire des doctrines tenait lieu d'histoire du droit international. Or, c'est une intuition centrale du juriste que les idées et les normes juridiques n'ont pas un rôle de « causes » dans le réel, les systèmes juridiques offrant des rationalisations, au sens de Pareto, d'une réalité non logique en soi et plutôt opaque.

Schmitt peut difficilement définir le droit par la décision dans le domaine du droit international. Son autodéfinition de sa méthode par le décisionnisme y est mise à mal. Il peut difficilement faire du commandement et de l'autorité le moment essentiel du droit international quand il combat par ailleurs l'État mondial et prévoit le déclin de l'État-nation. Pourtant, son mode d'écriture théorique de l'histoire du droit est le même dans son œuvre internationaliste et dans ses textes de droit public. Des textes comme *La formation de l'esprit français par le légiste* (1942) ou *La situation de la science juridique européenne* (1943-1944) étendent au droit tout entier la méthode du *Nomos de la Terre*. Ce constat nous a conduit à chercher ce qui fait l'unité de la pensée schmittienne ailleurs que dans le décisionnisme. Placer les conditions sociales et historiques au fondement des transformations juridiques, considérer qu'un système juridique est soumis de toute part à des convulsions et à des transformations, l'informel primant sur le formel, en l'absence de toute essence éternelle du droit, voilà ce qui nous est apparu comme le principe commun aux écrits de droit public et à l'œuvre internationaliste du juriste. Le texte schmittien offre toujours une généalogie des normes juridiques à partir de la société et de l'histoire, et non à partir d'un sujet transcendantal ou d'une hiérarchie de normes. C'est donc aussi une théorie de la vérité en pointillé qu'on a trouvé chez lui. Le thème de la vérité comme production, essentiel dans le matérialisme, est omniprésent dans ses textes. Les théories des juristes n'y sont pas présentées comme vraies par elles mêmes : elles le deviennent dans certaines circonstances, fournissant des manuels aux praticiens.

Nous avons certes admis que parler d'un matérialisme de Schmitt présentait certaines difficultés. Notamment parce qu'il ne peut être question chez ce juriste du rapport entre corps et esprit, entre matière et pensée, grand thème du matérialisme depuis Démocrite. Les thèses que nous avons qualifiées de matérialistes chez lui concernent le rapport entre la théorie et la pratique, la vérité et le pouvoir, la politique et le droit. Thèses pauvres mais fécondes, qui concernent aussi le rapport entre droit et philosophie, autre thème sur lequel le juriste prend position : la philosophie n'a pas selon lui à fonder le droit. Son rôle est d'expliciter les concepts et les pratiques juridiques, non d'offrir un fondement transcendantal et éternel[1].

En somme, la difficulté principale vient du fait que la notion de matière elle-même est absente du texte schmittien. Elle est toutefois levée par des théoriciens du matérialisme comme Ernst Bloch, Louis Althusser, Jean-Toussaint Desanti ou Pierre Raymond, qui montrent que tout ne tourne pas autour de la notion de matière dans le matérialisme, que la notion de matière comme substrat omniprésent ne remplace pas celles de nature ou de substance de la métaphysique. Ces auteurs montrent chacun à leur manière qu'il y a un matérialisme sans matière. Il peut donc exister une façon de définir le rapport entre les formes juridiques et le pouvoir qui est matérialiste. Le droit apparaît comme légitimation seconde du pouvoir, dérivée, historique. Les normes juridiques n'apparaissent pas comme un monde anhistorique d'essence, dérivées de la nature ou d'impératifs moraux.

Le cœur de la critique schmittienne, qui porte à la fois contre les idéalités et contre les positivités juridiques, donc contre l'héritage du droit naturel et contre son renversement, procède d'une radicalisation du nominalisme analogue à celle qu'on peut trouver chez Marx et chez Lénine.

Pour des nominalistes comme Occam, Gassendi ou Pascal, notre connaissance au moyen de signes et de concepts est un pis-aller, un savoir artificiel et extérieur, coupé de l'être et de la vérité. Pour eux le sens est une production humaine, non parce que le sens absolu et divin n'existe pas, mais parce que l'homme n'y a pas accès. De là des développements sceptiques et critiques, liés toutefois à une thématique religieuse. Or le nominalisme sert d'articulation, chez ces penseurs, entre une ontologie spiritualiste et une épistémologie matérialiste. Olivier Bloch par exemple[2] a montré que le nominalisme permet à Gassendi d'être à la fois matérialiste et conservateur, matérialiste et religieux. Deux lignes de pensée sont présentes chez lui, comme plus tard chez Pascal : l'une scientifique, à la limite matérialiste, l'autre métaphysique et finalement religieuse. La

1. *Die Lage der europäischen Rechtswissenschaft*, *VA*, p. 427.

2. O. Bloch, *La philosophie de Gassendi. Nominalisme, matérialisme et métaphysique*, La Haye, Martinus Nijhoff, 1971.

caractéristique de ces penseurs est justement qu'ils suivent en même temps ces deux lignes. Des repères s'offrent ainsi, chez ces auteurs, qui permettent de cerner la « structure dissociée » de la pensée schmittienne elle-même et de rendre compte à la fois du caractère conservateur de la pensée du juriste considérée dans ses ressorts idéologiques et de la valeur novatrice de ses acquisitions sur le plan conceptuel. De même que Gassendi en son temps restaurait l'épicurisme mais lui attribuait un sens local, et non ultime, dans sa pensée, Schmitt reprend des pans entiers de l'héritage marxiste (la théorie de l'impérialisme, la critique du droit naturel, l'antihumanisme théorique, etc.), tout en s'efforçant de ne donner à ses emprunts qu'un sens régional, et non architectonique.

Entendons-nous, il ne s'agit pas de faire de Schmitt un marxiste, mais simplement de montrer qu'il a été influencé par le marxisme sur certains points essentiels. L'idée de dialectique en est un. Chez Marx l'idée de dialectique, soustraite à toute téléologie de la réalisation de l'Esprit dans l'histoire, était liée à la critique de l'État, de son autonomie fictive et de son élévation à l'absolu[1]. La critique de la philosophie de l'histoire est un acquis pour Schmitt, mais il prend soin de la détacher de la critique de l'État. D'où son attachement à des figures comme celles de Lénine ou de Lukács dans lesquelles il reconnaît des positions symétriques aux siennes. Il faut convenir que l'historicisation de la forme-État à laquelle le juriste procède dans de nombreux textes, principalement dans *Le nomos de la Terre,* n'a pas directement la valeur d'un ralliement à la thèse du dépérissement de l'État ou de la « fin de l'État ». Schmitt a beau souligner que les grands espaces qu'il souhaite voir surgir dans l'ordre mondial ne sont pas des « États en grand » mais autre chose[2], il établit en fait une alternative entre deux formes de supranationalité, dont l'une préserve une forme d'étatisme. Ou bien l'impérialisme donne naissance à des grands espaces supranationaux mais centrés sur des puissances nationales dominantes (comme les États-Unis dans l'espace américain, conformément à la « doctrine de Monroe », ou l'Allemagne en Europe et le Japon en Asie) : alors le principe de souveraineté est maintenu, et l'on ne peut s'empêcher de constater qu'avec les « grands espaces » Schmitt souhaite en fait voir émerger une fonction étatique de résistance à la guerre totale. Ou bien l'impérialisme passe entièrement sur le plan économique et, du point de vue juridique, il se dote d'institutions « policières » de droit international,

1. K. Marx, *Critique de la philosophie politique de Hegel,* dans K. Marx, *Œuvres III,* « Bibliothèque de la Pléiade », Paris, Gallimard, 1982 [1843].

2. *Völkerrechtliche Großraumordnung, SGN,* p. 315.

institutions chargées de déterminer les cas de guerre juste et injuste et de se substituer aux États dans la fonction de défense de leurs intérêts vitaux. Dans ce cas, non seulement la souveraineté classique disparaît, la constitutionnalisation du droit international représentant plutôt pour Schmitt un « non-État », une « neutralisation non neutre » de la politique qui sert directement l'impérialisme, mais surtout, des formes de guerre qui portent en elles la possibilité de la barbarie ressurgissent.

On peut contester les conclusions et la méthode des écrits de droit international de Schmitt. Parmi les choses gênantes, on notera que le juriste allemand parle de la question de la guerre juste et injuste exactement dans les mêmes termes après 1945 qu'après 1918. Cette question est traitée en des termes constants jusque dans la dernière section du *Nomos de la Terre* – comme s'il n'y avait pas eu de nazisme. Et quand Schmitt évoque tout de même le nazisme ainsi que la guerre que les Alliés ont menée contre lui, il ne peut s'empêcher de faire une série de remarques bilieuses à l'endroit de ceux qui « prétendent » incarner la justice[1].

Il est donc difficile d'adhérer à tout ce que fait Schmitt, on le sait. Mais on ne peut nier que ses arguments et ses concepts soient présents dans les débats actuels relatifs à l'ordre mondial, de façon implicite ou explicite. Ses analyses enrichissent la discussion sur les formes de l'agression, sur la légitimité des « frappes préventives » contre un adversaire qui se prépare à attaquer, sur l'intervention aux côtés des peuples ou communautés agressés qui peut exiger l'infraction au formalisme du droit international, comme ce fut déjà le cas au moment de la montée du fascisme en Europe et comme les « interventions humanitaires » dans les guerres civiles et contre les génocides nous forcent à le constater aujourd'hui.

1. Voir le *Glossarium*, par exemple p. 186-187, p. 258, p. 269-270.

REMERCIEMENTS

Ce livre est issu d'une thèse soutenue à l'Université de Rennes 1 en novembre 2009, thèse qui n'aurait pu être menée à bien sans l'aide que m'ont apportée le DAAD et le Centre Marc Bloch de Berlin. Je suis très reconnaissante à Catherine Colliot-Thélène d'avoir accepté de diriger une thèse sur Schmitt et pour la manière dont elle a suivi mon travail.

J'ai profité de discussions instructives avec Olivier Beaud que je remercie sincèrement. Je remercie également Günter Maschke qui m'a donné des informations sur les opinions de Schmitt et sur les internationalistes allemands, de même qu'un grand nombre de livres et de documents. Toute ma gratitude va d'autre part à Kilian, qui m'a soutenue dans ce travail, à mes nombreux relecteurs, mais aussi à mes professeurs Pierre Raymond et Étienne Balibar, qui m'ont « appris à apprendre » en philosophie.

C'est pour moi un honneur d'être accueillie dans cette collection et d'avoir reçu la confiance de M. Jean-François Courtine.

BIBLIOGRAPHIE

LES TEXTES DE CARL SCHMITT

A) Sources inédites

Archives Carl Schmitt, *Hauptstaatsarchiv* de Düsseldorf

Le livre répertoriant les textes des archives de Schmitt est :
Laak (D. van) & Villinger (I.), *Nachlass Carl Schmitt. Verzeichnis des Bestandes im Nordrhein-Westfälischen Hauptstaatsarchiv*, Siegburg, Respublica-Verlag, 1993

« Note » (en anglais)
tapuscrit, 3 pages
1945
RW 265-19552

Gedanken zur Theorie und Praxis des angelsächsichen Rechtsdenken mit besonderem Bezug auf die bevorstehenden Prozesse gegen die sog. « Wirtschaftskriegsverbrecher »
tapuscrit, 36 pages
1948
RW 265-19555

Entwicklung der internationalrechtlichen Pönalisierung des Angriffs-krieges (1919-1939)
tapuscrit, 35 pages, numéroté p. 15 à 54
non daté, date d'après 1947
RW 265-19220

Lettre à Böckenförde, datée du 22 août 1956
tapuscrit
RW 265-12823

Lettre à Axel von Freytagh-Loringhoven, datée du 19 août 1942
tapuscrit
RW 265-13007

B) Sources publiées

Les nombreux écrits de Carl Schmitt, constitués de quelques livres mais pour la majeure partie d'un très grand nombre d'articles et d'interventions à des conférences, sont difficiles à présenter de façon simple et exhaustive. Pour donner une vue synthétique d'un corpus disséminé de part et d'autre, nous choisissons de les présenter suivant l'ordre chronologique à partir de la date de leur première parution. Nous donnons la référence de la totalité des écrits de droit international de Schmitt que nous connaissons. En revanche, en ce qui concerne le reste de l'œuvre de Schmitt, nous nous contentons de référencer les textes que nous avons mentionnés dans notre travail.

Recueils d'articles

La plupart des articles et essais de Schmitt, en allemand et en français, ont été regroupés dans les ouvrages suivants :

Parlementarisme et démocratie, Paris, Éditions du Seuil, 1988. Cité *P&D.*

Du politique. « Légalité et légitimité » et autres essais, A. de Benoist (éd.), Puiseaux, Pardès, 1990. Cité *DP.*

La notion de politique, suivi de *Théorie du partisan,* trad. par M.-L. Steinhauser, Paris, Flammarion, 1992. Cité *NP.*

Positionen und Begriffe im Kampf mit Weimar-Genf-Versailles, 1923-1939, Berlin, Duncker & Humblot, 1994 [1940]. Cité *PB.*

Staat, Grossraum, Nomos, Arbeiten aus den Jahren 1916-1969. G. Maschke (hsgb.), Berlin, Duncker & Humblot. 1995. Cité *SGN.*

Verfassungsrechtliche Aufsätze aus den Jahren 1924-1954, Berlin, Duncker & Humblot, 2003 [1958]. Cité *VA.*

Frieden oder Pazifismus ? G. Maschke (hsgb.), Berlin, Duncker & Humblot, 2005. Cité *FP.*

La guerre civile mondiale. Essais (1943-1978), trad. par C. Jouin, Maisons-Alfort, Éditions ère. 2007. Cité *GCM.*

Machiavel-Clausewitz. Droit et politique face aux défis de l'histoire, 2007, Paris, Krisis. Cité *MC*.

Livres

1921 *Die Diktatur. Von den Anfängen des modernen Souveränitätsgedankens bis zum proletarischen Klassenkampf*, München, Leipzig, Duncker & Humblot. *La dictature*, trad. par M. Köller et D. Séglard, Paris, Éditions du Seuil, 2000.

1922 *Politische Theologie. Vier Kapitel zur Lehre der Souveränität*, München, Leipzig, Duncker & Humblot. La deuxième partie date de 1970, *Théologie politique*, trad. par J.-L. Schlegel, Paris, Gallimard, 1988.

1923 *Die geistgeschichtliche Lage des heutigen Parlamentarismus*, Berlin, Duncker & Humblot, 8e éd. 1996 ; *Parlementarisme et démocratie*, Paris, Éditions du Seuil, 1988.

1925 *Römischer Katholizismus und politische Form*, München, Theatiner-Verlag ; *La visibilité de l'Église. Catholicisme romain et forme politique*, Donoso Cortès, tard. Par A. Doremus et O. Mannoni, Paris, Cerf, 2011.

1928 *Verfassungslehre*, München, Leipzig, Duncker & Humblot ; *Théorie de la Constitution*, trad. par L. Deroche, Paris, Presses universitaires de France, 1993.

1930 *Hugo Preuss. Sein Staatsbegriff und seine Stellung in der deutschen Staatslehre*, Tübingen, J. C. B. Mohr.

1931 *Der Hüter der Verfassung*, Berlin, Duncker & Humblot, 1996.

1932 *Der Begriff des Politischen*, München, Leipzig, Duncker & Humblot, repris dans *PB* et dans *FP* ; *La notion de politique*, suivi de *Théorie du partisan*, trad. par M.-L. Steinhauser, Paris, Flammarion, 1992. La première version date de 1927, une troisième version est datée de 1933.

Legalität und Legitimität, Berlin, Duncker & Humblot, 1998.

1933 *Staat, Bewegung, Volk : die Dreigliederung der politischen Einheit*, Hamburg, Hanseatische Verlagsanstalt.

1934 *Über die drei Arten des rechtswissenschaftlichen Denkens*, Hamburg, Hanseatische Verlagsanstalt ; *Les trois types de pensée juridique,* trad. par M. Köller et D. Séglard, Paris, Presses universitaires de France, 1995.

Staatsgefüge und Zusammenbruch des zweiten Reiches. Der Sieg des Bürgers über den Soldaten, Hamburg, Hanseatische Verlagsanstalt.

1938 *Die Wendung zum diskriminierenden Kriegsbegriff*, repris in *FP*. Cité dans l'édition originale, München, Leipzig, Duncker & Humblot ; *Guerre discriminatoire et logique des grands espaces*, trad. par F. Poncet, Paris, Krisis, 2011.

Der Leviathan in der Staatslehre von Thomas Hobbes. Sinn und Fehlschlag eines politischen Symbols, Hamburg, Hanseatische Verlagsanstalt ; *Le Léviathan dans la doctrine de l'État de Thomas Hobbes. Sens et échec d'un symbole politique*, trad. par D. Trierweiler, Paris, Éditions du Seuil, 2002.

1942 *Land und Meer*, Stuttgart, Klett-Cotta, 2001.

1947 *Antworten in Nürnberg*, Helmut Quaritsch (hsgb.), Berlin, Duncker & Humblot, 2000.

1950 *Der Nomos der Erde im Völkerrecht des Jus publicum Europaeum*, Köln, Greven ; *Le nomos de la Terre dans le droit des gens du Jus publicum Europaeum*, trad. par L. Deroche-Gurcel et P. Haggenmacher, Paris, Presses universitaires de France, 2001.

Ex Captivitate Salus. Erfahrungen aus der Zeit 1945-1947, Köln, Greven ; *Ex Captivitate Salus. Expériences des années 1945-1947*, trad. par A. Dorémus, Paris, Vrin, 2003.

Donoso Cortés in gesamteuropäischer Interpretation. Vier Aufsätze, Köln, Greven ; *La visibilité de l'Église. Catholicisme romain et forme politique*, Donoso Cortès, tard. Par A. Doremus et O. Mannoni, Paris, Cerf, 2011.

1954 *Gespräch über die Macht und den Zugang zum Machthaber*, Pfullingen, Neske.

1963 *Theorie des Partisanen. Zwischenbemerkung zum Begriff des Politischen*, Berlin, Duncker & Humblot. *Théorie du partisan*, dans *La notion de politique*, trad. par M.-L. Steinhauser, Paris, Flammarion, 1992.

À titre posthume :

1991 *Glossarium. Aufzeichnungen der Jahre 1947-1951*, Berlin, Duncker & Humblot.

1994 *Das internationalrechtliche Verbrechen des Angriffskrieges und der Grundsatz* "Nullum crimen, nulla poena sine lege", Helmut Quaritsch (hsgb.), Berlin, Duncker & Humblot [1945].

1995 Mohler (A.) et Schmitt (C.), *Briefwechsel mit einem seiner Schüler*, Berlin, Akademie Verlag.

1999 Jünger (E.) et Schmitt (C.) *Briefe, 1930-1983*, Stuttgart, Klett-Cotta.

2007 Blumenberg (H.) et Schmitt (C.). *Briefwechsel*, Frankfurt-am-Main, Suhrkamp Verlag.

2007 Forsthoff (E.) et Schmitt (C.), *Briefwechsel*, Berlin, Akademie Verlag.

2008 Sander (H. D.) et Schmitt (C.). *Werkstatt-Discorsi. Briefwechsel 1967-1981*, Lehnert (E.) et Maschke (G.) (hsgb.). Schnellroda, Édition Antaios.

Articles, essais, conférences

1924-25 « Die Kernfrage des Völkerbundes », in *FP*.

1925 « Die Rheinlande als Objekt internationaler Politik », in *PB* et in *FP*. « La Rhénanie, objet de la politique internationale », in *MC*.

« Der *Status quo* und der Friede », in *PB* et in *FP*.

« Rudolf Kjellén. Der Staat als Lebensformen », *Empresas Políticas*, año III, n° 4, premier semestre 2004 : 183-184.

1926 « Die Kernfrage des Völkerbundes », in *FP* (version différente de celle de 1924-1925) ; « La question clé de la Société des Nations », trad. Par R. Kolb, Paris, Pédone, 2009.

« Das Doppelgesicht des Genfer Völkerbundes », in *PB* (il s'agit de la reprise de la fin de « Die Kernfrage des Volkerbundes »).

« Zu Friedrich Meinecke "Idee der Staatsräson" », in *PB* ; « L'idée de raison d'État selon Meinecke », in *NP*.

1927 « Machiavelli », in *SGN* ; « Machiavel », in *MC*.

1928 « Der Völkerbund und Europa », in *PB* ; « La Société des Nations et l'Europe », dans *DP*.

« Völkerrechtliche Probleme im Rheingebiet », in *PB* et in *FP*.

1929 « Das Zeitalter der Neutralisierungen und Entpolitisierungen », in *PB* ; « L'ère des neutralisations et des dépolitisations », in *NP*.

« Ratifikation völkerrechtlicher Verträge und innerstaatliche Auswirkung der Wahrnehmung auswärtiger Gewalt », in *VA*.

« Wesen und Werden des faschistischen Staates », in *PB*.

1930 « Die politische Lage der entmilitarisierten Rheinlande », in *FP*.

« Der Völkerbund und das politische Problem der Friedenssicherung », in *FP*.

« Das Problem der innerpolitischen Neutralität des Staates », in *VA*.

« Staatsethik und pluralistischer Staat », in *PB* ; « Éthique de l'État et État pluraliste », in *NP*.

1930-31 « Der Völkerbund », in *FP*.

1931 « Übersicht über die verschiedenen Bedeutungen und Funktionen des Begriffes der innerpolitischen Neutralität des Staates », in *PB* et in *Der Hüter der Verfassung* ; « Exposé sommaire des différentes significations et fonctions du concept de neutralité de l'État en matière de politique intérieure », in *NP*.

« Freiheitsrechte und institutionelle Garantien der Reichsverfassung », in *VA*.

1932 « Völkerrechtliche Formen des modernen Imperialismus », in *PB* ; « Les formes de l'impérialisme en droit international moderne » in *DP*.

« Grundrechte und Grundpflichten », in *VA*.

1932-33 « USA und die völkerrechtlichen Formen des modernen Imperialismus », in *FP*.

1933 « Reich – Staat – Bund », in *PB*.

« Frieden oder Pazifismus ? », in *FP*.

Staat, Volk, Bewegung: die Dreigliederung der politischen Einheit, Hamburg, Hanseatische Verlagsanstalt.

1934 « Der Vorbehalt beim Abschluss völkerrechtlicher Verträge. Rezension des Buches von U. Scheidtmann », in *FP*.

« Nationalsozialismus und Völkerrecht », in *FP*.

« Sowjet-Union und Genfer Völkerbund », in *FP*.

« Der Führer schützt das Recht », in *PB*.

1935 « Paktsysteme als Kriegsrüstung – Eine völkerrechtliche Betrachtung », in *FP*.

« Über die innere Logik der Allgemeinpakte auf gegenseitigen Beistand » in *PB* et in *FP*.

1936 « Sprengung der Locarno-Gemeinschaft durch Einschaltung der Sowjets », in *FP*.

« Die Ära der integralen Politik », in *FP*.

« Die nationalsozialistische Gesetzgebung und der Vorbehalt des "ordre public" im internationalen Privatrecht », *Zeitschrift der Akademie für Deutsches Recht*, n° 4, 1936, p. 204-211.

« Die siebente Wandlung des Genfer Völkerbundes. Eine völkerrechtliche Folge der Vernichtung Abessiniens », in *PB* et in *FP*.

1937 « Totaler Feind, totaler Krieg, totaler Staat », in *PB* et in *FP*.

« Der Begriff der Piraterie », in *PB* et in *FP*.

« Der Staat als Mechanismus bei Hobbes und Descartes », in *SGN*.

1938 « Über das Verhältnis der Begriffe Krieg und Feind », in *FP*; « Du rapport entre les concepts de guerre et d'ennemi », in *NP*.

« Das neue *Vae Neutris* ! », in *PB* et in *FP*.

« Völkerrechtliche Neutralität und völkische Totalität », in *PB* et in *FP*; « Neutralité en droit des gens et totalité "völkisch" », *Revue de Droit International*, n° 22, juillet-août 1938, p. 316 *sq*.

1939 « Über die zwei großen "Dualismen" des heutigen Rechtssystems », in *PB*.

« Großraum gegen Universalismus », in *PB* ; « Grand espace contre universalisme », in *DP*.

« Der Reichsbegriff im Völkerrecht », in *PB*.

« Führung und Hegemonie », in *SGN*.

« *Inter pacem et bellum nihil medium* », in *FP*.

« Neutralität und Neutralisierungen (über Christoph Steding) », in *PB* ; « Neutralité et neutralisations », in *DP*.

1940 « Über das Verhältnis von Völkerrecht und staatlichem Recht », in *FP*.

« Raum und Großraum im Völkerrecht », in *SGN*.

« Die Auflösung der europäischen Ordnung im "International Law" (1890-1939) », in *SGN*.

« Die Raumrevolution. Durch den totalen Krieg zu einem totalen Frieden », in *SGN*.

« Die Stellung Lorenz von Steins in der Geschichte des 19. Jahrhunderts », in *SGN*.

1941 *Völkerrechtliche Großraumordnung*, in *SGN* [1939] ; « Le droit des peuples réglé selon le grand espace proscrivant l'intervention de puissances extérieures », dans *Guerre discriminatoire et logique des grands espaces*, trad. par F. Poncet, Paris, Krisis, 2011.

Die Wendung zum diskriminierenden Kriegsbegriff, repris in *FP* ; « Le passage au concept de guerre discriminatoire », trad. par R. Kolb, Paris, Pédone, 2009 ; *Guerre discriminatoire et logique des grands espaces*, trad. par F. Poncet, Paris, Krisis, 2011.

« Das Meer gegen das Land », in *SGN* ; « La Mer contre la Terre », in *DP*.

« Staatliche Souveränität und freies Meer. Über den Gegensatz von Land und See im Völkerrecht der Neuzeit », in *SGN* ; « Souveraineté de l'État et liberté des mers », in *DP*.

« Staat als ein konkreter, an eine geschichtliche Epoche gebundener Begriff », in *VA*.

1942 « Beschleuniger wider Willen oder : Problematik der westlichen Hemisphäre », in *SGN* ; « Accélérateurs involontaires ou : la problématique de l'hémisphère occidental », trad. par R. Kirchhof, in *DP*.

« Die Formung des französischen Geistes durch den Legisten », in *SGN* ; « La formation de l'esprit français par les légistes », in *DP*.

1943 « Cambio de estructura del Derecho International », *Revista de Estudios Políticos*, Madrid, juin 1943 ; en allemand : « Strukturwandel des internationalen Rechts », trad. par G. Maschke, in *FP* ; « Changement de structure du droit international », in *GCM* et in *MC*.

« Die letzte globale Linie », in *SGN*.

1943-44 *Die Lage der europäischen Rechtswissenschaft*, in *VA* ; « La situation de la science juridique européenne », in *MC*.

1948-50 « Völkerrecht [Ein juristisches Repetorium] », in *FP*.

1949 « Vitoria und die Geschichte seines Ruhmes », *Die Neue Ordnung*, n° 4, p. 289-313.

« Donoso Cortés in gesamteuropäischer Interpretation », Die neue Ordnung, n° 1, p. 1-15.

« Maritime Weltpolitik », in *SGN*.

« Amnestie oder die Kraft des Vergessens », in *SGN* ; « Amnistie ou la force de l'oubli », in *MC*.

1950 « Drei Stufen historischer Sinngebung », *Universitas*, n°8, p. 927-931.

1951 « Tierra y mar, elementos de la política mundial », *Cuardernos Hispanoamericanos*, Madrid, n° 22, Juillet-Août 1951, p. 9-14 ; en allemand : *Junge Freiheit*, trad. par G. Maschke, déc. 2006 ; « Terre et mer. Éléments de politique mondiale », in *MC*.

« La Unidad del Mundo », Madrid, Ateneo, 1951 ; en allemand : « Die Einheit der Welt », in *FP* ; « L'unité du monde », in *DP*.

1952 « Die Einheit der Welt », in *SGN*, 1952 (version différente de celle de 1951).

« Zum Gedächtnis an Serge Maiwald », in *FP*.

1953 « Nehmen/Teilen/Weiden », in *VA* ; « Prendre/partager/paître », in *GCM*.

1954 « Weltgroßartigste Spannung », in *SGN*.

1954-55 « Vier Rezensionen zu völkerrechtlichen Schriften », in *FP*.

1955 « Der neue Nomos der Erde », in *SGN* ; « Le nouveau nomos de la Terre », in *MC*.

« Die geschichtliche Struktur des heutigen Welt-Gegensatzes von Ost und West. Bemerkungen zu Ernst Jüngers Schrift : "Der Gordische Knoten" », in *SGN*.

1955-58 « Gespräch über den neuen Raum », in *SGN*.

1959 « Nomos–Nahme–Name », in *SGN*.

1960 « Der Gegensatz von Gemeinschaft und Gesellschaft als Beispiel einer zweigliedrigen Unterscheidung. Betrachtung zur Struktur und zum Schicksal solcher Antithesen », in *Homenaje al Professor Luis Legaz y Lacambra,* vol.1, Santiago de Compostela, p. 165-178.

1962 « Die Ordnung der Welt nach dem zweiten Weltkrieg », in *SGN*.« L'ordre du monde après la Seconde Guerre mondiale », in *GCM*.

1965 « Die vollendete Reformation. Bemerkungen und Hinweise zu neuen Leviathan-Interpretationen », *Der Staat*, vol. 4, 1965, cahier n° 1, p. 51-69.

1967 « Die Tyrannei der Werte », in *Säkularisation und Utopie. Ebracher Studien. Ernst Forsthoff zum 65. Geburtstag*. Stuttgart, Berlin, Kohlhammer Verlag ; « La tyrannie des valeurs », trad. par P. Lang et C. Jouin, dans Koch (I.) et Lenoir (N.) (éds.), *Démocratie et espace public : quel pouvoir pour le peuple ?*, Hildesheim, Zurich, New York, Olms, 2008.

« Clausewitz als politischer Denker », in *FP* ; « Clausewitz, penseur politique », in *GCM* et *MC*.

1969 « Gespräch über den Partisanen », in *SGN* ; « Conversation sur le partisan », in *GCM*.

1978 « Die legale Weltrevolution », in *FP*; « La révolution légale mondiale », in *GCM*.

LES SOURCES DE CARL SCHMITT

Livres et écrits des Archives Carl Schmitt, *Hauptstaatsarchiv* de Düsseldorf

BRINKMANN (C.), « Über Positionen und Begriffe », *Schmoller Jahrbuch*, n° 64, cahier 4, Duncker & Humblot, 1940.
RW 265-21355

FREUND (J.), « Marxisme et XVIIe siècle, ou les limites de l'interprétation marxiste », tirage à part, *Critique*, n° 301, p. 555-574, 1972.
RW 265-22389

HAGGENMACHER (P.), *La guerre publique européenne. Avènement et déclin d'une institution juridique*. Tapuscrit de 30 pages, non daté, postérieur à 1970.
RW 265 –20069

KOSELLECK (R.), *Von der Garantie des ewigen Friedens. Kants Friedensplan*. Tapuscrit de 15 pages, inédit, 1948. Annoté par Schmitt.
RW265-20029

MARX (K.), *Enthüllungen zur Geschichte der Diplomatie im 18. Jahrhundert*, Frankfurt-am-Main, Suhrkamp Verlag, 1980.
RW 265-27823

PASCAL (B.), *Les Provinciales*, Strasbourg, Bibliotheca Romanica, non daté.
RW 265-24334

– Tapuscrit. Deux pages d'extraits d'écrits de Pascal recopiés par Schmitt à la machine à écrire.
RW 265-19867

– *Pensées*, Paris, Flammarion, 1870.
RW 265-24343

– *Über die Religion*, trad. allemande des *Pensées* par E. Wasmuth, Heidelberg, Verlag Lambert Schneider, 1954.
RW 265-24344

PAŠUKANIS (E. B.), *Allgemeine Rechtslehre und Marxismus : Versuch einer Kritik der juristischen Grundbegriffe*, Wien, Berlin, Verlag für Literatur und Politik, 1929.
RW 265-23862

PERROUX (F.), *Masse et classe*, Paris, Casterman, 1972.
RW 265-25419

PLÜGGE (H.), *Über Pascals anthropologischen Ansatz*. Tapuscrit, 1948. 19 pages annotées par Schmitt.

Lettres inédites adressées à Schmitt, Archives Carl Schmitt, *Hauptstaatsarchiv* de Düsseldorf

BILFINGER (C.), Lettre du 19 décembre 1949.
RW 265-1385
– Lettre du 22 décembre 1949.
RW 265-1386
GREWE (W.), Télégramme du 11 juillet 1973.
RW 265 -5156.
TÖNNIES (F.), Lettre du 17 juillet 1930.
RW 265-16109
– Lettre du 18 juillet 1930.
RW 265-16110

Autres livres

BENJAMIN (W.), « Critique de la violence », *Œuvres*, vol. 1, Paris, Gallimard, p. 210-243, 2000 [1921].

– *Écrits français*, Paris, Gallimard, 1991.

BILFINGER (C.), *Völkerrecht und Staatsrecht in der deutschen Verfassungsgeschichte*, Hamburg, Hanseatische Verlagsanstalt, 1941.

BLUMENBERG (H.), *Die Legitimität der Neuzeit*, Frankfurt-am-Main, Suhrkamp Verlag, 1996 [1966].

BLUNTSCHLI (J. C.), *Die Organisation des europäischen Staatsvereins*, Darmstadt, Wissenschaftliche Buchgesellschaft, 1962 [1878].

BRINKMANN (C.), « Die moderne Staatsordnung und der Kapitalimus », *in* Brinkmann (C.) et Albrecht (G.)(hsgb.), *Grundriss der Sozialökonomik*, vol. 4, Tübingen, J. C. B. Mohr (Paul Siebeck), p. 49-67, 1925.

– « Imperialismus als Wirtschaftspolitik », in *Festgabe für Lujo Brentano zum 80. Geburtstag*, München, Leipzig, Duncker & Humblot, p. 79-105, 1925.

BRUNNER (O.), *Land und Herrschaft. Grundfragen der territorialen Verfassungsgeschichte Österreichs im Mittelalter*, Wien et Wiesbaden,Rudolf M. Rohrer Verlag, 1959 [1939].

BRUNS (V.), *L'égalité des droits de l'Allemagne en tant que problème juridique: conférence prononcée à la première séance plénière de l'Académie pour le Droit Allemand le 5 novembre 1933*, Berlin, Heymann, 1935.

– *Der britische Wirtschaftskrieg und das geltende Seekriegsrecht*, Berlin, Heymann, 1940.

CASSIRER (E.), *Natur- und Völkerrecht im Lichte der Geschichte und der systematischen Philosophie*, Berlin, Schwetschke & Sohn, 1919.

DAUDET (L.), *La guerre totale*, Paris, Nouvelle Librairie Nationale, 1918.

DAVENPORT (F. G.), *European Treaties Bearing on The History of The United States and Its Dependencies*, 4. vol., Washington, Carnegie Institution, 1917-1937.

DELBRÜCK (H.), *Ludendorffs Selbstporträt*, Berlin, Verlag für Politik und Wirtschaft, 1922.

– *Geschichte der Kriegskunst im Rahmen der politischen Geschichte*, Berlin, Walter de Gruyter, 4 vol., 2000 [1900–1920].

DONNEDIEU DE VABRES (H.), *Les principes modernes du droit pénal international*, Paris, Sirey, 1928.

ENGELS (F.), *Ausgewählte militärische Schriften*, Berlin (Est), Verlag des Ministeriums für nationale Verteidigung, 1958.

– *Dialectique de la nature*, Paris, Éditions sociales, 1975 [1925].

– *Ludwig Feuerbach et la fin de la philosophie classique allemande*, Paris, Éditions sociales, 1976 [1888].

– *Anti-Dühring*, Paris, Éditions sociales, 1977 [1878].

FIGGIS (J. N.), *The Divine Right of Kings*, Gloucester, Peter Smith Publisher, 1970 [1896].

– *From Gerson to Grotius, 1414-1625*, New York, AMS Press, 1978 [1907].

FRANK (H.), *Nationalsozialistisches Handbuch für Recht und Gesetzgebung*, München, Eher, 1935.

FREUND (J.), *L'essence du politique*, Paris, Dalloz, 2003 [1965].

FREYTAGH-LORINGHOVEN (A. von), *Die Satzung des Völkerbundes*, Berlin, Verlag von Georg Stilke, 1926.

– *Die Regionalverträge. Fünf Vorlesungen an der Haager Akademie für Völkerrecht*, München et Leipzig, Duncker & Humblot, 1937.

GIERKE (O. von), *Das deutsche Genossenschafsrecht*, vol. 1, Berlin, Weidmann, 1913 [1868].

– *Das deutsche Genossenschafsrecht*, vol. 2 : *Geschichte des deutschen Körperschaftsbegriffs*, Graz, Akademische Druck- und Verlagsanstalt, 1954 [1873].

– *Das deutsche Genossenschafsrecht, vol. 3 : Die Staats-und Korporationslehre des Altertums und des Mittelalters und ihre Aufnahme in Deutschland*, Graz, Akademische Druck- und Verlagsanstalt, 1954 [1881].

– *Das deutsche Genossenschafsrecht*, vol. 4 : *Die Staats-und Korporationslehre der Neuzeit*, Graz, Akademische Druck- und Verlagsanstalt, 1954 [1913].

– *Althusius und die Entwicklung der naturrechtlichen Staatstheorien*, Aalen, Scientia Verlag, 1958 [1880].

GREWE (W.), *Der dritte Wirtschaftskrieg*, Berlin, Junker und Dünnhaupt, 1940.

– *Nürnberg als Rechtsfrage. Eine Diskussion*, Stuttgart, Ernst Klett Verlag, 1947.

– *Ein Besatzungsstatut für Deutschland. Die Rechtsformen der Besetzung*, Stuttgart, K. F. Koehler Verlag, 1948.

GROTIUS (H.), *Le droit de la guerre et de la paix*, trad. par P. Pradier-Fodéré, Paris, Presses universitaires de France, 1999 [1625].

GÖPPERT (O.), *Der Völkerbund. Organisation und Tätigkeit des Völkerbundes*, Stuttgart, Kohlhammer, 1938.

HAHLWEG (W.), « Lenin und Clausewitz. Ein Beitrag zur politischen Ideengeschichte des 20. Jahrhunderts », *Archiv für Kulturgeschichte*, n° 36, Köln, Münster, Böhlau-Verlag, p. 30-59 et 357-387, 1954.

HAURIOU (M.), *Précis de droit administratif et de droit public*, Paris, Sirey, 1919.

HEGEL (G. W. F.), *Le droit naturel*, trad. par A. Kaan, Paris, Gallimard, 1972 [1802/1803].

– *Principes de la philosophie du droit ou droit naturel et science de l'État en abrégé*, trad. par R. Derathé, Paris, Vrin, 1993 [1821].

– *Über die Reichsverfassung*, Hamburg, Felix Meiner Verlag, 2004 [1800-1802].

HELLER (H.), *Die Souveränität. Ein Beitrag zur Theorie des Staats- und Völkerrechts*, Berlin et Leipzig, Walter de Gruyter, 1927.

– *Hegel und der nationale Machtstaatsgedanke in Deutschland. Ein Beitrag zur politischen Geistesgeschichte*, Saarbrücken, VDM Verlag Müller, 2007 [1921].

HEYDTE (F. A.), « Francisco de Vitoria und die Geschichte seines Ruhmes Eine Entgegnung », *Die Friedens-Warte*, n° 4-5, p. 190-197, 1949.

– « Heil aus der Gefangenschaft ? Carl Schmitt und die Lage der europäischen Rechtswissenschaft », *Hochland*, n° 3, p. 188-294, 1951.

– *Die Geburtsstunde des souveränen Staates. Ein Beitrag zur Geschichte des Völkerrechts, der allgemeinen Staatslehre und des politischen Denkens*, Regensburg, Verlag Joseph Habbel, 1952.

HIFERDING (R.), *Le Capitalisme financier. Étude sur le développement récent du capitalisme*, Paris, Éditions de Minuit, 1970 [1910].

HINTZE (O.), *Deutschland und der Weltkrieg*, Meinecke (F.) et Oncken (H.) (hsgb.), Berlin et Leipzig, Teubner, 1915.

– « Machtpolitik und Regierungsverfassung », *in* Hintze (O.). *Staat und Verfassung*, Leipzig, Koehler & Amelang, p. 414-446, 1941 [1913].

– *Staat und Verfassung. Gesammelte Abhandlungen zur allgemeinen Verfassungsgeschichte*, Göttingen, Vandenhoeck & Ruprecht, 1962 (2e éd. augmentée).

– *Soziologie und Geschichte. Gesammelte Abhandlungen zur Soziologie, Politik und Theorie der Geschichte*, Göttingen, Vandenhoeck & Ruprecht, 1964.

HOBBES (T.), *De Cive ou les Fondements de la politique,* trad. par S. Sorbière, Paris, Sirey, 1981 [1642].

– *Béhémoth*, trad. par L. et P. Carrive, Paris, Vrin, 1990 [1682].

– *Léviathan ou Matière, forme et puissance de l'État chrétien civil*, trad. par G. Mairet, Paris, Gallimard, 2000 [1651].

HOBSON (J. A.), *Imperialism, a Study*, London, Allen & Unwin, 1938 [1902].

HÖFFNER (J.), *Christentum und Menschenwürde. Das Anliegen der spanischen Kolonialethik im goldenen Zeitalter*, Trier, Paulinus Verlag, 1947.

HUBER (E. R.), *Die Gestalt des deutschen Sozialismus*, Hamburg, Hanseatische Verlagsanstalt, 1934.

ISORNI (J.), *Le procès de Robert Brasillach*, Paris, Flammarion, 1946.

JELLINEK (G.), *System der subjektiven öffentlichen Rechte*, Darmstadt, Wissenschaftliche Buchgesellschaft, 1863.

– *Die rechtliche Natur der Staatenverträge. Ein Beitrag zur juristischen Construction des Völkerrechts*, Wien, Alfred Hölder, 1880.

JÜNGER (E.), « Die totale Mobilmachung », *in* Jünger (E.), *Blätter und Steine*, Hamburg, Hanseatische Verlagsanstalt, p. 125-156, 1942 [1930].

KANT (E.), *Pour la paix perpétuelle*, Lyon, Presses universitaires de Lyon, 1985 [1795].

– *Œuvres philosophiques*, Alquié (F.) (éd.), Paris, Gallimard, Collection de la Pléiade, 3 vol., 1980.

KAUFMANN (E.), *Das Wesen des Völkerrechts und die Clausula rebus sic stantibus. Rechtsphilosophische Studie zum Rechts-, Staats- und Vertragsbegriffe*, Tübingen, J. C. B. Mohr (Paul Siebeck), 1911.

– *Kritik der neukantischen Rechtsphilosophie. Eine Betrachtung über die Beziehungen zwischen Philosophie und Rechtswissenschaft*, Tübingen, J. C. B. Mohr (Paul Siebeck), 1921.

KELSEN (H.), *Das Problem der Souveränität und die Theorie des Völkerrechts. Beitrag zu einer reinen Rechtslehre*, Aalen, Scientia, 1960 [1920].

KJELLÉN (R.), *Die Großmächte der Gegenwart*, Leipzig, Teubner, 1914.

KLÜBER (J. L.), *Droit des gens moderne de l'Europe*, Stuttgart, J.G. Cotta, 1819.

KOROVINE (E. A.), *Das Völkerrecht der Übergangszeit. Grundlagen der völkerrechtlichen Beziehungen der Union der Sowjetrepubliken*, Berlin, Verlag Walther Rothschild, 1929.

KOSELLECK (R.), *Le règne de la critique*, Paris, Minuit, 1979 [1959].

– « La sémantique historico-politique des concepts antonymes asymétriques », *in* Koselleck (R.), *Le futur passé. Contribution à la sémantique des temps historiques*, Paris, Éditions de l'EHESS, p. 191-232, 1990 [1975]

LANGE (F.-A.), *Histoire du matérialisme et critique de son importance à notre époque*, trad. par B. Pommerol, Paris, Schleicher Frères, 2 vol, 1911 [1877].

LASSALLE (F.), *Reden und Schriften*, Friedrich (J.) (hsgb.). München, Deutscher Taschenbuch Verlag, 1970.

LAUTERPACHT (H.), *The Function of Law in The International Community*, Oxford, Clarendon Press, 1933.

– « Private law sources and analogies of international law », *in* Lauterpacht (E.), *International Law*, vol. 2 : *The Law of Peace*, Cambridge, London, New York, Melbourne, Cambridge University Press, p. 173-212, 1975 [1927].

– « Spinoza and International Law », *in* Lauterpacht (E.), *International Law*, vol. 2 : *The Law of Peace*, Cambridge, London, New York, Melbourne, Cambridge University Press, p. 366-384, 1975.

LÉNINE (V. I.), *Sämtliche Werke*, vol. 18 : *Der imperialistische Krieg, der Kampf gegen Sozialchauvinismus und Sozialpazifismus. 1914-1915*, Wien, Berlin, Verlag für Literatur und Politik, 1929.

– *Sämtliche Werke*, vol. 19 : *Der imperialistische Krieg : Imperialismus und Revolution, 1916-1917*, Wien, Berlin, Verlag für Literatur und Politik, 1930.

– *Cahiers philosophiques*, Paris, Éditions sociales, 1973 [1929-1930].

– *L'État et la révolution*, Paris, Éditions sociales, 1975 [1917].

– *L'impérialisme, stade suprême du capitalisme*, Paris, Éditions sociales, 1979 [écrit en1916, paru en 1921].

– *La maladie infantile du communisme (le « gauchisme »)*, Paris, Éditions sociales, 1979 [1920].

LENZ (M.), *Die Grossen Mächte. Ein Rückblick auf unser Jahrhundert*, Berlin, Gebrüder Paetel, 1900.

LUDENDORFF (E.), *Der totale Krieg*, München, Ludendorffs Verlag, 1936. *La guerre totale*, trad. par A. Pfannstiel. Paris, Flammarion, 1935.

LUKÀCS (G.), *Histoire et conscience de classe. Essais de dialectique marxiste*, trad. par K. Axelos et J. Dubois, Paris, Minuit, 1960 [1923].

LUXEMBURG (R.), *L'accumulation du capital*, 2. vol, trad. par M. Ollivier et I. Petit, Paris, Maspéro, 1976 [1913].

MACPHERSON (C. B.), *La théorie politique de l'individualisme possessif, de Hobbes à Locke*, Paris, Gallimard, 1971 [1962].

MAITLAND (F. W.), « Introduction », *in* Gierke (O. von), *Political Theories of the Middle Age*, trad. par F. W. Maitland, Cambridge University Press, p. I-VL, 1927.

MARTENS (G. F. von), *Précis du droit des gens moderne de l'Europ*e, précédé d'une *Introduction et complété par l'exposition des doctrines des publicistes contemporains* et suivi d'une *Bibliographie raisonnée du droit des gens* par M. CH. Vergé, Paris, Guillaumin, 1864 [1789].

MARX (K.), *Œuvres*, 4 vol. : *Économie I*, 1965 ; *Économie II*, 1968 ; *Philosophie III*, 1982 ; *Politique IV*, 1994, Paris, Bibliothèque de la Pléiade, Gallimard.

– *Introduction générale à la critique de l'économie politique*, dans *Contribution à la critique de l'économie politique*, trad. par M. Husson et G. Badia, Paris, Éditions sociales, 1967.

MEINECKE (F.), *Die deutsche Katastrophe ; Betrachtungen und Erinnerungen*, Wiesbaden, Eberhard Brockhaus, 1946.

– *Werke*, vol.5 : *Weltbürgertum und Nationalstaat*, München, Oldenbourg, 1969 [1908].

MORGENTHAU (H.), *La notion du « politique » et la théorie des différends internationaux*, Paris, Sirey, 1933.

NAUMANN (F.), *Demokratie und Kaisertum. Ein Handbuch für innere Politik*, Berlin, Buchverlag der « Hilfe », 1904 [1900].

– *Mitteleuropa*, Berlin, Reimer Verlag, 1915.

NYS (E.), *Le droit de la guerre et les précurseurs de Grotius*, Bruxelles, Leipzig, C. Muquart, 1882.

– *Les origines du droit international*, Bruxelles, Castaigne, 1894.

OCCAM (G. d'), *Dialogus de Potestate Imperiali et Papali. Tractatus secundus de juribus Romani Imperii*, in *Goldast, Melchior. Monarchiae Sacri Romani Imperii*, 2. vol., Frankfurt-am-Main, Hanau, p. 396-957, 1614 [1328].

ONCKEN (H.), *Lassalle. Zwischen Marx und Bismarck*, Stuttgart, Berlin, W. Kohlhammer, 1966 [1904].

PASCAL (B.), *Œuvres complètes*, coll. « l'Intégrale », Paris, Le Seuil, 1963.

PAŠUKANIS (E.), *La théorie générale du droit et le Marxisme*, trad. par J.-M. Brohm, Paris, Études et documentation internationale, 1976 [1929].

PERROUX (F.), *L'économie du XXe siècle*, Presses universitaires de Grenoble, 1991 [1961].

– *La coexistence pacifique*, Presses universitaires de Grenoble, 1992 [1958].

RANKE (L. von), *Die Grossen Mächte. Politisches Gespräch*, Göttingen, Vandenhoeck & Ruprecht, 1963, [1832 et 1836].

REIN (A.), *Der Kampf Westeuropas um Nordamerika im 15. und 16. Jahrhundert*, Stuttgart, Verlag Friedrich Andreas Perthes, 1925.

RITTER (J.), *Metaphysik und Politik. Studien zu Aristoteles und Hegel*, Frankfurt-am-Main, Suhrkamp Verlag, 1969.

ROSENSTIEL (F.), *Le principe de « supranationalité » Essai sur les rapports de la politique et du droit*, Paris, Éditions A. Pédone, 1962.

ROTHFELS (H.), « Marxismus und auswärtige Politik », *in* Wentzke (P.) (hsgb.), *Deutscher Staat und Deutsche Parteien : Beiträge zur deutschen Partei- und Ideengeschichte ; Friedrich Meinecke zum 60. Geburtstag dargebracht*, München, Oldenbourg, p. 308-341, 1922.

SCELLE (G.), *Précis de droit des gens, Principes et systématique*, Paris, Centre National de la Recherche Scientifique, 2 vol, 1984 [1932-1934].

SCHUMPETER (J.), *Kapitalismus, Sozialismus und Demokratie*, Bern, Verlag A. Francke, 1946 [1942].

– « Zur Soziologie der Imperialismen », *in* Schumpeter (J.), *Aufsätze zur Soziologie*, Tübingen, J. C. B. Mohr (Paul Siebeck), p. 111-146, 1953 [1919].

SCOTT (J. B.), *The Catholic Conception of International Law*, Washington, Georgetown University Press, 1934.

– *The Spanish Origin of International Law. Francisco de Vitoria and his Law of Nations*, London, Milford, 1934 [1932].

SMEND (R.), *Verfassung und Verfassungsrecht*, *in* Smend (R.), *Staatsrechtliche Abhandlungen und andere Aufsätze*, Berlin, Duncker & Humblot, p. 119-276, 1968 [1928].

SOMBART (W.), *Händler und Helden*, München, Leipzig, Duncker & Humblot, 1915.

– « Das Wirtschaftsleben im Zeitalter des Hochkapitalismus », *in* Sombart (W.), *Der moderne Kapitalismus. Historisch-systematische Darstellung des gesamteuropäischen Wirtschaftsleben von seinen Anfängen bis zur Gegenwart*, vol. 3, Berlin, Duncker & Humblot, 1955 [1927].

SOREL (G.), *Réflexions sur la violence*, Paris, Éditions du Seuil, 1990 [1909].

SPENGLER (O.), *Preussentum und Sozialismus*, München, C. H. Becksche Verlagsbuchhandlung, 1924 [1920].

STAMMLER (R.), *Wirtschaft und Recht nach der materialistischen Geschichtsauffassung : Eine sozialphilosophische Untersuchung*, Berlin, Leipzig, Walter de Gruyter, 1924 [1896].

STEIN (L. von), *Lehre vom Heerwesen. Als Teil der Staatswissenschaft*, Stuttgart, Verlag der Cotta'schen Buchhandlung, 1872.

STRAUSS (L.), « Anmerkungen zu Carl Schmitt, "Der Begriff des Politischen" », 1932, *in* Meier (H.), *Carl Schmitt, Leo Strauss und « Der Begriff des Politischen », Zu einem Dialog unter Abwesenden*, Stuttgart, Weimar, Verlag J. B. Metzler, p. 99-125, 1988.

TÖNNIES (F.), *Hobbes Leben und Lehre*, Stuttgart, Fr. Frommanns Verlag, 1925 (3e édition augmentée).

TRIEPEL (H.), *Völkerrecht und Landesrecht*, Leipzig, Verlag von C. L. Hirschfeld, 1899.

– *Die Hegemonie : ein Buch von Führenden Staaten*, Aalen, Scientia Verlag, 1974 [1938].

VATTEL (E. de), *Le droit des gens, ou Principes de la loi naturelle appliqués à la conduite et aux affaires des nations et des souverains*, Paris, Adamant Guillaumin, 3.vol, 1863 [1758].

VITORIA (F. di), *Relectiones theologicae : De Indis recenter inventis ; De Iure Belli Hispanorum in Barbaros*, Boyer (J.) (éd.), Lyon, 1557.

WALZ (G. A.), *Wesen des Völkerrechts und Kritik der Völkerrechtsleugner*, Stuttgart, Kohlhammer, 1930.

– « Nationalsozialismus und Völkerrecht », *Völkerbund und Völkerrecht*, n° 9, p. 473-479, 1934.

– *Artgleichheit gegen Gleichartigkeit. Die beiden Grundprobleme des Rechts*, Hamburg, Hanseatische Verlagsanstalt (Schriften der Akademie für deutsches Recht), 1938.

– *Inflation im Völkerrecht der Nachkriegszeit*, Berlin, Duncker & Humblot, 1939.

– « Neue Grundlagen des Volksgruppenrechts », *Zeitschrift für Völkerrecht*, n°23, p. 129-164, 1939.

– *Völkerrechtsordnung und Nationalsozialismus. Untersuchungen zur Erneuerung des Völkerrechts*, München, Zentralverlag der NSDAP, 1942.

WEBER (M.), *L'éthique protestante et l'esprit du capitalisme*, Paris, Librairie Plon, 1964 [1905].

– *Sociologie du droit*, trad. par J. Grosclaude, Paris, Presses universitaires de France, 1986.

LES SOURCES SECONDAIRES

ALEXANDROWICZ (C-H), *An Introduction to the History of the Law of the Nations in East Indies*, Oxford, Clarendon Press, 1967.

AGAMBEN (G.), *État d'exception*, Paris, Le Seuil, 2003.

AGO (R.), « Die pluralistischen Anfänge der internationalen Gemeinschaft. », *in* Fischer (P.), Köck (H. F.) et Verdross (A.), *Völkerrecht und Rechtsphilosophie. Internationale Festschrift für Stephan Verosta zum 70. Geburtstag*. Berlin, Duncker & Humblot, p. 25-58, 1980.

ARENDT (H.), *Les Origines du totalitarisme*, vol. 2 : *l'Impérialisme*, Paris, Fayard, 1992 [1948].

BALIBAR (É.), *Lieux et noms de la vérité*, La Tour d'Aigues, Éditions de l'Aube, 1994.

– *La crainte des masses. Politique et philosophie avant et après Marx*, Paris, Galilée, 1997.

– *La philosophie de Marx*, Paris, La Découverte, 2001.

– « Gewalt », *in* Haug (W. F.) (hsgb.), *Historisch-kritisches Wörterbuch des Marxismus*, vol. 5, Hamburg, Argument-Verlag, 2001.

– « Le Hobbes de Schmitt, le Schmitt de Hobbes » dans Schmitt (C.), *Le Léviathan dans la doctrine de l'État de Thomas Hobbes. Sens et échec d'un symbole politique*, trad. par D. Trierweiler, Paris, Éditions du Seuil, 2002.

– « Krieg », *in* Haug (W. F.) (hsgb.), *Historisch-kritisches Wörterbuch des Marxismus*, vol. 7, Hamburg, Argument-Verlag, 2008.

BARION (H.), *Epirrhosis ; Festgabe für Carl Schmitt*, vol. 2. Böckenförde et Ernst-Wolfgang (hsgb.), Berlin, Duncker & Humblot, 1968.

BEAUD (O.), « Carl Schmitt ou le juriste engagé » dans Schmitt (C.), *Théorie de la Constitution*, Paris, Presses universitaires de France : 5-113, 1993.

– *Les derniers jours de Weimar : Carl Schmitt face à l'avènement du nazisme*, Paris, Descartes, 1997.

BENDERSKY (J.), *Carl Schmitt. Theorist for the Reich*, Princeton, Princeton University Press, 1983.

BERR (H.), *An jure inter scepticos Gassendus numeratus fuerit*, Paris, Hachette, 1898.

BLOCH (E.), *Das Materialismusproblem, seine Geschichte und Substanz*, Gesamtausgabe, vol. 7. Frankfurt-am-Main, Suhrkamp Verlag, 1972.

– *Droit naturel et dignité humaine*, Paris, Payot, 2002 [1961].

BLOCH (O.), *La philosophie de Gassendi. Nominalisme, matérialisme et métaphysique*, Den Haag, Martinus Nijhoff, 1971.

– *Le matérialisme*, coll. « Que sais-je ? », Paris, Presses universitaires de France. 1995.

BREUER (S.), *Anatomie de la révolution conservatrice*, Paris, Éditions de la Maison des sciences de l'homme, 1996.

BRUNNER (O.), *Geschichtliche Grundbegriffe: Historisches Lexikon zur politisch-sozialen Sprache in Deutschland*, Conze (W.) et Koselleck (R.) (hsgb.), Stuttgart, Klett-Cotta, 9 vol., 1972-1997.

BUCHOLZ (A.), *Hans Delbrück and The German Military Establishment : War Images in Conflict*, Iowa City, University of Iowa Press, 1985.

CASSESSE (A.), « La guerre civile et le droit international », *Revue Générale de Droit International Public*, n° 90, p. 553 *sq.*, 1986.

CHOWDHURI (R. N.), *International Mandates and Trusteeship Systems. A Comparative Study*, Den Haag, Nijhoff, 1955.

CHRISTIN (O.), *La paix de religion. L'autonomisation de la raison politique au XVIe siècle*, Paris, Éditions du Seuil, 1997.

COLLIOT-THÉLÈNE (C.), *Max Weber et l'histoire*, Paris, Presses universitaires de France, 1990.

COMBACAU (J.) et SUR (S.), *Droit international public*, Paris, Montchrestien, 2006 [1995].

CUMIN (D.), *Carl Schmitt, biographie politique et intellectuelle*, Paris, Cerf, 2005.

DEHIO (L.), *Gleichgewicht oder Hegemonie. Betrachtungen über ein Grundproblem der neueren Staatengeschichte*, Krefeld, Scherpe Verlag, 1948.

– *Deutschland und die Weltpolitik im 20. Jahrhundert*, Frankfurt-am-Main, Fischer Bücherei, 1961 [1955].

DESANTI (J.-T.), *La philosophie silencieuse ou critique des philosophies de la science*, Paris, Éditions du Seuil, 1975.

FASSBENDER (B.), « Stories of War and Peace on Writing the History of International Law in the "Third Reich" and After », in *European Journal of International Law*, vol. 13, n° 2, 2002, p. 479-515.

FAULENBACH (B.), *Ideologie des deutschen Weges. Die deutsche Geschichte in der Historiographie zwischen Kaiserreich und Nationalsozialismus*, München, C. H. Beck, 1980.

FISCH (J.), *Die europäische Expansion und das Völkerrecht. Die Auseinandersetzungen um den Status der überseeischen Gebiete vom 15. Jahrhundert bis zur Gegenwart*, Stuttgart, Steiner, 1984.

FORMAN (P.), « Weimar Culture, Causality, and Quantum Theory, 1918-1927 : Adaptation by German Physicists and Mathematicians to a Hostile Intellectual Environment », *Historical Studies in Physical Sciences*, vol. 3, p. 1-115, 1971.

GALLI (C.), *Genealogia della politica. Carl Schmitt e la crisi del pensiero politico moderno*, Bologna, Il Mulino, 1996.

GOLDMANN (L.), *Le dieu caché. Étude sur la vision tragique dans les pensées de Pascal et dans le théâtre de Racine*, Paris, Gallimard, 1955.

– *Lukács et Heidegger*, Paris, Denoël-Gonthier, 1973.

GREWE (W.), « Vom europäischen zum universellen Völkerrecht. Zur Frage der Revision des "europazentrischen" Bildes der Völkerrechtsgeschichte », *Zeitschrift für ausländisches öffentliches Recht und Völkerrecht*, n° 42-43, p. 449-479, 1982.

– *Epochen der Völkerrechtsgeschichte*, Baden-Baden, Nomos, 1984.

– « Ein Leben mit Staats- und Völkerrecht im 20. Jahrhundert », *Freiburger Universitätsblätter*, n° 118, p. 25-40, 1992.

GROSS (J.), *Unsere letzten Jahre. Fragmente aus Deutschland, 1970-1980*, Stuttgart, Deutsche Verlag-Anstalt, 1980.

GURVITCH (G.), *L'idée du droit social : notion et système du droit social. Histoire doctrinale depuis la fin du XVIIe siècle jusqu'à la fin du XIXe siècle*, Paris, Sirey, 1932.

HABERMAS (J.), *Theorie und Praxis*, Berlin, Luchterhand, 1969.

– *Écrits politiques*, trad. R. Rochlitz et C. Bouchindhomme, Paris, Flammarion, 1990.

– *Profils philosophiques et politiques*, trad. par F. Dastur, Paris, Gallimard, 1974 [1971].

– *L'espace public : archéologie de la publicité comme dimension constitutive de la société bourgeoise*, Paris, Payot, 1997.

HAGGENMACHER (P.), *Grotius et la doctrine de la guerre juste*, Paris, Presses universitaires de France, 1983.

HOBSBAWM (E.), *Nations et nationalisme depuis 1780*, Paris, Gallimard, 1992.

HINSLEY (F. H.), *Power and the Pursuit of Peace. Theory and Practice in the History of Relations between States*, Cambridge, Cambridge University Press, 1982.

HUBER (M.), « Beiträge zur Kenntnis des soziologischen Grundlagen des Völkerrechts und der Staatengesellschaft », *Jahrbuch des öffentlischen Rechts*, n° 4, 1910.

IGGERS (G. I.), *The German Tradition of History. The National Tradition of Historical Thought from Herder to the Present*, Middletown, Connecticut, Wesleyan University Press, 1983 [1968].

JANSSEN (W.), *Die Anfänge des modernen Völkerrechts und der neuzeitlichen Diplomatie. Ein Forschungsbericht*, Stuttgart, J. B. Metzlersche Verlagsbuchhandlung, 1965.

JOUANNET (E.), *Emer de Vattel et l'émergence doctrinale du droit international classique*, Paris, Pédone, 1998.

JOUIN (C.), « La guerre civile mondiale n'a pas eu lieu », dans Schmitt (C.), *La guerre civile mondiale. Essais (1943-1978)*, trad. par C. Jouin, Maisons-Alfort, Édition Ère, p. 7-27, 2007.

– « Carl Schmitt à Nuremberg. Une théorie en accusation », *Genèses*, n° 74, p. 46-73, 2009.

– « Droit naturel et État mondial. Réflexions sur les dialogues entre Leo Strauss, Kojève et Schmitt », *Éthique, politique, religions*, n° 1, 2012, p. 57-73.

– « Carl Schmitt et les secrets d'État », *Aquilon*, n° 10, 2013, p. 54-61.

KENNEDY (E.), « Carl Schmitt und die "Frankfurter Schule". Deutsche Liberalismuskritik im 20. Jahrhundert », *Geschichte und Gesellschaft. Zeitschrift für historische Sozialwissenschaft*, Göttingen, Vandenhoeck & Ruprecht : 380-419, 1986.

KERVÉGAN (J.-F.), *Hegel, Carl Schmitt. Le politique entre spéculation et positivité*, Paris, Presses universitaires de France, 2005.

KNIERIEM (A. von), *Nürnberg. Rechtliche und menschliche Probleme*, Stuttgart, Ernst Klett Verlag, 1953.

KOLAKOWSKI (L.), *Main Currents of Marxism*, New York, London, W. W. Norton & Company, 2005 [1976].

KONDYLIS (P.), *Theorie des Krieges : Clausewitz – Marx – Engels – Lenin*, Stuttgart, Klett-Cotta, 1988.

KORINMAN (M.), *Quand l'Allemagne pensait le monde : grandeur et décadence d'une géopolitique*, Paris, Fayard, 1990.

KOSELLECK (R.), « Begriffsgeschichtliche Probleme der Verfassungsgeschichtsschreibung », *Der Staat*, supplément n° 6, p. 7-47, 1983.

KOSKENNIEMI (M.), *The Gentle Civilizer of Nations. The Rise and Fall of International Law 1870-1960*, Cambridge, Cambridge University Press, 2004 [2001].

– *From Apology to Utopia : the Structure of International Legal Argument*, Cambridge, Cambridge University Press, 2005.

KRILL (H. H.), *Die Rankerenaissance. Max Lenz und Erich Marcks. Ein Beitrag zum historisch-politischen Denken in Deutschland*, 1880-1935, Berlin, Walter de Gruyter, 1962.

LAAK (D. van), *Gespräche in der Sicherheit des Schweigens. Carl Schmitt in der politischen Geistesgeschichte der frühen Bundesrepublik*, Berlin, Akademie Verlag, 1993.

LAGARDE (G. de), *La naissance de l'esprit laïque au déclin du Moyen Âge*, Paris, Droz, 1942.

LIEDMAN (S. E.), *Das Spiel der Gegensätze. Friedrich Engels' Philosophie und die Wissenschaften des 19. Jahrhunderts*, Frankfurt-am-Main, New York, Campus Verlag, 1986.

LORAUX (N.), *La cité divisée. L'oubli dans la mémoire d'Athènes*, Paris, Payot, 2005 [1997].

LÖWITH (K.), « Der okkasionelle Dezisionismus von Carl Schmitt », *in* Löwith (K.), *Sämtliche Schriften*, vol. 5 : *Hegel und die Aufhebung der Philosophie im 19. Jahrhundert - Max Weber*. Stuttgart, Metzler, p. 32-71, 1988 [1935].

LUKÁCS (G.), *La destruction de la raison*, vol. 1 : *Les débuts de l'irrationalisme moderne, de Schelling à Nietzsche*, Paris, L'Arche, 1958.

– *Le roman historique*, Paris, Payot, 2000 [1956].

MACALISTER-SMITH (P.) et SCHWIETZKE (J.), « Literature and Documentary Sources relating to the History of Public International Law : An Annotated Bibliographical Survey », *Journal of The History of International Law*, n° 1, p. 136-212, 1999.

MARCUSE (H.), *Vernunft und Revolution. Hegel und die Entstehung der Gesellschaftstheorie*, Darmstadt, Neuwied, Luchterhand, 1962 [1941].

MEIER (H.), *Carl Schmitt, Leo Strauss und « Der Begriff des Politischen », Zu einem Dialog unter Abwesenden*, Stuttgart, Weimar, Verlag J. B. Metzler, 1988.

MONOD (J.-C.), *La querelle de la sécularisation. De Hegel à Blumenberg*, Paris, Vrin, 2002.

– *Penser l'ennemi, affronter l'exception. Réflexions critiques sur l'actualité de Carl Schmitt*, Paris, La Découverte, 2006.

MOREAU (P.-F.), « Nature, culture, histoire », dans Châtelet (F.) et Mairet (G.) (dir.), *Histoire des idéologies*, vol. 3 : *Savoirs et pouvoirs du XVIIIe au XXe siècle*, Paris, Hachette, p. 30-56, 1978.

MOULTON (J. D.), *Carl Schmitt's Theory of International Law and Relations*. Thèse non publiée, tapuscrit. Ann Arbor, Michigan, New School for Social Research, 1968.

MÜNKLER (H.), *Der Partisan. Theorie, Strategie, Gestalt*, Opladen, Westdeutscher Verlag, 1990.

– *Gewalt und Ordnung. Das Bild des Krieges im politischen Denken*, Frankfurt-am-Main, Fischer, 1992.

– *Über den Krieg. Stationen der Kriegsgeschichte im Spiegel ihrer theoretischen Reflexion*, Göttingen, Velbrück Wissenschaft, 2002.

NEGRI (A.), *Descartes politico o della ragionevole ideologia*, Milano, Feltrinelli, 1970.

NUSSBAUM (A.), *Geschichte des Völkerrechts in gedrängter Darstellung*, München et Berlin, Beck, 1960 [1947].

– *A Concise History of the Law of Nations*, 1947.

PLESSNER (H.), *Die verspätete Nation. Über die politische Verführbarkeit bürgerlichen Geistes*, Stuttgart, W. Kohlhammer Verlag, 1959.

QUARITSCH (H.) (hsgb.), *Complexio Oppositorum*, Berlin, Duncker & Humblot, 1988.

RAYMOND (P.), *Le passage au matérialisme*, Paris, Maspéro, 1973.

– *La Résistible Fatalité de l'histoire*, Paris, Albin Michel, 1982.

REIBSTEIN (E.), *Völkerrecht. Eine Geschichte seiner Ideen in Lehre und Praxis*, 2 vol., Freiburg, München, Verlag Karl Alber, 1957-1963.

RICHTER (B.), *Völkerrecht, Außenpolitik und internationale Verwaltung bei Lorenz von Stein*, Hamburg, Hansischer Gildenverlag, 1973.

RITTER (J.), *Hegel et la Révolution française*, Paris, Beauchesne, 1970 [1956].

RUNCIMAN (D.), *Pluralism and the Personality of the State*, Cambridge, Cambridge University Press, 1997.

SALOMON (C.), *L'occupation des territoires sans maître*, Paris, Giard, 1889.

SCHIEDER (T.), *Staat und Gesellschaft im Wandel unserer Zeit*, München, Oldenbourg, 1970.

STOLLEIS (M.), *Geschichte des öffentlichen Rechts in Deutschland*, 3 vol., München, Verlag C. H. Beck. (Nous citons le troisième volume dans l'édition de poche parue en 2002), 1988-1992-2002.

– *Recht im Unrecht. Studien zur Rechtsgeschichte des Nationalsozialismus*, Frankfurt-am-Main, Suhrkamp Verlag, 1994.

– *Konstitution und Intervention. Studien zur Geschichte des öffentlichen Rechts im 19. Jahrhundert*, Frankfurt-am-Main, Suhrkamp Verlag, 2001.

TIERNEY (B.), *Religion et droit dans le développement de la pensée constitutionnelle*, Paris, Presses universitaires de France, 1993.

TOMMISSEN (P.) (hsgb.), *Schmittiana : Beiträge zu Leben und Werk Carl Schmitts*, Berlin, Duncker & Humblot, 8 vol. (Nous citons le second volume dans la première édition référencée ci-dessous.), 1988-2003.

– *Schmittiana : Beiträge zu Leben und Werk Carl Schmitts*, vol. 2., Bruxelles, Economische Hogeschool Sint-Aloysius, 1990.

TOULMIN (S. E.), *Les usages de l'argumentation*, Paris, Presses universitaires de France, 1993.

TROTT ZU SOLZ (A. von), *Hegels Staatsphilosophie und das internationale Recht*, Göttingen, Vandenhoeck & Ruprecht, 1967 [1932].

TRUYOL Y SERRA (A.), *Die Entstehung der Weltstaatengesellschaft unserer Zeit*, München, Pustet, 1963.

ULMEN (G. L.), *The Science of Society. Toward an Understanding of the Life and Work of Karl August Wittfogel*, Den Haag, Paris, New York, Mouton Publishers, 1978.

– *Politischer Mehrwert. Eine Studie über Max Weber und Carl Schmitt*, Weinheim, VCH, Acta Humaniora, 1991.

VIGNAUX (P.), « Nominalisme », dans Vacant (A.) et Mangenot (E.) (éd.), *Dictionnaire de théologie catholique*, vol. 11., Paris, Librairie Letouzey et Ané, 1931, p. 717-784, 1931.

VILLEY (M.), *Critique de la pensée juridique moderne*, Paris, Dalloz, 1976.

WALLACH (J. L.), *Die Kriegslehre von Friedrich Engels*, Frankfurt-am-Main, Europäische Verlagsanstalt, 1968.

– *Kriegstheorien. Ihre Entwicklung im 19. und 20. Jahrhundert*, Frankfurt-am-Main, Bernard & Graefe Verlag für Wehrwesen, 1972.

WIEACKER (F.), *Privatrechtsgeschichte der Neuzeit*, Göttingen, Zurich, Vandenhoeck & Ruprecht, 1996 [1952].

WITTFOGEL (K. A.), *Oriental Despotism. A Comparative Study of Total Power*, New Haven, Yale University Press, 1957.

– « Geopolitik, geographischer Materialismus und Marxismus », *in* Matznetter (J.) (hsgb.), *Politische Geographie*, Darmstadt, Wissenschaftliche Buchgesellschaft, p. 183-232, 1972 [1929].

TABLE DES MATIÈRES

DEUXIÈME PARTIE
MATÉRIALISME ET NOMINALISME. L'ÉPISTÉMOLOGIE SILENCIEUSE DE CARL SCHMITT

TROISIÈME PARTIE
CARL SCHMITT ET LA THÉORIE DE L'IMPÉRIALISME

QUATRIÈME PARTIE

LA GUERRE CIVILE MONDIALE

LA COLLECTION « CONTEXTES »

Créée en 1991 par la Librairie J. Vrin et les Éditions de l'École des hautes études en sciences sociales, la collection « Contextes » accueille des recherches qui circulent entre l'histoire de la philosophie, la philosophie et les sciences sociales : les unes interrogent avec des instruments conceptuels issus de l'univers philosophique des objets ou des œuvres extérieures à son périmètre ordinaire, les autres s'intéressent à des lieux reconnus de l'histoire de la philosophie, mais en fonction de préoccupations culturelles, politiques, sociales, économiques, qui modifient leurs contours. Dans les deux cas la philosophie, située dans des contextes fortement construits par les outils et par les perspectives des sciences sociales, interroge ces sciences à leurs frontières. La collection se tient à cette définition. Elle ne s'interdit aucune époque ni aucun espace, elle ne s'astreint à aucun protocole, et privilégie au contraire des équipements légers, propices aux déplacements qu'elle propose et qui constituent son seul territoire.

Avis aux voyageurs !

DANS LA MÊME COLLECTION

AUDIER (S.), *Tocqueville retrouvé. Genèse et enjeux du renouveau tocquevillien français*, 2004, 320 p.

AUDIER (S.), *Machiavel, conflit et liberté*, 2001, 320 p.

AZOUVI (F.) (dir.), *L'institution de la raison. La révolution culturelle de Thermidor*, 1992, 262 p.

BERNARDI (B.), *Le principe d'obligation. Sur une aporie de la modernité*, 2007, 336 p.

BÜTTGEN (P.), *Luther et la philosophie*, 2011, 320 p.

CASTELLI GATTINARA (E.), *Les inquiétudes de la raison. Épistémologie et histoire en France dans l'entre-deux-guerres*, 1998, 338 p.

CAVAILLÉ (J.-P.), *Descartes et la Fable du Monde*, 1991, 352 p.

CHAUVIER (S.), *Justice et droits à l'échelle globale*, 2006, 192 p.

COURTINE (J.-F.), *Nature et empire de la loi. Études suaréziennes*, 1999, 192 p.

DANA (D.), *Métamorphoses de Mircea Eliade*, 2013, 292 p.

FABRE (P.-A.), *Ignace de Loyola. Le Lieu de l'image. Le Problème de la composition de lieu dans les pratiques spirituelles et artistiques jésuites de la seconde moitié du XVIe siècle*, 1992, 368 p.

GAUTIER (C.), *Hume et les savoirs de l'histoire*, 2005, 304 p.

GIAVARINI (L.), *La distance pastorale. Usage politique de la représentation des bergers XVIe et XVIIe siècles*, 2010, 368 p.

RIBARD (D.), *Raconter, vivre, penser. Histoire(s) de philosophes (1650-1766)*, 2003, 464 p.

SPITZ (J.-F.), *L'amour de l'égalité. Essai sur la critique de l'égalitarisme républicain en France 1770-1830*, 2000, 288 p.

ZANGARA (A.), *Voir l'histoire. Le récit historique à l'époque hellénistique et romaine*, 2007, 320 p.

Cet ouvrage a été imprimé
en septembre 2013 par

FIRMIN-DIDOT

27650 Mesnil-sur-l'Estrée
N° d'impression : 119610
Dépôt légal : septembre 2013

Imprimé en France